U0578540

本書獲國家古籍整理出版專項經費資助

敦煌蒙書校釋與研究

主編　金瀅坤　副主編　盛會蓮

算術卷

任占鵬　著

文物出版社

圖書在版編目（CIP）數據

敦煌蒙書校釋與研究．算術卷 / 任占鵬著．—北京：文物出版社，2023.6

ISBN 978-7-5010-7900-1

Ⅰ．①敦…　Ⅱ．①任…　Ⅲ．①蒙學—教材—研究—中國—古代　Ⅳ．① G629.299

中國版本圖書館 CIP 數據核字（2022）第 234319 號

敦煌蒙書校釋與研究・算術卷

主　　編：金瀅坤
副 主 編：盛會蓮
著　　者：任占鵬

責任編輯：賈東營
策劃編輯：劉永海
封面設計：李曉蘭
責任印製：王　芳

出版發行：文物出版社
社　　址：北京市東城區東直門内北小街 2 號樓
郵　　編：100007
網　　址：http://www.wenwu.com
經　　銷：新華書店
印　　刷：寶蕾元仁浩（天津）印刷有限公司
開　　本：710mm×1000mm　1/16
印　　張：21.75
版　　次：2023 年 6 月第 1 版
印　　次：2023 年 6 月第 1 次印刷
書　　號：ISBN 978-7-5010-7900-1
定　　價：108.00 圓

本書編纂委員會

目　録

下編　研究篇

總　論

金瀅坤

隋唐大一統国家建立後，爲了維護中央集權，限制地方士族的權利，廢除了九品中正制，用科舉制取代了察舉制，以改變貴族官僚政治。"以文取士"的科舉取士制度極大促進了學校教育的普及和童蒙教育的發展。然而，長期以來學界對隋唐童蒙教育的大發展没有給予足够重視。直到二十世紀敦煌文書的發現，大量蒙書和學郎題記面世，隨着相關研究逐漸深入，隋唐教育史研究才被重新重視，同時也促進了對童蒙文化、社會大衆文化以及敦煌學、中古史的深入研究。因此，我們有必要對這批敦煌蒙書進行校釋與研究，從中汲取中國優秀傳統文化并加以借鑒，改善當前適合少年兒童閱讀的優秀傳統蒙書不足的局面。

自二十世紀初以來，王國維、周一良、王重民、向達、潘重規、陳祚龍和入矢義高、小川貫弌、福井康順、那波利貞等國内外學者對敦煌蒙書的早期研究做出了重要貢獻。近年來，王三慶、鄭阿財、朱鳳玉、張涌泉、李正宇、姜伯勤、金瀅坤、周鳳五、伊藤美重子、張麗娜等學者在敦煌蒙書整理和研究方面取得很大成就[一]，推動了敦煌蒙書的研究；特别是鄭阿財、朱鳳玉《敦煌蒙書研究》一書，搭建了敦煌蒙書研究的理論框架與方法，爲進一步的

〔一〕　關於敦煌蒙書及童蒙文化的研究，鄭阿財、王金娥、林華秋等已經做了詳細概述，此處不再討論。詳見鄭阿財：《敦煌蒙書研究的回顧與前瞻》，《敦煌吐魯番研究》第七卷，中華書局，二〇〇四年，第二五四～二七五頁；王金娥：《敦煌訓蒙文獻研究述論》，《敦煌學輯刊》二〇一二年第二期，第一五三～一六四頁；林華秋：《敦煌吐魯番童蒙研究目録》，金瀅坤主編：《童蒙文化研究》第一卷，人民出版社，二〇一六年，第三三三～三五九頁。

研究工作打下了很好的基礎[一]；張涌泉主編《敦煌經部文獻合集·小學類字書之屬》一書已基本上對識字類、知識類蒙書完成了校釋[二]，爲敦煌蒙書校釋提供了很好的範例。兹就敦煌蒙書進行整理、校釋和研究所涉及的"蒙書"概念、學術和現實價值，以及研究的内容、方法等諸多相關問題進行全面的闡述和説明。

一 敦煌蒙書概念及其與家訓、類書的關係

關於敦煌蒙書的概念問題，學界爭論較大，或稱"蒙書"，或"訓蒙書"，或童蒙讀物，或教材，或課本，主要原因是學者的學科視角、判定標準的不同。以下就敦煌"蒙書"的概念，以及"蒙書"的時代特點與演變展開討論。

（一）敦煌蒙書概念

以下將就學界對敦煌蒙書概念的認識和發展演變進行梳理，結合相關史實對"蒙書"概念的形成與演變進行探討，進而歸納"蒙書"的概念和歷史特點，并提出敦煌蒙書的評判標準，對敦煌文獻中的蒙書進行認定。

1."蒙書"概念爭論

有關中國古代兒童啓蒙教育階段所使用的課本、讀物，無論在歷史上，還是當下學界研究，始終没有形成一個固定名詞，不同時代有不同稱法。民國學者喜用"兒童讀物"稱之。如一九三六年，翁衍楨發表的《古代兒童讀物概觀》一文，專門探討了"訓蒙課本"，認爲"漢代課蒙，除讀經書外，以識字爲重要之課程，漢代小學昌明，著作亦最多，以理測之，如《三蒼》《凡將》《訓纂》《元尚》等篇，皆爲當時之兒童讀物，傳至今者……其中，《千字文》《三字經》《百家姓》三書，雖至今日，僻處窮鄉之村塾中，猶用爲啓蒙之書者，亦可見其採用之廣，而傳習之久矣。經書本爲歷代學者，萃力肄習之書，不詳具論，今但就各種家訓、學規中有關討論兒童讀物之文字者引録

〔一〕 鄭阿財、朱鳳玉：《敦煌蒙書研究》，甘肅教育出版社，二〇〇二年。

〔二〕 張涌泉主編：《敦煌經部文獻合集》第八册《小學類字書之屬》，中華書局，二〇〇八年。

如次”〔一〕。從其羅列的“兒童讀物”來看，包括“十年誦讀書目”，大致分爲諸如《千字文》《三字經》等字書類，《顔氏家訓》《學範》等家訓、學規類，《童蒙訓》《論小學》等學習方法類，《小學》《四書》等經學類，《古文》《古詩》等範文類，《各家歌訣》類，雖然枚舉書目不多，但分類很廣，涵蓋了兒童誦讀的各類書目。是年，鄭振鐸《中國兒童讀物的分析》一文也使用了“兒童讀物”的概念〔二〕，大概分爲：《千字文》《三字經》等識字類，《小學》等學則、家訓類，《蒙求》《名物蒙求》《歷代蒙求》等蒙求類，《神童詩》《千家詩》等詩文類，《日記故事》等故事類，均爲歷代專門爲兒童所作之書籍，并未包含《孝經》《四書》等經學類。後來，瞿菊農亦沿用了“兒童讀物”的概念，他在《中國古代蒙學教材》一文中講到：“所謂的蒙養教材，主要是在這類‘蒙學’裏進行教學時使用的。私人設學和私家延師教學童蒙的，多採用這部分教材。亦有採用‘經書’，如《孝經》和《論語》。”〔三〕

　　一九四〇年，常鏡海發表《中國私塾蒙童所用課本之研究（上、下篇）》，將古代私塾中教授兒童的書目分爲“通用之蒙童課本”和“選用之蒙童課本”兩類。“通用之蒙童課本”列舉了十六種書目，可分爲：其一《千字文》《百家姓》《三字經》《雜字》《字課圖説》《萬事不求人》等識字字書；其二《名賢集》《朱子治家格言》等德行類；其三《神童詩》《千家詩》《龍文鞭影》等詩文類；其四《孝經》、朱子《小學》等經書〔四〕。除《孝經》外，此類均是專爲兒童而作的所謂“課本”。“選用之蒙童課本”列舉了《教兒經》《女兒經》《小學韻語》《蒙求》等三十種古代兒童常用的所謂“課本”書目，其書目較“通用之蒙童課本”更爲少見，範圍更廣，但無本質差別，可以理解

〔一〕　翁衍楨：《古代兒童讀物概觀》，《圖書館學季刊》第十卷第一期，一九三六年，第九一頁。

〔二〕　鄭振鐸：《中國兒童讀物的分析》，《文學》第七卷第一號，一九三六年，第四八～六〇頁。

〔三〕　瞿菊農：《中國古代蒙學教材》，《北京師範大學學報（社會科學版）》一九六一年第四期，第四五～五六頁。

〔四〕　常鏡海：《中國私塾童蒙所用課本之研究（上、下篇）》，《新東方》一九四〇年第一卷第八、九期，第七四～八九、一〇三～一一四頁。

爲現代小學生的教輔資料，即擴展讀物。

民國時期，唯有胡懷琛在《蒙書考》一文中使用了"蒙書"概念[一]，將中國古代兒童所讀書籍分四卷進行叙録、考證，總共涉及蒙書達一百七十八種，作者分別對其收藏、著録和内容進行了叙録和考訂。可以看得出，胡懷琛對"蒙書"的收録甚爲廣泛，主要是對"三百千"及《急就篇》《蒙求》等古代流行甚廣蒙書的歷代注疏、改寫、改編、別體本進行重點叙録和介紹，同時也收録《干禄字書》《字學舉隅》《點勘記》等童蒙教育比較少用的書籍，還收録了《釋氏蒙求》《梵語千字文序》《鏒梵語千字文序》等佛家蒙書，并收録《植物學歌略》《動物學歌略》《中法三字經》《華英合編三字經》等新編新學及跨文化的蒙書。可見胡懷琛的"蒙書"概念十分廣泛，既包含了傳統意義的"三百千"類等專門爲兒童編撰的書籍，也包括《干禄字書》等非專門爲兒童編撰，但可以用於兒童教育的書籍，説明"蒙書"概念具有時代性、社會性，依據時代和文化的不同，在不斷變化中。新學中的"歌略體"，就是對古代蒙書改造和創新的一個體現。祇可惜由於時代動蕩，學者顧及"蒙書"研究者甚少。一九六二年，張志公出版了《傳統語文教育初探：附蒙學書目稿》一書，雖然没有明確討論"蒙書"的概念[二]，但該書後附録《蒙學書目稿》，就使用了"蒙書"概念，所收録的書，則被視爲"蒙書"。一九九二年修訂的《傳統語文教育教材論：暨蒙學書目和書影》[三]，將附録改爲《蒙學書目和書影》，二〇一三年又在中華書局修訂重印[四]。新近徐梓《傳統蒙學與傳統文化》中使用了"蒙學教材"的概念，認爲"蒙學以及作爲核心内容的蒙學教材，是傳統文化的重要組成部分"[五]。徐梓《傳統蒙學研究的歷史和現狀》

[一] 胡寄塵：《蒙書考》，《震旦雜志》一九四一年第一期，第三二～五八頁。

[二] 張志公：《傳統語文教育初探：附蒙學書目稿》，上海教育出版社，一九六二年。

[三] 張志公：《傳統語文教育教材論：暨蒙學書目和書影》，上海教育出版社，一九九二年。

[四] 張志公：《傳統語文教育教材論：暨蒙學書目和書影》，中華書局，二〇一三年，第九頁。

[五] 徐梓：《傳統蒙學與蒙書研究》，中國社會科學出版社，二〇一七年，第一頁。

又使用了“蒙學讀物”的概念〔一〕，“又稱爲蒙書、蒙養書、古代兒童讀物、蒙學教材、啓蒙教材、童蒙課本、語文教育教材等”〔二〕。不過，這兩篇文章後來都收入其《傳統蒙學與蒙書研究》，該書名使用了“蒙書”概念，反映了學界對“蒙書”概念不斷認知的過程。

　　探討“蒙書”之概念，須弄清“童蒙”的含義。《周易·蒙卦》云：“《蒙》：亨。匪我求童蒙，童蒙求我。初筮告，再三瀆，瀆則不告。利貞。”〔三〕《春秋左氏傳》卷一二“孔穎達正義”：“蒙謂闇昧也，幼童於事多闇昧，是以謂之童蒙焉。”〔四〕可見所謂“童蒙”，指對兒童啓蒙、發蒙、開蒙之義。“蒙書”取義“童蒙”之書，即兒童啓蒙教育所使用之書。周丕顯《敦煌“童蒙”“家訓”寫本之考察》云：“‘蒙書’，爲蒙學之書，爲我國古代識字啓蒙讀物。”〔五〕鄭阿財在《敦煌蒙書析論》一文中明確提出了“蒙書”的概念：

　　　　古人因取其意而稱小學教育階段爲蒙養階段，稱此階段所用之教材爲“蒙養書”，或“小兒書”。漢代啓蒙教育以識字爲主，其主要教材爲“字書”，因此有稱蒙書爲“字書”者。唐·李翰《蒙求》盛行，影響深遠，致有統稱童蒙用書爲“蒙求”者。唯以此類蒙養教材，主要爲蒙學教學所用之書，亦即爲啓蒙而輔之書，故一般多省稱作“蒙書”〔六〕

　　此後，敦煌文獻中有關兒童讀物、教材等多被學者稱爲“蒙書”，可以説

〔一〕　徐梓：《傳統蒙學與蒙書研究》，第六頁。

〔二〕　徐梓：《中華蒙學讀物通論》，中華書局，二〇一四年，第二頁。

〔三〕　（三國·魏）王弼注，（唐）孔穎達疏：《周易正義》，李學勤主編：《十三經注疏》，北京大學出版社，二〇〇〇年，第四〇八頁。

〔四〕　（晋）杜預注，（唐）孔穎達等正義：《春秋左傳正義》，李學勤主編：《十三經注疏》，第四〇八頁。

〔五〕　周丕顯：《敦煌“童蒙”“家訓”寫本之考察》，《敦煌學輯刊》一九九三年第一期，第一六頁。

〔六〕　鄭阿財：《敦煌蒙書析論》，漢學研究中心編：《第二屆敦煌學國際研討會論文集》，漢學研究中心，一九九一年，第二一二頁。

鄭氏著開啓了“敦煌蒙書”專題性研究的先例。其後，鄭阿財與朱鳳玉合著《敦煌蒙書研究》〔一〕，及朱鳳玉《蒙書的界定與〈三字經〉作者問題——兼論〈三字經〉在日本的發展》一文，基本上堅持了這一觀點〔二〕。

至於學者將李翰《蒙求》作爲“蒙書”起源的重要依據，蓋因童蒙教育重在啓蒙，有知識教育需求的緣故。李翰《蒙求》直接影響了“蒙求體”衆多蒙書的産生，諸如《十七史蒙求》《左氏蒙求》《本朝蒙求》《純正蒙求》等，但不足以涵蓋“蒙書”的概念。唐代馮伉《諭蒙書》中最早將“蒙書”二字連用。《新唐書・馮伉傳》載：貞元中馮伉爲醴泉令，“縣多嚚猾，數犯法，伉爲著《諭蒙書》十四篇，大抵勸之務農、進學而教以忠孝。鄉鄉授之，使轉相教督”〔三〕。按：“諭”在此作教導、教誨之義。《淮南子・修務訓》云：“此教訓之所諭也。”高誘注：“諭，導也。”〔四〕“諭蒙書”蓋爲“教誨啓蒙”“教誨發蒙”之書，這與兒童的“蒙書”之含義并無太大區別。馮伉《諭蒙書》的主要内容爲勸農、進學，“教以忠孝”，屬於針對社會大衆的教育，其中進學、忠孝與童蒙教育的内容一致，相對於傳統“蒙書”而言，其受衆面更大。考慮到該書祇有十四篇，篇幅短小也符合蒙書的特點，故曰“諭蒙書”。“諭蒙書”與“童蒙書”即“蒙書”含義已經很接近了。據此雖不好明確判定《諭蒙書》就是最早的“蒙書”概念的來源，但已包含“蒙書”之義。與此相類似的還有晋代束晳《發蒙記》，《隋書・經籍志二》將其歸入小學類字書，“載物産之异”，主要記載名物、奇异物産〔五〕。此“發蒙”，爲童蒙之義，“記”，爲叙事文體，顯然，《發蒙記》也是明言爲兒童啓蒙之書，與“蒙書”的概念已經很接近了。

直接將“蒙書”明確作爲書名者，是在宋代。宋太宗時，种（chóng 姓）

〔一〕 鄭阿財、朱鳳玉：《敦煌蒙書研究》，第一頁。

〔二〕 朱鳳玉：《蒙書的界定與〈三字經〉作者問題——兼論〈三字經〉在日本的發展》，金瀅坤主編：《童蒙文化研究》第五卷，人民出版社，二〇二〇年，第七五～九八頁。

〔三〕 （宋）歐陽修等撰：《新唐書》卷一六一《馮伉傳》，中華書局，一九七五年，第四九八三頁。

〔四〕 何寧撰：《淮南子集釋》卷一九《修務訓》，中華書局，一九九八年，第一三三一頁。

〔五〕 （唐）魏徵等撰：《隋書》卷三三《經籍志二》，中華書局，一九七三年，第九八三頁。

放與母隱於終南山豹林谷，"結茅爲廬，博通經史，士大夫多從之學，得束脩以養，著《蒙書》十卷，人多傳之"〔一〕。可見种放著《蒙書》十卷，是傳授門人的講稿，從其卷數來看，可能不是專爲童蒙而作，但將其視爲教育兒童的教材與讀物可能性很大。宋代"蒙書"指代"童蒙之書"的概念大概早已成爲時人的共識。《玉海·紹興御書孝經》中稱高宗《御書真草孝經》爲"童蒙書""童蒙之書"〔二〕。此事，清代錢唐倪濤《六藝之一録》載：宋高宗以《御書真草孝經》賜秦檜，紹興九年（一一三九），秦檜請刻之金石。高宗曰："世人以十八章'童蒙書'，不知聖人精微之學，皆出乎此。"〔三〕顯然，宋人經常將《孝經》當作童蒙教材，故有"童蒙之書"之稱，以致忘記了《孝經》是儒家"精微之學"。顯然，"蒙書""童蒙之書"不僅僅專指《孝經》，而是"童蒙"所讀、所學之書的統稱。唐代童蒙學習經學，就"先念《孝經》《論語》"〔四〕。又元代陸文圭《古今文孝經集注序》載："君曰世以《孝經》爲'童蒙小學之書'，不知其兼大人之學……余曰：《孝經》爲'童蒙之書'未害也，張禹傳《論語》，杜欽明《五經》，童蒙之弗如。"〔五〕元人也是把《孝經》作爲"童蒙之書"，以此類推，宋元童蒙所讀之書，即可稱爲蒙書。

不過，很多時候冠以"童蒙"之名的書，未必是蒙書。如權德輿十五歲"爲文數百篇"，編爲《童蒙集》十卷，爲權德輿在童蒙時期所作之書，故名〔六〕，并非其所使用的蒙書。又宋代張載有《正蒙書》，宋代晁公武《郡齋讀

〔一〕（宋）曾鞏撰，王瑞來校證：《隆平集校證》卷一三《侍從·种放》，中華書局，二○一二年，第三八四頁。

〔二〕（宋）王應麟輯：《玉海》卷四一《藝文》，江蘇古籍出版社、上海書店，一九八七年，第七八○頁。

〔三〕（清）倪濤：《六藝之一録》卷三一三上《歷朝書譜三上·帝王后妃三·宋》，（清）紀昀等編纂：《景印文淵閣四庫全書》第八三六册，（台灣）商務印書館，一九八六年影印本，第六○三頁。

〔四〕項楚：《敦煌變文選注·舜子變》，中華書局，二○○六年，第三三五頁。

〔五〕（元）陸文圭撰：《墻東類稿》卷五《序·古今文孝經集注序》，《景印文淵閣四庫全書》第一一九四册，第五七四頁。

〔六〕（後晉）劉昫等撰：《舊唐書》卷一四八《權德輿傳》，中華書局，一九七五年，第四○○二頁。

書志》卷十將其歸入"儒家類"，認爲是其弟子蘇昞整理先生張載解説有關"陰陽變化之端，仁義道德之理，死生性命之分，治亂國家之經"的十七篇文章而成〔一〕，奠定了氣一元論哲學，頗爲深奧，故不能作爲兒童的啓蒙讀物。《宋史・藝文志六》載："鄒順《廣蒙書》十卷、劉漸《群書系蒙》三卷。"〔二〕歸入"事類"部，雖不能判定其爲蒙書，但有明顯開蒙、啓蒙之義，也説明"蒙書"之詞在宋代已經很常見。

宋代"童蒙之書"也可稱爲"小兒書"或"教子書"。宋代王暐《道山清話》云："予頃時於陝府道間舍，於逆旅因步行田間，有村學究教授二三小兒，聞與之語言，皆無倫次。忽見案間，有小兒書卷，其背乃蔡襄寫《洛神賦》，已截爲兩段。"〔三〕顯然，這是以"小兒書卷"指代童蒙所讀之書。如宋韓駒《次韻蘇文饒待舟書事》云："會有綾衾趨漢署，不須錦纜繫吳檣；青箱教子書千卷，白髮思親天一方。"〔四〕元代以後"小兒書""教子書"更爲常見，元宰相耶律楚材《思親二首》云："鬢邊尚結辟兵髮，篋内猶存教子書；幼稚已能學土梗，老兄猶未憶鱸魚。"〔五〕又明代夏原吉《題樂善堂二首》云："甕裏況存招客酒，床頭仍貯教兒書；閒來持此消長日，何用區區較毁譽。"〔六〕可見宋元以後"小兒書""教兒書"，均指代"童蒙之書"，即教兒童所讀之書，"教子書"中的主體亦爲小兒書，讀者以"小兒""童蒙"爲主體，以其所讀之書爲"小兒書""蒙書"，呈現類化概念，後來逐漸被學者所採納。

〔一〕（宋）晁公武撰，孫猛校證：《郡齋讀書志》卷十《儒家類》，上海古籍出版社，一九九〇年，第四五一頁。

〔二〕（元）脱脱等撰：《宋史》卷二〇七《藝文志六》，中華書局，一九七七年，第五二九四頁。

〔三〕（宋）王暐撰：《道山清話》，《景印文淵閣四庫全書》第一〇三七册，第六六〇頁。

〔四〕（宋）韓駒撰：《陵陽集》卷三《近體詩・次韻蘇文饒待舟書事》，《景印文淵閣四庫全書》第一一三三册，第七九一頁。

〔五〕（元）耶律楚材撰，謝方點校：《湛然居士集》卷六《思親二首》，中華書局，一九八六年，第一三二頁。

〔六〕（明）夏原吉撰：《忠靖集》卷五《七言律詩》，《景印文淵閣四庫全書》第一二四〇册，第五二五頁。

　　明確“蒙書”概念起源之後，必須對“蒙書”包含的内容，及其動態的歷史變化有所認識。中國古代“蒙書”的概念與童蒙教育發展演變有很大關係。民國時期余嘉錫在《内閣大庫本碎金跋》中認爲，魏晋南北朝以前學校教育不興，唐代從“小學”分化出了字書、蒙求、格言三類：字書類，以《千字文》爲代表；“蒙求”類，以《蒙求》爲代表，屬對類事爲特點；“格言”以《太公家教》爲源頭，包括《神童詩》《增廣賢文》等發展最爲廣泛；三者各有發展，分出旁支〔一〕。此説看似很有道理，但并不符合中國古代童蒙教育發展的實際情況，結論太過簡單，在一定程度上可以解釋黄正建提出的“蒙書”在正史和書目分類時，被歸入不同門類的問題〔二〕。

　　與余嘉錫看法相似的爲瞿菊農，其《中國古代蒙學教材》云：“就現有歷史資料和現存的蒙養教材看，傳統的蒙養教材的發展，可以分爲三個階段。從周秦到唐末是一個階段，從北宋到清中葉是第二個階段，從清中期以後到新學校和新教科書的出現是第三個階段。”〔三〕他認爲古代的蒙養教材“首先是宣揚灌輸封建的倫常道德，培養封建倫常的思想意識”。此外，還要求：“一是要能掌握一定的文字工具，這就是識字；其次是掌握一定的自然知識、生活知識和歷史知識；再次是作深造進修的準備或準備應考。這幾項要求在各種蒙養教材中都分別得到反映。實際上識字是學習基礎，一些教材主要是識字課本或字書。識字當然有内容，其内容仍是封建倫理道德和一般基礎知識。”〔四〕瞿菊農主張識字課本、知識字書與余氏所説的“字書”類、“蒙求”類，大致相同；認爲封建蒙養教材的第三個要求是“作深造進修的準備或準備應考”，已經注意到科舉考試對“蒙書”的影響。

　　〔一〕　余嘉錫：《余嘉錫論學雜著》，中華書局，一九六三年，第六〇〇～六〇六頁。
　　〔二〕　黄正建：《蒙書與童蒙書——敦煌寫本蒙書研究芻議》，《敦煌研究》二〇二〇年第一期，第九三～九四頁。
　　〔三〕　瞿菊農：《中國古代蒙學教材》，《北京師範大學學報（社會科學版）》一九六一年第四期，第四五頁。
　　〔四〕　瞿菊農：《中國古代蒙學教材》，《北京師範大學學報（社會科學版）》一九六一年第四期，第四五～四六頁。

　　隨後，張志公從教材角度審視了古代兒童教育所使用的教材。其新版《傳統語文教育教材論》認爲：先秦兩漢重視兒童識字教育、句讀訓練，主要有《弟子職》和《急就篇》。魏晉隋唐時期，主要集中在識字教育（《千字文》）、封建思想教育的蒙書（《太公家教》）、掌故故事蒙書（《兔園策》《蒙求》）。宋元蒙學體系，又促生了新的蒙書，祇是發展和補充較小，沒有很大變化，并將其分爲：其一，識字教育方面，在《千字文》基礎上，形成了以“三百千”爲主的識字教材，與“雜字”教育并行。其二，封建思想教育方面，用《三字經》深入識字教育中，用理學思想編撰了《小學》等新的教材，用《弟子職》等作爲訓誡讀物。其三，在《蒙求》的基礎上擴展了一批歷史知識和各學科知識教育的教材。其四，重視初步閱讀教材——出現了《千家詩》《書言故事》等詩歌與散文讀本，已涉及情感之養成及美學之陶冶範疇。其五，在初步識字和初步閱讀教育之上，産生了一套讀寫訓練的方法和教材——屬對，程式化的作文訓練，專業初學教材用的文章選注和評點本〔一〕。雖然，張志公沒有對“蒙書”概念進行闡釋，但從其對中國古代蒙書類型畫分及説明，表明他對蒙書已經有比較清晰的認識，爲我們探討“敦煌蒙書”的概念和分類提供了基本認識和啓發。由於張先生主要從事中小學教材編撰研究，對中國古代蒙書發展變化過程這一核心問題概括得十分到位，對我們進一步概括“蒙書”的概念很有幫助。以下就張志公的觀點，結合余嘉錫、瞿菊農、鄭阿財和朱鳳玉諸位先生的主張，擬對“蒙書”的概念再做定義。

　　關於敦煌的“蒙書”概念，學界一直不是很明確。早在一九一三年，王國維在《唐寫本〈太公家教〉跋》《唐寫本〈兔園策府〉殘卷跋》中〔二〕，雖然沒有提及“蒙書”的概念，但開啓了敦煌蒙書研究之先河。一九四二年日本學者那波利貞《唐鈔本雜抄考—唐代庶民教育史研究の一資料—》則爲對敦

〔一〕　張志公：《傳統語文教育教材論：暨蒙學書目和書影》，第九頁。

〔二〕　王國維：《唐寫本〈太公家教〉跋》《唐寫本〈兔園策府〉殘卷跋》，王國維：《觀堂集林》，中華書局，一九五九年，第一〇一二～一〇一五頁。

煌蒙書進行深入研究之始〔一〕。

　　隨着學界對敦煌蒙書整理、研究的不斷深入，需要進一步對敦煌蒙書加以鑒別、歸類，故對“蒙書”概念的探討就提上日程〔二〕。汪泛舟在一九八八年發表《敦煌的童蒙讀物》一文，使用了“童蒙讀物”的概念，依據敦煌文書的兩百多件“兒童讀物”的内容和性質、重點，將其分爲：一識字類：《字書》《新集時用要字壹千三百言》等；二教育類：《太公家教》《百行章》等；三應用類：《吉凶書儀》等，共計三十六種。顯然，汪泛舟從“童蒙讀物”角度來分類有點寬泛，故將《姓望書》《郡望姓氏書》《吉凶書儀》《書儀鏡》《新定書儀鏡》《大唐新定吉凶書儀》《新集諸家九族尊卑書儀》《新集吉凶書儀二卷》《漢藏對譯〈佛學字書〉》《大寶積經難字》《大般若經難字》《涅槃經難字》《字寶》等不太適合兒童誦讀的書目也納入了“童蒙讀物”範圍之内〔三〕。

　　鄭阿財教授是最早對敦煌蒙書進行專題性、整體性研究的學者，在一九九一年發表的《敦煌蒙書析論》中，明確提出了“蒙書”的概念，分爲

　　〔一〕〔日〕那波利貞：《唐鈔本雜抄考—唐代庶民教育史研究の一資料—》，一九四二年；〔日〕那波利貞：《唐代社會文化史研究》第二編，創文社，一九七四年，第一九七～二六八頁。

　　〔二〕“總論”中所涉及敦煌蒙書的編號及其内容衆多，主要見於近年來上海古籍出版社等出版社整理的各類大型敦煌文獻，若非特殊情況，爲節省篇幅，不再一一注明卷號。相關參引文獻均出自如下敦煌文獻：中國社會科學院歷史研究所、中國敦煌吐魯番學會敦煌古文獻編輯委員會、英國國家圖書館、倫敦大學亞非學院編：《英藏敦煌文獻》第一～一四卷，四川人民出版社，一九九〇～一九九五年；上海古籍出版社、法國國家圖書館編：《法藏敦煌西域文獻》第一～三四冊，上海古籍出版社，一九九四～二〇〇五年；俄羅斯科學院東方研究所聖彼得堡分所、俄羅斯科學出版社東方文學部、上海古籍出版社編：《俄藏敦煌文獻》第一～一七冊，上海古籍出版社、俄羅斯科學出版社東方文學部，一九九二～二〇〇一年；中國國家圖書館編：《國家圖書館藏敦煌遺書》第一～一四六冊，北京圖書館出版社，二〇〇五～二〇一二年；武田科學振興財團杏雨書屋、〔日〕吉川忠夫編：《敦煌秘笈》第一～九冊，はまや印刷株式會社，二〇〇九～二〇一三年，等等。

　　〔三〕汪泛舟：《敦煌的童蒙讀物》，《文史知識》一九八八年第八期，第一〇四～一〇七頁。

識字類、思想類與知識類三大類，其下又分若干小類，收録了二十六種敦煌蒙書，凡二百二十九件抄本[一]。次年，日本學者東野治之在《訓蒙書》中，以學仕郎、學生抄寫使用的讀物作爲認定"訓蒙書"的標準，認定《古文尚書》《毛詩》《孝經》《論語》《論語集解》《殘卜筮書》《秦婦吟》《詠孝經》《孔子項託》《鷰子賦》《子虛賦・滄浪賦》《貳師泉賦・漁父歌》《李陵與蘇武書》《王梵志詩集》《敦煌廿詠》《金剛般若波羅蜜經》等二十六種，共四十七件抄本。顯然，東野治之以學士郎即兒童身份作爲判定"訓蒙書"的標準，似乎很難準確定義"訓蒙書"的範圍和概念，將《鷰子賦》《子虛賦・滄浪賦》《貳師泉賦・漁父歌》《李陵與蘇武書》《敦煌廿詠》《金剛般若波羅蜜經》等都認定爲"訓蒙書"，似乎太過寬泛[二]。因此，鄭阿財教授認爲："對蒙書的判定，似宜先採廣泛收録，再細定標準加以擇別區分。其主要依據應就寫本内容、性質與功能分析；再據寫卷原有序文，以窺知其編撰目標與動機；從寫本實際流傳與抄寫情況、抄者身份等，綜合推論較爲穩當。"[三]

基於上述原則，鄭阿財、朱鳳玉在《敦煌蒙書研究》一書中，分三大類叙録了敦煌蒙書二十五種，凡二百五十件抄本。其一識字類：《千字文》《新合六字千文》《開蒙要訓》《百家姓》《俗務要名林》《雜集時用要字》《碎金》《白家碎金》《上大夫》，凡九種；其二知識類：《雜抄》《孔子備問書》《古賢集》《蒙求》《兔園策府》《九九乘法歌》，凡六種；其三德行類：《新集文詞九經抄》《文詞教林》《百行章》《太公家教》《武王家教》《辯才家教》《崔氏夫人訓女文》《新集嚴父教》《王梵志詩》一卷本，凡十種。自該書問世以來，備受學界關注，目前是學界公認的"敦煌蒙書"收録最全，認可度最高的觀點[四]。

"蒙書"是個動態和歷史性的概念，因時代的不同，研究者的視角和立場

〔一〕 鄭阿財：《敦煌蒙書析論》，《第二屆敦煌學國際研討會論文集》，第二一二頁。

〔二〕 ［日］池田温編：《講座敦煌5・敦煌漢文文獻》，大東出版社，一九九二年，第四〇三~四〇七頁。

〔三〕 鄭阿財：《敦煌蒙書研究的回顧與前瞻》，《敦煌吐魯番研究》第七卷，中華書局，二〇〇四年，第二五四~二七五頁。

〔四〕 鄭阿財、朱鳳玉：《敦煌蒙書研究》，第二~八頁。

不同，容易出現盲人摸象的問題。因此，黄正建《蒙書與童蒙書——敦煌寫本蒙書研究芻議》一文，通過對東野治之《訓蒙書》、鄭阿財《敦煌蒙書研究》、張新朋《敦煌寫本〈開蒙要訓〉研究》、金瀅坤《唐代敦煌寺學與童蒙教育》等有關"蒙書""童蒙的讀物""童蒙的課本"的看法進行檢討，提出了一些質疑性看法[一]。這在很大程度上反映了學界和社會大衆對"蒙書""兒童讀物"和"兒童課本"的困惑，有必要對此進行探討，以明確本套叢書選定敦煌"蒙書"的標準和依據，使得學界對"蒙書"概念更加明晰。

2.蒙書的定義

"蒙書"界定應該有狹義和廣義之分。狹義蒙書，主要指中國古代專門爲兒童啓蒙教育而編撰的教材和讀物。廣義蒙書，指古代公私之學用於啓蒙或開蒙教育的書，以"童蒙教育"爲中心，也包含對青少年、少數成人的開蒙教育所使用的教材和讀物。廣義的蒙書不僅包括狹義的蒙書，而且包括諸如《俗務要名林》《碎金》等字書、《武王家教》《辯才家教》等"家教"讀物。從作者編撰意圖來看，這些書并非專門爲童蒙教育而作，但因其內容適當、篇幅短小，比較適合童蒙教育，而常被世人作爲童蒙教育的教材使用，故將其視爲廣義蒙書。需要説明的是，字書、家教等之所以被稱爲"蒙書"，是因其常被作爲教育童蒙的教材，而《孝經》《論語》雖可作爲童蒙教材，但并非蒙書。即便是《孝經》有"童蒙小學之書""童蒙之書"之名，也不是廣義"蒙書"。因爲《孝經》《論語》自成書以來就作爲儒家最核心的經典，也是隋唐以來科舉考試最基礎的內容，雖作爲童蒙教材使用，但并非專爲兒童而做，雖主要供少年、成人學習之用，也未改變其爲儒家經典的性質。

蒙書與童蒙教材、童蒙讀物的關係既有交互之處，又有差別。所謂童蒙教材，指兒童啓蒙教育中的教學用書，也稱課本，即指用作兒童啓蒙教育課本的字書、蒙書、家訓及儒家經典、史書、文集、類書等。所謂童蒙讀物，指童蒙教材之外，爲擴大知識量、提高寫作能力而供兒童閲讀的各種書

〔一〕　黄正建：《蒙書與童蒙書——敦煌寫本蒙書研究芻議》，《敦煌研究》二〇二〇年第一期，第九四頁。

籍，文體不限，原則上講童蒙教材是最基礎的學習和閱讀的内容，童蒙讀物是擴展内容。其實，《語對》《篡金》《兔園策府》和一卷本《王梵志詩》等蒙書，編撰的目的并非專門爲童蒙教育而做，但因其内容比較適合兒童閱讀，符合童蒙教育的需求，而被世人逐漸作爲常用童蒙讀物，或改編成適合兒童閱讀、學習、寫作詩文的讀物，也就變成了蒙書。最爲典型的《略出篡金》，就是在《篡金》基礎上删減而來，作爲兒童啓蒙教育讀物，也可視爲蒙書。

3.蒙書的特點

僅憑"蒙書"的概念從七萬餘件敦煌文獻中辨别"蒙書"是十分困難的事，我們必須充分考慮"蒙書"的特點，可以從其基礎性、啓蒙性、學科性、階段性、階層性和時代性入手。

其一，基礎性與學科性。蒙書的基礎性或稱開蒙性，主要是指教育的入門、啓蒙之特性，爲兒童的啓蒙、發蒙、開蒙、諭蒙服務。蒙書的基礎性因專業、學科内容不同而有很大差異，不同學科的蒙書存在着明顯的學科差異。隨着時代發展，不同歷史階段學科發展有很大差異，蒙書就出現了學科性。蒙書的基礎性是由其學科内容決定的，是指某個學科領域最爲基礎的知識、理論和學習方法等。比如字書類蒙書，史游《急就篇》最能體現基礎性特點，其内容一爲"人名"，介紹姓氏文化；二爲"名物"，枚舉衣食、器物、鳥獸、音樂、宫室、疾病等；三爲典章制度，介紹禮法、典故、職官等。雖然其内容涉及了不同學科，但對於兒童識字和增長知識來講，均爲最基礎的知識。《千字文》在《急就篇》基礎上有所發展，内容更爲豐富，增加了天文、人物、典章、制度、勸學、處世、道德方面的内容，對偶押韻，邏輯嚴密，説教明顯，但均爲相關學科的基礎性内容。在兒童接受識字教育的同時，會對其進行習字教育，敦煌文獻中發現的《上大夫》，僅有"上大夫，丘乙己，化三千，七十士，尔小生，八九子"等十八個字，筆畫簡單，比較適合初學者練習漢字的筆畫，掌握書法的基本技巧。隨着唐代科舉重詩賦的影響，童蒙教育對屬對、屬文教育加强，於是出現了《文場秀句》按事類對麗詞進行分類注解的蒙書，爲兒童學習屬對提供最基礎、最簡單詞彙，以及相關典故，用於訓練兒童屬對的基本知識和技巧、方法等。大概在十歲以後，童蒙屬對訓練之後[一]，就需要屬文訓練。於是就出現了敦煌本失名《策府》之類的屬文類蒙書，多在三百字左右，基本採用四六句駢文，前後對偶、押韻，并具備對策的基本結構，爲童蒙學習對策的範文。與《策府》相似的是杜嗣先《兔園策府》，爲其受蔣王惲之命，模仿科舉對策而編撰的範文，既然是範文，自然是爲子弟準備學習對策參考使用，在中晚唐五代被鄉校俚儒作爲教兒童的蒙書，廣泛使用。《兔園策府》相對《千字文》而言，其内容雖然更爲廣泛，難度更大，用詞、用典更爲講究，且有明確的作文結構和技巧，針對的主要對象是十歲至十五歲的大齡兒童，且有一定的識字、屬對基礎。但就屬文即作文而言，仍爲初級階段，爲最基礎、基本的入門性質的，“鄉校俚儒教田夫牧子之所誦”的蒙書，而被世人嘲笑淺薄[二]。此外，敦煌文獻中發現的《九九乘法歌》《立成算經》均爲中國古代算術學科領域的最基礎、入門階段蒙書。明清以後，更是向專科類發展，出現了《天文歌略》《地理歌略》《植物學歌略》以及《農用雜字》《士農工商買賣雜字》等專業性非常强的入門、開蒙類書籍，本質都可以視作蒙書。

其二，階段性。狹義的“蒙書”主要編撰對象爲兒童，在兒童不同年齡段的教育，所用的蒙書也有很大不同。若按照《禮記》的規定，兒童六歲始“教之數與方名”，十五歲成童[三]，此後歷代王朝太學、國子監、州縣學、府學等中央和地方官學的入學年齡基本上限定在十四歲以上，即以成童爲界限，所以筆者大致以此作爲兒童的畫分標準。六至十五歲，按照現在中國的學制，主要爲小學、初中階段，也包含了幼兒園大班，相當於今天的兒童和年齡較

〔一〕　宋仁宗至和元年（一〇五四）製定《京兆府小學規》云：“第二等，每日念書約一百字，學書十行，吟詩一絶，對屬一聯，念賦二韻，記故事二件。”（見私人拓片）唐代雖然没有記載私學中進行對屬訓練的記載，但《文場秀句》《語對》等“屬對”類蒙書發現足以説明唐代童蒙屬對教育的問題。

〔二〕　（宋）歐陽修撰：《新五代史》卷五五《劉岳傳》，中華書局，一九七四年，第六三二頁；又見（五代）孫光憲撰：《北夢瑣言》卷一九《詼諧所累》，中華書局，二〇〇二年，第三四九～三五〇頁。

〔三〕　（唐）杜佑撰，王文錦等點校：《通典》卷五六《禮典十六·沿革十六》，中華書局，一九八八年，第一五七一頁。

小的少年，是一個人接受教育的最重要的時期。結合現代幼兒園、小學和初中教育的内容，這個時段的教材、讀物難易程度相差非常大，在中國古代也是一樣。考慮到隋唐以前的童蒙教育主要以識字教育和經學教育爲主，蒙書主要是字書，兒童教育層級性不是很明顯，本書不予討論。以唐代童蒙教育爲例，存在階段性，李恕《戒子拾遺》中製定了對子弟的培養方案，"男子六歲教之方名，七歲讀《論語》《孝經》，八歲誦《爾雅》《離騷》，十歲出就師傅，居宿於外，十一專習兩經"〔一〕。具體來講，幼兒在六歲便接受算數、時令、方位（空間）和名物等最基本的日常生活、生產知識的教育，主要學習《千字文》《開蒙要訓》《雜抄》《孔子備問書》等識字類和知識類蒙書，七歲讀《論語》《孝經》，八至九歲誦"兼通學藝"的《爾雅》《離騷》〔二〕，就開始經學啓蒙教育。同時，應該學習《太公家教》《武王家教》等家教和《百行章》等道德類蒙書，進行道德行爲規範教育，爲外出拜師求學打基礎、學規矩。十歲外出拜師學習《蒙求》等知識類蒙書，《語對》《文場秀句》等屬對類蒙書，《事林》等故事類蒙書，爲將來從事專經（明經），抑或屬文（進士）等舉業打基礎。至十一歲"專習兩經"，其實就是指爲參加明經科考試做準備。考慮到李恕撰寫此書在開元以前，進士科尚不興盛，故用"專習兩經"指代舉業。隨着開元以後，進士科與明經科代表的文學與經學逐漸分野，童蒙教育大概在十一二歲的時候也相應出現了專經和屬文的分化。於是在十一至十五歲階段的兒童主要閱讀《新集文詞九經抄》《文詞教林》《楊滿山詠孝經壹拾捌章》等經典摘編和歌詠類蒙書，既可以幫助專經者分類記憶、理解經書精粹，同時可以爲屬文者提供典故和寫作語料支持。而《事林》《事森》等故事類蒙書，可以豐富兒童的歷史知識，對明經科、進士科對策和屬文都有幫助。至於《策府》《兔園策府》和李嶠《雜詠》等均爲屬文類蒙書，應該爲意欲從事舉業的快要成童者提供屬文的範文。

〔一〕（宋）劉清之撰，吳敏霞等注譯：《戒子通録》卷三，三秦出版社，二〇〇六年，第五八六頁。

〔二〕參見高明士：《隋唐貢舉制度》表四《唐代貢舉科目兼習學藝表》，文津出版社，一九九九年，第二八三頁。

　　其三，階層性。中國古代社會結構發生了很大變化，不同的社會階層對子弟教育所需蒙書有很大差別。以《千字文》爲例，由於南朝是士族社會，此書乃周興嗣受梁武帝之命編撰，周興嗣出身并不顯貴，善屬文，"其文甚美"。《千字文》格局高昂，雖然也涉及到天地、節令、農業生產、名物、典故、制度等字書常見內容，但其文詞典雅、引經據典、次韻嚴格，多涉禮法、人倫、道德、勸學、勵志、孝悌、睦鄰、修身、言行、舉止、處世、應對、選舉，以及賢良將相、豐功偉績等內容，旨在讓子弟在學習的過程中，不僅要識字、掌握各種知識，而且要立鴻鵠之志，見賢思齊，勵志報國，光大門庭。相對《千字文》是一部文辭華美、非常經典的字書而言，《俗務要名林》主要是爲庶民階層編撰的蒙書，其內容主要是有關生產生活中常用的名物以及倫理關係等，以備日常生產、生活中的實際之需，相對實用，但仍不失基礎、開蒙之性質。又《百行章》作者爲唐初宰相杜正倫，屬於高門士族，兄弟三人在隋朝秀才及第，衣冠天下。其兄正藏著《文章體式》，時人號爲"文軌"〔一〕。杜正倫"善屬文，深明釋典"，以"舉行能之人"見用〔二〕，曾以中書侍郎兼太子左庶子，以侍從贊相太子，蓋在此期間，有感而發做此書。從其《百行章·序》所言，杜正倫主要依據《論語》《孝經》的"忠孝"思想、倫理道德，及修身、齊家、治國的學術觀點，"錄要真之言，合爲《百行章》一卷"，分八十六章對子弟的所謂"百行"進行分章規範、約束，不求高位虛名，旨在盡節立孝、廣學仕君、踐行經典，格局甚高，積極向上，頗有世家大族對社會、君王和家庭的擔當精神與責任。與《武王家教》《辯才家教》偏向庶族百姓，內容較爲現實、關注治家，且勸誡的多爲諸種不當、不雅行爲舉止，形成了鮮明差別。但《武王家教》《辯才家教》的出現比較符合中晚唐士族走向衰落，沒落士族和庶族階層面對現實，積極編撰新時代的符合社會中下層民眾需要的家教類德行蒙書這一情況。此類情況不再枚舉。

　　其四，時代性。中國古代童蒙教育受國家、政體、家庭、地域、文化、

〔一〕《隋書》卷七六《杜正玄傳附正藏傳》，第一七四八頁。

〔二〕《舊唐書》卷七〇《杜正倫傳》，第二五四一頁。

政治、民族等諸多因素的影響，體現的是國家意志、統治階層的觀念，與學校教育制度、選舉制度、文化思想等變遷緊密相連，導致所謂的"小兒書""蒙書"的內容、主旨和名目等都在不斷變化，具有明顯的時代性特點。因此，"蒙書"的概念，必須將中國童蒙教育與中國古代歷史發展變化相結合，分不同歷史時期具體概括其主要特徵，而不是以僵化的標準籠統套用。一九三七年，李廉方《中國古代的小學教育》一文高度概括了中國古代的小學教育史，將中國古代小學教育分爲三代以前、選舉時代、科舉時代三個階段，按時代特點對小學教育的教材種類進行過概括〔一〕。兹分先秦、秦漢南北朝、隋唐五代、宋元以後四個時段，進行概述。

一是，先秦時期，識字、書計之學。先秦時期是"分封建制"的時代，夏商周中央王朝和諸侯國建立了庠序等學校教育機構，諸王和公卿子弟可以接受官學教育，其中也包括了童蒙教育。春秋以來，"學在官府"的格局被打破，私人講學興起，但童蒙教育以識字、書計之學爲主，故保留下來的童蒙讀物《史籀》等也大體屬於識字類字書。由於先秦時期没有統一的文字、文化、制度，故很難出現流行的、統一的"蒙書"。

二是，秦漢南北朝時期，識字教育大發展。秦漢時期，中國建立大一統的中央王朝，秦實行統一文字、文化的政策，頒行《倉頡》《爰歷》《博學》三部字書，可以説極大促進了童蒙識字教育的發展。該時期《急就篇》《千字文》代表了中國古代識字蒙書的最高水平，涌現了諸如《開蒙要訓》《小學篇》《始學》《啓蒙記》《篆書千字文》《演千字文》《要字苑》《正名》等衆多字書，出現了《女史篇》《勸學》《真言鑒誡》等勸誡類蒙書〔二〕。其原因是察舉制度的實行，選官主要憑藉的是門第，而不是才學，雖然當時官學和家學、個人講學等私學教育也較前朝有很大發展，但童蒙教育總體局限於士家大族子弟，在識字教育之外，童蒙教育的内容主要是《孝經》《論語》以及"五經"相關的經學教育，也是受察舉制度選舉重"明經""德行"標準的影響。

〔一〕 收入郭戈編：《李廉方教育文存》，人民教育出版社，二〇〇六年，第四三二~四四九頁。

〔二〕 參見《隋書》卷三二《經籍志一》，第九四二~九四三頁。

　　三是，隋唐五代時期“蒙書”的多樣化發展。張志公將魏晋隋唐放在一起，認爲唐代蒙書的貢獻主要集中在封建思想教育的蒙書（《太公家教》）、掌故故事蒙書（《兔園策》《蒙求》）兩個方面[一]。顯然，魏晋與隋唐是常見的歷史分期法，但就童蒙教育而言，兩個時期存在很大差异。其主要因素，是隋唐帝國終結了魏晋南北朝時期的士族政治，兩個時代有質的差别，唐代科舉考試制度的盛行直接導致教育的下移，極大促進了唐代童蒙教育的發展，蒙書編撰得到了前所未有的發展。科舉制度改變了察舉時代以識字爲主的“字書”蒙書的編撰局面，增加了知識、道德、文學類蒙書。（一）拓展識字類蒙書，趨向專業化、多樣化。將《千字文》進行改編、注釋和翻譯，出現了《六字千字文》《千字文注》和翻譯類蒙書《蕃漢千字文》等。又發展出了《俗務要名林》《雜集時用要字》等雜字類字書，以及《碎金》《白家碎金》等俗字類字書。（二）開創知識類蒙書。雖然此前《開蒙要訓》等字書，也包含了豐富知識，但不是以普及知識爲主。唐代李翰《蒙求》開創了以典故、人物故事屬對類事，將勵志與歷史教育相結合的一種專門的綜合知識教育的“蒙書”，被後世不斷發揚，成爲“蒙求體”，在古代中國和東亞影響極大。余嘉錫、張志公和鄭阿財等先生均將其視作“知識”類蒙書之始[二]，此類蒙書在敦煌文獻中還有《古賢集》《雜抄》《孔子備問書》等等。知識類蒙書的産生與科舉考試詩賦、對策考試注重用典，以及大量設置歷史、博學等制舉和常舉科目有很大關係[三]。（三）開創了德行類蒙書。唐代受魏晋以來《顔氏家訓》等家訓、家教興盛的影響[四]，出現了針對兒童的《太公家教》《武王家教》《辯

　　〔一〕　參閲張志公：《傳統語文教育初探：附蒙學書目稿》，上海教育出版社，一九六二年，第五頁。

　　〔二〕　參閲余嘉錫：《余嘉錫論學雜著》，第六〇五～六〇六頁；張志公：《傳統語文教育初探：附蒙學書目稿》，第五二～五九頁；鄭阿財、朱鳳玉：《敦煌蒙書研究》，第二二七頁。

　　〔三〕　金瀅坤：《中國科舉制度通史·隋唐五代卷》，上海人民出版社，二〇一五年，第四六九～四七五頁。

　　〔四〕　金瀅坤：《唐代家訓、家法、家風與童蒙教育考察》，《浙江師範大學學報（社會科學版）》二〇二〇年第一期，第一四頁。

才家教》《新集嚴父教》和《崔氏訓女文》等家教類蒙書，同時出現了《百行章》《文詞教林》《新集文詞九經抄》等訓誡、格言類蒙書，以及《王梵志詩》等勸世詩類，也就是瞿菊農所説的"封建倫理道德"和張志公所言"封建思想教育"〔一〕。（四）開創文學類蒙書。瞿菊農〔二〕、張志公認爲的童蒙屬文教育是在宋代〔三〕，顯然不妥。文學是唐代選官、品評人物的重要標準，也是唐代"以文取士"的具體體現，本書借用"屬文"之詞，指代童蒙的"屬文""屬對"等進行作文訓練，稱之爲"文學"類蒙書。屬文類，主要指爲滿足童蒙學習屬文需求而編纂的供童蒙閲讀、習作的範文。詩賦讀本有《李嶠雜詠注》及《燕子賦》《楊滿山詠孝經壹拾捌章》，策文有《兔園策府》等，爲瞿菊農所説的"作深造進修的準備或準備應考"。還有《事森》《事林》等故事類蒙書，宋代發展爲散文體的故事書《書言故事》。唐代開創了童蒙"屬對"類蒙書的先例，敦煌文獻中發現的《文場秀句》《語對》《略出籯金》等屬對類蒙書，爲學界了解唐代訓練兒童學習詩賦之前的"屬對"情況提供了有力證據。（五）豐富了書算類蒙書。如唐代出現《上大夫》《牛羊千口》《上士由山水》等習字類蒙書，多内容簡短，筆畫簡單，方便幼童使用，極大豐富了兒童書法教育。

　　四是，宋元以後，隨着官學中小學、社學教育的普及以及家塾等日漸興盛，童蒙教育深入到了社會底層。蒙書較唐代有了更大發展，并日漸分化出新的門類。（一）識字字書類蒙書，逐漸形成了以"三、百、千"爲主的識字教材，出現了《三字經》《千字文》《百家姓》的各種注本和改寫本、別本，數量達數百種，并分化出了眾多農工商各類之"雜字"，社會化掃盲功能突出。（二）知識類蒙書更加細化，隨學科發展而不斷增加。在新增《十七史蒙求》《左氏蒙求》《本朝蒙求》等諸種"蒙求體"蒙書的基礎上，出現了《史學提要》《小四書》《史韻》《簡略四子書》等歷史知識和《名物蒙求》《植物

〔一〕　參閲張志公：《傳統語文教育初探：附蒙學書目稿》，第五頁。

〔二〕　瞿菊農：《中國古代蒙學教材》，《北京師範大學學報（社會科學版）》一九六一年第四期，第四五~四六頁。

〔三〕　參閲張志公：《傳統語文教育初探：附蒙學書目稿》，第一〇〇~一〇一頁。

學歌略》《動物學歌略》等各學科知識類蒙書。（三）德行類蒙書教育理學傾向明顯。隨着宋元理學、王陽明心學先後崛起，道德行爲教育也相應發生了變化。宋代以後新編的《三字經》《小學》《童蒙須知》等蒙書把理學思想灌輸到童蒙教材中，出現了《弟子職》等大量具有理學、心學內容的訓誡讀物。（四）文學類蒙書更爲豐富。出現了《千家詩》《神童詩》《唐詩三百首》《書言故事》等大量與詩歌、散文有關的屬文類蒙書。《對類》《聲律啓蒙》《笠翁對韻》等屬對類蒙書得到快速發展，供童蒙程式化作文訓練，或簡單習文之用，以備舉業。（五）書算類蒙書向專業、專科蒙書發展。如《釋氏蒙求》《梵語千字文序》《鏒梵語千字文序》《五杉練若新學備用》等佛教蒙書，《新學三字經》《植物學歌略》《動物學歌略》《文字蒙求》《歷代名醫蒙求》《藥性蒙求》《風雅蒙求》等專科、專學蒙書。

4.敦煌蒙書的認定

敦煌蒙書的認定是個非常複雜的過程，需要考慮多種因素。本叢書對於敦煌蒙書的認定主要依據前文主張的廣義"蒙書"概念，充分考慮唐五代蒙書的基礎性、學科性、階段性、階級性和時代性等特點，并結合敦煌文獻的特殊性，對相關文書進行認定。針對敦煌文獻中的對象文書（相關文書），將從以下九點標準進行認定。

其一，對已有明確記載爲蒙書者，直接收入叢書名目。如《千字文》《開蒙要訓》《蒙求》《兔園策府》《李嶠雜詠注》《上大夫》等。相關敦煌文書的書名、序、跋和正文中，已經明確交待其爲教示童蒙而編撰，作爲課本、讀物使用的具有開蒙性質的基礎性書目，或可以推斷出爲蒙書者，即可視爲蒙書，如《太公家教》《新集嚴父教》《新集文詞九經抄》《文詞教林》等。對象文書雖無學郎題記，但唐宋以來世人明確將其作爲蒙書，或書志目錄、志書、史籍記載其爲蒙書，并具備蒙書的基礎性和開蒙性質者，可認定爲蒙書，如《文場秀句》等。

其二，相關文書明確有學生、學郎抄寫題記，可證明其爲學郎書寫的作業、課本，且比較多見，即在敦煌文獻中保存，由不同學郎抄寫三件以上者，且具備蒙書基礎性的特點者，可視作蒙書，如《百行章》等。

其三，相關文書與若干文書同抄在一起，判定對象僅爲其中的一篇文書，而其他同抄文書中有明確爲蒙書，或有學郎題記者，且具備蒙書的基礎性等特點者，又時代大體相當者，可作爲認定標準之一。

其四，考察相關文書是否具備蒙書基礎性特點，即内容具備篇幅短小、淺顯易懂等基礎性、啓蒙性的特點，且字數在三千左右者，考慮到蒙書的階段性，接近成童的大齡童子學習能力較强，諸如《事林》《事森》等故事類、《語對》《略出纂金》等屬對類、《李嶠雜詠注》等屬文類蒙書，其字數可以放寬到五千字左右，可作爲參照條件之一。

其五，考察相關文書内容，是否有與已經明確的同類蒙書内容相近、編撰體例相似者，且具備基礎性等蒙書特點，可作爲參考條件之一。

其六，比照中古蒙書的編撰特點，以四言短句居多，具有押韻對偶、事類簡單等特點者，且具備相關不同學科性質蒙書特點，可以作爲參考條件之一。

其七，比照中古蒙書的編撰特點，多摘編經典、名言警句、俗語諺語等，具有事類編撰特點者，且具備相關不同學科性質蒙書特點，可以作爲參考條件之一。

其八，比照中古蒙書的編撰特點，以事類編排，以麗詞對偶，并摘編經典語句、名言對其解釋，明顯作爲兒童“屬辭比事”之用，進行詞語、典故屬對訓練，熟練掌握音韻押韻，爲作詩習文訓練做準備者，可以作爲參考條件之一。

其九，比照蒙書多具訓誡、說教、勸學的特點，即啓蒙教育特點明顯者，可以作爲參考條件之一。

基於敦煌蒙書的特殊性，很多蒙書没有明確記載其性質，且後世典籍中没有收録，故需要在廣義“蒙書”概念基礎上，充分考慮蒙書基礎性的特點，集合蒙書學科性、階段性、階層性和時代性等特點，依據上述第三至九條認定標準，逐一比對核實。若敦煌文書的判定對象符合其中三項者，即可認定爲蒙書。每部蒙書詳細認定情況請參見具體分卷蒙書的相關研究。當然，需要指出的是，敦煌蒙書并非特指敦煌地區的文人所做，而是指敦煌文獻中發現的蒙書。

（二）敦煌"家教"類蒙書與家訓、類書的關係

在界定敦煌"蒙書"之後，我們有必要討論一下敦煌文獻中的"家訓""類書"與敦煌"蒙書"的關係，以便決定《敦煌蒙書校釋與研究》對"類書""家訓"中的"蒙書"進行篩選。

1.敦煌"家教"類蒙書與家訓的關係

敦煌文獻中的《太公家教》《武王家教》《新集嚴父教》《辯才家教》，爲大家所公認的四部"家教"類蒙書〔一〕，兹就"家教"與"家訓"兩者之間的關係展開討論。余嘉錫在《内閣大庫本碎金跋》中將《太公家教》歸入"格言類"〔二〕，張志公《傳統語文教育教材論》受其影響，亦將《太公家教》歸入其"封建思想教育的蒙書"之"格言諺語"類〔三〕。改革開放以後，周丕顯《敦煌"童蒙""家訓"寫本之考察》把《太公家教》歸入"家訓"，認爲是"'家訓''家教''家箴'之類著作，是我國歷史上家長用於訓誡、教育子弟及後代的倫理、規勸文字"〔四〕。汪泛舟《敦煌的童蒙讀物》將敦煌"家教"歸入"童蒙讀物"之"教育類"〔五〕，鄭阿財《敦煌蒙書析論》將其歸入"思想類"之"家訓類"〔六〕。後來，鄭阿財、朱鳳玉合著的《敦煌蒙書研究》將其并入"德行類蒙書"之"家訓類蒙書"〔七〕。從學界對《太公家教》等"家教"的認識來看，

〔一〕　鄭志明：《敦煌寫本家教類的庶民教育》，《第二屆敦煌學國際研討會論文集》，第一二五～一四四頁。

〔二〕　余嘉錫：《内閣大庫本碎金跋》，余嘉錫：《余嘉錫論學雜著》，中華書局，一九六三年，第六〇〇～六〇六頁。

〔三〕　張志公：《傳統語文教育教材論：暨蒙學書目和書影》，中華書局，二〇一三年，第四八～五一頁。

〔四〕　周丕顯：《敦煌"童蒙""家訓"寫本之考察》，《敦煌學輯刊》一九九三年第一期，第二一～二三頁。

〔五〕　汪泛舟：《敦煌的童蒙讀物》，《文史知識》一九八八年第八期，第一〇四～一〇七頁。

〔六〕　鄭阿財：《敦煌蒙書析論》，《第二屆敦煌學國際研討會論文集》，第二二六～二二七頁。

〔七〕　鄭阿財、朱鳳玉：《敦煌蒙書研究》，第二八七～四四五頁。

一種將其看作"家訓類"蒙書，一種是看作"格言類""小學"類蒙書。雖然各自理由看似都很充足，但仍值得進一步探討。

有關家訓的研究，學界已有不少研究成果[一]，關於家訓和現代家庭教育、童蒙教育，以及傳統文化關係等方面的研究也很多[二]。筆者認爲"家訓是中國傳統文化的精髓和特質，通常由家族中學養和威信較高者，總結祖上成功經驗和教訓，汲取主流價值觀念，爲子弟製定的生活起居、爲人處事、入仕爲官等行爲準則、經驗教訓，以訓誡子弟"[三]。因此，家訓主要針對家庭、家族內部，具有一定的封閉性，與"家教"有所不同。徐少錦、陳延斌《中國家訓史》對兩者有個簡單區別："家訓與在家教導門生與子弟的家教這兩個範疇之間既有聯繫又有區別，主要是指父祖對子孫、家長對家人、族長對族人的直接訓示、親自教誨，也包括兄長對弟妹的勸勉，夫妻之間的囑託。"[四]似乎對家訓和家教兩者之間的區別説得還不是很清晰。

"家教"一詞與現代教育學相對應的名詞應該就是"家庭教育"。根據王鴻俊《家庭教育》指出："家庭教育，本有廣狹二意；狹義之家庭教育，係指子女入學以前之教育，又名之曰'學前教育'，其意即謂子女入學以前時期之

〔一〕 如汪維玲、王定祥：《中國家訓智慧》，漢欣文化，一九九二年；徐梓：《中國文化通志·家範志》，上海人民出版社，一九九八年；王長金：《傳統家訓思想通論》，吉林人民出版社，二〇〇六年；朱明勳：《中國家訓史論稿》，巴蜀書社，二〇〇八年；林春梅：《宋代家禮家訓的研究》，花木蘭文化出版社，二〇一〇年；徐少錦、陳延斌：《中國家訓史》，人民出版社，二〇一一年；劉欣：《宋代家訓與社會整合研究》，雲南大學出版社，二〇一五年；等等。

〔二〕 如牛志平：《"家訓"與中國傳統家庭教育》，《海南師範大學學報（社會科學版）》二〇一二年第五期，第七九～八六頁；趙小華：《論唐代家訓文化及其文學意義——以初盛唐士大夫爲中心的考察》，《貴州社會科學》二〇一〇年第七期，第一〇七～一一三頁；劉劍康：《論中國家訓的起源——兼論儒學與傳統家訓的關係》，《求索》二〇〇〇年第二期，第一〇七～一一二頁；陳志勇：《唐宋家訓發展演變模式探析》，《福建師範大學學報（哲學社會科學版）》二〇〇七年第三期，第一五九～一六三頁；等等。

〔三〕 金瀅坤：《論古代家訓與中國人品格的養成》，《廈門大學學報（哲學社會科學版）》二〇一八年第二期，第二五～三三頁。

〔四〕 徐少錦、陳延斌：《中國家訓史》，人民出版社，二〇一一年，第一頁。

教育，應由家庭負責，子女既入學之後，似可將教育責任，完全委之於學校矣。廣義之家庭教育，係指家庭對於子女，一切直接或間接有意或無意之種種精神上身體上之教育也。"〔一〕"家庭教育"主要針對的是家庭中父母對子女的教育，以及言行和精神的影響。

結合古代"家訓"概念和現代"家庭教育"概念來看，"家訓"和"家教"主要有以下幾點區別：

第一，內涵不同。家訓，可以包括家範、家法、家訓、家教、家規、家書、家誡、箴言、族規、莊規、宗約、祠約等等，名目衆多，概念更爲廣泛。家教，嚴格地講，是家訓的一種，更注重家庭，弱化家族，屬於被包含的關係。

第二，內容不同。家訓往往着眼於宗族內部，偏重於處理宗族內部關係和自治，以及社會處世之道、禮儀應對。家教更偏重於子弟文化知識、德行和禮儀的教育，以及教育子弟的方法等等。

第三，範圍不同。家訓往往涉及整個家族上下幾代人，是適用於中國古代宗族社會的需求。家教相對而言，偏重於單個家庭內部對子弟的具體教育行爲。

第四，性質不同。家教更傾向於童蒙教育，重在關注子弟幼小時期的教育，而家訓傾向全時段的訓誡，是終生的，故以社會化教育爲主。家教往往可以作爲蒙書使用，家訓祇有少數篇幅短小且適合童蒙教育者，才可以作爲蒙書使用。

因此，敦煌文獻中《太公家教》等四部"家教"的發現，作爲現存中國歷史上最早的一批"家教"，對研究"家教"與"家訓"的關係非常有學術價值，特別是對區別"家訓"與"蒙書"的關係有着特殊意義。依據徐少錦、陳延斌的看法："家訓屬於家庭或家族內部的教育，與社會教育、學校教育相比，雖然有許多共同性，但在教育的主體與客體、教育的內容與方法方面，

〔一〕　參閱王鴻俊：《家庭教育》，教育部社會教育司，一九四〇年，第一～二頁；趙忠心：《家庭教育學——教育子女的科學與藝術》，人民教育出版社，二〇〇〇年，第五頁。

則有不少特殊性。比如，家書、家規、遺訓等祇指向家庭或家族的成員，不同於一般的童蒙讀物之適用全社會兒童。"〔一〕依據"家訓"與"童蒙讀物"的重要區別，就是"適用全社會兒童"，那麽"家訓"重視家族、家庭内部，"蒙書"就是社會性更强，不局限於家庭、家族内部。其實，敦煌文獻中的四部家教就集中反映了這一特點。

唐代士族的形成與維繫，不僅僅是世代保持高官厚禄，"而實以家學及禮法等標異於其他諸姓"〔二〕，士家大族"既在其門風之優美，不同於凡庶，而優美之門風實基與學業之因襲"〔三〕。因此，唐代大士族之家普遍重視學業、品德、家學、家風〔四〕，用以教育子弟，確保門第不衰，重視家訓、家法和家風建設。

家訓的興盛是在隋唐之際，以隋開皇中顔之推所作《顔氏家訓》最具代表性。進入唐代之後，士家大族編撰家訓的風氣很盛，唐初王方慶爲書聖王羲之之後，曾爲武周宰相，作《王氏訓誡》《友悌録》，以訓誡子弟。中唐皇甫七纂作《家範》數千言，被梁肅稱贊爲"名者公器"〔五〕。以家法嚴明著稱者，爲河東柳氏柳子温家族，其曾孫玭作《戒子孫》《家訓》最爲知名。還有針對女性的宋若莘等作《女論語》、敦煌文獻中的《崔氏夫人訓女文》等女訓。

隨着中晚唐士族的衰落，家訓的形式又有所轉變，出現了《太公家教》《武王家教》《辯才家教》《新集嚴父教》四部"家教"，借助古代先賢之名編撰家教，模糊姓氏，并不限於一家一姓，而是面向天下百姓。敦煌文書中發現的《辯才家教》《新集嚴父教》都屬於此類。這些家教的産生伴隨着唐五代士族的衰落、文化教育的下移，家訓也成爲尋常百姓家庭的需要，從而使《顔氏家訓》等某一姓氏的"家訓"，轉向《新集嚴父教》等迎合大衆百姓的

〔一〕 徐少錦、陳延斌：《中國家訓史》，第一頁。

〔二〕 陳寅恪：《唐代政治史述論稿》中篇《政治革命及黨派分野》，上海古籍出版社，一九九七年，第六九頁。

〔三〕 陳寅恪：《唐代政治史述論稿》中篇《政治革命及黨派分野》，第七一頁。

〔四〕 錢穆：《略論魏晉南北朝學術文化與當時門第之關係》，《新亞學報》第五卷第二期，一九六三年，第二三～七八頁。

〔五〕 （唐）梁肅撰，胡大浚、張春雯校點整理：《梁肅文集》卷二《送皇甫七赴廣州序》，甘肅人民出版社，二〇〇〇年，第六四頁。

“家訓”〔一〕。

“家教”不冠姓氏，更突出童蒙教育的特點，最終走向社會；“家訓”多冠名姓氏，强調重家族內部的意義。因此，家訓重在家族內部關係的治理。如《顏氏家訓》中設立《教子》《兄弟》《後娶》三篇，對應父子、兄弟、夫婦三種關係。司馬光的《家範》詳細地討論了祖、父、母、子、女、孫、伯叔父、侄、兄、弟、姑姊妹、夫、妻、舅甥、舅姑、婦、妾、乳母等十八種家族成員的行爲規範〔二〕。“家教”趨向社會，故發展爲“格言類”蒙書，余嘉錫認爲“格言”類蒙書以《太公家教》爲源頭，後世有《童蒙須知》《格言聯璧》等蒙書。從這種意義講，家教與家訓存在一定的差別，兩者代表不同的發展方向。

唐代四部“家教”又有各自差异，可以反映唐代“家教”的多樣性。兹分別加以說明：

其一，《太公家教》。《太公家教》的編撰目的，在其序和跋中有所交待。《太公家教·序》明確講編書的目的是“助誘童兒，流傳萬代”，面向社會大衆，與“家訓”訓誡功能主要面向家族并冠以姓氏有很大差别，正好説明其“蒙書”的特徵。其跋云：“唯貪此書一卷，不用黃金千車，集之數韻，未辨疵瑕，本不呈於君子，意欲教於童兒。”明確交代編書的目的，并没有强調教示自家子弟。結合《太公家教》編撰體例，將前人格言警句、諺語俗語，改寫爲四言爲主，兼及五言、六言的句式，前後對偶、押韻，從孝悌、應對、師友、言行、勸學、處世等諸多層面進行勸教，主要是德行和勸學内容，開創了德行類，即格言類蒙書的先例。不過，該書多次提到“教子之法”“養子之法”“育女之法”等語，説明作者的着眼點是家長教育兒女，與現代家庭教育比較相近，此蓋題名“家教”的原因所在。該書在唐代流傳甚廣，宋元時期仍在作爲蒙書使用，并遠播日本。

〔一〕　詳見金瀅坤：《唐代家訓、家法、家風與童蒙教育考察》，《浙江師範大學學報（社會科學版）》二〇二〇年第一期，第一三～二一頁。

〔二〕　王美華：《中古家訓的社會價值分析》，《古籍整理研究學刊》二〇〇六年第一期，第六一頁。

其二，《武王家教》。《武王家教》常常抄寫在《太公家教》之後，甚至不署其名，以致被後人當作《太公家教》的一部分。但該書編撰體例和内容與《太公家教》差距甚大，爲後人仿效《太公家教》之作，係借名周武王，題爲《武王家教》的一部"家教"。《武王家教》以"武王問太公"的問答體體例，回答了十惡至十狂等十三類問題，主要用四言俗語，對答應該去除的七十一種不良、不雅行爲舉止，使用了"數字冠名事類"的分類編撰方式，這是唐代問答體兼"數字冠名"的典範〔一〕。考慮到《武王家教》最後兩問爲"欲成益己如之何""欲教子孫如之何"，即如何教示子孫，且是"益己"之教，對答内容多與《太公家教》有關，説明兩者性質很近。其最後一段有"男教學問，擬待明君；女教針縫，不犯七出"；"憐子始知父慈，身勞方知人苦"；末尾一句爲"此情可藏於金櫃也"，意爲可作爲教示子弟的典範。該書基本上以父教爲主，教示子弟莫爲諸種不當行爲舉止，多與對外應對、處世有關，雖冠名"家教"，但着眼於天下少年兒童。《武王家教》以"治家"爲主，大體講子弟應該杜絕的不當、不良行爲及家長應該注意的事項，雖"家訓"特點較强，但學郎仍多有抄寫、誦讀，説明其作爲蒙書使用較爲普遍。

其三，《辯才家教》。《辯才家教》是唐大曆間能覺大師辯才所作的問答體"家教"。《辯才家教》問答相對簡單，由學士問辯才＋辯才答曰構成，祇有一級問對。對答部分有三種情況：一是辯才答曰；二是辯才答曰＋《孝經》＋偈頌；三是辯才答曰＋偈頌。《辯才家教》有明確章目：貞清門、省事門、善惡章等共十二章，前有序，後有跋。《辯才家教》的作者在序和跋的部分，就已經交代了編撰此書的目的是"教愚迷末，審事賢英；常用智慧，如燭照明"。其主旨是教化、勸導愚昧、迷惑、末流之輩審時度勢，處理家事和社會事務的"常用智慧"，最終達到"悉以廣法，普濟群生"，有弘法渡人的目的。《辯才家教》的家訓特點更爲明顯，勸教對象爲家族成員，包含了少年兒童、婦女老者，偏重佛理，内容多涉及家族内部翁婆、兄弟、妯娌等關

〔一〕 金瀅坤：《唐代問答體蒙書編撰考察——以〈武王家教〉爲中心》，《厦門大學學報（哲學社會科學版）》二〇二〇年第四期，第一四一～一五二頁。

係，"家訓"特徵明顯，流傳不廣，但敦煌仍有少量學郎抄本，説明有一定的兒童讀者。《辯才家教》偈文稱頌"家教看時真似淺"，内容較疏，其實"款曲尋思始知深"，"天生道理密"，説理性很强，有着深奥的文化内涵和歷史傳統。

其四，《新集嚴父教》。《新集嚴父教》是十世紀後期敦煌地區一部十分通俗的大衆讀物，篇幅簡短，每章五言六句，是韻語式的"家教"，針對男、女童分别訓示。該書共九章，每章首句先列舉日常生活的事目，然後告知"但依嚴父教"；第三四句爲針對首句的教示語（如"養子切須教，逢人先作笑"），第五句爲教示結果（如"禮則大須學"），最後以"尋思也大好"盛贊，作爲每章結束語。《新集嚴父教》爲教誡子弟日常生活行爲而編，偏重男兒，而《崔氏夫人訓女文》是針對臨嫁的女兒而撰的。《新集嚴父教》雖然冠名"父教"，但與前三部"家教"的最大不同是，啓蒙教育内容不足，而且是以"嚴父"口吻嚴令禁止諸種不良、不當的應對和處世行爲，與《辯才家教》的説理特點形成了鮮明對比。不過，仍有學郎抄寫，作爲蒙書使用。

此外，敦煌寫卷《崔氏夫人訓女文》爲現存最早訓示臨嫁女兒而撰作的篇卷[一]，通俗淺近，對後世女教影響深遠。與敦煌本以"父教"爲主導的四部"家教"最大不同是"母教"，勸誡對象也是將要出嫁的女兒。此篇與"家教"的另一個區别是日常生活的啓蒙教育内容較少，而是以出嫁前的女童爲訓誡對象，主要爲處理公婆、夫妻、姒娌等家庭内部關係，以及應對等處世原則的内容，集中在女德方面，故也常用作女德教育方面的蒙書使用。

綜上所論，依據對《太公家教》《武王家教》《辯才家教》和《新集嚴父教》的分析，結合古代"家訓"和現代"家庭教育"概念來看，"家訓"和"家教"的主要區别在於：家訓的概念更爲廣泛，家教包含在家訓之内；家訓偏重於宗族内部關係處理和自治，家教更偏重於天下子弟文化知識、德行和禮儀的教育；家訓往往涉及整個家族上下幾代人，家教偏重於單個家庭内部

〔一〕　參閲鄭阿財、朱鳳玉：《敦煌蒙書研究》，第四一六頁。

的子弟。

具體來講，《太公家教》主要是用四言韻文改寫古人格言諺語，對子弟進行德行和勸學教育；《武王家教》用問對體結合數字冠名事類，主要用四字俗語，以"治家"爲主，講子弟應該杜絶的行爲及家長應該注意的事項，雖具"家訓"特點，但仍不失蒙書性質；《辯才家教》的家訓特點更爲明顯，偏重佛理，重視家庭整體，内容多涉及家族内部翁婆、兄弟、妯娌等關係，"家訓"特徵明顯，流傳不廣；《新集嚴父教》雖然冠名"父教"，實爲"家教"，與前三部"家教"的最大不同是缺乏啓蒙教育内容。

2.蒙書與類書的關係

敦煌蒙書中《語對》《文場秀句》《略出籝金》《兔園策府》《事林》《事森》《古賢集》《雜抄》等，從編撰體例來講又屬於小類書，以致有學者和讀者對類書與蒙書的關係產生了困惑。因此，有必要對敦煌"蒙書"與"類書"的异同進行説明。

所謂類書，"是採輯或雜抄各種古籍中有關的資料，把它分門別類加以整理，編次排比於從屬類目之下，以供人們檢閲的工具書……類書并非任何個人專著，而是各種資料的彙編或雜抄"[一]。以"事類"作爲類書的基本特徵。《隋書·經籍志》將《皇覽》《雜書鈔》等"類書"歸入子部雜家。《舊唐書·經籍志》將"類書"從子部雜家中單獨分出"類事"類[二]。《四庫全書總目·子部》類書類小序載："類事之書，兼收四部，而非經非史，非子非集。四部之内，乃無類可歸。"[三]可以大致反映出類書的基本特點是"類事"，但其内容比較混雜，多爲非經非史非子非集，四部分類往往不足以將其準確歸類，以致出現同一部類書，不同學者常將其歸入不同門類的情況。十九世紀三十年代，鄧嗣禹《燕京大學圖書館目録初稿》將類書部分爲：類事門、典故門、博物門、典制門、姓名門、稗編門、同异門、鑒戒門、蒙求門、常識門等十

〔一〕 吳楓：《中國古典文獻學》，齊魯書社，二〇〇五年，第一一七～一一八頁。

〔二〕《舊唐書》卷四七《經籍志下》，第二〇四五～二〇四六頁。

〔三〕（清）永瑢等撰：《四庫全書總目》卷一三五《子部·類書類一》，中華書局，一九六五年，第一一四一頁。

門，他認爲類書“分類過多，即難於周密；取材太泛，則義界不明”，常有互牴之情況，很難分類，故主張分爲綜合性類書、專門性類書兩類〔一〕。鄧嗣禹還單獨設“蒙求門”，以收録蒙書，説明類書與蒙書存在很大交互性。周揚波在對宋代蒙書分類時，專列“第四類是類書類蒙書”〔二〕。

關於“蒙書”和“類書”的差异，王三慶指出：“類書的編纂，原供皇帝乙夜之覽，以利尋檢；其後，人臣對策、文士撰述，亦得參考方便。等到類書蔚爲大觀，得到大家充分的認識和廣泛的利用後，又成爲童蒙初學時，依類誦讀，助益記憶的教科書。”〔三〕説明類書既可以作爲士大夫的檢索工具書，也可以作爲童蒙誦讀内容。劉全波《論唐代類書與蒙書的交叉融合》一文認爲：“類書强調的是體例，是以類相從的方式、方法，是類事類書、類文類書、類句類書、類語類書、賦體類書、組合體類書之區别。蒙書强調的是功能，是蒙以養正，雖然有識字類，有品德類，蒙書體例靈活多樣，不拘一格，注重的是功能性。”〔四〕認爲敦煌類書和蒙書的區别是强調體例和功能不同。筆者認爲兩者主要是編撰方法和用途的不同，敦煌類書分類在於按類事、類文、類句、類語、賦體、綜合等體例編排，不辨讀者對象，講求“述而不作”；而敦煌蒙書按内容、性質和用途分爲識字、知識、德行、文學、書算等類，强調其爲童蒙教育服務的特點，且多爲基礎性知識、常識性内容。一般來講，“類書”的判定偏重編撰方式和内容，“蒙書”的判定重在童蒙的“用途”和相對淺顯的内容，兩者并不是相互矛盾的，會存在相互交融的情況。

至於敦煌“類書”能不能作爲“蒙書”，是由其内容、長短、難易、用途等因素决定的，“蒙書”是不是“類書”還由其編撰體例决定。

〔一〕　鄧嗣禹編：《燕京大學圖書館目録初稿·類書之部》，燕京大學圖書館，一九三五年，第一～二八頁。

〔二〕　周揚波：《知識社會史視野下的宋代蒙書》，《廈門大學學報（哲學社會科學版）》二〇一八年第二期，第三四～四五頁。

〔三〕　王三慶：《敦煌類書》，麗文文化事業股份有限公司，一九九三年，第一三二頁。

〔四〕　劉全波：《論唐代類書與蒙書的交叉融合》，《浙江師範大學學報（社會科學版）》二〇二〇年第四期，第一一二頁。

同一本書兼具類書與蒙書性質分類與用途總表

書目	類書[一]	蒙書	題記[二]	用途
語對	語詞類[三]	屬對類		屬對訓練、掌握典故
文場秀句	語詞類	屬對類		屬對訓練、掌握典故
略出贏金	語詞類	屬對類	尾題："宗人張球寫，時年七十有五。"	屬對訓練、掌握典故
兔園策府	語詞類	屬對類	尾題："巳年四月六日學生索廣翼寫了。""高門出貴子，好木不良才，男兒不學問。"	習文訓練、掌握典故
事林	故事類	故事類	尾題："君須早立身，莫共酒家親。"	掌握典故、知識，以備習文
事森	故事類	故事類	題記："戊子年四月十日學郎員義寫書故記。""長興伍年歲次癸巳八月五日敦煌郡净土寺學仕郎員義。"	掌握典故、知識，以備習文
新集文詞九經抄	類事類	格言類	尾題："十五年間共學書。"背題："中和參年四月十七日未時書了，陰賢君書。"	掌握典故、習文訓練
文詞教林	類事類	格言類		掌握典故、習文訓練
雜抄	問答體類	綜合知識類	首題："辛巳年十一月十一日三界寺學士郎梁流慶書記之也。"題記："丁巳年正月十八日净土寺學仕郎賀安住自手書寫讀誦過記耳。"	擴展知識

　　其一，語詞類類書兼具屬對蒙書情況。敦煌文獻中發現的《語對》《文場秀句》和《略出贏金》等書抄，從編撰體例來看屬於語詞類類書，但按其使用性質來分則是蒙書。如《語對》僅存諸王、公主、醜男、醜女、閨情等四十個事類，其下又分維城、磐石、瑤枝、瓊萼等六百三十六條對語。顯然，《語對》是一部語詞類類書無疑，"而其功能旨在用於兒童學習造語作文

　　　　[一]　參考王三慶：《敦煌類書》，第一五～一二六頁；王三慶撰，[日]池田温譯：《類書・類語體・語對甲》，收入[日]池田温編：《講座敦煌5・敦煌漢文文獻》，第三七二、三七九頁；劉全波：《類書研究通論》，甘肅文化出版社，二〇一八年，第九三～一〇八頁。

　　　　[二]　同一蒙書題記，此表僅限收兩條。

　　　　[三]　語詞類，王三慶《敦煌辭典類書研究：從〈語對〉到〈文場秀句〉》作"辭典類"（《廈門大學學報（哲學社會科學版）》二〇二〇年第四期，第一六四～一七二頁）。

的初階啟蒙"〔一〕，其編纂目標"偏重教育學童在語詞上的初階學習和道德知識上的傳承，猶未進入利用事文詞彙正式聯屬作文的階段……編織成一篇錦繡文章"〔二〕。與其相近的敦煌本《文場秀句》僅存天地、日月、瑞、王等十二個"部類"，每個部類之下設數條小的條目，其下爲注解，共計一百九十三條。據日本《倭名類聚抄》《性靈集注》《言泉集》等文獻，在敦煌本《文場秀句》十二類外，又可增補兄弟、朋友、攻書等部類目，下設約十九條目（含儷語一條）〔三〕。從其分類和條目設置來看，《文場秀句》爲語詞類專門類類書，王三慶認爲其爲"類語體類書"〔四〕，李銘敬也認爲其兼具類書和啓蒙讀物的性質〔五〕。《日本國見在書目録》將《文場秀句》與《倉頡篇》《急就篇》《千字文》等蒙書一同歸入"小學家"〔六〕，可見其具有蒙書之性質。現存敦煌本《籯金》爲武周時期李若立所作類書。九世紀末張球爲教授生徒的需要，改編《籯金》而成《略出籯金》（伯二五三七號），不僅僅是簡單的删節改編和壓縮篇目，而且是從格式到内容做了全面的修訂和改編，對有些部分進行了重新撰寫，將其改寫爲《略出籯金》，僅存帝德篇至父母篇，共三十篇〔七〕。顯然，《籯金》

〔一〕　見王三慶《敦煌蒙書校釋與研究・語對卷》，文物出版社，二〇二二年，第三一九頁。

〔二〕　王三慶：《敦煌蒙書校釋與研究・語對卷》，第三一三頁。

〔三〕　［日］狩谷棭齋：《箋注倭名類聚抄》，日本明治十六年（一八八三）印刷局活版本（藏日本内閣文庫）；［日］阿部泰郎、［日］山崎誠編集：《性靈集注》，見國文學研究資料館編：《真福寺善本叢刊》第二期第十二卷（文筆部三），臨川書店，二〇〇七年；澄憲著，［日］畑中榮編：《言泉集：東大寺北林院本》，古典文庫，二〇〇〇年，第三二三～三二六頁。

〔四〕　王三慶：《〈文場秀句〉之發現、整理與研究》，王三慶、鄭阿財合編：《二〇一三年敦煌、吐魯番國際學術研討會論文集》，成功大學中國文學系，二〇一四年，第三頁。

〔五〕　李銘敬：《日本及敦煌文獻中所見〈文場秀句〉一書的考察》，《文學遺産》二〇〇三年第二期，第六七～六八頁。

〔六〕　［日］藤原佐世奉敕撰：《日本國見在書目録》，（日本）天保六年（一八三五）寫本（藏日本國立國會圖書館），寫本不注頁碼。

〔七〕　鄭炳林、李强：《陰庭誠改編〈籯金〉及有關問題》，《敦煌學輯刊》二〇〇八年第四期，第一～二六頁；楊寶玉：《晚唐文士張球及其興學課徒活動》，金瀅坤主編：《童蒙文化研究》第二卷，人民出版社，二〇一七年，第三八～五四頁。

不僅是類語類類書，而且具有鮮明的蒙書特點。

其二，語詞類類書兼具屬文類蒙書情況。敦煌本《兔園策府》僅存第一卷，爲《辨天地》《正曆數》《議封禪》《征東夷》《均州壤》等五篇，爲鄉村學校教授兒童的蒙書。但《郡齋讀書志》將其列入“類書類”[一]，《遂初堂書目》也收在“類書類”下[二]，《秘書省續編到四庫闕書目》卷一別集類、卷二類書類均著録《兔園策府》十卷，强調《兔園策府》從“對策”文體角度則屬於別集，從編撰體例來看屬於類書，實際使用情況來看爲蒙書[三]。考慮到《兔園策府》是蔣王傅杜嗣先奉教參照科舉試策編撰的範文，以備習作和備考之用。又斯六一四號《兔園策府》末尾題記：“巳年四月六日學生索廣翼寫了。”其蒙書的性質應該很明確了。項楚先生認爲此條題記後所附“高門出貴子”一詩，乃西陲流行學郎詩，這也印證了《兔園策府》的蒙書性質[四]。由於唐初科舉試策，對策文體多爲“賦”，若結合《兔園策府》對策文體爲賦，以事類編目，將其歸爲“類事賦”[五]，應該問題不大。總之，隨着時代的變遷，《兔園策府》變成了《兔園册》，成爲教人屬文、典故和知識等方面的蒙書[六]。

其三，故事類類書與故事類蒙書情況。《事林》《事森》，白化文[七]、王三慶均將其歸爲類書[八]。僅存的伯四○五二號《事林》篇首有學郎題記：“君須早

〔一〕（宋）晁公武撰，孫猛校證：《郡齋讀書志校證》，上海古籍出版社，一九九○年，第六五○頁。

〔二〕（宋）尤袤撰：《遂初堂書目・類書類》，王雲五主編：《叢書集成初編》第三二册，中華書局，一九八五年，第二四頁。

〔三〕（清）葉德輝考證：《秘書省續編到四庫闕書目》卷一《集類・別集》，新文豐出版公司編輯部編：《叢書集成續編》第三册，新文豐出版公司，一九九一年，第二五九頁；（清）葉德輝考證：《秘書省續編到四庫闕書目》卷二《子類・類書》，《叢書集成續編》第三册，第二九六頁。

〔四〕項楚：《敦煌詩歌導論》，巴蜀書社，二○○一年，第二○四頁。

〔五〕王三慶：《敦煌類書》，第一一八頁。

〔六〕參閱鄭阿財、朱鳳玉：《敦煌蒙書研究》，第二七八頁。

〔七〕白化文：《敦煌遺書中的類書簡述》，《中國典籍與文化》一九九九年第四期，第五三頁。

〔八〕王三慶：《敦煌類書》，第七○頁。

立身，莫共酒家親。"爲學郎讀後感，説明其爲蒙書無疑。王三慶認爲《事林》是學郎之習書，"始戲題爲《事林》一卷，謂事類如林也"[一]，很可能就是供童蒙學習用的改編本類書[二]。敦煌本《事森》有尾題："戊子年四月十日學郎員義寫書故記。"背題："長興伍年歲次癸巳八月五日敦煌郡净土寺學仕郎員義。"《事森》與《事林》均爲類書，説明兩者同時也是學郎喜愛的故事類蒙書。

其四，類事類類書兼具格言類蒙書情況。《新集文詞九經抄》《文詞教林》等類書，白化文[三]、王三慶均認定爲類書[四]，鄭阿財却將其歸爲蒙書類。其實，《新集文詞九經抄》從編撰角度爲一部類事類類書，以裒輯九經諸子之粹語與史書典籍之文詞嘉言成編，凡所援引的聖賢要言，均一一標舉書名或人名。審其内容與體制，是在唐代科舉制度的發展與私學教育促進下，所産生的具有家訓蒙書功用及書抄類書性質的特殊教材[五]。《文詞教林》也大致如此，不再贅述。

其五，問答體類書兼具綜合知識類蒙書情況。《雜抄》内容大體可歸納爲"論""辨"以及類似家教性質的"勸世雜言"等三大類。除"訓誡類"外，涉及二十七個條目一百六十七個問答，條陳設問，逐一解答或釋義，内容龐雜。顯然，其編撰體例爲問答體類書，但從内容和學郎題記來看，無疑又是一部蒙書，在敦煌文獻中多達十一個寫卷，説明很受學郎歡迎。

分析上述敦煌類書可以作爲"蒙書"使用的情況，爲我們進一步討論"類書"與"蒙書"關係提供了範例。類書從編撰體來講應該具備以下三個特點：其一，類書之材料來自於"捃採群書"；其二，類書之編排一般是"以類相

〔一〕　王三慶撰，林艷枝助理：《敦煌古類書研究之一：〈事林一卷〉（伯四〇五二號）研究》，《敦煌學》第一二輯，一九八七年，第九九～一〇八頁。

〔二〕　王三慶：《〈敦煌變文集〉中的〈孝子傳〉新探》，《敦煌學》第一四輯，一九八九年，第一八九～二二〇頁。

〔三〕　白化文：《敦煌遺書中的類書簡述》，《中國典籍與文化》一九九九年第四期，第五〇～五九頁。

〔四〕　王三慶：《敦煌類書》，第八六、八九、一二一、一二三頁。

〔五〕　鄭阿財、朱鳳玉：《敦煌蒙書研究》，第二八七頁。

從"〔一〕；其三，類書的編撰者對待材料的態度是"摘編改寫"。其編撰體例導致了類書内容多爲彙匯編的資料性質，屬於知識性、常識性的内容，方便世人檢索和快速掌握同類資料和知識，好比"知識寶典"，這一點與"蒙書"通俗性、知識性的特點十分相似。如果"類書"部頭較小，在三千字左右，就非常適合學習能力較弱、閲讀量較小的兒童使用。而"類書"包羅萬象的特點，門類繁多，編撰方式多樣，若是"類書"編撰内容較爲淺顯，體量較小，適合説教，就被世人作爲"蒙書"來使用的可能性比較大。當然，蒙書多在編撰之初，就以童蒙教育爲目的，以事類爲目，用類書編撰的方式，自然就兩者合體。其中，大家公認的唐代敦煌蒙書杜嗣先《兔園策府》、孟獻忠《文場秀句》及明代程登吉《幼學瓊林》等，都是按類書體例編撰，供蒙童使用之書。

二　敦煌蒙書編撰的繼承與創新

敦煌蒙書在我國蒙書編撰史上具有承上啓下的特殊意義。唐以前蒙書教材編撰已經取得了很大成就，其中的經典有司馬相如《凡將篇》、史游《急就篇》、周興嗣《千字文》等，基本上都是一些識字、名物介紹和典章概述等性質的蒙書，以《千字文》影響最大，但總體數量有限。隋唐科舉制度的創建與快速發展，直接推動了文化教育的發展和整體下移，極大刺激了童蒙教育的發展，蒙書的編撰也出現了前所未有的增長態勢。唐前期在官學教育與科舉考試標準相一致的情況下，直接影響了童蒙教學總體爲科舉服務的特點。唐代蒙書一個重要特點，就是打破《急就篇》《千字文》等綜合性識字蒙書獨大局面，出現了識字、德行、文學、書算等不同種類的蒙書。關於識字蒙書大家都很熟悉，不再多説。德行、文學是唐代科舉考試、吏部銓選和品評人物常用的、評價人才的大門類，唐人多以德行、文學和政事選拔人才〔二〕，故人才培養大體不出其右，蒙書編撰也受此影響；書算指有關習字與算術教育。唐五代蒙書編撰由綜合性，轉向分類專精發展，蒙書的内容和性質呈多樣性、

〔一〕　參閲高天霞：《敦煌寫本〈俗務要名林〉語言文字研究》，中西書局，二〇一八年，第三〇~三三頁。

〔二〕　參閲金瀅坤：《中國科舉制度通史·隋唐五代卷》，第四七〇頁。

多元化發展，在諸多方面都具有開創性，對後世影響深遠。茲據敦煌蒙書對唐五代蒙書編撰貢獻做分類説明。

（一）識字類蒙書向知識類蒙書的轉變與創新

一是，對前代識字蒙書的創新。唐代在《千字文》基礎上，將其改編爲《新合六字千文》，僅僅是在《千字文》"四字句"基礎上新增二字，在形式上由四字變成了六字而已，在内容上兩者變化不大，本質上講仍是《千字文》新版而已〔一〕。敦煌文獻中發現的唐代《千字文注》，是在上野本《千字文注》基礎上，注文進一步增補文獻、增加人物典故，叙事更爲詳細〔二〕，并使用了唐代俗語及敦煌當地流行變文《韓朋賦》中的内容，對兒童理解《千字文》十分有幫助。值得一提的是，吐蕃占領敦煌時期出現了多個版本的《漢藏千字文》，開創了《千字文》翻譯成少數民族童蒙讀物的先例，也是現存最早的雙語童蒙教育的教材。

二是，識字類蒙書趨於多樣性、專業性發展。唐代識字蒙書在專精方面得到了快速發展，在《急就篇》《千字文》《開蒙要訓》等綜合性識字類蒙書基礎上，出現了《碎金》《白家碎金》等俗字類蒙書，還出現了《俗務要名林》《雜集時用要字》等實用性便民雜字類蒙書，多以識字爲主，兼及相關名物、典章、歷史故事、天象、時令等常識性知識。

三是，識字類蒙書向知識類蒙書的轉化。唐代開元中李翰編撰的《蒙求》，以韻文形式，通過講述人物事蹟、歷史典故、格言要訓，教授兒童歷史知識以及忠孝仁愛、勤學廉潔等觀念，進行德行、勵志和勸學教育。余嘉錫在《内閣大庫本碎金跋》中解釋古代的"小學"編撰分"字書""蒙求""格言"三個門類的原因，認爲"蒙求"類，以《蒙求》爲代表屬對類事爲特點，其後有《三字經》及《幼學瓊林》《龍文鞭影》之類。瞿菊農也將蒙養教材分爲"字書"類與"蒙求"類相對。張志公也把《蒙求》作爲一個蒙書類别，認爲宋元以後，在《蒙求》的基礎上擴展了一批歷史知識和各學科知識教育的教材。顯然，《蒙

〔一〕　參考鄭阿財、朱鳳玉：《敦煌蒙書研究》，第四〇～五一頁。

〔二〕　鄭阿財、朱鳳玉：《敦煌蒙書研究》，第三〇頁。

求》開創了以典故、人物故事爲題材的，將勵志與歷史教育相結合的一種蒙書題材，被後世不斷發揚，成爲“蒙求體”，遠播海外，在日本影響極大。唐代與《蒙求》相似的蒙書還有《古賢集》。其他綜合知識類蒙書還有《雜抄》《孔子備問書》。《雜抄》分爲“論”“辨”及“勸世雜言”三類，以問答體形式，介紹天文、地理、時令、人物、名物、典章、典故、經史、職官、道德及勸世雜言等，内容包攬萬象，十分廣博。值得一提的是，《孔子項託相問書》前半部分爲問答，内容包括孔子過城、兩小兒辯日，以及有關牲畜、花鳥、樹木、孝道、倫理、天文等各種問題，屬於綜合類知識，與《孔子備問書》《雜抄》相似；後半部分爲七言古詩，也有學者稱爲故事賦[一]，用韻文賦叙事，與《古賢集》《蒙求》的韻文、對仗詩歌體特點基本一致。顯然，《孔子項託相問書》是參酌兩種蒙書體例而編撰的，充分體現了唐代蒙書編撰的多樣性和創新意識。

四是，故事類。唐代童蒙教育出現《事林》《事森》等故事類蒙書，宋代故事書《書言故事》就源於此，敦煌文獻中還有《類林》《琱玉集》等故事類典籍，但篇幅較大，適合作爲兒童拓展讀物，故未收入蒙書類。《事林》《事森》内容多源自歷代史傳，以勤學、勸學、志節等分篇目，以人物故事爲中心展開，強調的是人物故事的新奇，對兒童進行知識、道德教育，進而儲備屬文知識。

（二）德行類蒙書的開創與豐富

德行類蒙書的出現是唐代蒙書編撰的一個重要特點，通過彙集格言警句、人物故事和歷史典故，向兒童灌輸儒家修身、養性、齊家、治國、平天下的思想，從而達到規範兒童言行、志趣，達到使其學會爲人處事、侍奉尊長等效果。

一是，開創了“家教”類蒙書。魏晋以來士族政治得到了充分發展，士家大族重門風、家法、家學，在製定“家教”“家規”“家訓”方面取得了前所未有的成就，其内容無非多爲勸學、勸孝、戒鬥、戒淫等處世準則和規範。南北朝時期以顔之推《顔氏家訓》堪稱最佳代表，唐代此類蒙書得到了較大發

〔一〕 蹤凡:《兩漢故事賦探論：以〈神鳥賦〉爲中心》，項楚主編:《中國俗文化研究》第二輯，巴蜀書社，二〇〇四，第三一頁。

展。其後顏真卿曾作《家教》三卷，可惜已經失傳。慶幸的是敦煌文書中發現的《太公家教》《武王家教》《辯才家教》《新集嚴父教》《崔氏夫人訓女文》，爲學界了解唐代道德倫理類蒙書的發展提供了新資料，改變了學界對唐代此類蒙書的認識。《太公家教》爲現存最早"家教"類蒙書，從古代經史、詩文等典籍中擇取先賢名言、警句，并吸收民間諺語、俗語，多用四、六言韻語編輯成册，對蒙童進行忠孝、修身、禮節、勸學、處世等方面的勸教。與《太公家教》最爲密切的是《武王家教》，常抄寫在一起，採用周武王問太公的問答體，以數字事類冠名的形式，回答"十惡"至"十狂"等七十一種招人生厭的不良、不當行爲舉止，勸誡子弟必須戒之，其編撰方式非常獨特。此外，還有《辯才家教》《新集嚴父教》等，其編撰方式各有特色，充分體現了唐代蒙書編撰的多樣性。唐代"家教"類蒙書，打破了魏晉時代"家訓"以某姓某宗爲勸誡對象的局限，重在標榜自家門風，培養和規範本宗子弟的爲人處事、入仕爲官的道德倫理觀念，已經突破姓氏界限，而是面向天下、四海、百姓之兒童。這反映了唐代士族衰落，小姓和寒素興起，天下百姓均有童蒙教育的需求[一]，一姓一宗的"家訓"已滿足不了時代的需求，因此，出現了《太公家教》《武王家教》《辯才家教》《新集嚴父教》等"家教"的作者不再冠以某姓某宗"家教"，而是藉名聖賢，放眼天下，教示百姓童蒙，以適應唐代的開放性和時代的步伐，唐代"家教"逐漸發展爲"家訓"類蒙書。此外，《崔氏夫人訓女文》屬於唐代對女童的"家教"，針對女子提出的倫理思想的通俗化闡釋，篇幅簡短，粗淺説明，大衆教化特點明顯。

二是，訓誡類蒙書。唐初宰相杜正倫編撰的《百行章》，爲唐代官方頒布的童蒙教材，是童蒙道德倫理教育方面的集大成者[二]，也是現存德行類蒙書的開創者，全書以孝行章開始，訖自勸行章，共存八十四章，以忠孝節義統

〔一〕 參閲金瀅坤：《唐五代科舉的世界》，復旦大學出版社，二〇一四年，第一二一~一三一頁；毛漢光：《中國中古社會史論》，上海書店出版社，二〇〇二年，第三三四頁。

〔二〕 [日] 福井康順：《百行章につての諸問題》，《東方宗教》第一三、一四號，一九五八年，第一~二三頁；鄧文寬：《敦煌寫本〈百行章〉述略》，《文物》一九八四年第九期，第六五~六六、一〇三頁。

攝全書，摘録儒家經典中的警句、典故，開篇有"至如世之所重，唯學爲先，立身之道，莫過忠孝"，明確了作者編撰意圖。

　　三是，格言類蒙書。余嘉錫將"格言"類作爲中國古代小學的一個單獨門類，其實，"格言"多爲勸勉、訓誡内容，故歸在"德行"類蒙書之下。唐代科舉考試常科設秀才、進士、明經、道舉、三禮、三傳、三史、五經、九經、童子等科目，按照科目的不同，選取"九經"中不同的經書作爲選考内容，因此，"九經"便成了舉子學習必備教材。對童蒙來講，"九經"不僅艱澀難懂，而且浩如煙海，很難掌握其要領，不知如何入門，隨着科舉對士庶影響不斷加深，世人便從"九經"中選取精粹言論、典故和名篇，用通俗易懂的文字進行删繁節要，分門別類編撰，彙集成册，作爲蒙書使用。於是，出現了《新集文詞九經抄》《文詞教林》《勤讀書抄》《勵忠節抄》《應機抄》等摘要、略抄、摘抄"九經"等蒙書與通俗讀物。以《新集文詞九經抄》爲例，該書爲"訓俗安邦，號名家教"的一部通俗蒙書，内容具有"羅含内外""通闖三史"的三教融合特點。該書"援今引古"，援引典籍非常豐富，共計八十九種之多[一]，主要以儒家《易》《詩》《書》等"九經"及《論語》《孝經》爲主，兼及道家《老子》《莊子》《列子》《文子》"四子"[二]，充分顯示了此類唐代蒙書編撰是爲科舉服務的特點。

　　四是，勸世詩蒙書。一卷本《王梵志詩》是敦煌地區頗爲流行的一部充滿了訓教、説理、勸學、揚善、處世格言等内容的詩篇集，文辭淺近，琅琅上口，通俗易懂，常被作爲蒙書使用[三]。一卷本《王梵志詩》是詩詞形式的童蒙讀物，充分反映了晚唐五代進士科考試重詩賦與蒙書編撰的密切聯繫，也代表了晚唐五代童蒙讀物發展的一個新趨勢。

　　如上所述，唐代在識字蒙書基礎上，開創了德行類蒙書新類別，可大致

〔一〕　參考鄭阿財、朱鳳玉：《敦煌蒙書研究》，第三〇三頁。

〔二〕　參考魏明孔：《唐代道舉初探》，《甘肅社會科學》一九九三年第六期，第一四二～一四三、一三二頁；林西朗：《唐代道舉制度述略》，《宗教學研究》二〇〇四年第三期，第一三四～一三八頁。

〔三〕　參考鄭阿財、朱鳳玉：《敦煌蒙書研究》，第四二四頁。

分爲家教類、訓誡類、格言類、勸世詩等四類，其中《太公家教》《百行章》《新集文詞九經抄》《文詞教林》和一卷本《王梵志詩》爲其中的典型代表，開創了德育、勵志教育類蒙書的先河。當然，德行是文章的靈魂，格言警句、諺語俗語是文章的思想源泉，此類蒙書對童蒙屬文即作文亦有很大幫助。

（三）文學類蒙書的開創

以往學界不言唐代有“文學類”蒙書，學者認爲童蒙詩歌是宋以後童蒙讀物的特色，尤以《神童詩》《千家詩》《唐詩三百首》最爲著名〔一〕。實際上，受唐代科舉考試“以文取士”、崇文的影響，中晚唐以詩歌形式編寫的童蒙讀物已經有了很大發展，其内容往往將格言融入詩歌，訓誡兒童立身處世。童蒙教材不僅出現了屬文類蒙書，而且出現了專門訓練押韻、對偶的屬對類蒙書。瞿菊農則將宋代以後此類蒙書，視作屬文、閲讀教育的先河，“作深造進修的準備或準備應考”的讀物；張志公也認爲屬文教育是在宋代〔二〕。從兒童學習寫作來講，不僅要學習屬對類、屬文類蒙書掌握作詩賦等文章的技巧，而且要大量閲讀各體文章、範文等，大體屬於“文學”範疇，故用“文學”類蒙書概括。

一是，屬對類。敦煌文獻中發現的《詩格》一部，僅存四行，爲學郎抄寫、或默寫該書的寫本。其内容僅存的名對、隔句對、雙擬對、聯綿對、互成對、異類對、賦體對等“七對”，與《文鏡秘府論》中前七對完全一致，這無疑是目前發現最早的、教授童蒙屬對的《詩格》實物。敦煌文獻中發現的《文場秀句》《語對》《籯金》等蒙書，爲學界了解唐代訓練兒童學習詩賦之前的“屬對”情況提供了有力證據。《文場秀句》爲高宗朝孟獻忠所作，現存天地等十二部類、一百九十三條事對，參照《編珠》體例，“事文兼採”，多採典故，相與對偶，以爲儷辭。如其《天地第一》云：“乾象：天文。坤元：地理。圓清：天形圓，氣之清者上爲天也。方濁：地形方，氣之濁者下爲地也。”唐人

〔一〕　參閲張志公：《傳統語文教育教材論：暨蒙學書目和書影》，第八一～八三頁；王炳照先生爲夏初、惠玲校釋《配圖蒙學十篇》所作“序”（北京師範大學出版社，一九九三年，第四頁）。

〔二〕　張志公：《傳統語文教育教材論：暨蒙學書目和書影》，第九頁。

常用《文場秀句》對兒童進行"屬對"訓練，幫助其熟練掌握語音、詞彙和語法，同時培養修辭和邏輯等方面的能力并靈活運用其中的典故等，爲作詩賦進行基礎性、針對性訓練。以致《文場秀句》在中晚唐常被作爲參加科舉考試的初級讀物，備受士人喜愛。《語對》《略出籑金》與《文場秀句》編撰方式較爲類似，部類有所不同，内容更爲豐富，但都以事對爲目，多採麗詞、典故，相與對偶，來訓練兒童屬對、押韻，爲學習韻文寫作打好基礎。

二是，屬文類。國圖藏《策府》出現在貞觀末[一]，就是因爲唐初諸科考試均試策，故首先出現了策文類"屬文類"蒙書。國圖藏《策府》僅存三十篇策，每篇分策題、策問、對策三部分，存斷貪濁、請雨等簡明策題二十六題，缺四個策題，對答多爲兩百餘字[二]。比照杜嗣先《兔園策府》多爲五百至七百字左右，國圖藏《策府》也應該是童蒙讀物。而《兔園策府》是唐太宗子蔣王李惲令僚佐杜嗣先"仿科目策"，以四六駢文，纂古今事，設問對策，分四十八門，共十卷，後來逐漸被鄉村教師作爲童蒙習文的範文，訓練學習對策之精要，成爲備科考的基本教材。現存敦煌文書中僅保存了《兔園策府》序和卷一，内容爲"辨天地""正曆數""議封禪""征東夷""均州壤"五個門類。考慮到《兔園策府》相對有一定難度，應該作爲年齡稍大的兒童閱讀本和模擬之範文使用，爲將來從事舉業打基礎。隨着永隆二年（六八一），進士科考試加試雜文兩篇，社會重文風氣日重。李嶠作《雜詠》一百二十題，又稱《百詠》，今作《李嶠雜詠注》，是五律詠物組詩，以事類爲詩題，分別從日、月至金、銀，共一百二十首，分屬乾象、坤儀、音樂、玉帛等十二類，每類十首。李嶠《雜詠》是唐初以來探究對偶、聲律之風的産物，後作爲唐人詩歌學習寫作的童蒙讀物。敦煌本李嶠《雜詠》之張庭芳注本殘卷的發現，反映了唐代西北邊陲兒童詩歌學習情況。《雜詠》在日本尤受歡迎，與白居易

〔一〕　北敦一一四四九號+北敦一四六五〇號。

〔二〕　參閱金瀅坤：《敦煌本"策府"與唐初社會——國圖藏敦煌本"策府"研究》，《文獻》二〇一三年第一期，第八五、九〇頁。

詩、李翰《蒙求》，被日本平安時代知識階層稱爲三大幼學蒙書[一]。

開元天寶以後進士科考試 "每以詩賦爲先" 的風氣形成[二]，進一步影響了童蒙教育重文風氣。大中年間的《楊滿山詠孝經壹拾捌章》借鑒了古代詠《孝經》先例，分章對其進行改編，以五言詩對《孝經》進行歌詠，言語樸實，可讀性强，易於接受，便於識記，將深奧經義與唐代流行的詩歌結合起來，將學習經義與習文結合起來，開創了詠經體蒙書的先例，也是唐代科舉試策、試詩賦常以《孝經》《論語》和 "五經" 爲内容在童蒙教育中的反映。

（四）書算類蒙書的拓展

"書算" 又稱 "書計" 之學，自古以來就有之，主要爲書學和算學，包括習字和算術之類的基礎啓蒙之學。唐代國子監下設有書學、算學兩門專學，并在科舉常科考試中設立了明書、明算兩個科目，無形中也影響到了童蒙書算教育。唐代書算教育中使用的蒙書大致有以下幾種情況。

一是，習字類。從現有資料來看，唐以前主要用《倉頡篇》《急就篇》《千字文》等識字字書的名人字帖進行習字教育，尚無發現專門的習字類蒙書。隨着唐代重視書法，及書學、明書科的設置[三]，推動了書法教育的進步，於是誕生了幾種專門爲初學者編撰的《上大夫》《牛羊千口》《上士由山水》等習字類蒙書，多内容簡短，筆畫簡單，方便幼童使用。《上大夫》是現今可知最早的習字類蒙書，三言六句，共十八字，筆畫十分簡單。

二是，名人書帖類。王羲之書法頗受唐代世俗推崇，其書帖在唐代童蒙習字教育中使用很廣泛。其《尚想黃綺帖》在武周以後成爲諸州學生的習字書帖[四]，和《蘭亭序》一起遠播于闐地區，并在九、十世紀的敦煌非常流行。敦煌文獻中

〔一〕［日］川口久雄：《平安朝日本漢文學史》第二十四章第六節 "源光行の蒙求·百詠·樂府和歌"，明治書院，一九五九年，第九八五～九九四頁。

〔二〕　參閱金瀅坤：《中國科舉制度通史·隋唐五代卷》，第九八頁。

〔三〕　參閱金瀅坤：《中國科舉制度通史·隋唐五代卷》，第一七〇～一九三頁。

〔四〕　榮新江：《〈蘭亭序〉與〈尚想黃綺帖〉在西域的流傳》，載故宮博物院編：《2011年蘭亭國際學術研討會論文集》，故宮出版社，二〇一四年，第三一頁。

二者計有四十一件，大部分爲學郎習字，可見被作爲習字的重要教材。

三是，習字書帖。中國古代優秀識字蒙書，常被善書者書寫，作爲兒童習字的字帖，就兼具習字功能。如周興嗣《千字文》編撰之初，就採用王羲之一千個字次韻而成，兼具識字與習字功能。王羲之七世孫智永禪師臨得《真草千字文》"八百本，散與人間，江南諸寺各留一本"〔一〕。敦煌文獻便保存了貞觀十五年（六四一）蔣善進臨智永《真草千字文》，敦煌《千字文》中反復習字寫卷約有三十六件。《千字文》寫卷的總數和習字寫卷的數量在各類習字寫卷中數量最多。此外，《開蒙要訓》也有被作爲識字與習字兼備情況。

四是，數術類。《九九乘法歌》在秦漢時期就已流行，各地出土的秦漢簡牘中有不少記載。敦煌文獻中《九九乘法歌》寫卷共計十二件，其中三件爲藏文寫卷，見證了漢藏算術交流。另外《立成算經》中也包含一篇《九九乘法歌》、兩件《算經》寫卷中亦共記載有歌訣三篇。《立成算經》是《孫子算經》的簡化本蒙書，内容簡單，故爲"立成"之義。《算經》的内容多見於《孫子算經》，包括度量衡、《九九乘法歌》和"均田制第一"等。它們應該是鄉村俚儒所編的庶民教育所用算術書〔二〕。北朝時期的《算書》還在敦煌使用，内容僅存軍需民食計算、"營造部第七"等，形式與《算經》類似，是敦煌《算經》編撰體例的來源。

總之，唐代書算蒙書出現了專門習字的《上大夫》《牛羊千口》等習字蒙書，推崇王羲之《尚想黄綺帖》《蘭亭序》等名人字帖，并將《千字文》等識字蒙書與習字教育相結合，作爲習字書帖；算術方面在《孫子算經》等基礎上，又編撰了《立成算經》《算經》等新的算術蒙書，更重視社會大衆的實用性。

三　敦煌蒙書的學術價值

唐代蒙書編撰拓展了知識類蒙書，拓展了德行類、文學類蒙書新領域，豐富

〔一〕（唐）李綽撰：《尚書故實》，《叢書集成初編》第二七三九册，中華書局，一九八五年，第一三頁。

〔二〕［日］那波利貞：《唐代の庶民教育に於ける算術科の内容とその布算の方法とに就きて》，《甲南大學文學會論集》（通號一），一九五四年，第一五頁。

了書算類蒙書，可以説在中國古代蒙書編撰方面發生了巨變。敦煌蒙書的發現，其巨大的體量及其保留的教育史料，無疑對研究唐五代童蒙教育、教育史彌足珍貴，足以改變學界對唐代童蒙教育歷史地位的認識，并對了解中古時期的社會大衆教育具有重要意義，對文獻學、歷史學等相關學科研究也有很大史料價值〔一〕。

（一）敦煌蒙書改寫唐代童蒙教育的歷史地位

敦煌蒙書是中國古代出土文獻中發現的最大一批"蒙書"，其數量和種類都十分可觀，具有無可替代的價值。本叢書基於鄭阿財、朱鳳玉先生《敦煌蒙書研究》所收敦煌蒙書二十五種，凡二百五十四件寫卷的基礎上〔二〕，增加十九種、四百四十九件，共得四十四種蒙書，七百零三件寫卷，綴合後爲五百四十七件寫卷，其中包括内容完整者六十九件，殘缺者二百二十一件，綴合六十六件，雜寫一百三十件，碎片六十一件。這也是目前發現的數量最多的一批中國古代蒙書，其中有八十一條題記〔三〕，極大豐富了唐代教育史料，在某種程度上不僅改寫了唐五代童蒙教育的歷史，也改寫了唐五代教育史在中國教育史中的地位。

1.敦煌蒙書的種類與數量考察

如此大量的敦煌蒙書爲我們研究唐五代童蒙教育所使用蒙書類型，以及不同類型蒙書使用情況展開整體分析和具體考察提供了豐富的史料。有基於此，依據前文我們對敦煌蒙書的分類和認定，對如下蒙書進行分類統計，主要按蒙書的完整、殘缺、綴合、雜寫、碎片等情況分爲五種情況表述寫卷狀況，分識字、知識、德行、文學、書算五類蒙書，五類之下再分爲十八門類，對四十四種蒙書進行分類、分門，對寫卷狀況、數量進行整體、綜合分析。茲按照上述分類做"敦煌蒙書分類與保存狀況統計表"如下。

〔一〕　有關敦煌蒙書的學術價值，筆者已發表《論敦煌蒙書的教育與學術價值》一文（《浙江師範大學學報（社會科學版）》二〇二一年第三期，第一九～三一頁），相關統計數據因畫分標準有所變化，略有出入，以下不再詳細説明。

〔二〕　鄭阿財、朱鳳玉：《敦煌蒙書研究》，第四四五～四四六頁。

〔三〕　李正宇《敦煌學郎題記輯注》注計一四四則學郎題記（《敦煌學輯刊》一九八七年第一期，第二六～四〇頁）；日本伊藤美重子《敦煌文書にみる學校教育》注記學郎題記計有一百八十四條，其中，蒙書的學郎題記共計三十七條（第四一～六八頁）。

表一：敦煌蒙書分類與保存狀況統計表[一]

類型	門類	蒙書名	完整	殘缺	綴合	雜寫	碎片	蒙書小計	門類總計	類型總計
識字類	綜合類	千字文	五	四八	一七/六七[二]	三四	二二	一二六/一七六	二〇四/二八八	二一六/三〇〇
		六合千字文		二	一/二			三/四		
		千字文注		二		一		三/三		
		開蒙要訓	四	二五	一一/四四	一一	六	五七/九〇		
		敦煌百家姓	二			一三		一五/一五		
	俗字類	碎金	二	四		一	二	九/九	一〇/一〇	
		白家碎金		一				一/一		
	雙語類	漢藏對音千字文		二				二/二	二/二	
	小計		一三	八四	二九/一一三	六〇	三〇	二一六/三〇〇	二一六/三〇〇	
知識類	蒙求類	蒙求		三				三/三	一二/一二	五八/六九
		古賢集	五	四				九/九		
	綜合類	雜抄	一	九	二/四			一二/一四	一五/一八	
		孔子備問書		一	一/二	一		三/四		
	雜字類	俗務要名林		一	一/三			二/四	一〇/一五	
		雜集時用要字	一	五	二/五			八/一一		
	故事類	事林		一				一/一	二/三	
		事森			一/二			一/二		
	復合類	孔子項託相問書	三	一二	一/三	二	一	一九/二一	一九/二一	
	小計		一〇	三六	八/一九	三	一	五八/六九	五八/六九	

〔一〕 此表所依據每部蒙書的卷號，詳見本叢書鄭阿財《導論卷》附錄："敦煌蒙書分類與保存狀态表"，爲了節省筆墨，每件敦煌蒙書的卷號，亦在總論中省去，祇保留統計數字。

〔二〕 此表"/"上爲綴合後的寫卷數目，其下爲綴合前的寫卷數目。

續表

類型	門類	蒙書名	完整	殘缺	綴合	雜寫	碎片	蒙書小計	門類總計	類型總計
德行類	家教類	太公家教	二	三四	六/一八	四	一二	五八/七〇	八〇/九五	一三四/一五八
		武王家教	三	四	三/六	二		一二/一五		
		辯才家教	一	一				二/二		
		新集嚴父教	三	一	一			五/五		
		崔氏夫人訓女文	一	二				三/三		
	訓誡類	百行章	一	一二	一/三	三	二	一九/二一	三五/四二	
	格言類	新集文詞九經抄	一	一一	二/七	一		一五/二〇		
		文詞教林	一					一/一		
	勸世詩類	一卷本《王梵志詩》	六	八	一/三	一	三	一九/二一	一九/二一	
小計			一九	七三	一四/三八	一一	一七	一三四/一五八	一三四/一五八	
文學類	屬對類	文場秀句		一	一/二			二/三	六/一〇	一八/二九
		語對	一	一	一/四			三/六		
		略出籯金	一					一/一		
	屬文類	失名策府			一/二			一/二	一二/一九	
		兔園策府		二	一/二		一	四/五		
		李嶠雜詠		二	一/五		一	四/八		
		楊滿山詠孝經壹拾捌章		一	一/二	一		三/四		
小計			二	七	六/一七	一	二	一八/二九	一八/二九	
書算類	習字類	上大夫	一二	六		一八		三六/三六	五八	一二一/一四七
		牛羊千口	四	二		九		一五/一五		
		上士由山水	一	一		五		七/七		
	名人字帖類	尚想黃綺帖	三	二	二/一四	一四	五	二六/三八	四三/六〇	
		蘭亭序	一	五	二/七	三	六	一七/二二		

續表

類型	門類	蒙書名	完整	殘缺	綴合	雜寫	碎片	蒙書小計	門類總計	類型總計
書算類	習字書帖類	真草千字文			一/四			一/四	二/六	一二一/一四七
		篆楷千字文			一/二			一/二		
	算術類	九九乘法歌	三	四		五		一二/一二	一八/二三	
		立成算經	一		一/二	一		三/四		
		算經			二/六			二/六		
		算書		一				一/一		
小計			二五	二一	九/三五	五五	一一	一二一/一四七	一二一/一四七	
總計			六九	二二一	六六/二二二	一三〇	六一	五四七/七〇三	五四七/七〇三	五四七/七〇三
蒙書種類			四四							

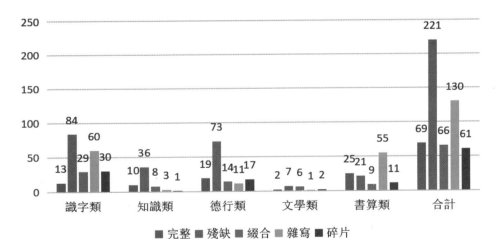

表二　敦煌蒙書分類與保存情況統計表

依據表一、表二，我們可以分析出敦煌蒙書在抄寫、使用中各類蒙書以及不同蒙書使用的大致比率和重視程度，以及唐五代敦煌地區童蒙教育的學科特點，大致可歸納爲以下幾點：

其一，蒙書類別差异與發展趨勢。從表一、表二來看，敦煌蒙書中識字蒙書類最多，有二百一十六件〔一〕；其次爲德行類，有一百三十四件；其三爲書算類，有一百二十一件；其四爲知識類，有五十八件；最少者爲文學類，僅有十八件。五類蒙書之下，還可分爲十八個小目，若按照保存蒙書的統計數量來看：綜合類（識字）二百零四件、家教類八十件、習字類五十八件、名人字帖類四十三件、訓誡類十九件、勸世詩類十九件、復合類十九件、算術類十八件、格言類十五件、綜合類（知識）十五件、蒙求類和屬文類各十二件、雜字類和俗字類各十件、屬對類六件、故事類兩件、雙語類和習字書帖類各兩件，這在某種程度上體現了唐代童蒙教育的發展變化與蒙書編撰的新趨勢。

其二，敦煌蒙書的狀態分析。從表一來看，敦煌蒙書保存完整的祇有六十九件、殘缺二百二十一件、綴合六十六件、雜寫一百三十件、碎片六十一件，共有七百零三件，綴合後爲五百四十七件，其比例依次爲百分之十三、四十、十二、二十四、十一。敦煌蒙書完整本很少，僅佔總數的百分之十三，殘缺本高達百分之四十，若加上綴合本（綴合後，均殘缺不全），完整和殘缺者爲百分之六十五，其餘爲雜寫、碎片，佔百分之三十五。説明敦煌蒙書數量和質量都十分可觀。造成這一狀況的主要原因是這批蒙書是唐五代學郎在學習過程中自己抄寫、聽寫、默寫的，原本就不完整的抄本，是學郎多利用公私文書、經文的廢紙進行習字、塗鴉，初學者寫字本身多爲隻言片語、無章法可言，書寫訛誤、很少大段書寫文字；再加上很多蒙書抄寫的目的是反復使用的課本或讀物，也難免兒童故意損壞，以及流傳、保存過程中的自然損壞更是無法避免，故完整的保存少，殘缺多，正好反映了敦煌蒙書就是唐五代敦煌各類私學的學郎課本、讀物及作業本、練習本等，所幸被保留了下來，就是我們今天看見的樣子。

其三，蒙書數量與童蒙教育的關係。識字類蒙書數量最多，其中書寫較好的完整本、殘缺本和綴合本共有一百二十六件，書寫較差的雜寫和碎片有

〔一〕　以下數字爲綴合的數字。

九十件，佔比最高，比較真實地反映了童蒙教育以識字爲主的特點，學郎在這個階段以識字教育爲主。識字類蒙書中以綜合類知識字書佔比最多，達二百零四件，俗字類字書、雙語類字書僅見十二件，微不足道，也就是說童蒙以識字教育爲基礎，"學六甲五方書計之事"〔一〕，故以最爲基礎性的綜合類識字字書爲主，其中以《千字文》爲絕對優勢。僅次於綜合類蒙書的是德行類蒙書，達一百三十四件，且以家教類蒙書爲主，有八十件，佔比德行類蒙書的百分之六十，說明唐五代童蒙教育在識字教育之外，以德行教育爲首要任務，充分體現了童蒙教育"蒙以養正"的特點，對兒童的德行培養十分重視。德行類蒙書之外，爲書算類蒙書，達一百二十一件，其中以習字、名人字帖、習字書帖類最多，共計一百零三件，這也是由童蒙教育主要以識字、習字教育爲主的特點決定的，很多時候識字與習字教育相結合，故很難分辨其具體功用，也是造成敦煌蒙書有好多《千字文》習字寫卷的原因。算術類蒙書有十八件，大體可以反映童蒙教育包含"書計之事"的特點。知識類蒙書在敦煌蒙書中保存了五十八件，僅佔了總數的一成多，唐代李翰《蒙求》僅三件，"蒙求"類蒙書才十二件，說明在唐代敦煌地區并不是很流行，反而是《雜抄》較爲流行，有十二件，說明唐代知識類蒙書尚處在拓展階段，還很有限。最少的就是文學類蒙書，祇有十八件，僅佔敦煌蒙書的百分之三，可以說微不足道。這與唐代科舉盛行，整個社會崇文的社會風氣不太相符，考慮到現存敦煌蒙書主要集中在張議潮收復河西隴右之後，敦煌與京畿地區的交流有限，與唐代其他地區存在一定差距，加之屬對、屬文教育相對而言層次比較高，主要針對年齡稍大的兒童，故現實需求相對較少，敦煌蒙書保存文學類蒙書較少也在情理之中。

其四，經典蒙書的使用情況。從敦煌文獻保存的蒙書來看，共有四十四種，但學仕郎使用不同蒙書的程度和頻率相差巨大，最多者《千字文》多達一百二十六件，而《白家碎金》《文詞教林》等各僅存一件。兹將五類蒙書中

〔一〕（漢）班固撰，（唐）顏師古注：《漢書》卷二四上《食貨志》，中華書局，一九六二年，第一一二二頁。

最具代表性的蒙書進行簡單説明。識字類蒙書，以《千字文》最多，除去碎片二十二件、雜寫三十四件，尚有七十件，佔敦煌蒙書總數的百分之十三。若加上《千字文注》《六合千字文》《真草千字文》《篆楷千字文》等，則比例更高。可以説《千字文》系字書，是唐五代童蒙教育影響最大，最爲普及的蒙書。其次，是家教類蒙書的《太公家教》，多達五十八件，其中有十二件碎片和四件雜寫，共佔德行類蒙書的百分之四十三，承擔了唐代德行教育的主要任務，也反映了唐代德行教育以家教、家訓爲主的特點。佔據第三位的《開蒙要訓》也多達五十七件，與《千字文》均爲前代綜合類識字蒙書，兩者合計一百八十三件，構成了敦煌蒙書的主體，二者可以視作唐五代敦煌童蒙教育最基礎的識字課本。排名第四者爲《上大夫》，有三十六件，説明在敦煌地區兒童習字教育普遍使用《上大夫》。排名第五者爲《尚想黄綺帖》，有二十六件，反映了兒童習字教育對名人字帖的重視。值得思考的是文學類蒙書數量都在四件以下，多爲兩三件，説明童蒙教育屬對、屬文教育在鄉村和邊遠地區社會底層的開展尚不足，與士家大族和京畿地區尚有一定差距。

　　雖然敦煌蒙書數量很大，還有不少碎片、雜寫没在討論之内，但足以説明問題。總體而言，識字類蒙書以前朝《千字文》《開蒙要訓》主導識字教育的局面并未改變；唐代德行類蒙書，主要受家訓影響，如《太公家教》等家教類蒙書承擔了德行教育的主要任務，但訓誡類、格言類、勸世詩類蒙書比重比較平衡，體現了唐代德行類蒙書的多樣性。此前學界關注較少的書算類蒙書，在敦煌蒙書中佔較大比例，充分體現了啓蒙教育主要包括識字、辨名物、知書計之事的特點，書算蒙書就是所謂"知書計之事"。屬文類蒙書雖然數量較少，僅有十八件，但却有七種之多，足以説明在唐代整個社會崇文、"以文取士"的環境下，已在屬對、屬文類蒙書編撰方面取得了很大成就。

　　2.彌補敦煌學校教育機構認知的不足

　　在敦煌蒙書發現之前，研究唐五代童蒙教育受到極大限制，所據僅限於新舊《唐書》《全唐文》，以及筆記小説和墓志資料，内容十分有限，學界對唐五代的童蒙教育機構認識很有限。敦煌蒙書的發現極大改變了這一現狀，依據敦煌文獻中大量的學郎題記，證明唐代已經出現了寺學、義學、坊學、社學等新的童蒙教育機構，以及伎術學等專業學校〔一〕，從而可改變學界對唐代學校機構以及教育史的認知，同時也豐富了唐五代私塾的多樣性和具體形式。

首先，明確了唐代寺學的性質。敦煌蒙書保存了大量學郎題記，爲研究敦煌寺學教育提供了豐富的史料。那波利貞、小川貫弌、嚴耕望、李正宇、姜伯勤、伊藤美重子等中外知名學者〔二〕，對唐五代寺學進行了深入研究。通過敦煌蒙書學郎題記明確記載，最早的敦煌寺學學仕郎是景福二年（八九三）的蓮臺寺學士索威建。寺學是寺院專門面向兒童的世俗教育，教書先生理論上主要由寺院的僧人擔任，也有地方士人充任，主要教授識字、知識、德行、文學類蒙書及《孝經》《論語》等儒家經典，兼及佛教齋儀讀物。寺學教育主要集中在童蒙教育階段，屬於州縣學的學前教育，其品質低於州縣學，是唐後期五代敦煌地區童蒙教育的主要承擔者，而非所謂的士人"讀書山林"〔三〕。

其次，唐代義學性質的確定。如伯二六四三號《古文尚書》尾題："乾元二年（七五九）正月廿六日義學生王老子寫了，故記之。"從其抄寫《古文尚書》來看，此義學應該也是私塾。唐代義學的最早記載是在吐魯番文書中發

〔一〕 參閲［日］伊藤美重子：《唐宋時期敦煌地區的學校和學生——以學郎題記爲中心》，金瀅坤主編：《童蒙文化研究》第三卷，人民出版社，二〇一八年，第二四～五〇頁。

〔二〕 ［日］那波利貞：《唐鈔本雜抄考—唐代庶民教育史研究の一資料—》，一九四二年，第一～九一頁；［日］小川貫弌：《敦煌佛寺の學士郎》，《龍谷大學論集》第四〇〇－四〇一合并號，一九七三年，第四八八～五〇六頁；嚴耕望：《唐人習業山林寺院之風尚》，嚴耕望：《嚴耕望史學論文集》，上海古籍出版社，二〇〇九年，第八八六～九三一頁；李正宇：《唐宋時代的敦煌學校》，《敦煌研究》一九八六年第一期，第三九～四七頁；李正宇：《敦煌學郎題記輯注》，《敦煌學輯刊》一九八七年第一期，第二六～四〇頁；姜伯勤：《敦煌社會文書導論》，新文豐出版公司，一九九二年，第八七～九四頁；［日］伊藤美重子：《敦煌文書にみる學校教育》，汲古書院，二〇〇八年，第八三～八九頁；［日］伊藤美重子：《唐宋時期敦煌地區的學校和學生——以學郎題記爲中心》，金瀅坤主編：《童蒙文化研究》第三卷，第二四～五〇頁。

〔三〕 金瀅坤：《唐五代敦煌寺學與童蒙教育》，金瀅坤主編：《童蒙文化研究》第一卷，第一〇四～一二八頁。

現的卜天壽抄《論語鄭氏注》殘卷，卷末題記：“義學生卜天壽，年十二，狀
▢”“景龍四年（七一〇）三月一日私學生卜天壽。”〔一〕這兩件文書證實義學
與寺院義學不同，教授對象爲兒童，教授的内容是《論語》，屬於童蒙教育内
容。有關唐代義學的記載，僅見此兩例，彌足珍貴。

　　其三，證明唐代坊學和社學的存在。坊學史料罕見，僅見於斯四三〇七
號《新集嚴父教》末題：“丁亥年（八八七）三月九日定難坊學郎［崔定興］、
李神奴自書手記。”定難坊學蓋爲定難坊的私塾，屬於私學。坊學與村學、里
學對應，是城市最基層的私學。唐代社學僅有一例，彌足珍貴。伯二九〇四
號《論語集解卷第二》末題：“未年正月十九日社學寫記了。”結社辦學者，
似以鄰里社、親情社的可能性較大〔二〕。

　　最後，豐富了私塾具體形式的認識。敦煌蒙書及相關敦煌文獻中記載的
敦煌地區各種形式的私塾即個人講學，最常見的就是以私塾先生的姓氏、官
名命名的私塾。如張球學、白侍郎學、安參謀學、郎義君學、氾孔目學等。
還有以姓氏命名的家學，就家學、李家學〔三〕。如伯二八二五號背《太公家教》
題記：“大順元年（八九〇）十二月，李家學郎是大哥。”此類學郎題記，極
大豐富了學界對唐五代私塾的認知。

　　3.彌補教師學生身份史料的不足

　　關於唐五代童蒙教育的教師、學生身份問題，傳統典籍中鮮見，敦煌蒙
書及相關文書極大彌補了這一不足，可爲研究唐五代教師、學生問題提供難
得史料。其中有關沙州州縣學博士的記載有：伯二九三七號《太公家教》末
題：“維大唐中和肆年（八八四）二月廿五日沙州燉煌郡學士郎兼充行軍除解
▨（延）太學博士宋英達。”説明唐代沙州太學博士可由郡學優秀學士郎中選
任。又散一七〇〇號《壽昌縣地境》末題：“晋天福十年（九四五）乙巳歲六

　　〔一〕　國家文物局古文獻研究室等編：《吐魯番出土文書》第七册，文物出版社，
一九八六年，第五四八頁。
　　〔二〕李正宇：《唐宋時代的敦煌學校》，《敦煌研究》一九八六年第一期，第四四頁。
　　〔三〕　參閲李正宇：《敦煌史地新論》，新文豐出版公司，一九九六年，第一八七～
一八八頁。

月九日州學博士翟寫，上壽昌縣令《地境》一本。"翟爲翟奉達，曾是沙州伎術院禮生，先後選任沙州經學博士[一]。

目前，可以考定的敦煌寺學的教書先生理論上多由寺院的僧人擔任。如伯三三八六號《楊滿山詠孝經壹拾捌章》尾題"戊辰年（九六八）十月卅日三界寺學士"等，及學郎詩一首："計寫兩卷文書，心裏些些不疑。自要心身懇切，更要師父闍黎。"又沙州歸義軍節度使掌書記張球晚年辭官，寓居沙州某寺學，教授生徒。那些"學郎題記"中所記載的氾孔目學、安參謀學、白侍郎學等私塾中個人講學的先生，應該就是沙州歸義軍政權退休或在職官員在閑暇之餘充任。

敦煌蒙書的學郎題記及相關史料，爲學界梳理唐五代州縣學、伎術院，以及私學有關學生稱號和人名、社會階層提供了第一手資料。目前，已經梳理出的唐代州縣學有經學、道學、醫學，其學生可稱爲學生、經學生、學士郎，極少情況稱爲學生童子（伯三七八○號《秦婦吟》題記）；歸義軍時期出現了陰陽學，有陰陽生；伎術院有禮生、伎術生、上足弟子。寺學、家學、坊學、個人講學等私學的學生稱呼比較雜亂，一般都可以稱爲學士郎，或寫作學仕郎、學使郎、學事郎，皆爲同音借字，或簡稱學士、學郎，少數情況作學生，有一例稱"童子"者（伯二七一六號《論語》題記）、一例"學生判官"者（伯三四四一號《論語》題記），但義學的學生稱義學生[二]。從可以考定的敦煌學士郎身份來看，敦煌諸寺學衹有鑒惠、僧醜延、沙彌德榮、僧馬永隆、顯須、僧曹願長等六名學士郎爲僧人，僅佔可以確定的七十九名寺學學士郎姓名的百分之六，沙州歸義軍高官多將年幼的子弟先送到寺學進行童蒙教育[三]。

4.極大豐富了童蒙教育活動的史料

敦煌蒙書是唐五代敦煌地區童蒙教育中所使用的教材和讀物，很多蒙書

〔一〕 參考姜伯勤：《敦煌社會文書導論》，第一○三頁。

〔二〕 參閱［日］伊藤美重子：《唐宋時期敦煌地區的學校和學生——以學郎題記爲中心》，金瀅坤主編：《童蒙文化研究》第三卷，第二四～五○頁。

〔三〕 參閱金瀅坤：《唐五代敦煌寺學與童蒙教育》，《童蒙文化研究》第一卷，第一○四～一二八頁。

上的兒童題記和雜寫，爲我們提供了彌足珍貴的、最原始的教育史料，記錄課堂內外教師的授課和學生的學習活動。特別是敦煌蒙書中兒童聽寫、背誦和考試的真實記錄，以及兒童的學郎詩，真實記錄了兒童的學習場景、心情和感受等等，是正史、類書，以及其他資料無法代替的。

敦煌蒙書及其他敦煌兒童讀物保留了唐五代、宋初童蒙教育的史料和背後的歷史，真實記錄了學郎學習進展和成長的心路。如北敦一四六三六號背《逆刺占》卷末題有天復二年（九〇二）敦煌州學上足子弟翟奉達述志詩三首，其前兩首爲：

> 三端俱全大丈夫，六藝堂堂世上無。男兒不學讀詩賦，恰似肥菜根盡枯。
> 軀體堂堂六尺餘，走筆橫波紙上飛。執筆題篇須意用，後任將身選文知。

第一首言生爲大丈夫，如不讀書，實在是前途無望，以示自勵。第二首詩，言學業精進，志在以文參選。最後一首，蓋爲學業將成，對未來充滿惆悵。其詩云："哽噎卑末手，抑塞多不謬。嵯峨難遥望，恐怕年終朽。"最難得可貴的是，作者晚年，看到兒少之作，又作詩曰："今年邁見此詩，羞煞人，羞煞人。"可以説這件文書非常珍貴，充滿童趣，非常真實地記載了翟奉達少兒之時的志向、讀書態度和不同時期的心理成長情況。又伯三三〇五號《論語集解》學郎詩云："男兒屈滯不須論，今歲蹉跎虛度春。■身强健不學問，滿行逐色陷没身。■自身苦教懃，一朝得勝留後人。"言學郎自勵，感慨切勿蹉跎青春，要倍加努力，一朝得意，名留青史。

記錄了學生之間你追我趕、相互攀比的學習場面和心理。斯七二八號《孝經》背有靈圖寺學士郎李再昌詩云："學郎大歌（哥）張富千，一下趁到孝經邊；太公家教多不殘，獿獶［□］兒實鄉偏（相騙）。"生動描述了學士郎李再昌被學郎大哥張富千戲弄，没有好好學習，反而怪罪對方没有共進取，欺騙他。

記錄了學生努力學習，畏懼老師處罰的心理。如伯二七四六號《孝經》卷末有學郎"翟颯颯詩"云："讀誦須勤苦，成就如似虎。不詞（辭）杖捶體，願賜榮軀路。"詩中學郎自詡勤苦讀書，成就卓著，免受體罰，前途無量，也反映了古代懲戒教育的普遍。

記錄了教學方式。伯二八二五號《太公家教》尾題：“大中四年（八五〇）庚午正月十五日學生宋文顯讀，安文德寫。”記錄了兩個學生之間，聽寫《太公家教》的過程。又伯三七八〇號《秦婦吟》卷尾題：“顯德四年（九五七）……就家學士郎馬富德書記。手若（弱）筆惡，若有決錯，名書（師）見者，決丈五索。”反映了唐代懲戒式教學方法。

現存敦煌蒙書多爲學郎抄寫而成，以便自用，或他用。如伯二六二一號《事森》末題戊子年（九二八）學郎員義寫書之後，記云：“寫書不飲酒，恒日筆頭乾；且作隨疑（宜）過，即與後人看。”表示自己認真抄寫，仔細核對，若是有錯，就會没人看，反映了蒙書的來源。

記錄了教授學生屬文的情況。今人大都知道唐代詩歌興盛，但關於童蒙如何學詩知之甚少。有關唐代學郎誦詩、抄詩的記載，在傳統典籍中記載很少，敦煌蒙書中的題記彌補了這一不足。特別是有關教授童蒙學詩的《詩格》的發現，對研究唐代童蒙的詩賦教育具有重要意義。如斯三〇一一號正面爲《論語集解》卷六，背面有《詩格》一部殘片，僅存四行。其録文爲：“《詩格》一部。第一的名對，第二隔句對，第三雙擬對，第四聯綿對，第五互成對，第六異類對，第七賦體。第一的名對。上句。（寫卷書寫止此）”又《詩格》下有一句詩：“天青白雲外，山俊（峻）紫微中。鳥飛誰（隨）影去，花洛（落）逐遥□（摇紅）。”亦見《文鏡秘府論》異類對下[一]，説明此詩爲《詩格》“七對”之“異類對”範文。此卷《詩格》之下還有《千字文》《太公家教》等蒙書的相關學郎雜寫，真實記録學郎學習抄寫、默寫《詩格》的情況，此條史料彌足珍貴，足以證明《詩格》一部作爲蒙書使用，及唐代教授童蒙學習屬對、屬文的真實情況。

〔一〕〔日〕遍照金剛著，周維德校點：《文鏡秘府論》東卷《二十九種對》，人民文學出版社，一九八〇年，第一〇七頁。

（二）敦煌蒙書對大衆教育的價值

隨着唐代科舉考試深入人心，“朝爲田舍郎，暮登天子堂”成爲現實，學習不論出身貴賤意識的增強，促使整個社會教育的下移。敦煌蒙書集中反映了敦煌地區社會大衆教育觀念的轉變，爲相關問題的深入研究，提供了豐富的史料，兹從以下幾點進行説明。

1.蒙書編撰與大衆文化啓蒙教育相結合

伴隨着隋唐士家大族的衰落，庶族寒素階層地位有所上陞，對文化的需求大增，世人不再滿足於從事舉業的識字、文學和德行類蒙書，而是對社會大衆的識字、綜合知識、世俗倫理道德等類蒙書需求大爲增加。於是，出現了《俗務要名林》《雜集時用要字》《碎金》《武王家教》等識字、綜合知識和家教類蒙書。其中最爲典型的就是識字蒙書《俗務要名林》，共存親族、宅舍、男服、火、水、疾、手等三十八部，可補身體、國號、藥三部，共得四十一部〔一〕，汇集了民間日常生産生活所必須的最爲切要名物、詞語，分類編排，以便學習和查閲。所謂“俗務”，就是指各種世俗雜務；“要名”，則指重要常用的雜務名稱、名物〔二〕。因此，唐代《俗務要名林》編撰的目的主要是庶民階層教育子弟識字，掌握、熟悉生産生活中常用的名物以及倫理關係等，以備日常生産生活中的買賣、記賬、寫信等實際需求，故在敦煌等偏遠地區的鄉村童蒙教育中比較流行。

敦煌文獻中的《太公家教》《武王家教》《辯才家教》《新集嚴父教》四部“家教”，是在魏晉以來士家大族走向衰敗的過程中，伴隨着士族的“中央化”〔三〕，留居鄉里者在地方的影響力與魏晉不可同日而語。特别是經歷安史之

〔一〕　高天霞：《敦煌寫本〈俗務要名林〉語言文字研究》，中西書局，二〇一八年，第三頁。

〔二〕　鄭阿財、朱鳳玉：《敦煌蒙書研究》，第七九頁。

〔三〕　毛漢光：《從士族籍貫遷移看唐代士族之中央化》，毛漢光：《中國中古社會史論》，聯經出版事業公司，一九八八年，第二三五～三三八頁；韓昇：《科舉制與唐代社會階層的變遷》，《廈門大學學報（哲學社會科學版）》一九九九年第四期，第二四～二九頁。

亂的掃蕩之後，士族在鄉村的勢力大爲減弱，因此，代表士家大族的"家訓"編撰，不再像先前，主要强調孝道、應對、勸學和處世之道，而是增加了社會關懷成分，庶民色彩更濃。所以，不再用"姓氏題名"，而是藉助太公、周武王、嚴父、辯才等帶有兼濟天下含義的題名。

這四部"家訓"中《太公家教》主要是爲兒童編撰蒙書，雖然也涉及應對、處世等社會世俗内容，但其志向還算高遠，勸學向賢，大衆文化不是很濃厚。其他三部編撰目的明顯是爲社會大衆子弟啓蒙，兼濟普通士人的教示。特別是《武王家教》武王問太公問答語氣，分十惡至十狂等十三類問題，主要是針對百姓在生產生活中有關勞作、借貸、求財、掃灑、勤儉、師友、孝道、處世等諸多層面，容易犯不當、不雅，招人厭的行爲，多引用當時流行的俗語、諺語，反映了社會大衆治家、置業、處世的價值觀念。《辯才家教》則是利用淺近通俗的佛學常識與世俗倫理道德相結合，分章對貞節、經業和治家等内容進行説教和贊美，其中也包含了社會大衆教育的内容。《新集嚴父教》是針對若干種世人在生活中的應對、處世原則進行説教，屬於庶民階層的"家教"，對子弟要求很實際，但求平安，不求功業。

一卷本《王梵志詩》是一部五言四句的勸世詩歌集，其格調不高，言語淺近，多爲鄙俚之言，格言與俗語相間，通俗易讀，以教訓、説理見長。其内容涉及生產、生活、理財、治家、孝道、貧富、應對、處世等，也充滿了鄉村色彩，超凡脱俗，輕視錢財，揚善抑惡，充滿佛教色彩，老莊思想濃厚，富於人生哲理，對敦樸民心十分有益，對大衆教化更爲實用，故常作爲鄉村兒童的童蒙教材。一卷本《王梵志詩》佛家勸世色彩更濃厚，爲研究社會的大衆教育提供了寶貴史料。

2.新編蒙書中的社會大衆教育内容增多

首先，生產知識增多。這是我國古代識字類蒙書的傳統，漢代《急就篇》就包括很多有關生產和生活的名物，《千字文》在一定程度上也保留了此傳統，但開啓了從天地、日月、四季到農業生產、人事等大致順序。此後，《開蒙要訓》《雜抄》《孔子備問書》等，都大致效仿其編撰順序、内容，以不同編撰方式增加大量有關生產、生活和應對的俗物知識。前文列舉《俗務要名林》

《雜集時用要字》中就分門別類地例舉了有關生産工具、技術、時令的名物知識，此處不再贅述。以《雜抄》爲例，共涉及二十七個條目，一百六十七個問答項，根據其内容性質大體將其歸納爲"論""辨"以及類似家教性質的"訓誡"等三大類，其中的"論五穀、五果、五射、五德"；辨年節日、辨四時八節等條目，都是有關農業生産生活的知識。就連《武王家教》之"十惡""三耗""三衰"都是講農業生産生活知識。此外，《辯才家教·四字教章》也主要是用四言韻語講生産的民間智慧。

其次，居家生活知識增多。大致可分名物知識、掃灑、應對、處世、消費等諸多層面。如《開蒙要訓》《俗務要名林》《雜集時用要字》《雜抄》《孔子備問書》等識字、知識類蒙書都記載了很多居家生活名物知識。《雜抄》末尾部分還有摘引當時俗語，以數字冠名歸納爲：世上略有十種剳室之事、十無去就者、五不自思度者、言六癡者、言有八頑者，爲與人相處、應對、處世時容易犯的自以爲是、擅自做主、招人厭惡的諸種不當行爲，應當堅決去除，反映了庶民階層的價值觀念和民間處世哲學。《武王家教》"一錯"至"十狂"中很多内容都是有關居家掃灑、應對、處世、消費等方面應該注意的事項和生活常識。此外《百行章》、一卷本《王梵志詩》雖然編撰文體不同，但相關内容十分豐富。

其三，勸學内容增多。唐代崇重科舉制度，直接推動了社會勸學風氣，"五尺童子恥不言文墨"觀念盛行[一]，"官職比來從此出"的觀念已經根植於世人心目中，讀書不問貧富，在敦煌童蒙教育下移中得到很好的體現。特別值得關注的是，這些童蒙讀物還激勵家道貧寒者，莫辭家貧而不學詩書，比如"男兒不學讀詩書，恰似園中肥地草"，打破了當時的士庶觀念，無疑增强了家道貧寒者勤奮讀書，通過科舉考試獲取功名、官位的信心，亦見科舉制度對當時社會大衆的影響之廣泛、深遠[二]。如《太公家教》云："明珠不瑩，焉

〔一〕《通典》卷一五《選舉典三》，第三五八頁；金瀅坤：《中國科舉制度通史·隋唐五代卷》，第一三九～一四二頁。

〔二〕　參閱韓昇：《南北朝隋唐士族向城市的遷徙與社會變遷》，《歷史研究》二〇〇三年第四期，第四九～六七頁。

發其光；人生不學，言不成章。”又《王梵志詩》云：“黄金未是寶，學問勝珠珍。丈夫無伎藝，虚霑一世人。”〔一〕這些童蒙讀物中明確將讀書與登科、仕宦聯繫在一起，敦勸兒童樹立“學問”“讀書”而登科、入仕清流的觀念，明確了讀書人的目的，突出反映了科舉對童蒙價值觀念的影響。《太公家教》《新集文詞九經抄》《文詞教林》《語對》《蒙求》中保留了豐富的各式“勸學”以及師友觀念，可以全面勾勒唐五代社會大衆對“勸學”的認知，及其背後科舉制度與銓選制度以及社會變遷對童蒙教育的影響。

其四，世俗道德教育。敦煌蒙書中有關世俗道德教育是德行類蒙書的主要内容，且不同蒙書的特點各異。《太公家教》明確爲教示兒童，對古代儒家經典中的名言警句、格言，改編爲韻文短句，兼採諺語、俗語，通俗易讀，内容多比較正面，以孝道、師友、勸學、應對、掃灑、謹言、慎行爲主。《武王家教》更注重“家教”特點，教育對象不局限於適齡兒童，更似子弟，故多用俚俗諺語、俗語，强調謹言、慎行、切莫多事、慎擇師友、擇鄰居等，多爲世俗人生哲理和生活智慧的内容。《辯才家教》的治家特點更爲明顯，勸教對象爲家族全體，辯才和尚藉助佛理知識，重在强調居家行孝、掃灑、應對、行善，如何處理家族内部翁婆、兄弟、姒娌等關係，將佛教經義與世俗智慧相結合，説理與贊頌相結合。又《新集文詞九經抄》《文詞教林》《孔子備問書》《雜抄》等蒙書中也摘引古代儒家、道家甚至是佛教中有關大衆教育的經典語句、格言和大量的諺語，都有明顯的世俗特點。

其五，佛道觀念增强。敦煌蒙書相當數量都是出自敦煌寺學學士郎之手，因此，敦煌蒙書中佛教色彩在所難免。其中，《辯才家教》爲唐代大曆間大和尚辯才所作，所以這部蒙書具有濃厚的佛教思想，體現了唐代僧人講經的特點，用大量淺顯易懂，内涵豐富的佛教思想宣傳勸善積德，對社會大衆教化有很大影響。此外，《武王家教》《孔子備問書》等蒙書中也吸收了不少佛教

〔一〕（唐）王梵志著，項楚校注：《王梵志詩校注》，上海古籍出版社，一九九一年，第四八三頁。

戒律、道教戒律的勸世内容，反映了唐代蒙書中的勸誡内容兼採了佛、道戒律及相關内容，最終上昇成一種社會大衆文化，進行社會教化，不局限於童蒙教育。

（三）敦煌蒙書的史料、文獻價值

敦煌蒙書主要從古代儒家經典、史籍、文集和佛道典籍以及名言警句、諺語和俗語中擇取各類相關内容，多用四、六言短句和韻文重新編撰成各種蒙書，其中很多典籍和諺語、俗語都已散逸，因此，有很高的史料和文獻學、音韻學、語言文學、社會學等領域的學術價值，茲擇取其中一二，簡單概述。

1.史料價值

敦煌蒙書對中古史研究具有很高史料價值。字書、知識類蒙書中記載很多名物、事類和典故，其中很多内容今天已經遺失、散逸。《俗務要名林》《雜集時用要字》《白家碎金》《碎金》等字書中很多名物記載，爲我們研究中古器物、名物提供了寶貴資料。如《俗務要名林·器物部》云："槃，槃（舉）飲食者。餘慮反。"《廣韻·御韻》："槃，舁食者。或作轝。羊洳切。"[一]顯然，"槃"指舉送飲食之器具，又稱"食輿"，又寫作"食轝"。《現代漢語大詞典》收有"食輿"一詞，曰："食輿：竹輿床，竹轎。"[二]顯然，該解釋不得要領，《俗務要名林》解釋得更爲準確。又《器物部》云："弗，策之別名。初産反。"唐代韓愈《贈張籍》詩："試將詩義授，如以肉貫弗。"《器物部》又云："界，鋸木。音介。""界"作爲名物工具"鋸木"，今人已經不知。又《俗務要名林》中的像器物、田農、養蠶及機杼等部中，記載了唐代農業、手工業生産中所使用的各種工具和名物，可以豐富唐五代手工業生産工具等研究。因此，《俗務要名林》"不僅對研究漢語詞彙發展的歷史有用，而且對於了解唐代社會的經濟、生活、風習等也大有幫助，這是一份很重要的

〔一〕（宋）陳彭年等編：《宋本廣韻》，江蘇教育出版社，二〇〇五年，第一〇四頁。

〔二〕　漢語大詞典編輯委員會編：《漢語大詞典》第一二册，上海辭書出版社，二〇二〇年，第四九〇頁。

資料"[一]。

敦煌蒙書及學郎題記可以補足史書記載的不足。如《隋書·百官志》記載"三川"爲何，不見相關史籍記載，史家認識差异很大。《雜抄》就有"三川"的記載："秦川、洛川、蜀川"，非常明確。又中國古代有"在三之義"觀念，後來又發展爲君親師的"三備"觀念，其他史書不載。唯有《雜抄》云："何名三備？君、父、師。"其"辯金藏論法"條云："夫人有百行，唯孝爲本……人有三事：一事父，二事君，三事師；非父不生，非君不事，非師不教。"又伯二九三七號背《太公家教》尾題："維大唐中和肆年（八八四）二月廿五日沙州燉煌郡學士郎兼充行軍除解▇（延）太學博士宋英達。"彌補了晚唐地方割據節度使轄區內州學學仕郎學成之後，在地方節度使衙任職的實例，這條史料很有代表性。另外，如前文所論，唐代寺學、社學、坊學、寺學的發現，都得益於對敦煌蒙書和題記的深入研究。

2.文獻價值

敦煌蒙書的文獻輯佚價值。由於敦煌蒙書編撰過程中摘録、抄録了很多古代經典和書籍的名言警句，其中的不少書已經失傳，故其對輯佚失傳書籍有一定的學術價值。如《新集文詞九經抄》援引典籍至爲豐富，其中頗有後世亡佚之作與散佚之文，如《真言要决》《賢士傳》《孝子傳》《列仙傳》《神仙傳》《潘安仁笙歌賦》《九諫書》等[二]。其中《新集文詞九經抄》摘引《真言要决》云："事君事父者，唯以忠孝爲主，爲君爲父者，須以慈愛爲宗。"由於此書早已散佚，故這條記載就可補《真言要决》佚文。又《兔園策府》也摘引了《孝經三五圖》、《帝王世紀》、《尚書中侯》、《符瑞圖》、王嬰《古今通論》等很多古籍，多已佚，此類相關內容具有輯佚價值。如《兔園策府》注文摘引范曄《後漢書》曰："光武初出（生）於濟陽，有鳳凰集。"原文已佚，故此條可補佚。以上枚舉敦煌蒙書與徵引的內容，相關傳世史籍今

〔一〕 周祖謨：《敦煌唐本字書叙録》，見中國敦煌吐魯番學會語言文學分會編纂：《敦煌語言文學研究》，一九八八年，第五〇頁。

〔二〕 鄭阿財：《敦煌寫卷新集文詞九經抄研究》，文史哲出版社，一九八九年，第一一三～一二四頁。

已散佚，實可資輯佚與考史，有一定的拾遺補缺價值。此類情況不再一一贅述。

　　敦煌蒙書的校勘價值。可依據敦煌蒙書考訂歷史之疑、版本之失。如《語對·送別》記載"胡越"條："《古詩》曰：'行行重行行，與君生別離。相去萬餘里，各在天一崖。'"其"崖"字，今諸本《文選》卷二九《詩己·古詩十九首》作"涯"，"崖"爲古正字，蓋不誤。可勘正史實。伯二五三七號《略出籯金·朋友篇》"雙鴻"條引《七賢傳》云："阮藉（籍）以（與）嵇康爲交，時人號爲'雙鴻'。"今傳世文獻屢見阮籍與嵇康爲友之記載，但未見有"雙鴻"之稱，可補傳世文獻之缺。又《千字文》版本衆多，但傳世典籍將"律吕調陽"，誤作"律召調陽"，幸賴敦煌本《千字文》發現[一]，糾正了這一數百年的訛誤。

（四）敦煌蒙書的語言文學價值

　　敦煌蒙書中的《俗務要名林》《雜集時用要字》《白家碎金》《碎金》等字書中的注音和異文，可爲研究當時的漢語語音，特別是西北方音的面貌提供史料。如羅常培、姜亮夫、周祖謨、潘重規等學術名師在音韻方面取得的成就，均與重視敦煌蒙書中的史料、語料有很大關係。蔡元培《敦煌掇瑣》序説："又如《刊謬補缺切韻》《字寶碎金》《俗務要名林》等，多記當時俗語、俗字，亦可供語言學、文字學的參考。"[二]《語對》《略出籯金》《文場秀句》等蒙書更是研究俗文字、俗語言、詞彙學的寶貴材料[三]，可從其中的異文詞變化研究古代詞語的古今更替演變史，利用其中事對詞語注的意義補充現有辭

　　〔一〕　張涌泉主編：《敦煌文獻合集經部·序》，第二頁。

　　〔二〕　劉復：《敦煌掇瑣》，收入黃永武編：《敦煌叢刊初集》，新文豐出版公司，一九八五年，第五頁。

　　〔三〕　參閲鄭阿財：《敦煌蒙書研究的回顧與前瞻》，《敦煌吐魯番研究》第七卷，第二五四~二七五頁。

書的收詞和釋義[一]。

在漢語俗字研究領域，《千字文》《俗務要名林》《雜集時用要字》《白家碎金》《碎金》《語對》等敦煌蒙書爲漢語俗字的研究提供了豐富的材料。如張涌泉的《漢語俗字研究》《敦煌俗字彙考》《漢語俗字叢考》、黄征的《敦煌俗字典》等成名著作，都利用了這些蒙書中的俗字材料。

在文詞、典故研究方面，敦煌蒙書提供了豐富語料。敦煌蒙書中的《文場秀句》《語對》《略出籑金》等文詞類蒙書，收集大量麗詞、對偶，并對其進行了解釋，以便對兒童進行詞語、典故屬對訓練，熟練掌握音韻押韻，即"屬辭比事"，爲作文訓練做準備。因此，《文場秀句》《語對》和《籑金》等文詞類蒙書中保留相當數量的事對，即麗詞、典故，爲研究中古時期的語言文字提供了豐富語料。

敦煌蒙書中還發現了蕃漢雙語《千字文》《太公家教》等蒙書，對少數民族進行雙語教育，爲了解和研究古代漢語翻譯提供彌足珍貴的史料。敦煌寫本伯三四一九號A《漢藏千字文》是漢藏對音本，該寫卷首尾倶缺，僅存五十四行漢字及對應吐蕃文對音。日本學者羽田亨《漢蕃對音千字文の斷簡》則釋讀、轉寫了漢藏對音，并確定了其與《千字文》的對音性質及與研究唐代西北方音的關係[二]。羅常培先生《唐五代西北方音》利用《漢藏對音千字文》研究了唐五代時期的西北方音[三]。高田時雄《敦煌資料による中國語史の研究——九·十世紀の河西方言》對羅氏《唐五代西北方音》中的漢藏對音材料進行補充和修訂，深入研究了其中的音韻和語法現象[四]。

〔一〕 參閱高天霞：《敦煌寫本〈籑金〉系類書整理與研究》，復旦大學博士後研究工作報告，二〇一七年，第四〇頁。

〔二〕 ［日］羽田亨：《漢蕃對音千字文の斷簡》，《東洋學報》第一三卷第三號，一九二三年。

〔三〕 羅常培：《唐五代西北方音》，商務印書館，二〇一二年。

〔四〕 ［日］高田時雄：《敦煌資料による中國語史の研究——九·十世紀の河西方言》，創文社，一九八八年。

（五）敦煌蒙書的書算教育價值

　　敦煌蒙書發現的唐代書算類蒙書，既有對前代的繼承和發展，也有不少新編之作，其種類、內容更爲豐富，不僅體現了唐代書算教育的快速發展，而且爲研究中國古代書算教育史留下了寶貴史料。兹從以下四個層面概述敦煌蒙書對書算教育研究的學術價值。

　　一是專門習字蒙書的出現。唐代誕生的專門習字蒙書有《上大夫》《牛羊千口》《上士由山水》，其中《上大夫》爲時代最早、影響最大的一本專門習字蒙書。敦煌本《上大夫》有三十六件，足見其被使用之普遍。其中伯四九〇〇號（二）《上大夫試文》爲習字寫卷，篇首有朱筆"試文"二字，每行行首由教書先生朱筆書寫範字，依次爲"上大夫"等，其下爲學生重復習字，每行約十三字，這種教學方式，是目前發現的《上大夫》"順朱"習字的最早寫卷[一]，可視爲後世《上大人》朱筆描紅習字本的最早原形，是研究唐代習字方法和習字教學十分珍貴的一手資料。《上大人》對後世影響很大，宋代以後將其作爲兒童習字的首選蒙書。敦煌寫本《牛羊千口》在傳世文獻中尚未發現它的蹤跡，故而可以豐富學界對研究唐五代兒童習字情況的認識。《上士由山水》以筆畫簡單，作爲目前學界可知的唐代三種兒童習字蒙書之一，唯有伯三一四五號背保存了全文，使學界得以窺其全貌，宋代以後常用於習字教育。

　　二是保存了王羲之字帖在童蒙習字中大量使用的實例。武周時期《尚想黃綺帖》就已流傳龜兹、于闐等西域之地，作爲字帖，供兒童反復習字[二]。敦煌文獻中發現的《尚想黃綺帖》《蘭亭序》寫卷，共有四十一件，其中重復習字寫卷各有十件。不少寫卷中有教書先生書寫範字的痕跡，對研究唐代習字

　　〔一〕［日］海野洋平：《童蒙教材としての王羲之〈顧書論〉（〈尚想黃綺〉帖）—敦煌寫本・羽664ノ二Rに見るプレ〈千字文〉課本の順朱—》，武田科學振興財團杏雨書屋編：《杏雨》第二〇號，二〇一七年，第一三五～一三七頁。
　　〔二〕榮新江：《〈蘭亭序〉與〈尚想黃綺帖〉在西域的流傳》，故宫博物院編：《2011年蘭亭國際學術研討會論文集》，第三一頁。

方法有重要價值。

　　三是記録了流行識字蒙書用於習字的實例。《千字文》《開蒙要訓》等流行識字蒙書在識字的同時，由教書先生、家長等書寫範字，供學郎習字，反復臨摹，這種方式在敦煌蒙書中比較常見。敦煌本《千字文》中有此類學郎習字寫本約三十六件，其中斯二七〇三號中有教書先生在行首書寫範字，學郎依次反復習字，并有教書先生評語[一]，是真實反映童蒙習字教育的第一手資料，非常有學術價值。

　　四是算術蒙書的推陳出新。敦煌算術蒙書可以說是我國現存紙質寫本算書之最早者[二]。敦煌本《九九乘法歌》從"九九八十一"至"一一如一"，共四十五句，比秦漢時期多了"一九如九"至"一一如一"等九句，反映了魏晉隋唐以來對秦漢乘法口訣的發展，也表明唐代已經普遍採用這種四十五句的口訣。而且敦煌大寫漢字版乘法口訣的出現，也是記數方法的一大進步，史料價值彌足珍貴。《立成算經》《算經》簡明扼要，有利於初學者掌握。其中⊥、ⵏⵏ、丅等記數符號的出現，對研究唐代記數法很有價值[三]。其中度量衡方面的記載，説明了王莽量制直到唐宋時期仍在使用[四]。《算經》中的田畝面積計算，伯二六六七號《算書》中的軍需民食、營造等方面的計算，能解決很多實際問題，體現了我國傳統算術教育重實用的特點，對研究唐五代童蒙和普通民衆學習算數的情況很有學術價值。

　　敦煌書算蒙書的發現，證明唐代在邊遠地方不僅有習字和算術，而且還形成了一套成熟的、實用的教學體系和教學方法。其中的《上大夫》《上士由山水》《千字文》《蘭亭序》《九九乘法歌》更是流傳到近現代，對後世千餘年的書算教育產生了深遠影響。

　　〔一〕　李正宇：《一件唐代學童的習字作業》，《文物天地》一九八六年第六期，第一五頁。

　　〔二〕　李儼：《敦煌石室"算書"》，《中大季刊》第一卷第二期，一九二六年，第一頁。

　　〔三〕　季羨林主編：《敦煌學大辭典》，上海辭書出版社，一九九八年，第六〇三頁。

　　〔四〕　李并成：《從敦煌算經看我國唐宋時代的初級數學教育》，《數學教學研究》一九九一年第一期，第四〇頁。

結　語

以上主要對"蒙書"的概念、起源、發展和歷史特點進行了梳理，就"蒙書"與"家訓""類書"的概念進行了梳理，幷對"敦煌蒙書"進行分類和論證，爲敦煌蒙書的整理、校釋與研究做了初步準備工作。敦煌蒙書不僅對研究唐五代童蒙教育、教育史、大衆教育、書算教育以及史料學、文獻學、語言文字學等都有非常高的學術價值，也可以作爲當今少年兒童的啓蒙讀物，以便更好地學習中華優秀傳統文化。因此，本叢書在前人研究的基礎上，對唐代盛世蒙書進行全面、系統的整理、校釋和研究，不僅可以學習盛唐氣象，弘揚中華優秀傳統文化，爲當今中小學教育提供優秀的童蒙讀物，用盛唐蒙書以改善當今少年兒童教輔市場由明清蒙書佔據主導地位的局面。

本叢書重点對以往學界研究敦煌蒙書中存在的以下幾類問題進行全面解決。其一，針對敦煌蒙書研究多爲個人就某一部蒙書、具體問題的零星研究，缺乏全面、多學科的協同整體性、系統性研究的問題，本叢書爲筆者主持的國家古籍整理出版專項經費資助項目"敦煌蒙書校釋與研究"（2019-32），組織海峽兩岸長期從事敦煌蒙書研究最前沿、最高水平的學者王三慶、鄭阿財、朱鳳玉、金瀅坤、張新朋、劉全波等教授，楊寶玉、盛會蓮等研究員，趙宏勃副教授、常蕰心副研究員，任占鵬、焦天然、李殷等博士，以及高静雅、吳元元等博士研究生承擔撰寫任務，鄭亦寧、卜樂凡、王珣等碩士研究生也參與了編撰工作，形成了老中青相結合的科研團隊。本叢書邀請樓宇烈、樊錦詩先生任顧問，王子今、柴劍虹、張涌泉、李正宇、李幷成、韓昇、王三慶、朱鳳玉、杜成憲、金瀅坤、張希清、李世愉、劉海峰、施克燦、孫邦華、楊秀清、楊寶玉、盛會蓮等知名教授、編審和研究員作爲本叢書編撰委員會編委，對相關論著進行審閱和指導，以保證本叢書高質量地編撰和出版。

其二，針對敦煌蒙書校對多爲單本蒙書的分別校釋，缺乏整體分類校釋，很難産生規模效益，没能引起學界和社會各界對敦煌蒙書給予足够重視的問題，本叢書計畫設導論卷，多數蒙書將單獨成卷，書算類等少數蒙書將合幷成習字卷、算術卷，每卷蒙書將邀請相關童蒙文化研究最佳人選，對相關蒙書進行單獨叙録、題解和校釋。叙録部分主要是對整理蒙書的校釋所使用的底本和參校寫卷的狀況以及綴合、前人整理情況等進行說明。叙錄主要爲全面調查蒙書的相關寫卷、題記等情況，爲底本和參校本的選擇做好基礎性調查和考訂工作，爭取在底卷綴合和題記考釋方面有所創新，在蒙書寫卷的佔有和學術史掌握方面做到窮盡。解題部分簡明扼要地說明所整理蒙書的簡介、價值和成書年代，并交代校釋所使用的底本和參校版本的基本信息以及前人的整理、研究成果，力求反映前人的研究基礎以及本團隊對研究蒙書的認識水平。校釋部分是整理的關鍵所在，主要分釋文和校釋兩部分進行。釋文主要是對所選底本進行逐字考辨，錄定正文，斷句標點，分段錄出，必要時保持原有格式。本叢書設計之初就定位學術性與應用性相結合，不僅爲學界提供一個高水平的校釋本，而且要爲廣大普通讀者提供可讀性强的讀本，故錄文部分要盡量出正字，充分考慮可讀性，減少閱讀障礙。注釋部分主要對底本中訛誤字、俗字、异體字、通假字進行校正，并出校說明理由；若能確定蒙書中典故、諺語等最早出處或較早轉引及相近記載者，均須注釋。這部分力求做到校釋準確，引經據典，追根溯源，釋字可靠，釋義準確，經得起考驗。

其三，針對敦煌蒙書研究存在問題相對單一、結論相似、問題意識不足的問題，本叢書將從中國傳統文化的歷史淵源入手，以蒙書爲中心，以童蒙教育爲着眼點，考察中古時期儒釋道交融的歷史大背景下，童蒙文化如何受其影響，蒙書思想觀念有何反映；再從社會變遷視角考察中古朝代更替、士族興衰、察舉制向科舉制轉變、官學與私學發展變化、經學與文學之爭、藩鎮割據、朋黨之爭等時代產物對童蒙教育的影響，具體體現在唐代蒙書編撰的哪些方面，從而深化問題的研究。本叢書還重點探討每部蒙書的編撰、文體、語言的特點，以及編撰目的和影響。每部蒙書的研究將突出童蒙教育的功能，從蒙書內容、題記、編撰體例、文化淵源及唐代科舉考試、文化、思想等多角度進行深入探討，分析其對童蒙教育的功能、意義和影響等，進而從每本蒙書特點出發，探討其對社會大衆的社會教化與影響。通過如上多層面的研究，讓讀者明白每部蒙書的獨特性和不可替代性，用事實充分說明唐代蒙書在編撰方面的開創性、多樣性特點，從而向世人推介敦煌蒙書，以便爲今天的少年兒童提供更爲豐富的啓蒙讀物。

　　本叢書從立項到成書出版，應感謝前輩學者對敦煌蒙書研究所付出的努力，感謝樓宇烈、樊錦詩先生擔任我們的顧問，感謝韓國磐師、韓昇師、張涌泉師、李正宇師、李并成師、劉進寶師以極大耐心，賜教不才，也感謝王子今、張希清、王三慶、鄭阿財、朱鳳玉、毛佩琦、李華瑞、李世愉、劉海峰等先生多年來對我的無私幫助和指導，也特別感謝在我人生最低迷的時候張雪書記對我的幫助，最後對副主編盛會蓮研究員為本套叢書的付出表示感謝。

　　注記：筆者在寫"總論"過程中得到課題組全體成員的大力支持，就蒙書概念、蒙書畫分標準，以及蒙書與類書、家訓之間關係等問題與前輩學者王三慶、鄭阿財教授進行了反復商討，兩位先生都給予了建設性修改意見，并請柴劍虹先生審閱，提供了寶貴修改意見，在此向三位先生和所有課題組成員再次表示感謝。

緒　論

　　我國算術教育起源甚早。《周禮·地官司徒》載："保氏，掌諫王惡。而養國子以道，乃教之六藝：一曰五禮，二曰六樂，三曰五射，四曰五馭，五曰六書，六曰九數。"[一] 這裏的"九數"即算術，可見周代統治者就已經重視子弟們的算術教育，視爲必備"六藝"之一。秦漢以來，算術教育進一步發展，算術啓蒙教育成爲小學的重要組成部分，與習字教育并重。班固《白虎通·辟雍》云："八歲毀齒，始有識知，入學學書計。"[二]《漢書·食貨志》云："八歲入小學，學六甲五方書計之事，始知室家長幼之節。"[三] 這兩條資料明確説明漢代有條件的學童普遍是八歲入小學，正式學習書寫和計算。又據東漢崔寔《四民月令》云："農事未起，命成童以上入大學，學《五經》；師法求備，勿讀書傳。研凍釋，命幼童入小學，學篇章。"崔寔自注："'篇章'謂《六甲》《九九》《急就》《三倉》之屬。"[四] 可知漢代

　　〔一〕（漢）鄭玄注，（唐）賈公彥疏：《周禮注疏》卷一四《地官司徒》，李學勤主編：《十三經注疏》，北京大學出版社，二〇〇〇年，第四一五～四一六頁。

　　〔二〕（清）陳立撰，吳則虞點校：《白虎通疏證》卷六《辟雍》，中華書局，一九九四年，第二五三頁。

　　〔三〕（漢）班固撰，（唐）顏師古注：《漢書》卷二四上《食貨志上》，中華書局，一九六二年，第一一二二頁。

　　〔四〕（漢）崔寔撰，石聲漢校注：《四民月令校注》，中華書局，二〇一三年，第九頁。

小學的主要教材是《六甲》《九九》《急就》《三倉》，而《九九》指代的應該便是以《九九乘法歌》爲代表的算術類蒙書。其實秦漢時期的算術類教材除了我們熟知的《九九乘法歌》，還有不少，比如著名的《周髀算經》和《九章算術》。而且如今在出土秦漢文獻中亦發現了數量衆多的算術簡牘，比如岳麓書院藏秦簡《數》、北大藏秦簡《算書》、張家山漢簡《算數書》、雲夢睡虎地七七號漢墓竹簡《算術》，反映了秦漢時期算術類教材發展的盛況。魏晉南北朝時期的算術教育在前代基礎上進一步發展，出現了《海島算經》《孫子算經》《張丘建算經》《五曹算經》《五經算術》等。到了隋唐，算術教育取得了很大進步，國子監下設算學，尤其是唐代在科舉常科考試中設立了明算科，專門招納優秀的算學人才，并由李淳風“刊定注解”十部算經，“立於學官”[一]，由此形成了著名的“算經十書”。

唐五代宋初敦煌的算術教育也取得了不錯的發展。從敦煌文獻中保存的算術文獻來看，當時使用的算術蒙書有沿用前代的《九九乘法歌》、北朝《算書》，也有唐代以後出現的算術蒙書《立成算經》《算經》。這四種算術蒙書對探究唐五代宋初敦煌地區算術教育的内容和形式以及了解當時民間算術教育的特點具有重要價值，具體而言：首先，爲探究唐五代宋初敦煌地區算術教育的内容和特點及教育目的提供了原始資料；其次，爲了解官學教材“算經十書”對民間算術教育及教材的影響提供了文獻支持；最後，爲探究秦漢魏晉南北朝算書對唐五代算書的影響以及唐五代算書對宋以後的影響提供了珍貴資料。本書將以敦煌文獻中的算術蒙書爲中心，結合秦漢簡牘、樓蘭文書、吐魯番文獻及傳世算術文獻等，從敦煌算術蒙書的特點、性質、源流、流傳及影響等方面展開探討，以期對唐五代宋初的算術教育有進一步認識。

一　敦煌算術類蒙書的種類與價值

唐代官方算學教育有“算經十書”，然而這些算書尚未在敦煌文獻中有所

〔一〕（宋）歐陽修、宋祁撰：《新唐書》卷二〇四《方技傳・李淳風傳》，中華書局，一九七五年，第五七九八頁。

發現。敦煌文獻中保留下來的算術類蒙書主要有《九九乘法歌》《立成算經》《算經》《算書》，説明當時民間算術教育不必盡用官學教材。以下分别介紹這幾種算術蒙書的價值。

（一）敦煌本《九九乘法歌》的價值

九九乘法，在先秦時期已經初步形成，《九九乘法歌》在敦煌、居延、肩水金關、張家界古人堤、湖南龍山縣里耶古城和益陽兔子山等地出土的秦漢簡牘和漢磚以及北京大學藏秦簡中有不少發現，其中以里耶秦簡爲時代最早，保存最完整，起“九九八十一”，訖“二半而一”，共三十八句[一]。從敦煌寫本來看，唐代的《九九乘法歌》是從“九九八十一”至“一一如一”，共四十五句，爲“小九九”，較之秦漢簡牘，内容多出了以乘數“一”開頭的九句歌訣，去除了“一一而二，二半而一”這兩句。歌訣内容的變化反映了唐代對秦漢時期《九九乘法歌》的繼承和發展。十三件敦煌本《九九乘法歌》中伯特一〇七〇號、伯特一二五六號、斯特七六四號、莫高窟北區B五九：一〇號是吐蕃文寫本[二]，不僅是古代漢藏算學交流的見證，而且其中“大九九”的出現對重新認識該歌訣的演變過程有重要價值；伯三一〇二號背雖然内容不全，但爲大寫數字（今人所謂“會計體”）書寫，如“貳玖拾捌，叁玖貳拾柒”，反映了歌訣順序的變化和數字書寫方式的進步，是當時算術教育注重實用的體現。

（二）《立成算經》的價值

《立成算經》在敦煌文獻中有三件，編號爲斯九三〇號背、伯三七七三號背+（中缺）+斯五七五一號背、伯五五四六號（二）背。斯九三〇號背

〔一〕　王焕林：《里耶秦簡九九表初探》，《吉首大學學報（社會科學版）》二〇〇六年第一期，第四六~五一頁。

〔二〕　本套書金瀅坤先生總論中“敦煌蒙書分類與保存狀況統計表”和鄭阿財先生《敦煌蒙書校釋與研究·導論卷》附録“敦煌蒙書分類與保存信息表”中記録的《九九乘法歌》寫本的數量爲十二件，今補入斯特七六四號，更正爲十三件。

首題“立成算經一卷”，全文僅有七十行。“立成”是立馬、立刻學成之意，作爲標題，表明了這是一本可以速成的算書，且達到了廣告的效果。該蒙書内容包括識位法、度量衡制、金屬比重、大數法、九九乘法歌。其識位法和度量衡制的内容，參考了《孫子算經》，但是在《孫子算經》的基礎上進行了簡化，其識位法末言“略舉大綱”，表示出内容祇是基礎的算術知識，與題目“立成”呼應。其金屬比重中的數值與《孫子算經》不一，説明編者另有所據。其大數法採用十進制，與《孫子算經》的大數法的萬進制不同，説明唐五代時期十進制與萬進制并行。其九九乘法歌的歌訣爲四十五句，每句歌訣下利用“直下”“通前”這樣的連接詞增加了加法運算，并在每句歌訣之後添加了對應的數碼，對於探究九九乘法歌功能擴展、内容演變以及數碼學習有重要意義。總體而言，《立成算經》在形式上追求簡潔和易記，使内容呈現口訣化的特徵，實開唐五代算術口訣書之先河。

（三）《算經》和《算書》的價值

《算經》在敦煌文獻中保存了兩件，分别是伯三三四九號+斯五八五九號、斯一九號+俄敦三九〇三號+（中缺）+羽三七號+（中缺）+斯五七七九號[一]。兩件寫本的内容和格式相近，應該“師出同門”[二]。伯三三四九號保存有首題“算經一卷并序”，得以知其書名。兩件寫本中殘存的《算經》内容包括序文、識位法、大數法、度量衡制、九九乘法歌以及“均田法第一”。其内容多出自《孫子算經》，可謂一脈相承，又與《夏侯陽算經》《五曹算經》有一定關聯，反映了“算經十書”對其他算書編撰的影響。其序文更加注重

〔一〕 伯三三四九號和斯五八五九號的綴合，斯一九號、羽三七號及俄敦三九〇三號的綴合，參見金少華《跋日本杏雨書屋藏敦煌本〈算經〉殘卷》，《敦煌學輯刊》二〇一〇年第四期，第八二頁。斯五七七九號，依其内容和格式，也是《算經》的一部分，雖然不可與斯一九號、羽三七號、俄敦三九〇三號直接綴合，但是紙張和字迹接近，當源自同一寫本。

〔二〕 金少華：《跋日本杏雨書屋藏敦煌本〈算經〉殘卷》，《敦煌學輯刊》二〇一〇年第四期，第八三頁。

培養學習者的興趣，循循善誘，具有勸學意義；大數法、度量衡制則增加了具體換算内容，體現出這部算書注重實用。

《算書》僅有一件寫本伯二六六七號，保存有部名"營造部第七"和"□□部第九"，計有算題十二道，涉及軍需、民食、營造等。原件無題，一九二六年李儼《敦煌石室"算書"》一文首次把這一寫本稱爲《算書》。李儼視之爲唐代算書[一]，而近些年以郭正忠爲代表的學者們把它的成書年代推定在北朝[二]。部分算題與《孫子算經》類似，顯然受到對方的影響。北朝的算書在唐五代敦煌地區被使用，説明此書在敦煌影響頗大。從其部名形式來看，其編撰採用了北朝以來類書的編撰體式，與《算經》的編撰體式一致，二者的關係值得進一步探究。

《算經》和《算書》中田畝面積、軍需民食、營造等方面的算題，所用不出加減乘除四則運算，可以滿足一般大衆的計算需求，其内容又與官吏的行政和軍事工作、社會生産方面關係密切，可作爲地方官吏培養的基礎算書。

除了以上蒙書，敦煌文獻中伯二四九〇號《田畝算表》、斯六六三號背、斯四六六一號、斯四七六〇號、俄敦一二八八號、北敦一六〇一八號等寫本中也記載了較爲基礎的田畝計算方式和算題，它們是學習者實踐訓練的作業，是敦煌算術教育的重要組成部分，然而不當視作蒙書，這裏僅作論述之參考。

二　學術史回顧

以下分別就敦煌算術類蒙書《九九乘法歌》《立成算經》《算經》《算書》的代表性先行研究進行簡要概述。

〔一〕　李儼：《唐代算學史》，《西北史地季刊》第一卷第一號，一九三八年，第六八頁。

〔二〕　郭正忠：《一部失落的北朝算書寫本——〈甲種敦煌算書〉研究》，《中國學術》二〇〇一年第二期，第二〇七～二三二頁。

（一）敦煌本《九九乘法歌》學術史

以下就十三件敦煌本《九九乘法歌》的主要研究成果，按照年代的先後順序進行介紹。早在一九五八年，西門華德（Walter Simon）已發文介紹了吐蕃文《九九乘法歌》寫本伯特一二五六號[一]。一九八三年，高田時雄《雜抄と九九表——敦煌におけるチベット文字使用の一面》中指出伯特一二五六號《九九乘法歌》的書寫年代應該是十世紀，爲當時的初等算術教育所使用[二]。一九八五年華侃《敦煌古藏文寫卷〈乘法九九表〉的初步研究》一文對伯特一二五六號的内容進行了翻譯，分析了吐蕃文的語音特點，判斷寫本年代是吐蕃時期[三]。一九九一年，王進玉《敦煌遺書中的數學史料及其研究》一文介紹了斯四五六九號、斯六一六七號背、孟二七九二號（俄敦二一四五號）寫本的情況，指出敦煌的四十五句的《九九乘法歌》與先秦典籍中三十六句的古九九表及宋代和西方普遍使用的八十一句的大九九表均異，這種四十五句的小九九表是漢代以後方始流行，唐代則普遍採用[四]。同年，鄭阿財《敦煌蒙書析論》一文在敦煌寫本知識類蒙書之下劃出"算術知識"類，指出斯四五六九號、孟二七九二號（俄敦二一四五號）《九九乘法歌》的内容與今日九九乘法表無異[五]。一九九八年，劉鈍在《敦煌學大辭典》"九九表"條介紹了斯四五六九號和斯六一六七號背，且以爲斯六一六七號背的《九九乘法歌》係同卷《占卜

〔一〕［德］Walter Simon（西門華德），A Note on Chinese Texts in Tibetan Transcription, *Bulletin of the School of Oriental and African Studies*, Volume 21, Issue 2, 1958, p.342.

〔二〕［日］高田時雄：《雜抄と九九表——敦煌におけるチベット文字使用の一面》，《均社論叢》第一四號，一九八三年，第三頁。

〔三〕 華侃：《敦煌古藏文寫卷〈乘法九九表〉的初步研究》，《西北民族學院學報（哲學社會科學版）》一九八五年第三期，第四五~五五頁。

〔四〕 王進玉：《敦煌遺書中的數學史料及其研究》，李迪主編：《數學史研究文集》第二輯，内蒙古大學出版社、九章出版社，一九九一年，第六〇頁。

〔五〕 鄭阿財：《敦煌蒙書析論》，漢學研究中心編：《第二屆敦煌學國際研討會論文集》，漢學研究中心，一九九一年，第二二四頁。按：孟二七九二號，鄭文中誤作孟二七九〇號。

書》的一小部分〔一〕。二〇〇〇年，黄顥《敦煌莫高窟北區石窟出土藏文文獻譯釋研究（一）》中對吐蕃文《九九乘法歌》寫本Ｂ五九：一〇號做了翻譯，推斷它是唐宋之後所寫，指出了該寫本有先將兩個不同數字相乘，然後再進行換位相乘的特點，即"五四、四五正二十"的形式，可以看作是乘法口訣的一種進步與創新，而且該寫本還保留了不可多見的藏式數碼〔二〕。二〇〇二年，鄭阿財、朱鳳玉《敦煌蒙書研究》一書第三章"敦煌寫本知識類蒙書"之下附了"算術知識類蒙書《九九乘法歌》"，介紹了斯四五六九號、斯八三三六號背、俄敦二一四五號的情況，認爲《九九乘法歌》是歌訣式的算數知識類蒙書，并以斯四五六九號爲中心做了録文〔三〕。二〇〇七年，鄭阿財、朱鳳玉《開蒙養正：敦煌的學校教育》一書"古老算學《九九表》"一節中，在前作的基礎上，增加了北敦五六七三號背和伯特一二五六號，并結合秦漢簡牘和敦煌寫本，簡要説明了出土《九九乘法歌》的價值〔四〕。二〇一〇年，陳敏皓在其博士論文《唐代算學與社會》第七章"敦煌算書"中簡要説明了敦煌本《九九乘法歌》的特點〔五〕。二〇一一年，張小虎《敦煌算經九九表探析》一文中介紹了十二件敦煌本《九九乘法歌》（按：其中包括敦煌《立成算經》和《算經》寫本中的九九乘法歌，如果除去這兩種寫本，實際《九九乘法歌》寫本是八件），較之前人，增加了伯二五〇二號背、伯三一〇二號背、俄敦二九〇四號，而且注意到了伯三一〇二號背中出現的大寫數字《九九乘法歌》〔六〕。同年，王進

〔一〕　季羨林主編：《敦煌學大辭典》，上海辭書出版社，一九九八年，第六〇一頁。

〔二〕　黄顥：《敦煌莫高窟北區石窟出土藏文文獻譯釋研究（一）》，彭金章、王建軍編：《敦煌莫高窟北區石窟》第一卷，文物出版社，二〇〇〇年，第三八〇～三八一頁。

〔三〕　鄭阿財、朱鳳玉：《敦煌蒙書研究》，甘肅教育出版社，二〇〇二年，第二七九～二八〇頁。按：斯八三三六號背，《敦煌蒙書研究》中誤作斯八八三六號。

〔四〕　鄭阿財，朱鳳玉：《開蒙養正：敦煌的學校教育》，甘肅教育出版社，二〇〇七年，第四二～四七頁。

〔五〕　陳敏皓：《唐代算學與社會》，清華大學（新竹）博士學位論文，二〇一〇年，第一八〇～一八四頁。

〔六〕　張小虎：《敦煌算經九九表探析》，《温州大學學報（自然科學版）》二〇一一年第二期，第一～六頁。

玉《敦煌學和科技史》第二章 "敦煌文物與數學史研究" 中，梳理了敦煌文獻中的各種數學文獻，介紹了十七件《九九乘法歌》寫本（按：如果除去《立成算經》和《算經》寫本，實際《九九乘法歌》寫本是十一件），強調了吐蕃文寫本的價值[一]。二〇一五年劉英華《敦煌本藏文算書研究》一文認爲伯特一二五六號、伯特一〇七〇號以及莫高窟北區 B 五九：一〇號是吐蕃中期以後的寫本，并做了錄文、譯文和特點分析，與敦煌漢文本《九九乘法歌》做了初步對比[二]。二〇一九年，才項多傑《敦煌出土藏文九九乘法寫本與西藏籌算中的九九乘法表的關係研究》一文也對三件吐蕃文《九九乘法歌》寫本進行了錄文和翻譯，認爲伯特一二五六號的書寫時間爲吐蕃晚期或九世紀之後，是吐蕃人學習漢文九九歌的一種方法，并推測伯特一〇七〇號的書寫時間應該在藏傳佛教後弘期早期，莫高窟北區 B 五九：一〇號的書寫時間應該在藏傳佛教後弘期[三]。劉英華、楊寶玉《敦煌本藏文算書九九表再探》一文不僅指出斯特七六四號也是吐蕃文本《九九乘法歌》，對之進行了錄文和翻譯，推測其書寫年代不早於九世紀，其編者可能是寫本末用吐蕃文表示的漢人 "吳興子"，而且對莫高窟 B 五九：一〇號、伯特一〇七〇號、伯特一二五六號的錄文和譯文進行了修訂，説明了各本的特點和價值以及與漢文本的异同[四]。

　　綜上所述，前輩學者已經注意到敦煌本《九九乘法歌》與秦漢時期、宋代以後的不同，簡要説明了它們的内容特點和價值，尤其是對四件吐蕃文寫本的書寫年代、特點以及價值做了深入探討。筆者將在前人基礎上，結合出土文獻和傳世典籍，主要論述唐五代宋初《九九乘法歌》的特點，兼論其秦漢以來的演變及對西域及東亞地區的影響。對《立成算經》和《算經》中的九九乘法歌

　　〔一〕　王進玉：《敦煌學和科技史》，甘肅教育出版社，二〇一一年，第五四～六五頁。按：王進玉 "九九表" 統計數據中，俄敦二九〇四號被視作《算經》的一種，不知所據。

　　〔二〕　劉英華：《敦煌本藏文算書研究》，《西藏大學學報（社會科學版）》二〇一五年第一期，第七四～八一頁。

　　〔三〕　才項多傑：《敦煌出土藏文九九乘法寫本與西藏籌算中的九九乘法表的關係研究》，《敦煌研究》二〇一九年第五期，第一〇二～一一〇頁。

　　〔四〕　劉英華、楊寶玉：《敦煌本藏文算書九九表再探》，《西藏研究》二〇二一年第一期，第六四～七三頁。

的討論將放在第二章和第三章。

（二）《立成算經》學術史

敦煌文獻中《立成算經》寫本計有三件，爲斯九三〇號背、伯三七七三號背+（中缺）+斯五七五一號背、伯五五四六號（二）背。一九三六年向達在英國考察敦煌卷子的時候發現了斯九三〇號背面有《立成算經》〔一〕，告知了李儼。一九三九年，李儼《敦煌石室立成算經》一文根據王重民所寄贈照片對此算書進行了介紹和校録〔二〕，學界始對這一算書有了初步了解。之後李儼在《中國古代數學史料》和同書第二版的"敦煌千佛洞立成算經"一節中都對以前的録文做了修訂〔三〕。李儼的録文成爲了後人研究《立成算經》的不可缺少的基礎資料。近來郝春文主編《英藏敦煌社會歷史文獻釋録》第四卷中亦對斯九三〇號背做了校録〔四〕，可以參考。

對《立成算經》内容的研究始於上世紀八十年代。一九八二年，李倍始（U.J.Libbrecht）MATHEMATICAL MANUSCRIPTS FROM THE TUNHUANG CAVES 一文中把《立成算經》的主要内容翻譯成英文，把其中所載金屬密度與《孫子算經》和現代數值做了對比，把大數法之萬、億、兆……載等單位，用現代數學方法進行了表示〔五〕。一九八三年，趙承澤《敦煌學和科技史》一文以爲《立成算經》中的數碼可以幫助我們加深理解我國古

〔一〕　向達《倫敦所藏敦煌卷子經眼目録》中有著録斯九三〇號背《立成算經》（《北平圖書館圖書季刊》新第一卷第四期，一九三九年，第四〇二頁）。

〔二〕　李儼：《敦煌石室立成算經》，《北平圖書館圖書季刊》新第一卷第四期，一九三九年，第三八六～三九六頁。

〔三〕　李儼：《中國古代數學史料》，中國科學圖書儀器公司，一九五四年，第三六～三九頁；李儼：《中國古代數學史料》（第二版），上海科學技術出版社，一九六三年，第三六～三九頁。

〔四〕　郝春文、金瀅坤編著：《英藏敦煌社會歷史文獻釋録》第四卷，社會科學文獻出版社，二〇〇六年，第四一六～四二二頁。

〔五〕　［比］U.J.Libbrecht（李倍始）：MATHEMATICAL MANUSCRIPTS FROM THE TUNHUANG CAVES，李國豪、張孟聞、曹天欽主編：《中國科技史探索》，上海古籍出版社，一九八二年，第二〇三～二二九頁。

代數碼的形成和發展〔一〕。一九八六年，中外數學簡史編寫組《中國數學簡史》一書"籌算的改革與敦煌算書"一節中對《立成算經》的內容有簡要介紹，指出"此卷算經實際上是供一般計算時查閱的常用算表故名'立成'算經"〔二〕。一九八九年，許康《敦煌算書透露的科學與社會信息》一文中有對《立成算經》九九表結合乘積累加和數碼的形式進行介紹，稱贊了它的獨創性和進步意義，也把金屬密度與《孫子算經》和現代數值做了對比，指出它的數值雖然差強人意，但在世界物理史上是一項領先的成就〔三〕。其後，相關研究逐漸增多，王進玉《敦煌遺書中的數學史料及其研究》〔四〕、宮島一彦《曆書・算書》〔五〕、王渝生《敦煌算書提要》〔六〕、李迪《中國數學通史・上古到五代卷》〔七〕、沈康身主編《中國數學史大系・西晋至五代》第七編"敦煌數學"〔八〕、紀志剛《南北朝隋唐數學》一書第九章"敦煌算書與唐代實用數學"〔九〕、劉鈍《敦煌學大辭典・立成算經》〔一〇〕、鄧文寬《敦煌典籍與唐

〔一〕　趙承澤：《敦煌學和科技史》，敦煌文物研究所編：《1983年全國敦煌學術討論會文集（文史・遺書編）》上冊，甘肅人民出版社，一九八七年，第四一〇～四一一頁。

〔二〕　中外數學簡史編寫組：《中國數學簡史》，山東教育出版社，一九八六年，第二二六頁。

〔三〕　許康：《敦煌算書透露的科學與社會信息》，《敦煌研究》一九八九年第一期，第九六～一〇三頁。

〔四〕　王進玉：《敦煌遺書中的數學史料及其研究》，李迪主編：《數學史研究文集》第二輯，第五八～六五頁。

〔五〕　[日]宮島一彦：《曆書・算書》，[日]池田温編：《講座敦煌5・敦煌漢文文獻》，大東出版社，一九九二年，第四八三～四八四頁。

〔六〕　王渝生：《敦煌算書提要》，郭書春主編：《中國科學技術典籍通彙・數學卷》第一分冊，河南教育出版社，一九九三年影印本，第四〇一～四〇五頁。

〔七〕　李迪：《中國數學通史・上古到五代卷》第六章"唐代中後期到五代的數學"，江蘇教育出版社，一九九七年，第三九一～三九五頁。

〔八〕　吳文俊主編，沈康身分卷主編：《中國數學史大系》第四卷《西晋至五代》，北京師範大學出版社，一九九九年，第三六三～三六六頁。

〔九〕　紀志剛：《南北朝隋唐數學》，河北科學技術出版社，二〇〇〇年，第三二八～三三二頁。

〔一〇〕　季羨林主編：《敦煌學大辭典》，第六〇〇～六〇一頁。

五代歷史文化》捌 "科技章" [一]、王進玉《敦煌學和科技史》等 [二]，都對《立成算經》的内容和價值做過討論，但是基本上没有脱離前人論述的角度和觀點。還有張小虎《敦煌算經九九表探析》一文針對《立成算經》九九表中 "都計得一千一百五十五文" 的 "文" 字、"直下" "通前" 等名詞做了解釋，通過其中數碼和《算經》中數碼的表現指出唐五代敦煌地區記數符號的使用已較廣泛 [三]。需要説明的是，王進玉《敦煌學和科技史》一書中統計了《立成算經》的另外兩件寫本伯三七七三號背和斯五七五一號背。對於《立成算經》的性質，汪泛舟《敦煌的童蒙讀物》[四]、許康《敦煌算書透露的科學與社會信息》[五]、李并成《從敦煌算經看我國唐宋時代的初級數學教育》中都稱它是啓蒙讀物 [六]。

　　前人對於《立成算經》的研究，多着眼於内容和價值方面論述，而且往往把它與其他敦煌算書一起討論，多種内容穿插，頗顯混亂，雖然有對它進行單獨討論者，但是論述簡短，未能盡興。筆者將嘗試對《立成算經》做綜合探討，在前人的基礎上，通過與《孫子算經》《夏侯陽算經》《算經》中的相關内容的比對，從而明晰它的編撰特點和性質，并聯繫後世算書，探究它的影響，以期對這一本算書以及當時的敦煌算術教育有更加深入的了解。

　　〔一〕　張弓主編：《敦煌典籍與唐五代歷史文化》，中國社會科學出版社，二〇〇六年，第一一〇三頁。

　　〔二〕　王進玉：《敦煌學和科技史》，第五五～五六、七一～七二頁。

　　〔三〕　張小虎：《敦煌算經九九表探析》，《温州大學學報（自然科學版）》二〇一一年第二期，第一～六頁。

　　〔四〕　汪泛舟：《敦煌的童蒙讀物》，《文史知識》一九八八年第八期，第一〇四～一〇七頁。

　　〔五〕　許康：《敦煌算書透露的科學與社會信息》，《敦煌研究》一九八九年第一期，第九六～一〇三頁。

　　〔六〕　李并成：《從敦煌算經看我國唐宋時代的初級數學教育》，《數學教學研究》一九九一年第一期，第三九～四二頁。

（三）《算經》及《算書》學術史

敦煌文獻中的《算經》寫本共計有六個卷號，可以綴合爲兩件，爲伯三三四九號＋斯五八五九號、斯一九號＋俄敦三九○三號＋（中缺）＋羽三七號＋（中缺）＋斯五七七九號。

對於《算經》，學界在寫本的整理和校録方面的工作起步較早。劉復《敦煌掇瑣》一書"教育類"中校録了伯三三四九號《算經》，編號爲瑣七八[一]，是最早對寫本進行全文移録的，引起了學界對《算經》的關注。一九三五年，王重民把伯三三四九號照片寄予李儼，李氏隨即發表《西陲中算史料之發現》一文校録了伯三三四九號《算經》的序文[二]，又作《敦煌石室"算經一卷并序"》一文對伯三三四九號的全文進行了校録[三]。一九三八年，李儼《唐代算學史》一文中又指出斯一九號、斯五七七九號也是《算經》的部分内容[四]。之後李儼在《中國古代數學史料》一書和同書第二版的"敦煌千佛洞'算經一卷并序'"一節結合斯一九號和斯五七七九號對以前的録文做了修補[五]。可以説李儼的初步研究工作爲之後的《算經》研究奠定了堅實的基礎。隨後其他《算經》寫本也被陸續發現。李儼《敦煌石室立成算經》一文中稱"據傳李盛鐸售與日人中村不折之敦煌卷内，亦有算書一種"[六]。李并成《從敦煌算經看我國唐宋時代的初級數學教育》一文中統計

〔一〕 劉復輯：《敦煌掇瑣》中輯，中研院歷史語言研究所，一九三二年，第三一七～三二五頁。

〔二〕 李儼：《西陲中算史料之發現》，原載《西京日報》一九三五年九月八日和《圖半月刊》第五期，收入李儼、錢寶琮：《李儼錢寶琮科學史全集》第十卷，遼寧教育出版社，一九九八年，第一五四頁。

〔三〕 李儼：《敦煌石室"算經一卷并序"》，《國立北平圖書館館刊》第九卷第一號，一九三五年，第三九～四六頁。

〔四〕 李儼：《唐代算學史》，《西北史地季刊》第一卷第一號，一九三八年，第六八頁。

〔五〕 李儼：《中國古代數學史料》，第二八～三六頁；李儼：《中國古代數學史料》（第二版），第二八～三六頁。

〔六〕 李儼：《敦煌石室立成算經》，《北平圖書館圖書季刊》新第一卷第四期，一九三九年，第三八六頁。

出了斯五八五九號〔一〕。二〇〇一年，郝春文編著《英藏敦煌社會歷史文獻釋録》第一卷中對斯一九號《算經》進行了校録〔二〕。二〇一〇年，金少華《跋日本杏雨書屋藏敦煌本〈算經〉殘卷》一文不僅指出日本杏雨書屋藏羽三七號《算經》就是李儼提及的李盛鐸售與中村不折的算書，并通過核對，證明羽三七號與斯一九號、俄敦三九〇三號可以綴合，另外伯三三四九號可以和斯五八五九號綴合，并經過比堪兩寫本的内容推測它們是“師出同門”，甚至可能其中一卷就是另一卷所據的底本〔三〕。金少華不僅識別了羽三七號和俄敦三九〇三號，而且説明了各寫本的關係，很具參考價值。二〇一一年，王進玉《敦煌學和科技史》一書中也對各《算經》寫本之間關係做了説明，認爲斯一九號＋羽三七號＋俄敦三九〇三號、伯三三四九號＋斯五八五九號以及斯五七七九號分別屬於《算經》的三個抄本〔四〕。二〇一八年，《英藏敦煌社會歷史文獻釋録》第一卷修訂版重新校録斯一九號時，添加了俄敦三九〇三號的録文〔五〕。綜上所述，前人已基本完成了《算經》寫本的收集和釋録，尤其金少華和王進玉在寫本的綴合方面成績顯著。但是關於斯五七七九號的歸屬，筆者從筆跡判斷，它當與斯一九號、俄敦三九〇三號、羽三七號是同一寫本。

　　前人對於《算經》的探討，主要集中在内容與價值兩個方面。李儼《敦煌石室“算經一卷并序”》一文指出它多爲《孫子算經》語，其大數法、度量衡制可與《孫子算經》互相參校〔六〕。一九五四年，那波利貞《唐代の庶

　　〔一〕　李并成：《從敦煌算經看我國唐宋時代的初級數學教育》，《數學教學研究》一九九一年第一期，第三九頁。

　　〔二〕　郝春文編著：《英藏敦煌社會歷史文獻釋録》第一卷，科學出版社，二〇〇一年，第一九～二二頁。

　　〔三〕　金少華：《跋日本杏雨書屋藏敦煌本〈算經〉殘卷》，《敦煌學輯刊》二〇一〇年第四期，第八一～八三頁。

　　〔四〕　王進玉：《敦煌學和科技史》，第四六、六二頁。

　　〔五〕　郝春文、杜立暉等編著：《英藏敦煌社會歷史文獻釋録》第一卷（修訂版），社會科學文獻出版社，二〇一八年，第四八～五三頁。

　　〔六〕　李儼：《敦煌石室“算經一卷并序”》，《國立北平圖書館館刊》第九卷第一號，一九三五年，第三九～四六頁。

民教育に於ける算術科の内容とその布算の方法とに就きて》一文討論
了《算經》的序文、大數法、度量衡制和九九乘法歌的特點，論及了它們
與《孫子算經》《數術記遺》的關係，并有部分録文可以參考，還論及了
"均田法第一"與《五曹算經》的异同點，最後就其中的識位法、數碼討論
了古代的布算方法[一]。進入八九十年代，相關研究成果大量涌現。李倍始
（U.J.Libbrecht）把《算經》的序文、識位法、大數法、度量衡制翻譯作英
文并做了簡要介紹，還把九九乘法歌、大數法和一些算題用現代數學的形
式進行了説明[二]。趙承澤《敦煌學和科技史》一文的"算學"條中强調《算
經》可作爲校讀《孫子算經》的參考[三]。中外數學簡史編寫組《中國數學簡
史》一書中對《算經》内容有簡單介紹[四]。許康《敦煌算書透露的科學與社
會信息》一文以爲《算經》的九九乘法歌中每句下面添"自相乘"和"分
之"及每段後有一小結的做法是一種獨創，萬進制的大數法反映了佛教文
化的影響，并把度量衡制的部分内容與《孫子算經》《夏侯陽算經》《五曹
算經》做了對比，還認爲"均田法第一"包含了基本實用的田畝算法，有
均田制的時代烙印，可從《九章算術》中找到類似内容，并與《夏侯陽算
經》《五曹算經》中田畝算法做了一些對比，指出了這幾本算書中的一些算
法錯誤，最後比較了《算經》與《孫子算經》的序文，分析了二者的异同
點，提出《算經》編者的思想傾向於釋家，强調《算經》的序文在實際教
育中更具積極意義[五]。許康的論述較爲全面，論及《算經》的内容特點和價

〔一〕［日］那波利貞：《唐代の庶民教育に於ける算術科の内容とその布算の方法と
に就きて》，《甲南大學文學會論集》（通號一），一九五四年，第一～三一頁。

〔二〕［比］U.J.Libbrecht（李倍始）：MATHEMATICAL MANUSCRIPTS FROM THE
TUNHUANG CAVES，李國豪、張孟聞、曹天欽主編：《中國科技史探索》，第二〇三～
二二九頁。

〔三〕 趙承澤：《敦煌學和科技史》，敦煌文物研究所編：《1983年全國敦煌學術討論
會文集（文史・遺書編）》上册，第四〇九～四一〇頁。

〔四〕 中外數學簡史編寫組：《中國數學簡史》，第二二四～二二六頁。

〔五〕 許康：《敦煌算書透露的科學與社會信息》，《敦煌研究》一九八九年第一期，
第九六～一〇三頁。

值，較之前人有很大的進步，但是其中一個説法值得商榷，那就是那波利貞已經指出《算經》的九九乘法歌中添加的“自相乘”和“分之”等内容早見於《孫子算經》，并不是獨創。李并成《從敦煌算經看我國唐宋時代的初級數學教育》一文中以爲《算經》的度量衡制羅列各單位的定義、進位及其之間關係，簡明扼要，初學者易於掌握，其中“方一尺，深一尺六寸二分受一石”一句説明王莽量制直到唐宋時期仍在使用，九九乘法歌的形式也利於學習，還指出田畝算題的目的在於爲當時推行的均田法服務，實用性很强〔一〕。王進玉《敦煌遺書中的數學史料及其研究》對於《算經》内容的認識基本不出許康之説〔二〕。宮島一彦《曆書·算書》對《算經》的序文、大數法、度量衡制、九九乘法歌的論述與那波利貞的視角基本一致，把“均田法第一”的内容與《九章算術》《孫子算經》《五曹算經》《夏侯陽算經》做了詳細比對，指出《算經》的一些算法錯誤與《五曹算經》《夏侯陽算經》相同〔三〕。李迪《中國數學通史·上古到五代卷》一書中詳細説明了《算經》中的田畝算題，認爲這部分内容很可能來自《夏侯陽算經》和《五曹算經》〔四〕。沈康身主編《中國數學史大系·西晋至五代》一書第七編“敦煌數學”一章中依次對《算經》的序文、計量、計數、算題的内容進行介紹，并把相關部分與《九章算術》《孫子算經》《數術記遺》《五曹算經》《夏侯陽算經》做對比，總結了《算經》的價值〔五〕。紀志剛《南北朝隋唐數學》一書第九章“敦煌算書與唐代實用數學”中按照序、“識”算、“九九表”、“大數記法”、度量衡、“均

〔一〕　李并成：《從敦煌算經看我國唐宋時代的初級數學教育》，《數學教學研究》一九九一年第一期，第三九~四二頁。

〔二〕　王進玉：《敦煌遺書中的數學史料及其研究》，李迪主編：《數學史研究文集》第二輯，第五八~六五頁。

〔三〕［日］宮島一彦：《曆書·算書》，［日］池田温編：《講座敦煌5·敦煌漢文文獻》第四七九~四八三頁。

〔四〕　李迪：《中國數學通史·上古到五代卷》，第三九五~三九九頁。

〔五〕　吴文俊主編，沈康身分卷主編：《中國數學史大系》第四卷《西晋至五代》，第三六〇~三七三頁。

田法"的順序對《算經》的内容進行了有詳有略的分析[一]。陳敏皓博論《唐代算學與社會》第七章"敦煌算書"中首次提到了《算經》寫本的書法價值[二]。陳巍、鄒大海《中古算書中的田地面積算法與土地制度——以〈五曹算經〉"田曹"卷爲中心的考察》一文把《五曹算經》"田曹"卷内容與《算經》"均田法第一"的題目做了詳細對比[三]。王進玉《敦煌學和科技史》一書第二章"敦煌文物與數學史研究"中，整理了詳細的先行研究，綜合前人成果論述了《算經》的價值[四]。此外，王渝生《敦煌算書提要》[五]、鄧文寬、劉鈍在《敦煌學大辭典》中編纂的"敦煌算書"和"算經"條[六]以及《敦煌典籍與唐五代歷史文化》捌"科技章"[七]，都對《算經》的價值有總結説明。通過以上先行研究，《算經》在校勘唐代算書、與其他算書的聯繫、反映社會制度和文化以及民間算學方面的價值已經大體明晰。

　　就《算經》的性質，那波利貞認爲它的算術題没有超出加減乘除四則運算的範圍，屬於基礎算書，大概是唐代鄉校俚儒編纂的作爲教授普通庶民的一般教科書；李并成認爲它是學校或家塾教育的初級數學課本，可作爲算學入門讀物，也可以作爲有關人員實用的算表和手册。兩位先賢對於《算經》性質的已經有準確把握。

　　關於《算經》的編撰年代，李儼在《中算書録》中指出伯三三四九號

　　〔一〕　紀志剛：《南北朝隋唐數學》，第三一九～三二八頁。
　　〔二〕　陳敏皓：《唐代算學與社會》，清華大學（新竹）博士學位論文，二〇一〇年，第一七九頁。
　　〔三〕　陳巍、鄒大海：《中古算書中的田地面積算法與土地制度——以〈五曹算經〉"田曹"卷爲中心的考察》，《自然科學史研究》二〇〇九年第四期，第四二六～四三六頁。
　　〔四〕　王進玉：《敦煌學和科技史》，第四三～七〇頁。
　　〔五〕　王渝生：《敦煌算書提要》，郭書春主編：《中國科學技術典籍通彙·數學卷》第一分册，第四〇一～四〇五頁。
　　〔六〕　季羨林主編：《敦煌學大辭典》，第六〇〇～六〇一頁。
　　〔七〕　張弓主編：《敦煌典籍與唐五代歷史文化》，第一〇九九、一一〇三頁。

的著書年代在開元、天寶年間〔一〕，在《唐代算學史》"唐代敦煌算書"一節中依據《算經》中所載的 "《大唐令》文" 和 "五尺曰步"，認爲它是唐代算書〔二〕，又在《中算史論叢》和《十三、十四世紀中國民間數學》二書中提及《算經》是唐末宋初的著作〔三〕；那波利貞以爲伯三三四九號《算經》和伯二六六七號《算書》是同一本書，伯二六六七號背有題記 "大順二年十一月"，據此推測《算經》的編撰時間在唐昭宗大順二年（八九一）之前；宮島一彦主張《算經》是唐代算書；許康依據的材料與李儼相同，但是把時代定在唐代或五代；沈康身推斷爲八至九世紀〔四〕；近年郝春文和王進玉提出了五代説〔五〕。可見各位先賢對於《算經》編撰年代的認識尚不一致，筆者以爲基於現在的證據，祇能説明它編撰於唐五代時期。

　　就《算經》内容而言，前輩學者多擇其要點而介紹，對於内容細節説明不足。筆者以爲《算經》的主要内容源自《孫子算經》，但是在内容細節方面，尤其是序文、大數法和度量衡制，編者有改編和增删，形成了自身特點。這些改編和增删，帶有編者的意圖，能反映民間教育特點，值得進一步探析。而且，筆者在校釋《算經》識位法之時，發現部分内容源自《夏侯陽算經》，這一點對於判斷《算經》編撰時代的上限有幫助。另外，《算經》既然多源自《孫子算經》，可謂一脈相承，那麽《孫子算經》又源自哪裏，似乎可以從出土秦簡算書文獻中尋找到答案。因此，筆者將在前人基礎上，具

〔一〕　李儼：《中算書録》，原載《西京日報》一九三五、一九三六年和《圖半月刊》第一一、一三、一六、一八、二三～二七、三五～三七期，收入丁福寶、周雲青編：《四部總録算法編・補遺》，商務印書館，一九五七年，第四一頁。

〔二〕　李儼：《唐代算學史》，《西北史地季刊》第一卷第一號，一九三八年，第六八～六九頁。

〔三〕　李儼：《中算史論叢》第四集，科學出版社，一九五五年，第二六七頁；李儼：《十三、十四世紀中國民間數學》，科學出版社，一九五七年，第一頁。

〔四〕　吴文俊主編，沈康身分卷主編：《中國數學史大系》第四卷《西晋至五代》，第三六二頁。

〔五〕　郝春文編著：《英藏敦煌社會歷史文獻釋録》第一卷，第二一～二二頁；郝春文、杜立暉等編著：《英藏敦煌社會歷史文獻釋録》第一卷（修訂版），第五一頁；王進玉：《敦煌學和科技史》，第七八頁。

體分析它的内容特點，劃定其編撰年代的範圍，并就此類算書的源流試做探討。

學界對伯二六六七號《算書》的研究，幾乎與《算經》同時起步。一九二六年，李儼依據伯希和贈送的伯二六六七號照片，作《敦煌石室 "算書"》一文對該寫本進行了初步介紹和録文，首次把這一缺題的寫本稱之爲 "算書"，指出其殘存有十二題，是我國現存寫本算書之最古者[一]。一九三五年，李儼《西陲中算史料之發現》一文對《算書》第一題所缺内容做了補充[二]。隨後李儼在《中算書録》和《唐代算學史》中根據算題中涉及開元、天寶遺制五男制，考定其爲唐代著作[三]。之後李儼《中國古代數學史料》及該書第二版中 "敦煌千佛洞 '算書'" 一節對以前的録文做了整理和修訂[四]。針對李儼的録文，郭正忠《〈甲種敦煌算書〉的考校與釋補》一文修正了不少錯誤[五]。那波利貞《唐代の庶民教育に於ける算術科の内容とその布算の方法とに就きて》中將其與其他算書中的類似算題做了對比，指出它是和《算經》一樣爲唐代鄉校俚儒編纂的作爲教授普通庶民的一般教科書[六]。宮島一彦《曆書・算書》中認爲它是初級的數學問題集，推測各部皆由四道題構成[七]。許康《敦煌算書透露的科學與社會信息》中探討了它所反映的社會經濟、政治軍事及文化信息，認爲它是北朝著作，可能是北涼太史趙㪍的遺著《算經》或以

〔一〕 李儼：《敦煌石室 "算書"》，《中大季刊》第一卷第二期，一九二六年，第一～四頁。

〔二〕 李儼、錢寶琮：《李儼錢寶琮科學史全集》第十卷，第一五二～一五三頁。

〔三〕 李儼：《中算書録》，收入丁福寶、周雲青編：《四部總録算法編・補遺》，第四一頁；李儼：《唐代算學史》，《西北史地季刊》第一卷第一號，一九三八年，第六八頁。

〔四〕 李儼：《中國古代數學史料》，第二二～二七頁；李儼：《中國古代數學史料》（第二版），第二三～二七頁。

〔五〕 郭正忠：《〈甲種敦煌算書〉的考校與釋補》，《自然科學史研究》二〇〇二年第一期，第一～一一頁。

〔六〕 ［日］那波利貞：《唐代の庶民教育に於ける算術科の内容とその布算の方法とに就きて》，《甲南大學文學會論集》（通號一），一九五四年，第一～三一頁。

〔七〕 ［日］宮島一彦：《曆書・算書》，［日］池田温編：《講座敦煌5・敦煌漢文文獻》，第四七七～四七九頁。

趙書爲藍本[一]。菊池英夫《敦煌發見〈算書〉中に見える軍制模式についての一考察》一文以其中所涉及到的軍制爲中心進行探討，推斷它的編撰年代在北朝到唐初之間[二]。李并成《從敦煌算經看我國唐宋時代的初級數學教育》一文則從算學蒙書的角度説明它的價值[三]。紀志剛《南北朝隋唐數學》一書中推測《算書》原稿爲九部，每部四題，計三十六個算題，其性質是一部邊陲軍事著作[四]。郭正忠《一部失落的北朝算書寫本——〈甲種敦煌算書〉研究》一文經過對各題的詳細考證，判斷《算書》是北朝著作，并指出其有三個特點：一是有偏重軍事題材的傾向，二是算法比較簡易，三是帶有敦煌一帶的地域特徵[五]。另外，李倍始（U.J.Libbrecht）MATHEMATICAL MANUSCRIPTS FROM THE TUNHUANG CAVES[六]、中外數學簡史編寫組《中國數學簡史》[七]、李迪《中國數學通史·上古到五代卷》[八]、沈康身主編《中國數學史大系·西晉至五代》[九]、陳敏皓《唐代算學與社會》中都對此書做過簡要介紹和分析[一〇]，《敦煌學大辭典·算書》《敦煌典籍與唐五代歷史文化》中有概括它的

————————

〔一〕　許康：《敦煌算書透露的科學與社會信息》，《敦煌研究》一九八九年第一期，第九六～一〇三頁。

〔二〕〔日〕菊池英夫：《敦煌發見〈算書〉中に見える軍制模式についての一考察》，《中央大學文學部紀要》第一三六號，一九九〇年，第五七～八三頁。

〔三〕　李并成：《從敦煌算經看我國唐宋時代的初級數學教育》，《數學教學研究》一九九一年第一期，第三九～四二頁。

〔四〕　紀志剛：《南北朝隋唐數學》，第三三四～三三八頁。

〔五〕　郭正忠：《一部失落的北朝算書寫本——〈甲種敦煌算書〉研究》，《中國學術》二〇〇一年第二期，第二〇七～二三二頁。

〔六〕〔比〕U.J.Libbrecht（李倍始）：MATHEMATICAL MANUSCRIPTS FROM THE TUNHUANG CAVES，李國豪、張孟聞、曹天欽主編：《中國科技史探索》，第二〇三～二二九頁。

〔七〕　中外數學簡史編寫組：《中國數學簡史》，第二二四頁。

〔八〕　李迪：《中國數學通史·上古到五代卷》，第四〇〇～四〇二頁。

〔九〕　吳文俊主編，沈康身分卷主編：《中國數學史大系》第四卷《西晉至五代》，第三六六～三七三頁。

〔一〇〕　陳敏皓：《唐代算學與社會》，清華大學（新竹）博士學位論文，二〇一〇年，第一八四～一八九頁。

價值，可供參考。

　　《算書》所存算題内容的性質和結構與《算經》"均田法第一"非常類似，前人多判斷其爲北朝算書，對於探究《算經》類蒙書的發展具有重要意義，而且前人對於它的内容和價值已經有了豐富認識，筆者不欲贅言，所以把對它的討論放在探究《算經》源流的章節之下。

上編　校釋篇

凡　例

一　《敦煌蒙書校釋與研究》收録範圍與整體規劃

《敦煌蒙書校釋與研究》收録敦煌文獻中發現的"蒙書"，按照每部"蒙書"分卷進行校釋和研究。本叢書將分導論卷、《千字文》卷、《開蒙要訓》卷、《俗務要名林》卷、《雜集時用要字》卷、《蒙求》卷、《事林》卷、《事森》卷、雜抄卷、《孔子備問書》卷、《百行章》卷、《新集文詞九經抄》附《文詞教林》卷、《一卷本〈王梵志詩〉》卷、《太公家教》卷、《武王家教》卷、《辯才家教》卷、《新集嚴父教》卷、《崔氏夫人訓女文》卷、《兔園策府》卷、《策府》卷、《文場秀句》卷、《略出籝金》卷、《楊滿山詠〈孝經〉壹拾捌章》卷，以及習字卷、算術卷等，收録了四十四種唐代常見蒙書。

《敦煌蒙書校釋與研究》計劃出版約二十卷，每卷分上下編。上編主要對選定蒙書進行整理、校釋、注解，爲下編深入研究做基礎性的整理、校勘工作。下編在上編整理基礎之上，考訂該卷蒙書的作者、成書的時代背景，分析其編撰體例、特點和價值觀念；充分利用這些彌足珍貴的出土文獻，研究唐五代童蒙教育活動以及童蒙教育理念，分析社會變遷對童蒙文化的影響，補證傳世典籍中散佚蒙書的内容和流傳情況，還原歷史，探討童蒙文化對廣大社會底層百姓的生產、經商及生活、習俗、信仰的影響。

二 《敦煌蒙書校釋與研究》整理工作細則

《敦煌蒙書校釋與研究》主要包括凡例、叙録、題解、校釋研究等項。本叢書尊重前人已有的著録、研究成果，除在"題解"中做總體説明外，前人一些比較重要的、正確的校勘成果，亦在"叙録""校釋"等中加以採納和體現。

（一）叙録細則

叙録主要對整理蒙書的校釋所使用的底本和參校寫卷的狀況，以及前人綴合等整理情況進行形式説明。底本和參校本狀況主要包括寫卷的卷號、首題、尾題、題記、起止、殘缺、數量、綴合及書寫質量和相關文書的書寫情況等。整理情況指就前人對蒙書整理比較有貢獻、價值的情況要如實概述，加以評判，并在校釋中有所反映。同一類蒙書，須分作若干種校録者，在整理原始蒙書之後，重新整理該蒙書發展、衍生出來諸種蒙書時，需要再做叙録，對其發展、衍生的關係做簡要的介紹，説明分開校釋的理由，如《千字文》有《六合千字文》《蕃漢千字文》等，需要分别校釋。

（二）題解細則

題解主要簡明扼要地説明所整理蒙書的簡介和成書年代，并交代對校時所使用的底本和參校版本的基本信息，以及前人的整理、研究成果狀況。蒙書簡介概括所要整理蒙書的題名、内容、性質、作者和編撰特點、結構等。整理研究狀況概述需要在校釋中參引前人相關重要、經典的録文和研究基本信息。

（三）校釋細則

1.録文

依據所選底本逐字録文、考辨，斷句標點，分段録出，殘缺部分除外。録文依據具體蒙書内容和性質需要，酌情保留原文行款和特定款式，將底本中的雙行小字，改爲單行小字。録文儘量採用現行正體繁體字，若底本中有常見俗字、异體字、别字、假借字、訛誤字等，徑録正，并出校説明；若有校勘價值，或有争議者，保留原形，其後適"（ ）"，"（ ）"内加正字，并出校説明。

其一，正俗訛誤處置。本叢書用繁體字排版，新舊字形不一者，用新字形，特殊情况用舊字形，古代分用而現代漢字混用者，如"並""并"之類，亦從古，盡量與古代寫本中的寫法保持一致。凡涉兩岸繁體字字形不一者，以大陸版漢字標準字形爲準。一般的异寫字、俗字（結構不變，而筆畫略有變异的字）徑録正，异構字（包括异體字、古本字、古正字、古分用字）及有特定通用字一律徑録正，但在校記中照底本録寫情况説明。鑒於敦煌蒙書中俗字比較常見，常見俗字一般正文徑録正字（如"扌"旁與"木"旁、"氵"旁與"冫"旁以及"弟"與"第""苐"、"功"與"切"、"答"與"荅"形近相混普遍，可徑據文義録正），在同件蒙書首次出現上述問題須出校説明，其後不再一一出校。

其二，缺省符號處置。原卷缺字用"□"號表示，缺幾個字用幾個"□"，不能確定缺字字數者用長條"□□□"（大小占三格）形符號表示。若上部、下部和中部殘缺，不能判斷其準確字數者，用"□□"形符號表示上缺，用"□□"行符號表示下缺，用"□□"形符號表示中缺。如果所缺部分既有正文大字又有單行注文小字的，則用五號字大小的"□"號表示缺字。若雙行注文小字殘缺字數不明，則用"□□"形符號表示缺字。上述缺字符號，在校記中均須説明約缺字數，或依據參校本和傳世典籍，或據文義在正文加括弧、或校記中加"□（ ）"號補缺字内容。底本模糊不清，無法辨認者用"▓"號表示，每個"▓"號代表一個字。底本、參校本中若有文字書寫筆畫清楚可見，却無法辨認其正字者，可直接謄録圖片。

其三，補字符號處置。若底本確定有脱字，則用"［ ］"號表示脱字，脱字依據相關參校本、史籍和文義可補者外加［ ］號（如"蒙以［養］正"），須出校記；若底本明顯有空格，確係缺字，亦用"□"號表示，須出校記；若係敬空，則可接排，不出校記；若情况不明，仍照留空格，并須出校。

其四，重文、乙正、删除符號處置。底本中的重文符號、省代符（如字頭旁注"〻""厶"等重文、省代符號），一律改爲相應的正字，不用出校；有争議或特定情况，須出校。倒字（乙）、衍文（卜或彡），據文義或底本的乙正、删除符號，徑加以乙正或删除，必要時出校加以説明。

其五，塗改字、旁注補字處置。底本中文字書寫之後，又有塗改的各種情况，文義確定者可徑録正，無須出校；若存在歧義，須出校。底本中旁注於正文之外的補字，可徑補正文者，無須出校；若存歧義，須出校。旁注若爲標音字或注解性文字，則須改爲小字夾注，并出校。雙行小注須改爲單行小字。

2.校釋細則

除校釋的蒙書原文中需要保留的異體字外，全書行文一律使用現行《現代漢語詞典》附録《新舊字形對照表》爲依據改定。文中所涉及的數位除必須保留的阿拉伯數字外（如計量單位、統計表格），一律使用漢字。

其一，參校原則。校釋部分以底本爲主，用參校本對底本進行參校，録定正文，并出校説明。若同一蒙書的參校本内容或字句，與其他版本出入較大，可視作异本，須出校説明，校釋從簡，但相關文句可取作校勘之用。若有傳世古籍參校，選定其中若干常見的、較權威的版本參校，并須在題解中加以説明。凡此諸種情况在同一篇蒙書中出注之後，不再一一出校。以下諸種情况均適用。

其二，錯别字、缺字、脱字和异文出校。底本的錯别字、缺字、脱字據參校本改正、補出時，須出校説明。底本與參校本存在异文（如异義字及异體字）及詞句不同時，須出校記。若參校本有脱字及細微筆畫之訛，則不必一一出校。

其三，假借字、常見俗字、訛字、避諱字出校。底本中常見假借字、俗字、訛字，其正字明確者徑録正，一般不出注，若有質疑或有價值者須出校説明；若該字不易考明者，正文中考訂正字需外加"（　）"（如"交（教）"之類），須出校記説明。底本中難以辨識之字在正文中照録，或以剪裁圖片的形式處理，并出校記。音譯詞一概照録，不統一文字，須出校説明其義。避諱字徑録正，在校記中照録原字，説明避何人之諱。若上述情况，字形有變，仍須逐一出校説明。

其四，校注序號。加注原則是以正文的標點符號爲單位，一個標點符號（、，；。）加一個注釋，若一個標點符號内有多個字詞需要加注，仍放在同一校記序列號内，中間用"○"符號隔開。注碼上標外加〔　〕號，十以上的數字作一〇、一一、二〇、二一……一〇〇、一〇一、一一〇……一二〇、一二一等字樣，校記注碼一律標置於所需出校的字、詞、句或條目的第一個標點符號之内的右上方，以一個標點符號爲一個注碼。

校記書寫格式：字、詞、片語的校記，先照録需要校録的字、詞、片語，下施逗號，再表述各參校本的狀况，并標明校勘理由。若實際需要可用""號，將相關内容加在其中。校記務求簡要，不作繁瑣考證。其後，可加按語，依據文獻資料爲證。

其五，注釋原則。對校釋蒙書中的典故、晦澀字句、歧義之字詞，凡有礙文義理解者，均須出注釋。若能確定蒙書中典故、諺語等的最早出處或較早轉引，及相近記載，均須注釋。若蒙書本身很短，相關信息不足，可盡量出注釋。

其六，正字處理。因爲本叢書《敦煌蒙書校釋與研究》不單純是古籍整理，有很大實用性，也是爲教育學、文學、心理學、兒童學等多學科的學者提供的一個精準讀本，故常見异體字、假借字、俗字等盡量在正文中徑録正，然後出校説明。

其七，標點符號。標點符號的使用依據國家規定的《標點符號用法》。原卷所用的句讀符號、字隔、分段符號一律不再保留，敬空字或抬行不影響内容或理解者，皆予接排。以上各種情况一般可在題解或校記中略加説明。

三 《敦煌蒙書校釋與研究》參引書目簡稱説明

本叢書上編引用同一文獻次數較多者，統一使用簡稱，若在分卷中再次出現，第一次使用全稱，仍需説明簡稱，再使用簡稱。

（一）敦煌文獻編號簡稱

北　　　　　——中國國家圖書館藏敦煌文獻編號

北大　　　　——北京大學圖書館藏敦煌文獻編號

北敦　　　　——中國國家圖書館藏敦煌文獻統編號

北臨　　　　——中國國家圖書館藏敦煌文獻臨編號

北新　　　　——中國國家圖書館藏敦煌文獻新編號

伯	——法國國家圖書館藏敦煌文獻伯希和編號
伯粟	——法國國家圖書館藏敦煌粟特文文獻伯希和編號
伯特	——法國國家圖書館藏敦煌藏文文獻伯希和編號
敦博	——敦煌市博物館藏敦煌文獻編號
敦研	——敦煌研究院藏敦煌文獻編號
俄敦	——俄羅斯科學院東方研究所聖彼得堡分所藏敦煌文獻編號
俄弗	——俄羅斯科學院東方研究所聖彼得堡分所藏敦煌文獻弗魯格編號
傅圖	——"中研院歷史語言研究所"傅斯年圖書館藏敦煌文獻編號
甘博	——甘肅省博物館藏敦煌文獻編號
甘圖	——甘肅省圖書館藏敦煌文獻編號
甘中	——甘肅省中醫學院藏敦煌文獻編號
津藝	——天津市藝術博物館藏敦煌文獻編號
酒博	——酒泉市博物館藏敦煌文獻編號
散	——《敦煌遺書散錄》編號（《敦煌遺書總目索引》附錄）
上博	——上海博物館藏敦煌吐魯番文獻編號
上圖	——上海圖書館藏敦煌吐魯番文獻編號
斯	——英國國家圖書館藏敦煌文獻斯坦因編號
斯特	——英國國家圖書館藏敦煌西域藏文文獻斯坦因編號
西師	——西北師範大學藏敦煌文獻編號
英印	——印度事務部圖書館藏敦煌文獻編號
永博	——永登縣博物館藏敦煌文獻編號
羽	——杏雨書屋藏敦煌文獻編號
浙敦	——浙江省藏敦煌文獻編號
中村	——《中村不折舊藏禹域墨書集成》編號
中國書店	——中國書店藏敦煌文獻編號

（二）書目簡稱

《寶藏》　　——《敦煌寶藏》

《北大》　　　——《北京大學藏敦煌文獻》

《俄藏》　　　——《俄藏敦煌文獻》

《法藏》　　　——《法藏敦煌西域文獻》

《法目》　　　——《巴黎國家圖書館藏敦煌漢文寫本注記目録》（ *Catalogue des manuscrits chinois de Touen-houang* ）

《甘藏》　　　——《甘肅藏敦煌文獻》

《國圖》　　　——《國家圖書館藏敦煌遺書》

《郝録》　　　——《英藏敦煌社會歷史文獻釋録》

《黄目》　　　——《敦煌遺書最新目録》

《匯考》　　　——《敦煌音義匯考》

《姜韻》　　　——《瀛涯敦煌韻輯》

《姜韻考釋》——《瀛涯敦煌韻書卷子考釋》

《金目》　　　——《倫敦藏敦煌漢文卷子目録提要》

《津藝》　　　——《天津市藝術博物館藏敦煌文獻》

《經合》　　　——《敦煌經部文獻合集》

《龍龕》　　　——《龍龕手鏡》

《孟録》　　　——《俄藏敦煌漢文寫卷叙録》

《秘笈》　　　——《敦煌秘笈》

《榮目》　　　——《英國圖書館藏敦煌漢文非佛教文獻殘卷目録》

《上博》　　　——《上海博物館藏敦煌吐魯番文獻》

《上圖》　　　——《上海圖書館藏敦煌吐魯番文獻》

《説文》　　　——《説文解字》

《索引》　　　——《敦煌遺書總目索引》

《索引新編》——《敦煌遺書總目索引新編》

《邰録》　　　——《俄藏敦煌文獻叙録》

《通釋》　　　——《敦煌變文字義通釋》

《王類》　　　——《敦煌類書》

《叙録》　　　——《敦煌古籍叙録》

《英藏》　　　——《英藏敦煌文獻》

《翟目》　　——《英國博物館藏敦煌漢文寫本注記目録》（*Descriptive Catalogue of the Chinese Manuscripts from Tunhuang in the British Museum*）

《浙敦》　　——《浙藏敦煌文獻》

《周韻》　　——《唐五代韻書集存》

四　《算術卷》補充説明

（一）書目簡稱

《法藏藏文》——《法國國家圖書館藏敦煌藏文文獻》

《英敦》　　——《英國國家圖書館藏敦煌遺書》

（二）論文簡稱

《才項文》　　——才項多傑《敦煌出土藏文九九乘法寫本與西藏籌算中的九九乘法表的關係研究》

《華文》　　——華侃《敦煌古藏文寫卷〈乘法九九表〉的初步研究》

《黄文》　　——黄顥《敦煌莫高窟北區石窟出土藏文文獻譯釋研究（一）》

《劉文》　　——劉英華《敦煌本藏文算書研究》

《劉楊文》　　——劉英華、楊寶玉《敦煌本藏文算書九九表再探》

一 《九九乘法歌》校釋

叙　録

　　敦煌文獻中保存的十三件《九九乘法歌》寫本〔一〕，不僅對了解古代九九乘法的發展和傳播有重要的參考價值，而且對探究唐五代宋初敦煌地區算術教育的内容有很大幫助。以下對《九九乘法歌》寫本以及前人的整理、校釋成果進行簡要介紹，并進行重新整理、叙録和校釋。

　　十三件敦煌寫本《九九乘法歌》中完整本四件，爲斯四五六九號、北敦一〇八二〇號、伯特一二五六號（吐蕃文）、斯特七六四號（吐蕃文）；殘缺本四件，爲斯八三三六號背、俄敦二一四五號背、俄敦二九〇四號、莫高窟北區B五九：一〇號（吐蕃文）；雜寫本五件，爲斯六一六七號背、伯二五〇二號背、伯三一〇二號背、北敦五六七三號背、伯特一〇七〇號（吐蕃文）。

　　前人對敦煌寫本《九九乘法歌》的整理起步較晚。一九九一年，鄭阿財《敦煌蒙書析論》一文統計了斯四五六九號、孟二七九二號（俄敦二一四五號背）〔二〕。同年，王進玉《敦煌遺書中的數學史料及其研究》一文介紹了斯四五六九號、斯六一六七號背、孟二七九二號〔三〕。二〇〇二年，鄭阿財、朱

　　〔一〕　此十三件寫本中尚未統計敦煌《立成算經》和《算經》寫本中的九九乘法歌。兩件《立成算經》寫本中有兩篇九九乘法歌，兩件《算經》寫本中有三篇九九乘法歌。

　　〔二〕　鄭阿財：《敦煌蒙書析論》，漢學研究中心編：《第二屆敦煌學國際研討會論文集》，第二二四頁。按：孟二七九二號，鄭文中誤作孟二七九〇號。

　　〔三〕　王進玉：《敦煌遺書中的數學史料及其研究》，李迪主編：《數學史研究文集》第二輯，第六〇頁。

鳳玉在《敦煌蒙書研究》一書中增加了斯八三三六號背，并對斯四五六九號做了録文〔一〕。二〇〇七年，鄭阿財、朱鳳玉在《開蒙養正：敦煌的學校教育》一書中增加了北敦五六七三號背和伯特一二五六號〔二〕。二〇一一年，張小虎《敦煌算經九九表探析》一文專門對敦煌文獻所存的《九九乘法歌》做了統計，較之前人，增加了伯二五〇二號背、伯三一〇二號背、俄敦二九〇四號這三件寫本〔三〕。同年，王進玉在《敦煌學和科技史》一書中再次對敦煌寫本《九九乘法歌》進行統計，同樣列出了張文中增加的寫本，且補充介紹了伯特一〇七號、莫高窟 B 五九：一〇號這兩件吐蕃文寫本〔四〕。劉英華、楊寶玉《敦煌本藏文算書九九表再探》一文中指出斯特七六四號也是吐蕃文本《九九乘法歌》〔五〕。經過前人的不懈努力，除去《立成算經》《算經》中的九九乘法歌，已知敦煌文獻中《九九乘法歌》寫本數量實是十二件。本書補充了北敦一〇八二〇號。

以下在前人的基礎上，依照諸寫本的完整、殘缺程度，依次對十三件《九九乘法歌》寫本進行叙録。

一　完整本

（一）斯四五六九號

本篇首尾完整，共七行，起“九九八十一”，訖“一一如一”，共四十五句，字迹清晰，書寫工整，無紀年。本篇原件無題，《敦煌遺書總目索引》（以下簡稱《索引》）《敦煌寶藏》《敦煌遺書總目索引新編》（以下簡稱《索引新

〔一〕　鄭阿財、朱鳳玉：《敦煌蒙書研究》，第二七九～二八〇頁。按：斯八三三六號背，《敦煌蒙書研究》中誤作斯八八三六號背。

〔二〕　鄭阿財，朱鳳玉：《開蒙養正：敦煌的學校教育》，第四四、四六頁。

〔三〕　張小虎：《敦煌算經九九表探析》，《溫州大學學報（自然科學版）》二〇一一年第二期，第一～六頁。

〔四〕　王進玉：《敦煌學和科技史》，第五四～六五頁。

〔五〕　劉英華、楊寶玉：《敦煌本藏文算書九九表再探》，《西藏研究》二〇二一年第一期，第六四～七三頁。

編》)《敦煌蒙書研究》定作“九九乘法歌”,《英藏敦煌文獻》(以下簡稱《英藏》)定作“九九乘法歌訣”。本篇《敦煌蒙書研究》有録文。

(二) 北敦一〇八二〇號

本篇首尾完整,共六行,起“九九八十一”,訖“一一如一”,共四十五句,字迹清晰,書寫較爲工整,無紀年,《國家圖書館藏敦煌遺書》(以下簡稱《國圖》)推斷本篇的書寫年代爲九至十世紀歸義軍時期[一]。本篇原件無題,《國圖》定作“九九表”,《國圖》第一〇八册有録文。

(三) 伯特一二五六號

本篇首尾完整,共八行,爲吐蕃文拼寫的漢文本《九九乘法歌》,起“九九八十一”,訖“一一如一”,共四十五句,字迹清晰,書寫工整。底卷背面爲吐蕃文《于闐遺使名單》。本篇無紀年,高田時雄《雜抄と九九表——敦煌におけるチベット文字使用の一面》認爲書寫年代是十世紀[二],華侃《敦煌古藏文寫卷〈乘法九九表〉的初步研究》(以下簡稱《華文》)和王進玉《敦煌學和科技史》認爲是吐蕃時期[三],才項多傑《敦煌出土藏文九九乘法寫本與西藏籌算中的九九乘法表的關係研究》(以下簡稱《才項文》)斷定爲吐蕃晚期或九世紀之後[四]。本篇原件無題,《華文》定作“乘法九九表”,《法國國家圖書館藏敦煌藏文文獻》(以下簡稱《法藏藏文》)定作“藏文音譯其他民族文

〔一〕 本書征引國圖藏敦煌文獻,均出自中國國家圖書館編《國家圖書館藏敦煌遺書》第一~一四六册(北京圖書館出版社,二〇〇五~二〇一二年),以下不再一一出注説明。

〔二〕〔日〕高田時雄:《雜抄と九九表——敦煌におけるチベット文字使用の一面》,《均社論叢》第一四號,一九八三年,第二頁。

〔三〕 華侃:《敦煌古藏文寫卷〈乘法九九表〉的初步研究》,《西北民族學院學報(哲學社會科學版)》,一九八五年第三期,第四五頁;王進玉:《敦煌學和科技史》,第六三頁。

〔四〕 才項多傑:《敦煌出土藏文九九乘法寫本與西藏籌算中的九九乘法表的關係研究》,《敦煌研究》二〇一九年第五期,第一〇四頁。

獻",劉英華《敦煌本藏文算書研究》(以下簡稱《劉文》)定作"九九表"[一],《才項文》定作"九九乘法寫本"。本篇《華文》《劉文》《才項文》、高田時雄《敦煌資料による中國語史の研究:九・十世紀の河西方言》[二]、劉英華和楊寶玉《敦煌本藏文算書九九表再探》(以下簡稱《劉楊文》)有録文[三]。

(四)斯特七六四號

本篇共十六行,吐蕃文,起"九九八十一",訖"二二四",共六十四句歌訣,字迹清晰,書寫較爲工整,後接吐蕃文"吳興子的范式""九九八"等,無紀年。《劉楊文》指出本篇雖無乘數和被乘數"一"的十七句歌訣,但確實是一份完整的"大九九",并推斷本篇的抄寫時間不早於九世紀中期,且歌訣後的吳興子可能是本篇的編者,也可能是最早編製"大九九"的人,其生活年代不晚於十世紀。本篇《劉楊文》有録文。

二 殘缺本

(一)莫高窟北區B五九:一〇號

本篇正面首尾俱缺,吐蕃文,共七行,起"七九六十三",訖"五3三五",字迹清晰,書寫工整。本篇背面首缺尾全,共三行,起"四3三四一十二",訖"一國王耶。結束"[四],與底卷正面銜接,字迹清晰,書寫工整。本篇無紀年,黃顥《敦煌莫高窟北區石窟出土藏文文獻譯釋研究(一)》(以下簡稱《黃

〔一〕 劉英華:《敦煌本藏文算書研究》,《西藏大學學報(社會科學版)》二〇一五年第一期,第七四~八一頁。

〔二〕 [日]高田時雄:《敦煌資料による中國語史の研究:九・十世紀の河西方言》,創文社,一九八八年,第二九三~二九四頁。

〔三〕 劉英華、楊寶玉:《敦煌本藏文算書九九表再探》,《西藏研究》二〇二一年第一期,第六四~七三頁。

〔四〕 劉英華:《敦煌本藏文算書研究》,《西藏大學學報(社會科學版)》二〇一五年第一期,第七五~七六頁。

文》）中指出"依字體看，此件當在唐宋之後所書"〔一〕，《才項文》推測是藏傳佛教後弘期寫本。本篇原件無題，《劉文》定作"九九表"，《才項文》定作"九九乘法寫本"。本篇《黃文》《劉文》《才項文》《劉楊文》有録文。

（二）俄敦二一四五號背

本篇首尾俱缺，共七行，起"八十一"，訖"一三如三"，存三十八句，字迹清晰，書寫較爲工整。本篇爲底卷首篇，後接不知名詩文，均無紀年。底卷正面爲《禮懺文》。本篇原件無題，《敦煌蒙書研究》定作"九九乘法歌"，《俄藏敦煌文獻》（以下簡稱《俄藏》）《俄藏敦煌文獻叙録》（以下簡稱《邰録》）定作"乘法口訣"。

（三）斯八三三六號背

本篇首尾俱缺，共五行，起"六九五十四"，訖"五六三"，存十四句，字迹較清，書寫工整。本篇爲底卷首篇，後接"龍泉寶劍繫腰墳"、《新集文詞九經抄》，均無紀年。底卷正面爲《咒願文》。本篇原件無題，《英藏》《英國圖書館藏敦煌漢文非佛教文獻殘卷目録》（以下簡稱《榮目》）定作"九九歌訣"，《敦煌蒙書研究》定作"九九乘法歌"。

（四）俄敦二九○四號

本篇首尾俱缺，共四行，首行存"四六廿"，第二行存"廿，三五十五"，第三行存"十二，二四如八，一四"，第四行存"二二如四，一二如二"，共存八句，字迹清晰，書寫工整。本篇爲底卷首篇，後接不知名文獻一行，均無紀年。底卷背面爲《正月十二日誠上納楁文》及殘畫像。本篇原件無題，《俄藏》《邰録》定作"九九歌"。

〔一〕　黃顥：《敦煌莫高窟北區石窟出土藏文文獻譯釋研究（一）》，彭金章、王建軍編：《敦煌莫高窟北區石窟》第一卷，第三八○頁。

三 雜寫本

（一）伯二五〇二號背

本篇共九行，起"九九八十一"，訖"一三如三"，共四十二句，硬筆書，字迹較清，書寫較爲工整。本篇爲底卷末篇，前接《寅年七月六日百姓宗繁奴欠馬價麥契稿》《寅年六月思董薩部落百姓鉶興逸便麥契稿》《百行章·敬行章第二》。底卷正面爲《類書》，與背面字迹不一。根據契約文稿中"寅年""思董薩部落百姓"以及契文特徵等，可推知兩件契約文稿的書寫年代應在吐蕃統治敦煌時期〔一〕，具體年代可能是唐文宗大和八年（八三四）〔二〕。本篇爲硬筆書，雖與契約文稿字迹不同，但也應該是吐蕃統治敦煌時期的産物，書寫年代可能在大和八年左右。另外《百行章·敬行章第二》與底卷背面其他内容筆迹不一，毛筆書，且書法較好，應該是歸義軍時期的産物。本篇原件無題，《索引新編》定作"九九口訣一通"，《法藏敦煌西域文獻》（以下簡稱《法藏》）定作"九九口訣"。

（二）伯特一〇七〇號

本篇共五行，吐蕃文，起"九九八十一"，訖"四六一十三（二十四），二十"，共十六句，字迹清晰，書寫工整。本篇爲底卷首篇，後接《甲寅年曆日》。底卷背面爲佛經、《吐蕃敕尚書令賜大瑟瑟告身尚起律心見聖光寺功德頌》及題名"甲寅年曆日一卷"。本篇無紀年，王進玉《敦煌學和科技史》認爲書寫年代是吐蕃時期〔三〕，《劉文》認爲是吐蕃中期以後，《才項文》推測是藏傳佛教後弘期早期。本篇原件無題，《劉文》定作"九九表"，《法藏藏文》定作"算術口訣"，《才項文》定作"九九乘法寫本"。本篇《劉文》《才項文》《劉楊文》有録文。

〔一〕 陳國燦：《敦煌所出諸借契年代考》，《敦煌學輯刊》一九八四年第一期，第五頁。

〔二〕 沙知録校：《敦煌契約文書輯校》，江蘇古籍出版社，一九九八年，第一三五頁。

〔三〕 王進玉：《敦煌學和科技史》，第六三頁。

（三）北敦五六七三號背

本篇共三行，起"九九八十一"，訖"七八五"，共十句，字迹清晰，書寫較爲工整，筆迹稚嫩。本篇爲底卷次篇，前接雜字，後接《丙辰年潤（閏）二月八日社人詮信母亡轉帖鈔》、行人轉帖、《敦煌百家姓》。底卷正面爲《無量壽宗要經》。底卷背面的"丙辰年"，《國圖》推斷爲唐乾寧三年（八九六）。張涌泉主編《敦煌經部文獻合集》（以下簡稱《經合》）中認爲本件底卷背面的社司轉帖的筆迹與伯三〇七〇號背的《乾寧三年丙辰潤（閏）二月社司轉帖》相近，説明本件底卷背面的書寫年代也是乾寧三年[一]。兹從前人之説。本篇原題無題，《索引新編》定作"乘法九九表"，《國圖》定作"九九歌鈔"，《經合》定作"九九乘法歌訣"。本篇《國圖》第七六册有録文。

（四）斯六一六七號背

本篇共九行，起"九九八十一"，訖"一九如九"，每句一行，共九句，字迹清晰，書寫較爲工整。本篇爲底卷末篇，前接《八卦王相貼没因休瘟法》《敦煌廿詠》《納司倉麥抄》等。底卷正面爲《失名五兆卜法》。本篇無紀年，考其同卷《敦煌廿詠》作於晚唐時期，那麽本篇的書寫年代應該在晚唐五代宋初。本篇原件無題，《索引》《索引新編》定作"九九乘法歌訣"。

（五）伯三一〇二號背

本篇共三行，起"貳玖拾捌"，訖"玖玖捌拾壹"，共八句，字迹較清，書寫工整。本篇爲底卷倒數第二篇，前接《孔子項託相問書》《敕河西節度使牒抄》《某社支麵名録》，後接不知名算書。底卷正面爲《開蒙要訓》。本篇無紀年，從《敕河西節度使牒抄》可知本件底卷背面的書寫年代大約在歸義軍時期。本篇原件無題，《索引新編》《法藏》定作"算書"。

〔一〕　張涌泉主編：《敦煌經部文獻合集》第八册，中華書局，二〇〇八年，第四〇〇八頁。

題　解

　　本書校釋《九九乘法歌》，以斯四五六九號爲底本。本篇首尾完整，共七行，起"九九八十一"，訖"一一如一"，共四十五句，字迹清晰，書寫工整。本篇原件無題，無紀年，楷書中帶有隸書的一些特徵，當爲晚唐五代宋初寫本，對探究當時《九九乘法歌》的内容特點、書寫方式及敦煌地區的算術教育有重要價值。

　　本篇《敦煌蒙書研究》（以下簡稱《鄭録》）有録文。兹以斯四五六九號（《英藏》第六卷影印本及IDP彩圖）爲底本，北敦一〇八二〇號（甲本）參校，并參酌前賢録文，對底本重新校録。

校　釋

九九八十一，八九七十二，七九六十三，六九五十四，五九四十五，四九三十六，三九二十七〔一〕，二九一十八，一九如九，八八六十四，七八五十六，六八四十八，五八四十，四八三十二，三八二十■（四）〔二〕，二八一十六，一八如八，七七四十九，六七四十二，五七三十五，四七二十八〔三〕，■（三）七二十一〔四〕，二七一十四，一七如七，六六三十六，五六三十，四六二十四〔五〕，三六一十八，二六一十二，一六如六，五五二十五〔六〕，四五二十〔七〕，三五一十五，二五一十，一五如五，四四一十六，三四一十二，二四如八，一四如四，三三如九，二三如六，一三如三〔八〕，二二如四，一二如二〔九〕，一一如一。

【校釋】

〔一〕二，甲本誤作“如”。

〔二〕二，甲本誤作“如”。〇四，底本左側殘泐，甲本作“四”，兹據甲本及文義補，《鄭録》徑録作“四”，兹從補。

〔三〕二，甲本誤作“如”。

〔四〕三，底本右側殘泐，甲本作“三”，兹據甲本及文義補，《鄭録》徑録作“三”，兹從補。〇二，甲本誤作“如”。

〔五〕二，甲本誤作“如”。

〔六〕二，甲本誤作“如”。

〔七〕 二，甲本誤作"如"。

〔八〕 一，甲本誤作"二"。〇三，甲本脱。

〔九〕 第二個"二"字，甲本脱。

圖　録

3.伯二五〇二號背（局部）

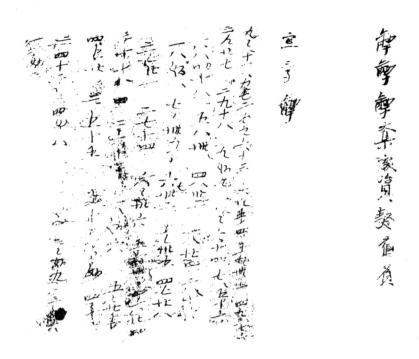

4.俄敦二一四五號背

5.斯八三三六號背（局部）

6.北敦五六七三號背（局部）

二 《立成算經》校釋

叙　録

　　《立成算經》在傳世典籍中未見著録，敦煌文獻中保存的三件寫本十分寶貴。其中斯九三〇號背首尾完整，有題名"立成算經"，可窺其全貌。該書雖名算經，但與唐代的"算經十書"相比，内容十分簡短，僅六百七十四字，主要包括識位法、度量衡制、九九乘法歌，很明顯是用來進行初級算術教育的。該書的發現，對於探究唐五代宋初民間算術教育以及《孫子算經》對民間算書的影響，具有重要價值。以下對《立成算經》寫本以及前人的整理、校釋成果進行簡要介紹，并進行重新整理、叙録和校釋。

　　迄今發現的敦煌寫本《立成算經》共計四個卷號，可綴合爲三件寫本，其中完整本一件，爲斯九三〇號背；綴合本一件，爲伯三七七三號背+（中缺）+斯五七五一號背；雜寫本一件，爲伯五五四六號（二）背。

　　對於斯九三〇號背，一九三八年李儼在《唐代算學史》"唐代敦煌算書"一節中首次著録[一]。翌年，李儼《敦煌石室立成算經》一文專門對斯九三〇號背做了校録[二]。而後，李氏在一九五四年出版的《中國古代數學史料》一書和一九六三年出版的該書第二版的"敦煌千佛洞立成算經"一

〔一〕　李儼：《唐代算學史》,《西北史地季刊》第一卷第一號，一九三八年，第六七~七〇頁。

〔二〕　李儼：《敦煌石室立成算經》,《北平圖書館圖書季刊》新第一卷第四期，一九三九年，第三八六~三九六頁。

節中對斯九三〇號背的録文做了修訂[一]。一九九七年，李迪《中國數學通史・上古到五代卷》一書中轉引了李儼在《中國古代數學史料》第一版中的録文[二]。二〇〇六年，郝春文主編《英藏敦煌社會歷史文獻釋録》（以下簡稱《郝録》）第四卷亦對斯九三〇號背做了校録[三]。二〇一一年，王進玉《敦煌學和科技史》第二章"敦煌文物與數學史研究"中，介紹了斯九三〇號背，并指出斯五七五一號背和伯三七七三號背是《立成算經》的殘抄本[四]。

以下在前人的基礎上，依照諸寫本的完整、殘缺程度，依次對三件《立成算經》寫本進行叙録。

一　完整本

斯九三〇號背

本篇首尾完整，共七十行，首題"立成算經一卷"，尾題"立成算法"，字迹清晰，書寫較爲工整。本篇爲底卷首篇，後接"乘之得八千九萬七百十五文"、《河西都僧統賜紫沙門悟真感懷詩并序》《推人辰法》。底卷正面爲《洞淵神咒經》。本篇無紀年，趙承澤《敦煌學和科技史》推測書寫年代爲唐代[五]，《郝録》推斷爲晚唐以後[六]，《英國國家圖書館藏敦煌遺書》推斷爲九至十世紀歸義軍時期[七]。悟真是晚唐時期著名的敦煌僧人，《河西都僧統賜紫沙門悟真感懷詩并序》的書寫年代當在晚唐五代宋初。本篇的書寫年代當與之接近。本篇

〔一〕李儼：《中國古代數學史料》，第三六～三九頁；李儼：《中國古代數學史料》（第二版），第三六～三九頁。

〔二〕李迪：《中國數學通史・上古到五代卷》，第三九一～三九四頁。

〔三〕郝春文、金瀅坤編著：《英藏敦煌社會歷史文獻釋録》第四卷，第四一六～四二二頁。

〔四〕王進玉：《敦煌學和科技史》，第五五～五六頁。

〔五〕趙承澤：《敦煌學和科技史》，敦煌文物研究所編：《1983年全國敦煌學術討論會文集（文史・遺書編）》上册，第四一〇頁。

〔六〕郝春文、金瀅坤編著：《英藏敦煌社會歷史文獻釋録》第四卷，第四二〇頁。

〔七〕方廣錩、［英］吳芳思主編：《英國國家圖書館藏敦煌遺書》第一六册"條記目録"，廣西師範大學出版社，二〇一三年，第二頁。

李儼《敦煌石室立成算經》和《中國古代數學史料·敦煌千佛洞立成算經》、《郝錄》第四卷有錄文。

二 綴合本

伯三七七三號背＋（中缺）＋斯五七五一號背

本篇中缺，共六行，其中伯三七七三號背中僅兩行，爲"立成算經一卷"和"凡之算法"，斯五七五一號背中共四行，爲九九乘法歌末尾（包括"直下""通前"部分），字迹清晰，書寫工整。本篇爲底卷次篇，前接《凡節度使新受旌節儀》，後接數碼雜寫。底卷正面爲《無上秘要》。王卡針對本件底卷兩個卷號正面所抄《無上秘要》指出："兩件首尾殘缺，無卷題。紙質筆迹相同，原係同抄本，但文字不連續。"[一]既然底卷兩個卷號正面的《無上秘要》出自同一抄本，那麼底卷背面的題目"立成算經一卷"和九九乘法歌當出自同一篇《立成算經》。本篇無紀年，與本篇同卷的《凡節度使新受旌節儀》所記內容屬於張氏歸義軍時期，是晚唐抄本[二]，因此本篇的書寫年代當在晚唐五代時期。本篇原件無題，《英藏》定作"雜寫"。

三 雜寫本

伯五五四六號（二）背

本篇僅一行，爲題名"立成再（算）經一卷"六字，字迹清晰，書寫較爲工整。本篇爲底卷次篇，前接題名"武王家教一卷并序""武王"，後接"子欠壹碩伍斗"等字，有紀年"光化叁年庚申三月十二"。底卷正面爲《神沙鄉人名錄》。依據底卷背面紀年可知本篇的書寫年代當在唐光化三年（九〇〇）。本篇與蒙書《武王家教》同書，説明了《立成算經》在當時亦作爲蒙書使用。

〔一〕 王卡：《敦煌道教文獻研究——綜述·目錄·索引》，中國社會科學出版社，二〇〇四年，第二二四頁。

〔二〕 李正宇：《歸義軍樂營的結構與配置》，《敦煌研究》二〇〇〇年第三期，第七三頁。

題　解

　　本書校釋《立成算經》，以斯九三〇號背爲底本。本篇首尾完整，共七十行，字迹清晰，書寫較爲工整，蓋爲晚唐五代宋初寫本，對於探究當時的民間算術教育的内容、方法、意圖以及《孫子算經》的影響具有重要價值。

　　本篇李儼《敦煌石室立成算經》和《中國古代數學史料·敦煌千佛洞立成算經》（今以上海科學技術出版社一九六三年第二版爲參校本，以下簡稱《李録》）、《郝録》第四卷有録文。兹以斯九三〇號背（《英敦》第一六册影印本及IDP彩圖）爲底本，用伯三七七三號背+（中缺）+斯五七五一號背（甲本）參校，并參酌諸家録文，對底本重新校録。

校　釋

立成算經一卷〔一〕

凡算之法〔二〕，大數左畔〔三〕，小〔數〕右厢〔四〕，六不積聚〔五〕，五不單張〔六〕。大小諸隻，具列後詳〔七〕。算既人間要切，合如略舉大綱〔八〕。

｜　　一縱〔九〕

一　　十橫

｜　　百立〔一〇〕

一　　千僵〔一一〕

｜　　萬豎〔一二〕

一　　億橫

六粟爲圭〔一三〕，六十粟爲撮，六百粟爲抄，六千粟爲勺，六萬粟爲合，六十萬粟爲升〔一四〕，六百萬粟爲斗〔一五〕，六千萬粟爲石〔一六〕。秤之權衡〔一七〕，十黍爲絫〔一八〕，十絫爲銖，廿四銖爲兩，十六兩爲斤〔一九〕，卅斤爲鈞〔二〇〕，七十斤爲石〔二一〕。金方寸爲斤，銀方寸爲十二兩，玉方寸爲九兩，銅方寸爲八兩，鐵方寸爲六兩〔二二〕，石方寸爲四兩。尺之毫氂〔二三〕，十忽爲絲〔二四〕，十絲爲毫，十毫爲氂，十氂爲分，十分爲寸，十寸爲尺，十尺爲丈，三丈爲段〔二五〕，四丈爲疋，五丈爲端〔二六〕，十丈爲引。大數有十，十萬曰億〔二七〕，十億爲兆〔二八〕，十兆爲京〔二九〕，十京爲垓〔三〇〕，十垓爲梓〔三一〕，十梓爲壤，〔十壤〕爲溝〔三二〕，十溝爲澗〔三三〕，十澗爲正〔三四〕，十正爲載。

九九八[十]一〔三五〕	⊥丨	直下八十一	⊥丨
八九七十二	⊥‖	通前一百五十三	丨≡Ⅲ
七九六十三	⊥Ⅲ	通前二百一十六	‖一丅
六九五十四	≡‖‖	通前二百七十	‖⊥
五九四十五	≡‖‖‖	通前三百一十五	Ⅲ一‖‖‖
四九三十六	≡⊥（≡丅）〔三六〕	通前三百五十一	Ⅲ≡丨
三九二十七〔三七〕	=丅丅	通前三百七十八	Ⅲ⊥丅丅
二九一十八	一丅丅	通前三百九十六	Ⅲ⊥丅
一九如九	Ⅲ‖‖	通前四百五文	‖‖‖‖‖‖
八八六十四	⊥‖‖‖	直下六十四	⊥‖‖‖〔三八〕
七八五十六	≡丅	[通]前一百廿文〔三九〕	‖⊥（丨=）〔四〇〕
六八四十八	≡丅	通前一百六十八	丨⊥丅丅
五八四十	≡	通前二百八文〔四一〕	‖⊥（‖Ⅲ）〔四二〕
四八三十二	=‖	通前二百四十	‖≡
三八二十四	=‖‖‖	通前二百六十四	‖⊥‖‖‖
二八一十六	一丅	通前二百八十	‖⊥
一八如八	丅丅	通前二百八十八	‖⊥丅丅
七七四十九	≡Ⅲ	直下四十九	≡Ⅲ
六七四十二	≡‖	通前九十一	⊥丨
五七三十五	Ⅲ≡（≡‖‖‖）〔四三〕	通前一百廿六	丨=丅
四七二十八	=丅丅	通前一百五十四	丨≡‖‖‖
三七廿一	=丨	通前一百七十五	丨⊥‖‖‖
二七一十四	一‖‖‖	通前百八十九〔四四〕	丨⊥丅丅
一七如七	丅丅	通前百九十六〔四五〕	丨⊥丅
六六三十六	≡丅	直下三十六	≡丅
五六卅〔四六〕	≡	通前六十六	⊥丅
四六二十四	=‖‖‖	通前九十	⊥
三六一十八	一丅丅	通前百八〔四七〕	丨丅丅
二六一十二	一‖	通前一百廿文	丨=

一六如六	丁	通前百廿六〔四八〕	｜＝丁
五五廿五	＝‖‖‖	直下廿五	＝‖‖‖
四五廿	‖（＝）〔四九〕	通前四十五	三‖‖‖
三五十五	一‖‖‖	通前六十	丁（⊥）〔五〇〕
二五十〔五一〕	＝（一）〔五二〕	通前七十	丌（⊥）〔五三〕
一五如五	‖‖‖	通前七十五	⊥‖‖‖
四四十六	一丁	直下十六	一丁
三四十二	一‖	通前廿八	＝Ⅲ
二四如八	Ⅲ	通前三十六	三丁
一四如四	‖‖‖	通前四十	三
三三如九	Ⅲ	直下九	Ⅲ
二三如六	丁〔五四〕	通前一十五	一‖‖‖
一三如三	‖‖	通前一十八	一Ⅲ
二二如四	‖‖‖	直下四〔五五〕	‖‖‖
一二如二	‖	通前六文〔五六〕	‖‖‖‖（丁）〔五七〕
一一如一	｜	直下一	｜

都計得一千一百五十五文。

立成算法〔五八〕

【校釋】

〔一〕 算，底本作“筭”，甲本作“筭”，茲據文義徑録正，《李録》《郝録》徑録作“筭”。按：筭、筭，“算”的俗字。《玉篇·竹部》：“筭，同算。”今作“算”字。以下“筭”“筭”二字徑録正，不再一一出校。〇經，底本作“経”，甲本同，茲據文義徑録正，《李録》《郝録》徑録作“經”，茲從之。按：経，“經”的形近訛字，“経”又爲“經”的俗字。

〔二〕 凡，底本作“𠚥”，甲本作“𠘨”，茲據文義徑録正，《李録》《郝録》徑録作“凡”，茲從之。按：《干禄字書》：“𠚥凡，上俗下正。”〇之，底本作“知”，甲本作“之”，當校作“之”，茲據甲本、《孫子算經》及文義徑録正，《李録》録作“知”；《郝録》校作“之”，茲從校。〇凡算之法，甲本作“凡之算法”。按：

《孫子算經》（錢寶琮校點：《算經十書》，下同）："凡算之法，先識其位。"

〔三〕 數，底本作"𢁭"，茲據文義逕錄正，《李録》《郝録》逕錄作"數"，茲從之。按：以下"𢁭"字逕錄正，不再一一出校。

〔四〕 數，底本脱，《郝録》補作"數"，茲從補。

〔五〕 不，底本作"粟"，當校作"不"，茲據《孫子算經》《夏侯陽算經》《算經》及文義逕錄正，《李録》逕錄作"不"，茲從校；《郝録》録作"粟"。按：《孫子算經》："六不積，五不隻。"《夏侯陽算經》（錢寶琮校點：《算經十書》，下同）："六不積算，五不單張。"《算經》："六不積聚，五不單張。"

〔六〕 不，底本作"粟"，當校作"不"，茲據《孫子算經》《夏侯陽算經》《算經》及文義逕錄正，《李録》逕錄作"不"，茲從校；《郝録》録作"粟"。

〔七〕 詳，底本作"𧦮"，茲據文義逕錄正，《李録》《郝録》逕錄作"詳"，茲從之。

〔八〕 合，《李録》録作"合"，《郝録》校作"何"。〇綱，底本作"剛"，當校作"綱"，茲據文義逕錄正，《李録》録作"别"，蓋誤；《郝録》校作"綱"，茲從校。

〔九〕 縱，底本作"從"，茲據文義逕錄正，《李録》《郝録》逕錄作"縱"，茲從之。

〔一〇〕 百立，底本作"一百"，當校作"百立"，茲據《孫子算經》《夏侯陽算經》及文義逕錄正；《李録》未録"一"字，而在"百"字後補"立"字，茲從補；《郝録》録作"一百"。按：《孫子算經》《夏侯陽算經》載："一從十横，百立千僵。"其中"從"當校作"縱"。

〔一一〕 僵，底本作"殤"，當校作"僵"，茲據《孫子算經》《夏侯陽算經》及文義逕錄正，《李録》録作"疆"，校作"僵"，茲從校；《郝録》録作"殤"。

〔一二〕 萬，底本作"万"，茲據文義逕錄正；《李録》録作"万"；《郝録》録作"萬"，茲從之。按：万，"萬"的俗字。以下"万"字逕錄正，不再一一出校。〇豎，底本作"竪"，茲據文義逕錄正，《李録》《郝録》逕錄作"豎"，茲從之。按：竪，"豎"的俗字。

〔一三〕 抄，《李録》録作"抄"；《郝録》逕錄作"抄"，茲從之。

〔一四〕 十，底本作"一"，當校作"十"，茲據文義逕錄正，《李録》《郝

録》校作“十”，兹從校。○升，底本作“勝”，兹據文義徑録正，《李録》校作
“升”，《郝録》録作“勝”。按：勝，通“升”。《商君書錐指》卷四《賞刑第十七》
載：“贊茅、岐周之粟，以賞天下之人，不人得一升。”俞樾曰：“勝讀爲升，古
字通用。”

〔一五〕 斗，底本作“升”，兹據文義徑録正；《李録》録作“研”，不妥；《郝
録》録作“斗”，兹從之。按：《孫子算經》：“十升六百萬粟爲一斗，十斗六千萬
粟爲一斛。”據此當以“斗”爲確。

〔一六〕 六千萬，底本誤作“六萬千”，兹據文義徑録正，《李録》校作
“六千万”，兹從校；《郝録》作“六萬千”。

〔一七〕 秤，底本作“枰”，兹據文義徑録正，《李録》《郝録》徑録作“秤”，
兹從之。○權，底本作“榷”，兹據文義徑録正，《李録》《郝録》徑録作“權”，
兹從校。

〔一八〕 黍，底本作“桼”，兹據文義徑録正，《李録》録作“桼”，《郝録》
徑録作“黍”，兹從之。按：以下“黍”字徑録正，不再一一出校。○爲，底本
作“为”，兹據字形徑録正。按：为，“爲”的俗字。以下“为”字徑録正，不
再一一出校。○絫，底本作“条”，兹據文義徑録正；《李録》録作“条”；《郝
録》録作“絫”，兹從校。按：条，“絫”的形近訛字。以下“条”字徑録正，不
再一一出校。○十黍爲絫，《李録》校作“十粟爲黍”。○底本“十黍爲絫”後有
“十絫爲絫”四字，蓋爲衍文，徑删；《李録》校作“十黍爲条”。

〔一九〕 十六，底本作“六十”，當校作“十六”，兹據文義徑録正，《李録》
徑録作“十六”，《郝録》校作“十六”，兹從校。

〔二〇〕 鈞，底本誤作“钧”，兹據文義徑録正，《李録》《郝録》徑録作
“鈞”，兹從校。

〔二一〕 按：敦煌《算經》和《俗務要名林》作“四鈞爲一石”。《孫子算
經》作“三十斤爲一鈞，四鈞爲一石。”依據這些資料可證唐代普遍以一百二十
斤爲一石，底本所載或有誤。

〔二二〕 鐵，底本作“鈇”，兹據文義徑録正，《李録》《郝録》徑録作“鐵”，
兹從之。按：鈇，“鐵”的俗字。

〔二三〕 毫，底本作“豪”，同“毫”，當校作“毫”，兹據文義徑録正；《李

録》録作"豪";《郝録》校作"毫",兹從校。按:《禮記・經解》載:"差若豪氂,繆以千里。"陸德明釋文:"豪,依字作'毫'。"以下"豪"字徑録正,不再一一出校。○氂,底本作"𣯧",兹據文義徑録正;《李録》録作"𣯕";《郝録》徑録作"氂",兹從之。按:《干禄字書》:氂氂,"上俗下正"。以下"𣯧"字徑録正,不再一一出校。

〔二四〕 絲,底本作"丝",兹據文義徑録正。按:丝,"絲"的俗寫。《干禄字書》:�絲,"上通下正"。以下"丝"字徑録正,不再一一出校。

〔二五〕 段,底本作"叚",兹據文義徑録正,《李録》《郝録》徑録作"段",兹從之。

〔二六〕 端,底本作"𦂳",兹據文義徑録正,《李録》《郝録》徑録作"端",兹從之。

〔二七〕 曰,《李録》校作"爲",不必。

〔二八〕 兆,底本作"挑",兹據文義徑録正,《李録》《郝録》徑録作"兆",兹從校。

〔二九〕 兆,底本作"𣥂",兹據文義徑録正,《李録》《郝録》徑録作"兆",兹從之。按:《干禄字書》:垗兆,"上通下正"。○京,底本作"亰",兹據文義徑録正,《李録》《郝録》徑録作"京",兹從之。按:亰,"京"的俗字。《干禄字書》:亰京,"上通下正"。以下"亰"字徑録正,不再一一出校。

〔三〇〕 垓,底本作"佒",兹據字形及文義徑録正,《李録》《郝録》徑録作"垓",兹從之。按:垓,同"陔"。《孫子算經》作"陔",《算經》作"該"。

〔三一〕 梓,底本作"𢔟",兹據文義徑録正,《李録》徑録作"梓",兹從之;《郝録》校作"姊"。按:《孫子算經》作"姊"。以下"𢔟"字徑録正,不再一一出校。

〔三二〕 十壤,底卷脱,兹據文義補,《李録》《郝録》補作"十壤",兹從補。按:《算經》作"讓"。○溝,底本作"泲",兹據文義徑録正,《李録》《郝録》徑録作"溝",兹從之。按:泲,"溝"的俗寫。以下"泲"字徑録正,不再一一出校。

〔三三〕 間,底本作"间",兹據字形徑録正,《李録》徑録作"間",兹從之;《郝録》校作"澗"。按:间,"間"的俗字。《孫子算經》作"澗",《算經》作"間"。

〔三四〕 正，底本作"☞"，徑録正，《李録》《郝録》徑録作"正"，兹從之。按：《干禄字書》：匹正，"上通下正"。以下"☞"字徑録正，不再一一出校。

〔三五〕 十，底本脱，兹據文義補，《李録》補作"十"，兹從補；《郝録》未補。

〔三六〕 〓⊥，當校作"〓丁"，兹據文義校改，《李録》徑録作"〓丁"，兹從校；《郝録》録作"〓⊥"。

〔三七〕 七，底本作"六"，當校作"七"，兹據文義徑録正，《李録》徑録作"七"，《郝録》校作"七"，兹從校。

〔三八〕 ⊥||||，《李録》録作"丁||||"，蓋誤。

〔三九〕 通，底本脱，兹據文義補，《李録》補作"通"，兹從補。○廿文，底本誤作"廿十文"，兹據文義徑録正，《李録》徑録作"二十文"，《郝録》校作"廿文"，兹從校。

〔四〇〕 ‖⊥，當校作"|〓"，兹據文義校改，《李録》徑録作"|〓"，《郝録》校作"|〓"，兹從校。

〔四一〕 通前二百八文，底本作"通前二百八十文"，兹據文義徑録正，《李録》徑録作"通前二百八文"，《郝録》校作"通前二百八文"，兹從校。

〔四二〕 ‖⊥，當校作"‖𝍫"，兹據文義校改，《李録》徑録作"‖𝍫"，《郝録》校作"‖𝍫"，兹從校。

〔四三〕 ‖‖〓，當校作"〓‖‖‖"，兹據文義校改，《李録》徑録作"〓‖‖‖"，兹從校；《郝録》録作"‖‖‖〓"。

〔四四〕 通前百八十九，《李録》《郝録》録作"通前一百八十九"。

〔四五〕 通前百九十六，《李録》《郝録》録作"通前一百九十六"。

〔四六〕 六，底本作"五"，當校作"六"，兹據文義徑録正，又"卅"字後衍"十一"二字，徑删，《李録》徑録作"五六三十"，《郝録》校作"五六卅"，兹從校。

〔四七〕 通前百八，《李録》在"八"字後補"文"字，不必。

〔四八〕 通前百廿六，《李録》録作"通前一百廿六文"。

〔四九〕 ‖，當校作"〓"，兹據文義校改，《李録》徑録作"〓"，兹從校；《郝録》録作"‖"。

〔五〇〕 丁，當校作"⊥"，兹據文義校改，《李録》徑録作"⊥"，兹從校；

《郝録》録作"丅"。

〔五一〕 十,底本作"廿",當校作"十",兹據文義徑録正,《李録》《郝録》徑録作"十",兹從校。

〔五二〕 〓,當校作"一",兹據文義校改,《李録》徑録作"一",《郝録》校作"一",兹從校。

〔五三〕 〓,當校作"⊥",兹據文義校改,《李録》徑録作"⊥",兹從校;《郝録》録作"〓"。

〔五四〕 丅,《李録》録作"⊥",蓋誤。

〔五五〕 四,底本作"二",甲本作"四",當校作"四",兹據甲本及文義徑録正,《李録》徑録作"四",《郝録》校作"四",兹從校。

〔五六〕 六,底本作"五",甲本作"六",當校作"六",兹據甲本及文義徑録正,《李録》徑録作"六",《郝録》校作"六",兹從校。

〔五七〕 ‖‖‖,當校作"丅",兹據文義校改,《李録》徑録作"丅",《郝録》校作"丅",兹從校。

〔五八〕 法,《郝録》録作"經",不妥。

圖　録

一千為□
一方堅
一濬横

六京為圭　六千黍為檔　六百黍為秒
六万黍為勺　六万黍為合　六万黍為勺
六百万黍為升　六万千黍為合
六万千黍為斛　六万千黍名石
稱去權衡　十黍為絫　十絫為銖
為銖　苗銖為兩　六十兩為斤廿斤為鈞
七十斤為石　金度考竹限方寸為十兩二寸
寸為九兩網方寸為八兩鐵方寸為六兩
石東者東少為聲　十種為分　十分為寸十寸
為尺　十尺為丈　三丈為咫　五寸
百寸為□□　尺為象警　十忽為絲十絲
絹十丈為引　大數布十方為溥十溥為
批十批為束　十束為俵　十俵為□十□
為廣為□　十溥為間　十間為正十□□

九尺八一三　　　直寸□□三

九尺八一三
八九七二一三
七九五十三
六九五十四三
五九四十五三
四九三十二三
三九二十七三
二九十八三
九九九一二三
□□□二二三

直下八二一三
過前一百五十三四
過前二百卅五一
過前三百二十三
過前三百五十二
過前三百七三
過前二九三六
過前三百九三六
過前三百五五三

九尺八一三
八九七二一三
七八五十六三
六八十八二三
五八四十三
四八三十二三
三八六三三

直下六古三
前三一十支三
過前三百六三
過前三百卅支三
過前三百卅三
過前三百卅三

三八二十四二
四八三十二三
五八四十三

直前三六古三
道前三百卅三
道前三百卅三
道前三百卅三

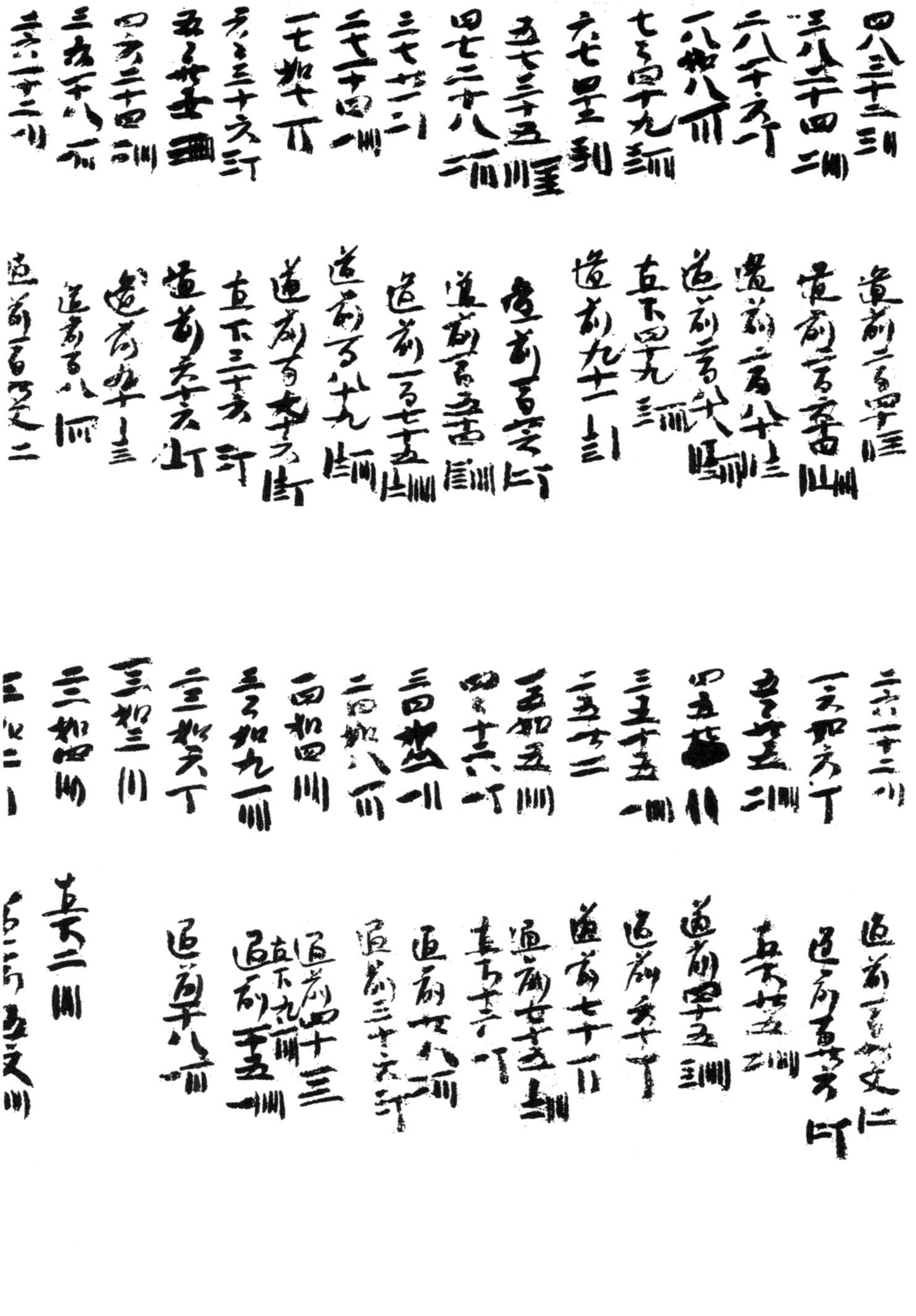

2.伯三七七三號背+（中缺）+斯五七五一號背

3.伯五五四六號（二）背

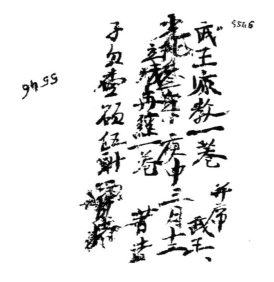

三　《算經》校釋

叙　録

　　敦煌寫本《算經》不見於傳世文獻記載，從現存内容來看，包括序文、識位法、大數法、度量衡制、九九乘法歌、"均田法第一"，没有作者的相關信息，從序文到九九乘法歌是算學基礎知識，"均田法第一"則是實際運算，它是一部編撰嚴謹、内容遞進，以基礎算術知識爲中心的蒙書。該書的發現，對於探究唐五代宋初民間算術教育、《孫子算經》、《夏侯陽算經》等對民間算書的影響以及基礎算書的發展脈絡具有重要價值。以下對《算經》寫本以及前人的整理、校釋成果進行簡要介紹，并進行重新整理、叙録和校釋。

　　迄今發現的敦煌寫本《算經》的六個卷號，可以綴合爲兩件寫本，分別是伯三三四九號+斯五八五九號[一]、斯一九號+俄敦三九〇三號+（中缺）+羽三七號+（中缺）+斯五七七九號[二]。綴合後，兩件寫本均殘缺不全，内容有重復，可以相互參校。從所存唯一部名"均田法第一"來看，其後應該缺失很多内容，如果其章節是按照《九章算術》體例進行編排的話，之後缺失了八章内容。

　　伯三三四九號首題"算經一卷并序"，使之較早被學界關注到，劉復、李

　　〔一〕　斯五八五九號可以與伯三三四九號的第五十二行至第八十行無縫綴合。
　　〔二〕　俄敦三九〇三號可以與斯一九號的第二十一行至第二十八行的下部無縫綴合。羽三七號在斯一九號之後，二者中間缺一行。斯五七七九號在羽三七號之後，二者中間約缺十一行。

儻有對之校錄[一]，成爲探究《算經》之基本資料。李儼還早早指出斯一九號、斯五七七九號與伯三三四九號同屬一書[二]。後來李并成指出斯五八五九號也是《算經》[三]。《郝錄》對斯一九號做了校錄[四]，并在第一卷修訂版中對斯一九號與俄敦三九〇三號做了綴合[五]。金少華指出杏雨書屋藏羽三七號也是《算經》殘卷，并可與斯一九號和俄敦三九〇三號綴合，而伯三三四九號可以和斯五八五九號綴合，并推測兩件《算經》寫本應該"師出同門"，甚至可能其中一卷就是另一卷所據的底本[六]。幾乎同時王進玉也得出了與金少華相同的結論，且斷定斯五七七九號屬於《算經》的另一抄本[七]。筆者從筆迹判斷出斯五七七九號與斯一九號、羽三七號、俄敦三九〇三號當屬於同一寫本。

　　以下在前人的基礎上，依照寫本的殘缺程度，依次對兩件《算經》寫本進行叙錄。

　　（一）伯三三四九號 + 斯五八五九號

　　本篇首全尾缺，共一百一十一行，大部分行下殘，首題"算經一卷并序"，起"夫算者"，訖"均田法第一"的環田算題，字迹清晰，書寫工整。底卷背面爲《算會曆》。本篇無紀年，李儼指出其度量衡制符合唐制，主張它

　　〔一〕 劉復輯：《敦煌掇瑣》中輯，第三一七~三二五頁；李儼：《西陲中算史料之發現》，收入李儼、錢寶琮：《李儼錢寶琮科學史全集》第十卷，第一五〇~一五四頁；李儼：《敦煌石室"算經一卷并序"》，《國立北平圖書館館刊》第九卷第一號，一九三五年，第三九~四六頁；李儼：《中國古代數學史料》，第二八~三六頁；李儼：《中國古代數學史料》（第二版），第二八~三六頁。

　　〔二〕 李儼：《唐代算學史》，《西北史地季刊》第一卷第一號，一九三八年，第六八頁。

　　〔三〕 李并成：《從敦煌算經看我國唐宋時代的初級數學教育》，《數學教學研究》一九九一年第一期，第三九頁。

　　〔四〕 郝春文編著：《英藏敦煌社會歷史文獻釋錄》第一卷，第一九~二二頁。

　　〔五〕 郝春文、杜立暉等編著：《英藏敦煌社會歷史文獻釋錄》第一卷（修訂版），第四八~五三頁。

　　〔六〕 金少華：《跋日本杏雨書屋藏敦煌本〈算經〉殘卷》，《敦煌學輯刊》二〇一〇年第四期，第八一~八三頁。

　　〔七〕 王進玉：《敦煌學和科技史》，第四六、六二頁。

是唐代算書〔一〕；那波利貞以爲是晚唐寫本〔二〕；許康推測其寫於唐代或五代〔三〕；王進玉進一步推測其時代是在五代〔四〕。綜合本篇内容和前人觀點，把本篇的書寫年代定在唐五代時期當無問題。本篇《敦煌掇瑣》、李儼《敦煌石室"算經一卷并序"》和《中國古代數學史料》有録文。

（二）斯一九號＋俄敦三九〇三號＋（中缺）＋羽三七號＋（中缺）＋斯五七七九號

　　本篇首尾俱缺，共八十六行，起"右孫子數，錢滿載"，訖"均田法第一"的鼓田算題，字迹清晰，書寫工整。底卷背面爲"金光明最勝王經一卷"、《敕河西節度使牒抄》《好住娘讚》。本篇無紀年，《郝録》推斷其成書於五代時期〔五〕。綜合寫本情況和前人觀點，筆者以爲本篇的書寫時代當在唐五代時期。本篇《郝録》第一卷修訂版有部分録文。

〔一〕 李儼：《唐代算學史》，《西北史地季刊》第一卷第一號，一九三八年，第六九頁。

〔二〕［日］那波利貞：《唐代の庶民教育に於ける算術科の内容とその布算の方法とに就きて》，《甲南大學文學會論集》（通號一），一九五四年，第一五頁。

〔三〕 許康：《敦煌算書透露的科學與社會信息》，《敦煌研究》一九八九年第一期，第九八頁。

〔四〕 王進玉：《敦煌學和科技史》，第七八頁。

〔五〕 郝春文編著：《英藏敦煌社會歷史文獻釋録》第一卷，第二一～二二頁。

題　解

　　本書校釋《算經》，以伯三三四九號＋斯五八五九號爲底本。本篇首全尾缺，共一百一十一行，大部分行下殘，首題“算經一卷并序”，起“夫算者”，訖“均田法第一”的環田算題，字迹清晰，書寫工整，本紀年，書寫年代當在唐五代。本篇保存了題目和部分序文，對認識這一算書的性質、編撰特徵，梳理與《孫子算經》的關係具有重要作用。

　　本篇《敦煌掇瑣》（以下簡稱《劉録》）、李儼《敦煌石室“算經一卷并序”》和《中國古代數學史料》（今以上海科學技術出版社一九六三年第二版爲參校本，以下簡稱《李録》）有録文。茲以伯三三四九號＋斯五八五九號（《法藏》第二三冊影印本及IDP彩圖、《英藏》第九卷影印本）爲底本，用斯一九號＋俄敦三九〇三號＋（中缺）＋羽三七號＋（中缺）＋斯五七七九號（甲本）參校，并參酌諸家録文，對底本重新校録。

校 釋

算經一卷[一]并序

夫算者，天地之經緯[二]，群生之元首，五常□□□（之本末）[三]，□□□□□（陰陽之父母）[四]，□□□□□（星辰之建號）[五]，□□（三光）之表裏[六]，五行之平均[七]，皇極之終始[八]，萬□□□（物之祖宗）[九]，□□□□□（六藝之綱紀）[一〇]。□□□□□□□（稽群倫之聚散）[一一]，考元氣於奸宄[一二]，推四時之運移，記精微之▓□（肇基）[一三]，□□□□□，□□□□□□。又推方圓[一四]，合規矩，均尺丈，制法度，立權衡[一五]，平斛▓（斗）[一六]，□□（剖毫釐）[一七]，□□□（析黍絫）[一八]，□□□□（歷億載而）不朽[一九]。但行之者富貴有餘，背之者貧且賤，▓□□□□□□□□□[二〇]，蓋意明情樂者，安有不成哉。昔魯人請算，▓□□□□□□□□□□□[二一]，言人不解算者[二二]，如天無日月，地無泉源，人無▓□（眼目）[二三]，□□□□□□□□□▓[二四]。

凡算者正身端坐[二五]，一從右膝而起，▓□□□（先識其位）[二六]。□□□□（一縱十橫）[二七]，□□□▓（百立千僵）[二八]，萬百相似，千十相望。六不積聚，五不單張。算▓（法）□□[二九]，□□□□□□（上見十步至十）[三〇]，□□□▓（見百步至）百[三一]，見萬步至萬。乘除之法，言十自過，不滿自當，▓（相）□□[三二]。

▓▓（九九）八十一[三三]，⊥|，八九七十二，⊥||，七九六十三，⊥|||，六九五十四，□□（三|||）[三四]，□□□□（五九卌五）[三五]，□□（三||||）[三六]，

□□□□（四九卅六）〔三七〕，□□（三丁）〔三八〕，□□□□（三九廿七）〔三九〕，□□（二Ⅱ）〔四〇〕，□（二）九十八〔四一〕，一Ⅲ，一九如九，Ⅲ，八八六十四，一Ⅲ（上Ⅲ）〔四二〕，七八五十六，□□（三丁）〔四三〕，□□□□（六八卅八）〔四四〕，□□（三Ⅲ）〔四五〕，□□□（五八卅）〔四六〕，□（三）〔四七〕，□□□□（四八卅二）〔四八〕，□□（三Ⅱ）〔四九〕，□▨（三八）廿四〔五〇〕，二Ⅲ，二八十六，一丁，一八如八，Ⅲ，七七卅九，□□□□（六七卅二）〔五一〕，□□□□（五七卅五）〔五二〕，□□□□（四七廿八）〔五三〕，▨（三）七廿一〔五四〕，二七十四，一七如七，六六卅六，□□□（五六卅）〔五五〕，□□□□（四六廿四）〔五六〕，□□□□（三六十八）〔五七〕，□（二）六十二〔五八〕，一六如六，五五廿五，四五廿，□□□□（三五十五）〔五九〕，□□□（二五十）〔六〇〕，□□□□（一五如五）〔六一〕，□□□□（四四十六）〔六二〕，三四十二，二四如八，一四如四，三三如九，□□□□（二三如六）〔六三〕，□□□□（一三如三）〔六四〕，□□□□（二二如四）〔六五〕，□□▨（一二如）二〔六六〕，一一如一。

　　凡數不過十〔六七〕，名不過萬，故至萬萬即改。□（一）〔六八〕、□（十）〔六九〕、□（百）〔七〇〕、□（千）〔七一〕、□（萬）〔七二〕、□□（十萬）〔七三〕、□□（百萬）〔七四〕、□□（千萬）〔七五〕、□□（萬萬）曰億〔七六〕。一億、十億、百億、千億、萬億、十萬億、□□□（百萬億）〔七七〕、□□□（千萬億）〔七八〕、□□□□□（萬萬億曰兆）〔七九〕。一兆〔八〇〕、十兆、百兆、千兆、萬兆、十萬兆、百萬兆、千萬兆、□□□□（萬萬兆曰京）〔八一〕。□□（一京）〔八二〕、□□（十京）〔八三〕、□□（百京）〔八四〕、□□（千京）〔八五〕、萬京〔八六〕、十萬京、百萬京、千萬京、萬萬京曰▨（該）〔八七〕。□□（一該）〔八八〕、□□（十該）〔八九〕、□□（百該）〔九〇〕、□□（千該）〔九一〕、□□（萬該）〔九二〕、□□□（十萬該）〔九三〕、百萬該、千萬該、萬萬該曰梓〔九四〕。一梓、十梓、百梓、□□（千梓）〔九五〕、□□（萬梓）〔九六〕、□□□（十萬梓）〔九七〕、□□□（百萬梓）〔九八〕、□□□（千萬梓）〔九九〕、萬萬梓曰讓。一讓、十讓、百讓、千讓、萬讓、□□□（十萬讓）〔一〇〇〕、□□□（百萬讓）〔一〇一〕、□□□（千萬讓）〔一〇二〕、□□□□□（萬萬讓曰溝）〔一〇三〕。一溝〔一〇四〕、十溝、百溝、千溝、萬溝、十萬溝、百萬溝、千□□（萬溝）〔一〇五〕、□□□□□（萬萬溝曰澗）〔一〇六〕。□□（一澗）〔一〇七〕、□□（十澗）〔一〇八〕、□□（百澗）〔一〇九〕、□□（千澗）〔一一〇〕、萬澗、十萬澗、百萬間、千萬間、萬□□□（萬間曰政）〔一一一〕。□□（一政）〔一一二〕、□□（十政）〔一一三〕、□□（百政）〔一一四〕、□□（千政）〔一一五〕、□□（萬政）〔一一六〕、▨（十）萬政〔一一七〕、百萬政、千萬政、萬萬政曰載。□□（一載）〔一一八〕、□□（十載）〔一一九〕、□□（百載）〔一二〇〕、□□（千載）〔一二一〕、□□（萬載）〔一二二〕、□□□（十萬載）〔一二三〕、百萬載、千萬載、萬萬載曰極。右孫子數〔一二四〕，錢滿載，天不容，地不載，□□□□□□（故以載爲極末也）〔一二五〕。

凡度之所起〔一二六〕，起於忽〔一二七〕從蠶口中吐絲爲一忽〔一二八〕。忽▨（者）〔一二九〕，□□□□□（吐絲之狀也）〔一三〇〕。□□□□□（十忽爲一絲）〔一三一〕，□□□□□（十絲爲一毫）〔一三二〕，十毫爲一氂〔一三三〕，十氂爲一分，十分爲一□（寸）〔一三四〕，□□□□□（十寸爲一尺）〔一三五〕，□□□□□（十尺爲一丈）〔一三六〕，□□□（四丈爲）一疋〔一三七〕，五丈爲一端，十丈爲引〔一三八〕。方□□□（丈曰堵）〔一三九〕，□□□□（五尺曰步）〔一四〇〕，□□□□（六尺爲尋）〔一四一〕，□□□□（七尺爲常）〔一四二〕，八尺爲一仞，五尺爲一步，二百卌步□□□（爲一畝）〔一四三〕，□□□□□□（一百畝爲一頃）〔一四四〕。□□□□□（一疋有四丈）〔一四五〕、□□□（四十尺）〔一四六〕、□（四）百寸〔一四七〕、四千分、四萬氂、卌萬毫、四百萬▨（絲）〔一四八〕、□□□□（四千萬忽）〔一四九〕。□□□□□（一丈有十尺）〔一五〇〕、□□（百寸）〔一五一〕、□□（千分）〔一五二〕、萬氂、十萬毫、百萬絲、千萬忽。一□□□□（尺有十寸）〔一五三〕、□□（百分）〔一五四〕、□□（千氂）〔一五五〕、□□（萬毫）〔一五六〕、□□□（十萬絲）〔一五七〕、□□□（百萬忽）〔一五八〕。一寸有十分、百氂、千毫、萬絲、十萬忽。□□□□□（一分有十氂）〔一五九〕、□□（百毫）〔一六〇〕、□□（千絲）〔一六一〕、□□（萬忽）〔一六二〕。□□□□□（一氂有十毫）〔一六三〕、□□（百絲）〔一六四〕、□□（千忽）〔一六五〕。一毫有十絲、百忽。一絲有十忽。□□□□□□（又據《大唐令》文）〔一六六〕：□□□□□□□□□（諸度以北方秬黍中者一）黍之廣［爲分］〔一六七〕。

凡斗量所起〔一六八〕，起於圭（粟）〔一六九〕。□□□□□（十粟爲一圭）〔一七〇〕，□□□□□（十圭爲一抄）〔一七一〕，□□□□□□（十抄爲一撮）〔一七二〕，十撮爲一勺，十勺爲一合，十合爲▨□（一升）〔一七三〕，□□□□□（十升爲一斗）〔一七四〕，□□□□□（十斗爲一斛）〔一七五〕。□□□□（一斛有十）斗〔一七六〕、百升、千合、萬勺、十萬撮、百萬抄〔一七七〕、千萬□（圭）〔一七八〕。□□□□□（一斗有十升）[一七九]、□□（百合）[一八○]、□□（千勺）[一八一]、□□（萬撮）[一八二]、□□□（十萬抄）[一八三]、百萬圭。一升有十合[一八四]、百勺、千撮、萬抄[一八五]、□□□（十萬圭）[一八六]。□□□□□（一合有十勺）[一八七]、□□（百撮）[一八八]、□□（千抄）[一八九]、□□（萬圭）[一九○]。一勺有十撮、百抄[一九一]、千圭。一撮有十抄[一九二]、□□（百圭）[一九三]。□□□□□（一抄有十圭）[一九四]。□□□□□□（或云六粟爲一圭）[一九五]。今云廿粟爲一圭[一九六]。方一尺深一尺■□□□□□（六寸二分受一石）[一九七]。

　　秤之所起[一九八]，起於黍黍者，如一黍之重。十黍■□□（爲一絫）[一九九]，□□□□□（十絫爲一銖）[二○○]，□□□□□□（廿四銖爲一兩）[二○一]，十六兩爲一斤，卅斤爲一鈞，四鈞■□□（爲一石）[二○二]。□□□□□（一石有四鈞）[二○三]、□□□□（一百廿斤）[二○四]、□□□□□□（一千九百廿兩）[二○五]、四萬六千八十銖、卅六萬八百絫[二○六]、□□□□□□□（四百六十萬八千黍）[二○七]。□□□□□（一鈞有卅斤）[二○八]、□□□□（四百八十）兩[二○九]、一萬一千五百廿銖、一十一萬五千□□□（二百絫）[二一○]、□□□□□□□□□（一百一十五萬二千黍）[二一一]。□□□□□（一斤有十六）兩[二一二]、三百八十四銖、三千八百卅絫[二一三]、三萬八■□□□（千四百黍）[二一四]。□□□□□（一兩有廿四銖）[二一五]、□□□□（二百卅絫）[二一六]、二千四百黍。一銖有十絫[二一七]、百黍。□□□□□（一絫有十黍）[二一八]。

　　九九八十一，自相乘得六千五百六□□（十一）[二一九]。□□□□（九人分之）[二二○]，□□□□□□（人得七百廿九）[二二一]。

　　八九七十二，自相乘得五千一百八十□（四）[二二二]。□□□□（八人分之）[二二三]，□□□□□□（人得六百卅八）[二二四]。

　　七九六十三，自相乘得三千九百六□□（十九）[二二五]。七人分之[二二六]，人得五百六十七[二二七]。

　　六九五十四，自相乘得二千九百一十□（六）[二二八]。六人分之，人得四百八十六。

　　五九卅五，自相乘得二千廿五。五人分之，人得四百五。

　　四九卅六，自相乘得一千二百九十六。四人分之[二二九]，人得三百廿四。

　　三九廿七，自相乘得七百廿九。三人分之[二三○]，人得二百卅三。

二九十八，自相乘得三百廿四。二人分之，人得一百六十▓（二）[二三一]。

九九一，凡總得三百九十六[二三二]，自相乘得一十五萬六千八百一十六。九人分之，人得一萬七千四▓□□（百廿四）[二三三]。

八八六十四，自相乘得四千九百（十）六[二三四]。八人分之，人得五百一十二。

七八五十六[二三五]，自相乘得三千一百卅六[二三六]。七人分之[二三七]，人得四百卅八。

六八卅八[二三八]，自相乘得二千三百四[二三九]。六人分之[二四○]，人得三百八□□（十四）[二四一]。

五八卅，自相乘得一千六百。五人分之[二四二]，人得三百廿[二四三]。

四八卅二，自相乘得一千廿四[二四四]。四人分之[二四五]，人得二百五十六[二四六]。

三八廿四，自相乘得五百七十六。三人分之[二四七]，人得一百九十二[二四八]。

二八十六，自相乘得一（二）百五十六[二四九]。二人分之[二五○]，人得一百廿八[二五一]。

八八一，凡總得二百八十，自相乘得▓（七）萬八千四百[二五二]。八人分之[二五三]，人得九千八百[二五四]。

七七卅九，自相乘得二千四▓□（百一）[二五五]。七人分之[二五六]，人得三百卅三[二五七]。

六七卅二，自相乘得一千七百六十四。六人分之[二五八]，人得二百九十四[二五九]。

五七卅五，自相乘得一千二百廿五。五人分之[二六○]，人得二百卅五[二六一]。

四七廿八，自相乘得七百八十四。四人分之[二六二]，人得一百九十六[二六三]。

三七廿一，自相乘得四百卅一。三人分之[二六四]，人得一百卅七[二六五]。

二七十四，自相乘得一百九十□（六）[二六六]。二人分之[二六七]，人得九十八。

七七一，凡總得一百八十九，自相乘得三萬五千七百廿一[二六八]。七人分之[二六九]，人得五千一百三。

六六卅六，自相乘得一千二百九十六。六人分之，人得二百一十六[二七○]。

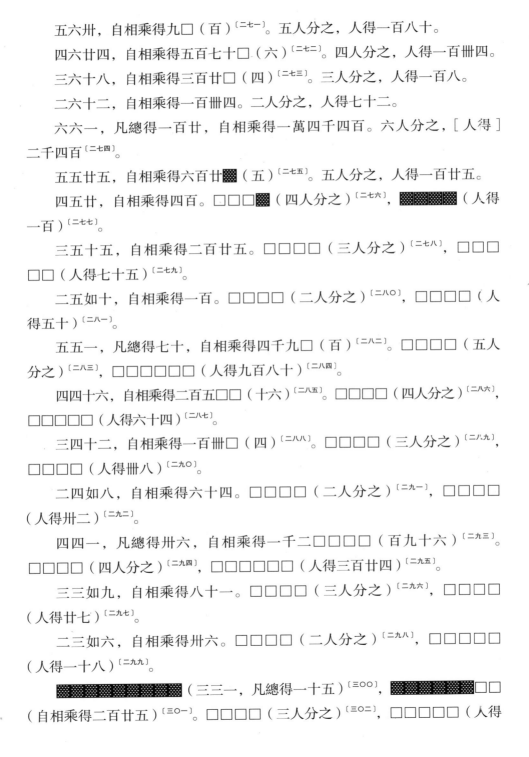

　　五六卅，自相乘得九□（百）〔二七一〕。五人分之，人得一百八十。

　　四六廿四，自相乘得五百七十□（六）〔二七二〕。四人分之，人得一百卌四。

　　三六十八，自相乘得三百廿□（四）〔二七三〕。三人分之，人得一百八。

　　二六十二，自相乘得一百卌四。二人分之，人得七十二。

　　六六一，凡總得一百廿，自相乘得一萬四千四百。六人分之，〔人得〕二千四百〔二七四〕。

　　五五廿五，自相乘得六百廿▓（五）〔二七五〕。五人分之，人得一百廿五。

　　四五廿，自相乘得四百。□□□▓（四人分之）〔二七六〕，▓▓▓▓▓（人得一百）〔二七七〕。

　　三五十五，自相乘得二百廿五。□□□□（三人分之）〔二七八〕，□□□□□（人得七十五）〔二七九〕。

　　二五如十，自相乘得一百。□□□□（二人分之）〔二八〇〕，□□□□（人得五十）〔二八一〕。

　　五五一，凡總得七十，自相乘得四千九□（百）〔二八二〕。□□□□（五人分之）〔二八三〕，□□□□□□（人得九百八十）〔二八四〕。

　　四四十六，自相乘得二百五□□（十六）〔二八五〕。□□□□（四人分之）〔二八六〕，□□□□□（人得六十四）〔二八七〕。

　　三四十二，自相乘得一百卌□（四）〔二八八〕。□□□□（三人分之）〔二八九〕，□□□□（人得卅八）〔二九〇〕。

　　二四如八，自相乘得六十四。□□□□（二人分之）〔二九一〕，□□□□（人得卅二）〔二九二〕。

　　四四一，凡總得卅六，自相乘得一千二□□□□（百九十六）〔二九三〕。□□□□（四人分之）〔二九四〕，□□□□□□（人得三百廿四）〔二九五〕。

　　三三如九，自相乘得八十一。□□□□（三人分之）〔二九六〕，□□□□（人得廿七）〔二九七〕。

　　二三如六，自相乘得卅六。□□□□（二人分之）〔二九八〕，□□□□□（人得一十八）〔二九九〕。

　　▓▓▓▓▓▓▓▓▓（三三一，凡總得一十五）〔三〇〇〕，▓▓▓▓▓▓□□（自相乘得二百廿五）〔三〇一〕。□□□□（三人分之）〔三〇二〕，□□□□□（人得七十五）〔三〇三〕。

二二如四，自相乘得一十六。□□□□（二人分之）〔三〇四〕，□□□（人得八）〔三〇五〕。

均田法第一

今有方田［方］卅九步〔三〇六〕。問：爲田幾何。□（曰）〔三〇七〕：□□□□□（十畝餘一步）〔三〇八〕。□□（術曰）〔三〇九〕：□□□□□□□□□（以卅九步自相乘得二）千四百一步〔三一〇〕，以畝法二百卌步除之，即得■□□□□（十畝餘一步）〔三一一〕。

今有直田廣六十步，長九十步。問：■□□□（爲田幾何）〔三一二〕。□（曰）〔三一三〕：□□□□（廿二畝半）〔三一四〕。□□（術曰）〔三一五〕：□□（列廣）六十步〔三一六〕，以長九十步乘之得五千四百步，以二□□□□□（百卌步除之）〔三一七〕，□□□□□□（即得廿二畝半）〔三一八〕。

今有圓田周一百廿步。問：爲田幾何。□（曰）〔三一九〕：□□（五畝）〔三二〇〕。□□（術曰）〔三二一〕：□□□□□□□□（以周自乘得一萬四）千四百步〔三二二〕，又以十二除之得實（積）步一千二百■（步）〔三二三〕，□□□□□□（以二百卌步除之）〔三二四〕，□□□□（即得畝數）〔三二五〕。

今有四不［等］田〔三二六〕，南頭廣七十五步，北頭廣六□□□（十九步）〔三二七〕，□□□□□□□（東畔長一百八步）〔三二八〕，□□□□□□□（西畔長一百廿步）〔三二九〕。問：爲田幾何。曰：卅四畝餘卅八步〔三三〇〕。術曰〔三三一〕：以南□□□□□□（頭廣七十五步）〔三三二〕，□□□□□□□□（北頭廣六十九步）〔三三三〕，□□□□□（併之得一百卌）四步〔三三四〕，半之［得］七十二步〔三三五〕，置之於上方。又置西畔■□□□□（長一百廿步）〔三三六〕，□□□□□□□（東畔長一百八步）〔三三七〕，□□□□□□□（併之得二百廿八）步〔三三八〕，半之得一百一十四步〔三三九〕。以一百一十四步乘上■□□□（七十二步）〔三四〇〕，□□□□□□□（得八千二百八步）〔三四一〕，□□□□□□□□（復二百卌步除之即得）〔三四二〕。

今有蛇田〔三四三〕，南頭廣廿二步，北頭廣一十四步，□□□□□□□（中央廣六十三步）〔三四四〕，□□□□□（長一百卌步）〔三四五〕。□（問）〔三四六〕：□□□□（爲田幾何）〔三四七〕。曰：十九畝餘六十步。術曰：併三廣三分而一分，以□□□□□（乘長得積步）〔三四八〕，□□□□□□□□（以畝法除之得畝數）〔三四九〕。□□□（置南頭）廿二步〔三五〇〕，中央六十三步，北頭一十四步，併之得□□□□（九十九步）〔三五一〕，□□□□□□□□（以三除之得卅三步）〔三五二〕，□□□□□（以卅三乘長）一百卌步得四千六百廿［步］〔三五三〕，以二百卌步除之■□□□□□□□（得一十九畝餘六十步）〔三五四〕。

今有環田〔三五五〕正圓內空，形如玉環，外周一百廿五步，內周□□□（十五步）〔三五六〕，□□□□（徑十二步）〔三五七〕。□（問）〔三五八〕：□□□□（爲田幾何）〔三五九〕。□（曰）〔三六〇〕：□□□□□（三畝餘一百）廿步〔三六一〕。術曰：併內外周折之以乘徑得■□（積步）〔三六二〕，□□□□□□□□（以畝法除之得畝數）〔三六三〕。□□□□□□□□（置外周一百廿五步）〔三六四〕，以內周十五步併之得一百卌步，折之得七十□（步）〔三六五〕，□□□□□□□□□□□（以徑十二乘之得八百卌步）〔三六六〕，□□□□□□□□□（以二百卌步除之即得）三畝餘一百廿步〔三六七〕。

（以下內容，底本缺，茲據甲本的斯五七七九號補錄）

今有角田本麄末細〔三六八〕，外曲長，內曲短〔三六九〕，如牛角，南頭卌步，北頭卅步，外曲六十步，內曲卌二步。問：爲田幾何。曰：七畝餘一百五步。術曰：併兩頭，又併內外曲，各折而半之以相乘■（得）積步〔三七〇〕，以［畝］法除之得畝數〔三七一〕。置南頭卌步，北頭卌（卅）步〔三七二〕，併之得七十步，半之得卅五步，置於上方。又置外［曲］六十步〔三七三〕，內曲卌二步，併之得一百二步〔三七四〕，半之得五十一步。以五十一步乘上卅五步得一千七百八十五步，以二百卌步除之即得七畝餘一百五步。

今有箕田形如簸箕也〔三七五〕，掌廣六步，舌廣廿步，長卅步。問：爲田幾何。曰：一畝餘一百五十步。術曰：併掌舌二而一，以乘長得積步，以畝法除之。［先置北頭廿步］〔三七六〕，南頭六步，併之得廿六步〔三七七〕，半南（之）得一十三步〔三七八〕。以長卅乘之得三百九十步，以二百卌除之即得一畝餘一百五十步。

今有圭田形如三角，如似玉珪〔三七九〕，北頭廣七十四步，南頭無廣，長一百八十步。問：爲田幾何。曰：廿七畝餘一百八十步。術曰：折廣以乘長得積步，以［畝］法除之即得〔三八〇〕。置北頭廣七十四步，半之得卅七步，以長一百八十步乘之得六千六百六十步，以二百卌步除之得廿七畝餘一百八十步。

今有鼓田形如大鼓，南頭七十四步，北頭七十四步，中央一百六十一步，長一百卅步。問：爲田幾何。曰：六十畝餘廿步。術曰：併三廣三分而一，■■■■■■■（以乘長得積步）〔三八一〕，■■（以畝）［法］■■■■（除之即得）〔三八二〕。

（後缺）

【校釋】

〔一〕 算，底本作“筭”，兹據文義徑録正，《劉録》《李録》録作“筭”。按：筭，“算”的俗字。《玉篇·竹部》：“筭，同算。”《干禄字書》：筭算，“上俗下正”。今作“算”。以下“筭”字徑録正，不再一一出校。

〔二〕 經，底本作“経”，兹據文義徑録正，《劉録》《李録》徑録作“經”，兹從之。按：経，“經”的形近誤字，“経”又爲“經”的俗字。

〔三〕 之本末，底本缺，兹據《孫子算經·序》（錢寶琮校點：《算經十書》，下同）補，《李録》補作“之本末”，兹從補。

〔四〕 陰陽之父母，底本缺，兹據《孫子算經·序》補，《李録》補作“陰陽之父母”，兹從補。

〔五〕 星辰之建號，底本缺，兹據《孫子算經·序》補，《李録》補作“星辰之建號”，兹從補。

〔六〕 三光，底本缺，兹據《孫子算經·序》補，《李録》補作“三光”，兹從補。

〔七〕 五行之平均，《孫子算經·序》作“五行之準平”。

〔八〕 極，底本作“㧬”，兹據文義徑録正，《劉録》《李録》徑録作“極”，兹從之。按：以下“㧬”字徑録正，不再一一出校。〇皇極，《漢語大詞典》解釋作：“指古代有關天文、曆算、五行等方面的專門方術”。《新唐書》卷三四《五行志一》載：“向爲《五行傳》，乃取其五事、皇極、庶證附於五行。”

〔九〕 萬，底本作“万”，兹據文義徑録正，《劉録》《李録》録作“万”；下文“万”字，《劉録》《李録》録作“万”，《郝録》録作“萬”。按：万，“萬”的俗字。《玉篇·方部》：“万，俗萬字，十千也。”《集韻·願韻》：“万，數也，通作萬。”以下“万”字徑録正，不再一一出校。〇物之祖宗，底本缺，兹據《孫子算經・序》補,《李録》補作“物之祖宗”,兹從補。

〔一〇〕 六藝之綱紀, 底本缺, 兹據《孫子算經・序》補,《李録》補作“六藝之綱紀”, 兹從補。

〔一一〕 稽群倫之聚散, 底本缺, 兹據《孫子算經・序》補,《李録》補作“群倫之聚散”。

〔一二〕 奸, 底本作“䍧”, 兹據文義逕録正。〇宄, 底本作“究”, 兹據文義逕録正,《劉録》録作“究”;《李録》録作“宄”, 兹從校。按:《干禄字書》: “宄究, 上奸宄, 下究竟。” 又 “奸宄”, 指犯法作亂的壞人。《舊唐書》卷八二《李義府傳》載:“義府入則詔言自媚, 出則肆其姦宄, 百僚畏之, 無敢言其過者。”〇考元氣於奸宄,《孫子算經・序》作“考二氣之降升”。

〔一三〕 底本“肇”字僅存上部殘劃,“基”字缺,《李録》逕録作“肇基”, 兹從補。按: 唐・韓愈《請遷玄宗廟議》云:“太祖景皇帝始爲唐公, 肇基天命, 義同周之后稷。”〇行末下缺約十二字。

〔一四〕 圓, 底本作“貟”, 兹據文義逕録正,《劉録》録作“圓”, 兹從校;《李録》録作“員”。

〔一五〕 權, 底本作“㯀”, 兹據文義逕録正,《李録》逕録作“權”, 兹從之。

〔一六〕 斛, 底本作“斜”, 兹據文義逕録正,《劉録》《李録》録作“斛”, 不確。按: 斜,“斛”的俗字。《集韻・屋韻》:“斛, 或作斜。”〇斗, 底本僅存上部殘筆, 兹據字形及文義補;《李録》補作“升”, 蓋誤。

〔一七〕 剖毫氂, 底本缺, 兹據《孫子算經・序》補,《李録》補作“剖毫氂”。按: 氂, 爲“氂”的俗字。

〔一八〕 析黍絫, 底本缺, 兹據《孫子算經・序》補,《李録》補作“析黍絫”, 兹從補。

〔一九〕 歷億載而, 底本缺, 兹據《孫子算經・序》補,《李録》補作“歷億載而”, 兹從補。〇不朽,《劉録》録作“卞朽”, 蓋誤。

〔二〇〕 底本行末最後一字僅存上部殘劃, 行末下缺約十一字。

〔二一〕 底本行末最後一字僅存上部殘筆, 行末下缺約十一字。

〔二二〕 解, 底本作“觧”, 兹據文義逕録正,《劉録》《李録》逕録作“解”, 兹從之。

〔二三〕 眼，底本下部殘泐，兹據字形及文義補，《劉録》《李録》徑録作
“眼”，兹從補。○目，底本缺，兹據文義補。按：元·胡一桂《周易啓蒙翼傳》
下篇《歐公圖書怪妄之疑》云：“易無繫辭，猶天無日月，人無眼目。”○底本行
末下缺約十字。

〔二四〕 底本行首字漫漶不清，左側爲“氵”部，《李録》補作“識”，不確。

〔二五〕 凡，底本作“化”，兹據文義徑録正，《劉録》《李録》徑録作“凡”，
兹從之。按：以下“化”字徑録正，不再一一出校。○正，底本作“正”，兹據
文義徑録正，《劉録》《李録》徑録作“正”，兹從之。○坐，底本作“坐”，兹據
文義徑録正，《劉録》《李録》徑録作“坐”，兹從之。

〔二六〕 先，底本下部殘泐且漫漶不清，兹據《孫子算經》補，《李録》補
作“先”，兹從補。○識其位，底本缺，兹據《孫子算經》補，《李録》補作“識
其位”，兹從補。

〔二七〕 一縱十橫，底本缺，兹據《孫子算經》補，《李録》補作“一縱十
橫”，兹從補。

〔二八〕 底本“百立千”三字缺，“僵”字僅存下部殘劃，兹據《孫子算經》
補，《李録》補作“百立千僵”，兹從補。

〔二九〕 法，底本僅存上部殘筆，兹據字形及文義補；《李録》補作“乘”，
不確。○底本行末下缺約十一字，《李録》補作“之法，十步至十，百步至百，千
步至千”，乃是依據《孫子算經》補，不確。

〔三〇〕 上見十步至十，底本缺，兹據《夏侯陽算經》補。按：《夏侯陽算
經》（錢寶琮校點：《算經十書》，下同）載：“言步之，上見十步至十，見百步至
百，見千步至千，見萬步至萬。”

〔三一〕 見百步，底本缺，兹據《夏侯陽算經》補。○至，底本漫漶不清，
兹據字形及《夏侯陽算經》補。○底卷“百”字後疑脱“見千步至千”一句。

〔三二〕 相，底本略有漫漶，兹據字形補，《劉録》《李録》徑録作“相”，兹
從補。○底本行末下缺字數不詳，《李録》補作“乘至盡則已”，可備一説。

〔三三〕 九九，底本殘缺且漫漶不清，兹據字形及文義補，《劉録》《李録》
徑録作“九九”，兹從補。

〔三四〕 ☰||||，底本缺，兹據文義補。

〔三五〕 五九卌五，底本缺，兹據文義補，《李録》補作“五九卌五”，兹從補。

〔三六〕 ≡||||，底本缺，兹據文義補。

〔三七〕 四九卅六，底本缺，兹據文義補，《李録》補作“四九卅六”，兹從補。

〔三八〕 ≡丅，底本缺，兹據文義補。

〔三九〕 三九廿七，底本缺，兹據文義補，《李録》補作“三九廿七”，兹從補。

〔四〇〕 =〒，底本缺，兹據文義補。

〔四一〕 二，底本缺，兹據文義補，《劉録》《李録》徑録作“二”，兹從補。

〔四二〕 一||||，當校作“⊥||||”，兹據文義校改，《李録》徑録作“⊥||||”，兹從校。

〔四三〕 ≡丅，底本缺，兹據文義補，《李録》徑録作“≡丅”，兹從補。

〔四四〕 六八卌八，底本缺，兹據文義補，《李録》補作“六八卌八”，兹從補。

〔四五〕 ≡〢，底本缺，兹據文義補，《李録》徑録作“≡〢”，兹從補。

〔四六〕 五八卌，底本缺，兹據文義補，《李録》補作“五八卌”，兹從補。

〔四七〕 ≡，底本缺，兹據文義補，《李録》徑録作“≡”，兹從補。

〔四八〕 四八卅二，底本缺，兹據文義補，《李録》補作“四八卅二”，兹從補。

〔四九〕 ≡||，底本缺，兹據文義補，《李録》徑録作“≡||”，兹從補。

〔五〇〕 底本“三”字缺，“八”字僅存下部殘筆，兹據文義補，《劉録》《李録》徑録作“三八”，兹從補。

〔五一〕 六七卌二，底本缺，兹據文義補，《李録》補作“六七卌二”，兹從補。

〔五二〕 五七卅五，底本缺，兹據文義補，《李録》補作“五七卅五”，兹從補。

〔五三〕 四七廿八，底本缺，兹據文義補，《李録》補作“四七廿八”，兹從補。

〔五四〕 三，底本上部殘泐，兹據字形及文義補，《劉録》《李録》徑録作"三"，兹從補。

〔五五〕 五六卅，底本缺，兹據文義補，《李録》補作"五六卅"，兹從補。

〔五六〕 四六廿四，底本缺，兹據文義補，《李録》補作"四六廿四"，兹從補。

〔五七〕 三六十八，底本缺，兹據文義補，《李録》補作"三六十八"，兹從補。

〔五八〕 二，底本缺，兹據文義補，《劉録》《李録》徑録作"二"，兹從補。

〔五九〕 三五十五，底本缺，兹據文義補，《李録》補作"三五十五"，兹從補。

〔六〇〕 二五十，底本缺，兹據文義補，《李録》補作"二五十"，兹從補。

〔六一〕 一五如五，底本缺，兹據文義補，《李録》補作"一五如五"，兹從補。

〔六二〕 四四十六，底本缺，兹據文義補，《李録》補作"四四十六"，兹從補。

〔六三〕 二三如六，底本缺，兹據文義補，《李録》補作"二三如六"，兹從補。

〔六四〕 一三如三，底本缺，兹據文義補，《李録》補作"一三如三"，兹從補。

〔六五〕 二二如四，底本缺，兹據文義補，《李録》補作"二二如四"，兹從補。

〔六六〕 底本"一二"二字缺，"如"字僅存下部殘筆，兹據字形及文義補，《劉録》《李録》徑録作"一二如"，兹從補。

〔六七〕 數，底本作"**籔**"，兹據文義徑録正，《劉録》《李録》徑録作"數"，兹從之。按：以下各本"**籔**"字徑録正，不再一一出校。

〔六八〕 一，底本缺，兹據文義補，《李録》補作"一"，兹從補。

〔六九〕 十，底本缺，兹據文義補，《李録》補作"十"，兹從補。

〔七〇〕 百，底本缺，兹據文義補，《李録》補作"百"，兹從補。

〔七一〕 千，底本缺，兹據文義補，《李録》補作"千"，兹從補。

〔七二〕 萬，底本缺，茲據文義補，《李録》補作"万"。

〔七三〕 十萬，底本缺，茲據文義補，《李録》補作"十万"。〇《李録》在"十万"前補"一万"，不必。

〔七四〕 百萬，底本缺，茲據文義補，《李録》補作"百万"。

〔七五〕 千萬，底本缺，茲據文義補，《李録》補作"千万"。

〔七六〕 萬萬，底本缺，茲據文義補，《李録》補作"万万"。

〔七七〕 百萬億，底本缺，茲據文義補，《李録》補作"百万億"。

〔七八〕 千萬億，底本缺，茲據文義補，《李録》補作"千万億"。

〔七九〕 萬萬億曰兆，底本缺，茲據文義補，《李録》補作"万万億曰兆"。

〔八〇〕 兆，底本作"兆"，茲據文義徑録正，《劉録》《李録》徑録作"兆"，茲從之。按：以下"兆"字徑録正，不再一一出校。

〔八一〕 萬萬兆曰京，底本缺，茲據文義補，《李録》補作"万万兆曰京"。

〔八二〕 一京，底本缺，茲據文義補，《李録》補作"一京"，茲從補。

〔八三〕 十京，底本缺，茲據文義補，《李録》補作"十京"，茲從補。

〔八四〕 百京，底本缺，茲據文義補，《李録》補作"百京"，茲從補。

〔八五〕 千京，底本缺，茲據文義補，《李録》補作"千京"，茲從補。

〔八六〕 京，底本作"京"，茲據文義徑録正，《劉録》《李録》徑録作"京"，茲從之。按：京，"京"的俗字。《干禄字書》：京京，"上通下正"。

〔八七〕 該，底本下部殘泐，茲據字形及文義補，《劉録》《李録》徑録作"該"，茲從補。

〔八八〕 一該，底本缺，茲據文義補，《李録》補作"一該"，茲從補。

〔八九〕 十該，底本缺，茲據文義補，《李録》補作"十該"，茲從補。

〔九〇〕 百該，底本缺，茲據文義補，《李録》補作"百該"，茲從補。

〔九一〕 千該，底本缺，茲據文義補，《李録》補作"千該"，茲從補。

〔九二〕 萬該，底本缺，茲據文義補，《李録》補作"万該"。

〔九三〕 十萬該，底本缺，茲據文義補，《李録》補作"十万該"。

〔九四〕 梓，底本作"梓"，茲據文義徑録正，《劉録》《李録》徑録作"梓"，茲從之。按：以下"梓"字徑録正，不再一一出校。

〔九五〕 千梓，底本缺，茲據文義補，《李録》補作"千梓"，茲從補。

〔九六〕 萬梓，底本缺，兹據文義補，《李録》補作“万梓”。

〔九七〕 十萬梓，底本缺，兹據文義補，《李録》補作“十万梓”。

〔九八〕 百萬梓，底本缺，兹據文義補，《李録》補作“百万梓”。

〔九九〕 千萬梓，底本缺，兹據文義補，《李録》補作“千万梓”。

〔一〇〇〕 十萬讓，底本缺，兹據文義補，《李録》補作“十万讓”。

〔一〇一〕 百萬讓，底本缺，兹據文義補，《李録》補作“百万讓”。

〔一〇二〕 千萬讓，底本缺，兹據文義補，《李録》補作“千万讓”。

〔一〇三〕 萬萬讓曰溝，底本缺，兹據文義補，《李録》補作“万万讓曰溝”。

〔一〇四〕 溝，底本作“溿”，兹據文義逕録正，《劉録》《李録》逕録作“溝”，兹從之。按：以下“溿”字逕録正，不再一一出校。

〔一〇五〕 萬溝，底本缺，兹據文義補，《李録》補作“万溝”。

〔一〇六〕 萬萬溝曰間，底本缺，兹據文義補，《李録》補作“万万溝曰間”。

〔一〇七〕 一間，底本缺，兹據文義補，《李録》補作“一間”，兹從補。

〔一〇八〕 十間，底本缺，兹據文義補，《李録》補作“十間”，兹從補。

〔一〇九〕 百間，底本缺，兹據文義補，《李録》補作“百間”，兹從補。

〔一一〇〕 千間，底本缺，兹據文義補，《李録》補作“千間”，兹從補。

〔一一一〕 萬間曰政，底本缺，兹據文義補，《李録》逕録作“万間曰政”。

〔一一二〕 一政，底本缺，兹據文義補，《李録》補作“一政”，兹從補。

〔一一三〕 十政，底本缺，兹據文義補，《李録》補作“十政”，兹從補。

〔一一四〕 百政，底本缺，兹據文義補，《李録》補作“百政”，兹從補。

〔一一五〕 千政，底本缺，兹據文義補，《李録》補作“千政”，兹從補。

〔一一六〕 萬政，底本缺，兹據文義補，《李録》補作“万政”。

〔一一七〕 十，底本上部殘泐，兹據字形及文義補，《李録》逕録作“十”，兹從補。

〔一一八〕 一載，底本缺，兹據文義補，《李録》補作“一載”，兹從補。

〔一一九〕 十載，底本缺，兹據文義補，《李録》補作“十載”，兹從補。

〔一二〇〕 百載，底本缺，兹據文義補，《李録》補作“百載”，兹從補。

〔一二一〕 千載，底本缺，兹據文義補，《李録》補作“千載”，兹從補。

〔一二二〕 萬載，底本缺，兹據文義補，《李録》補作“万載”。

〔一二三〕 十萬載，底本缺，兹據文義補，《李録》補作"十万載"。

〔一二四〕 甲本的斯一九號起"右孫子數"四字。

〔一二五〕 故以載爲極末也，底本缺，甲本作"故以載爲極末也"，兹據甲本補，《李録》補作"故以載爲極末也"，兹從補。

〔一二六〕 所，底本作"所"，甲本同，兹據文義徑録正，《劉録》《李録》徑録作"所"，兹從之。按：《干禄字書》：所所，"上俗下正"。以下"所"字徑録正，不再一一出校。○起，底本作"起"，甲本同，兹據文義徑録正，《劉録》《李録》徑録作"起"，兹從之。按：以下"起"字徑録正，不再一一出校。

〔一二七〕 於，底本作"扵"，甲本作"扵"，兹據文義徑録正，《劉録》《李録》徑録作"於"，兹從之。按：扵，"於"的俗寫。《干禄字書》：扵於，"上通下正"。以下"扵"字徑録正，不再一一出校。

〔一二八〕 從，底本作"従"，甲本同，兹據文義徑録正，《劉録》《李録》徑録作"從"，兹從之。按：《干禄字書》：従従從，"上中通，下正"。以下"従"字徑録正，不再一一出校。○蠶，底本作"蚕"，甲本同，兹據文義徑録正，《劉録》《李録》徑録作"蠶"，兹從之。按：蚕，"蠶"的俗字。《龍龕手鑑·蟲部》："蚕，正作蠶。"

〔一二九〕 者，底本僅存上部殘筆，甲本作"者"，兹據甲本及文義補，《劉録》徑録作"者"，《李録》補作"者"，兹從補。

〔一三〇〕 吐絲之狀也，底本缺，甲本作"嘑思之狀也"，《李録》補作"如一蠶絲之廣"，《郝録》録甲本作"嘑忽之拔也"。按："嘑"，無此字，當校作"吐"，又"思"，當校作"絲"，又"狀"，"狀"的俗寫。《干禄字書》：狀狀，"上通下正"。又甲本"嘑"，《郝録》録作"嘑"。《漢語大字典》："嘑，嚼堅硬物。"可見"嘑"字文義不合。

〔一三一〕 十忽爲一絲，底本缺，甲本作"十忽爲一絲"，兹據甲本及文義補，《李録》補作"十忽爲一絲"，兹從補。

〔一三二〕 十絲爲一毫，底本缺，甲本作"十絲爲一毫"，兹據甲本及文義補，《李録》補作"十絲爲一豪"。

〔一三三〕 毫，底本作"豪"，甲本同，同"毫"，兹據文義徑録正，《劉録》徑録作"毫"，兹從校；《李録》録作"豪"。按：以下"豪"字徑録正，不再一一出校。○釐，底本作“釐”，甲本同，茲據文義徑録正，《劉録》《李録》録作“釐”。按：《干禄字書》：釐釐，“上俗下正”。以下“釐”字徑録正，不再一一出校。

〔一三四〕寸，底本缺，甲本作“寸”，茲據甲本及文義補，《李録》補作“寸”，茲從補。

〔一三五〕十寸爲一尺，底本缺，甲本作“十寸爲一尺”，茲據甲本及文義補，《李録》補作“十寸爲一尺”，茲從補。

〔一三六〕十尺爲一丈，底本缺，甲本作“十尺爲一丈”，茲據甲本及文義補，《李録》補作“十尺爲一丈”，茲從補。

〔一三七〕四丈爲，底本缺，甲本作“四丈爲”，茲據甲本及文義補，《李録》補作“四丈爲”，茲從補。

〔一三八〕引，底本作“弘”，甲本同，茲據文義徑録正，《李録》徑録作“引”，茲從之；《劉録》録作“弘”。按：《廣韻·軫韻》：弘，同引。《李録》在“引”字前補“一”字，不必。

〔一三九〕丈曰堵，底本缺，甲本作“丈曰堵”，茲據甲本及文義補，《李録》補作“丈曰堵”，茲從補。

〔一四〇〕五尺曰步，底本缺，甲本作“五尺曰步”，茲據甲本及文義補，《李録》補作“五尺曰步”，茲從補。○步，甲本作“步”。按：以下“步”字徑録正，不再一一出校。

〔一四一〕六尺爲尋，底本缺，甲本作“六尺爲尋”，茲據甲本及文義補，《李録》補作“六尺爲尋”，茲從補。

〔一四二〕七尺爲常，底本缺，甲本作“七尺爲常”，茲據甲本及文義補，《李録》補作“七尺爲常”，茲從補。

〔一四三〕爲一畝，底本缺，甲本作“爲一畝”，茲據甲本及文義補，《李録》補作“爲一畝”，茲從補。○畝，甲本作“畝”，《郝録》録甲本作“畝”，茲從之。

〔一四四〕一百畝爲一頃，底本缺，甲本作“一百畝爲一頃”，茲據甲本及文義補，《李録》補作“一百畝爲一頃”，茲從補。

〔一四五〕一疋有四丈，底本缺，甲本作“一疋有四丈”，茲據甲本及文義補，《李録》補作“一疋有四丈”，茲從補。

〔一四六〕 四十尺，底本缺，甲本脱，兹據文義補，《李録》《郝録》補作"四十尺"，兹從補。

〔一四七〕 四，底本缺，甲本作"四"，兹據甲本及文義補，《李録》補作"四"，兹從補。

〔一四八〕 絲，底本僅存上部殘筆，甲本作"絲"，兹據甲本及文義補，《李録》徑録作"絲"，兹從補。

〔一四九〕 四千萬忽，底本缺，甲本作"四千萬忽"，兹據甲本及文義補，《李録》補作"四千万忽"。

〔一五〇〕 一丈有十尺，底本缺，甲本作"一丈有十尺"，兹據甲本及文義補，《李録》補作"一丈有十尺"，兹從補。

〔一五一〕 百寸，底本缺，甲本作"百寸"，兹據甲本及文義補，《李録》補作"百寸"，兹從補。

〔一五二〕 千分，底本缺，甲本作"千分"，兹據甲本及文義補，《李録》補作"千分"，兹從補。

〔一五三〕 尺有十寸，底本缺，甲本作"尺有十寸"，兹據甲本及文義補，《李録》補作"尺有十寸"，兹從補。

〔一五四〕 百分，底本缺，甲本作"百分"，兹據甲本及文義補，《李録》補作"百分"，兹從補。

〔一五五〕 千釐，底本缺，甲本作"千釐"，兹據甲本及文義補，《李録》補作"千釐"。

〔一五六〕 萬毫，底本缺，甲本作"萬毫"，兹據甲本及文義補，《李録》補作"万豪"。

〔一五七〕 十萬絲，底本缺，甲本作"十萬絲"，兹據甲本及文義補，《李録》補作"十万絲"。

〔一五八〕 百萬忽，底本缺，甲本作"百萬忽"，兹據甲本及文義補，《李録》補作"百万忽"。

〔一五九〕 一分有十釐，底本缺，甲本作"一分有十釐"，兹據甲本及文義補，《李録》補作"一分有十釐"。

〔一六〇〕 百毫，底本缺，甲本作"百毫"，兹據甲本及文義補，《李録》補作"百豪"。

〔一六一〕 千絲，底本缺，甲本作"千絲"，兹據甲本及文義補，《李録》補作"千絲"，兹從補。

〔一六二〕 萬忽，底本缺，甲本作"萬忽"，兹據甲本及文義補，《李録》補作"万忽"。

〔一六三〕 一氂有十毫，底本缺，甲本脱，兹據文義補，《李録》補作"一氂有十豪"。

〔一六四〕 百絲，底本缺，甲本脱，兹據文義補，《李録》補作"百絲"，兹從補。

〔一六五〕 千忽，底本缺，甲本脱，兹據文義補，《李録》補作"千忽"，兹從補。

〔一六六〕 又據《大唐令》文，底本缺，甲本作"又據《大唐令》文"，兹據甲本及文義補，《李録》補作"又據大唐令文"，兹從補。

〔一六七〕 諸度以北方秬黍中者一，底本缺，甲本作"諸以北方秬黍中者一"，兹據《唐會要》及文義補，《李録》補作"諸以北方秬黍中者"。○黍，底本作"柔"，甲本同，《劉録》《李録》録作"柔"。按：以下"黍"字徑録正，不再一一出校。○爲分，底本、甲本脱，兹據《唐會要》及文義補，《李録》補作"爲分"，兹從補。按：《唐會要》卷六六載："《雜令》：諸度，以北方秬黍中者一黍之廣爲分，十分爲寸，十寸爲尺。"《唐律疏議》卷二六《雜律》載："度，以秬黍中者，一黍之廣爲分，十分爲寸，十寸爲尺。"

〔一六八〕 斗，《劉録》《李録》録作"升"，蓋誤。

〔一六九〕 圭，甲本同，當校作"粟"，兹據《孫子算經》《夏侯陽算經》校改，《郝録》校甲本作"粟"，兹從校。按：《孫子算經》作："量之所起，起於粟。"《夏侯陽算經》載："倉曹云，量之所起，起於粟。"

〔一七〇〕 十粟爲一圭，底本缺，甲本作"十粟爲一圭"，兹據甲本及文義補，《李録》補作"六粟爲一圭"，不妥。按：《孫子算經》："量之所起，起於粟。六粟爲一圭。"《李録》應是據此補。但《夏侯陽算經》："倉曹云，量之所起，起於粟。十粟爲一圭。"可見"十粟爲一圭"之法亦存。《算經》本段末載："或云六粟爲一圭。"説明甲本段首"十粟爲一圭"的記載無誤。

〔一七一〕 十圭爲一抄，底本缺，甲本作"十圭爲一抄"，兹據甲本及文義補，《李録》補作"十圭爲一秒"。

〔一七二〕 十抄爲一撮，底本缺，甲本作"十抄爲一撮"，兹據甲本及文義補，《李録》補作"十秒爲一撮"。○撮，甲本作"𢱢"，兹據文義徑録正，《郝録》徑録作"撮"，兹從之。按：以下"𢱢"字徑録正，不再一一出校。

〔一七三〕 底本"一"字僅存上部殘筆，"升"字缺，甲本作"一升"，兹據甲本及文義補，《李録》徑録作"一升"。按：《李録》所録"升"字，當是兹據底本後面所出"一外有十合"中的"外"，此字是"升"的俗寫。《敦煌俗字典》"升"字條下有"外"形，可參。以下"外"字徑録正，不再一一出校。

〔一七四〕 十升爲一斗，底本缺，甲本作"十升爲一斗"，兹據甲本及文義補，《李録》補作"十升爲一升"，蓋誤。按：斗，底本後文作"㪷"形，爲"斗"的俗寫。《敦煌俗字典》"斗"字條下有"㪷"形，可參。以下"㪷"字徑録正，不再一一出校。

〔一七五〕 十斗爲一斛，底本缺，甲本作"十斗爲一斛"，兹據甲本及文義補，《李録》補作"十升爲一斛"，蓋誤。○斛，甲本作"斛"，兹據文義徑録正。按：《敦煌俗字典》"斛"字條下有"斛"形和"斛"形，可參。又斯三八八號《正名要録》載：斛斛，"右字形雖别，音義是同。古而典者居上，今而要者居下。"以下"斛"字徑録正，不再一一出校。

〔一七六〕 一斛，底本缺，甲本脱，兹據文義補，《李録》補作"一斛"，《郝録》補甲本作"一斛"，兹從補。○有十，底本缺，甲本作"有十"，兹據甲本及文義補，《李録》補作"有十"，兹從補。○"斗"，《李録》録作"升"，蓋誤。

〔一七七〕 抄，《李録》録作"秒"，不妥。按：秒，同"秒"，量詞，與"抄"義有别。

〔一七八〕 圭，底本缺，甲本作"圭"，兹據甲本及文義補，《李録》補作"圭"，兹從補。

〔一七九〕 一斗有十升，底本缺，甲本作"一斗有十升"，兹據甲本及文義補，《李録》補作"一升有十升"。

〔一八〇〕 百合，底本缺，甲本作“百合”，茲據甲本及文義補，《李録》補作“百合”，茲從補。

〔一八一〕 千勺，底本缺，甲本作“千勺”，茲據甲本及文義補，《李録》補作“千勺”，茲從補。

〔一八二〕 萬撮，底本缺，甲本作“萬撮”，茲據甲本及文義補，《李録》補作“万撮”。

〔一八三〕 十萬抄，底本缺，甲本作“十萬抄”，茲據甲本及文義補，《李録》補作“十万杪”。

〔一八四〕 升，《李録》録作“升”。

〔一八五〕 抄，《李録》録作“杪”。

〔一八六〕 十萬圭，底本缺，甲本作“十萬圭”，茲據甲本及文義補，《李録》補作“十万圭”。

〔一八七〕 一合有十勺，底本缺，甲本作“一合有十勺”，茲據甲本及文義補，《李録》補作“一合有十勺”，茲從補。

〔一八八〕 百撮，底本缺，甲本作“百撮”，茲據甲本及文義補，《李録》補作“百撮”，茲從補。

〔一八九〕 千抄，底本缺，甲本作“千抄”，茲據甲本及文義補，《李録》補作“千杪”。

〔一九〇〕 萬圭，底本缺，甲本作“萬圭”，茲據甲本及文義補，《李録》補作“万圭”。

〔一九一〕 抄，《李録》録作“杪”。

〔一九二〕 抄，《李録》録作“杪”。

〔一九三〕 百，底本缺，甲本作“百”，茲據甲本及文義補，《李録》補作“百”，茲從補。○圭，底本缺，甲本脱，茲據文義補，《李録》補作“圭”，《郝録》補甲本作“圭”，茲從補。

〔一九四〕 一抄有十圭，底本缺，甲本作“一抄有十圭”，茲據甲本及文義補，《李録》補作“一杪有十圭”。

〔一九五〕 或云六粟爲一圭，底本缺，甲本作“或云六粟爲一圭”，茲據甲本及文義補，《李録》補作“或云六粟爲一圭”，茲從補。

〔一九六〕 云，《劉録》録作"去"，蓋誤。〇粟，《李録》録作"黍"，蓋誤。

〔一九七〕 底本"六"字僅存上部殘劃，"寸二分受一石"六字缺，甲本作"六寸二分受一石"，兹據甲本及文義補，《李録》補作"六寸二分受一石"，兹從補。按：《夏侯陽算經》："倉曹云：古者鑿地方一尺，深一尺六寸二分，受粟一斛。"〇六寸，甲本作"六尺寸"，"尺"字蓋衍，當刪。

〔一九八〕 秤，底本作"秤"，甲本同，兹據文義徑録正，《劉録》徑録作"秤"，兹從之；《李録》録作"秤"。

〔一九九〕 爲，底本僅存上部殘筆，甲本作"爲"，兹據甲本及文義補，《劉録》徑録作"爲"，《李録》補作"爲"，兹從補。〇一，底本缺，甲本作"一"，兹據甲本及文義補，《李録》補作"一"，兹從補。〇絫，底本缺，甲本作"絫"，當作"絫"，兹據甲本及文義補，《李録》録作"絫"；《郝録》録甲本作"絫"，兹從之。按：《説文·厽部》："絫，十黍之重也。"《孫子算經》："稱之所起，起於黍。十黍爲一絫，十絫爲一銖。"以下"絫"字徑録正，不再一一出校。

〔二〇〇〕 十絫爲一銖，底本缺，甲本作"十絫爲一銖"，兹據甲本及文義補，《李録》補作"十絫爲一銖"。

〔二〇一〕 廿四銖爲一兩，底本缺，甲本作"廿四銖爲一兩"，兹據甲本及文義補，《李録》補作"二十四銖爲一兩"。

〔二〇二〕 底本"爲"字僅存上部殘筆，"一石"二字缺，甲本作"爲一石"，兹據甲本及文義補，《李録》徑録"爲"，補"一石"，兹從補。

〔二〇三〕 一石有四均，底本缺，甲本作"一石有四均"，兹據甲本及文義補，《李録》補作"一石有四均"，兹從補。

〔二〇四〕 一百廿斤，底本缺，甲本作"一百廿斤"，兹據甲本及文義補，《李録》補作"一百廿斤"。

〔二〇五〕 一千九百廿兩，底本缺，甲本作"一千九百廿兩"，兹據甲本及文義補，《李録》補作"一千九百廿兩"，兹從補。

〔二〇六〕 絫，甲本作"絫"，《劉録》録作"參"，《李録》録作"絫"。

〔二〇七〕 四百六十萬八千黍，底本缺，甲本作"四百六十萬八千黍"，兹據甲本及文義補，《李録》補作"四百六十万八千黍"。

〔二〇八〕 一鈞有卅斤，底本缺，甲本作"一鈞有卅斤"，兹據甲本及文義補,《李録》補作"一鈞有卅斤",茲從補。

〔二〇九〕 四百八十,底本缺,甲本作"四百八十",茲據甲本及文義補,《李録》補作"四百八十",茲從補。

〔二一〇〕 二百象,底本缺,甲本作"二百象",茲據甲本及文義補,《李録》補作"二百条"。

〔二一一〕 一百一十五萬二千黍,底本缺,甲本作"一百一十五萬二千黍",茲據甲本及文義補,《李録》補作"一百一十五万二千黍"。

〔二一二〕 一斤有十六,底本缺,甲本作"一斤十六",茲據甲本及文義補,《李録》補作"一斤有十六",茲從補。

〔二一三〕 象,甲本作"条",《劉録》録作"参",《李録》録作"条"。

〔二一四〕 底本"千"字僅存上部殘筆,"四百黍"三字缺,甲本作"千四百黍",茲據甲本及文義補,《李録》補作"千四百黍"。

〔二一五〕 一兩有廿四銖,底本缺,甲本作"一兩有廿四銖",茲據甲本及文義補,《李録》補作"一兩有二十四銖"。

〔二一六〕 二百卅象,底本缺,甲本作"二百卅象",茲據甲本及文義補,《李録》補作"二百四十条"。

〔二一七〕 象,甲本作"条",《劉録》録作"参",《李録》録作"条"。

〔二一八〕 一象有十黍,底本缺,甲本作"一象有十黍",茲據甲本及文義補,《李録》補作"一条有十黍"。

〔二一九〕 十一,底本缺,甲本作"十一",茲據甲本及文義補,《李録》補作"十一",茲從補。〇乘,底本作"乗",甲本同,茲據文義徑録正,《劉録》《李録》徑録作"乘",茲從之。按:乗,"乘"的俗字。《正字通·丿部》:"俗作乗,舊本從北作乗。"以下"乗"字徑録正,不再一一出校。

〔二二〇〕 九人,底本缺,甲本作"九人",茲據甲本及文義補,《李録》補作"九人",茲從補。〇分,底本缺,甲本僅存上部殘筆,茲據甲本字形及文義補,《李録》補作"分",茲從補。〇之,底本、甲本缺,茲據《孫子算經》及文義補,《李録》補作"之",茲從補。

〔二二一〕 人得七百廿九,底本、甲本缺,茲據《孫子算經》及文義補,《李録》補作"得七百二十九"。按:《孫子算經》:"六千五百六十一,九人分之,問人得幾何？答曰：七百二十九。"

〔二二二〕 四，底本缺，甲本作"四"，兹據甲本及文義補，《李録》補作"四"，兹從補。

〔二二三〕 八人，底本缺，甲本作"八人"，兹據甲本及文義補，《李録》補作"八人"，兹從補。○分之，底本、甲本缺，兹據文義補，《李録》補作"分之"，兹從補。

〔二二四〕 人得六百卌八，底本、甲本缺，兹據《孫子算經》及文義補，《李録》徑録作"得六百四十八"。

〔二二五〕 十九，底本缺，甲本作"十九"，兹據甲本及文義補，《李録》補作"十九"，兹從補。

〔二二六〕 人分之，甲本缺。

〔二二七〕 人得五百六十七，甲本缺。

〔二二八〕 六，底本缺，甲本作"六"，兹據甲本及文義補，《李録》補作"六"，兹從補。

〔二二九〕 四人分之，甲本缺。

〔二三〇〕 三人分，甲本缺。○之，甲本上部殘泐。

〔二三一〕 二，底本僅存右側殘筆，甲本作"二"，兹據甲本及文義補，《李録》補作"二"，兹從補。

〔二三二〕 總，底本作"惣"，甲本同，兹據文義徑録正，《劉録》《李録》録作"惣"。按：惣，"揔"的俗訛字，又"揔"，同"總"。以下"惣"字徑録正，不再一一出校。

〔二三三〕 百，底本僅存上部殘筆，甲本右側略有殘泐，兹據字形及文義補，《郝録》録甲本作"百"，兹從補。○廿四，底本、甲本缺，兹據文義補，《郝録》補甲本作"廿四"，兹從補。

〔二三四〕 百，甲本同，當校作"十"，兹據文義校改，《李録》校作"十"，《郝録》校甲本作"十"，兹從校。

〔二三五〕 七八五十六，甲本僅存右側殘劃。

〔二三六〕 自相乘得，甲本左側殘泐。○卅六，甲本左側略有殘泐。

〔二三七〕 七，甲本上部殘泐。

〔二三八〕 六八卌八，甲本缺。

〔二三九〕 自相乘得二千三百四，甲本缺。

〔二四〇〕 六人分之，甲本缺。

〔二四一〕 人得三百八，甲本缺。〇十四，底本、甲本缺，兹據《孫子算經》及文義補，《李録》補作“十四”，兹從補。

〔二四二〕 五人分之，甲本缺。

〔二四三〕 人得三百廿，甲本缺。

〔二四四〕 四，甲本缺。

〔二四五〕 四人分之，甲本缺。

〔二四六〕 人得二百五十六，甲本缺。

〔二四七〕 三人分之，甲本缺。

〔二四八〕 人得一百九十二，甲本缺。

〔二四九〕 一，甲本同，當校作“二”，兹據文義校改，《李録》逕録作“二”，兹從校。

〔二五〇〕 二人分之，甲本缺。

〔二五一〕 人得一百廿八，甲本缺。

〔二五二〕 七，底本下部殘泐，甲本作“七”，兹據甲本及文義補，《李録》補作“七”，兹從補。〇百，甲本下部殘泐。

〔二五三〕 八人分之，甲本缺。

〔二五四〕 人得九千八百，甲本缺。

〔二五五〕 百，底本下部略有殘泐，甲本作“百”，兹據甲本及文義補，《李録》逕録作“百”，兹從補。〇一，底本缺，甲本作“一”，兹據甲本及文義補，《李録》補作“一”，兹從補。

〔二五六〕 七人分之，甲本缺。

〔二五七〕 人得三百卌三，甲本缺。

〔二五八〕 六人分之，甲本缺。

〔二五九〕 人得二百九十四，甲本缺。

〔二六〇〕 五人分之，甲本缺。

〔二六一〕 人得二百卌五，甲本缺。

〔二六二〕 四人分之，甲本缺。

〔二六三〕 人得一百九十六，甲本缺。

〔二六四〕 三人分之，甲本缺。

〔二六五〕 人得一百卌七，甲本缺。

〔二六六〕 六，底本缺，甲本作“六”，兹據甲本及文義補，《李録》補作“六”，兹從補。

〔二六七〕 二人，甲本缺。〇分，甲本僅存下部殘筆。

〔二六八〕 七，甲本僅存上部殘筆。〇百廿，甲本缺。〇一，甲本右側殘泐。

〔二六九〕 七，甲本僅存左側殘筆。〇人，甲本僅存下部殘筆。

〔二七〇〕 二百一十六，底本作“二百十一六”，甲本作“二百一十六”，兹據甲本及文義徑録正，《李録》補作“二百一十六”，兹從校。

〔二七一〕 百，底本缺，甲本作“百”，兹據甲本及文義補，《李録》補作“百”，兹從補。

〔二七二〕 六，底本缺，甲本作“六”，兹據甲本及文義補，《李録》補作“六”，兹從補。

〔二七三〕 四，底本缺，甲本作“四”，兹據甲本及文義補，《李録》補作“四”，兹從補。

〔二七四〕 人得，底本、甲本脱，兹據文義補。

〔二七五〕 五，底本僅存上部殘筆，甲本作“五”，兹據甲本及文義補，《劉録》《李録》徑録作“五”，兹從補。

〔二七六〕 底本“四人分”三字缺，“之”字僅存右側殘筆，甲本作“四人分之”，兹據甲本及文義補，《李録》補作“四人分之”，兹從補。

〔二七七〕 人得一百，底本僅存右側殘筆，甲本作“人得一百”，兹據甲本及文義補，《李録》補作“得一百”。

〔二七八〕 三人分之，底本缺，甲本作“三人分之”，兹據甲本及文義補，《李録》補作“三人分之”，兹從補。

〔二七九〕 人得七十五，底本缺，甲本作“人得七十五”，兹據甲本及文義補，《李録》補作“得七十五”。

〔二八〇〕 二人分之，底本缺，甲本作“二人分之”，兹據甲本及文義補，

《李録》補作“二人分之”，兹從補。

〔二八一〕 人得五十，底本缺，甲本作“人得五十”，兹據甲本及文義補，《李録》補作“得五十”。

〔二八二〕 百，底本缺，甲本作“百”，兹據甲本及文義補，《李録》補作“百”，兹從補。

〔二八三〕 五人分之，底本缺，甲本作“五人分之”，兹據甲本及文義補。

〔二八四〕 人得九百八十，底本缺，甲本作“人得九百八十”，兹據甲本及文義補。

〔二八五〕 十六，底本缺，甲本作“十六”，兹據甲本及文義補，《李録》徑録作“十六”，兹從補。

〔二八六〕 四人分之，底本缺，甲本作“四人分之”，兹據甲本及文義補，《李録》補作“四人分之”，兹從補。

〔二八七〕 人得六十四，底本缺，甲本作“人得六十四”，兹據甲本及文義補，《李録》補作“得六十四”。

〔二八八〕 四，底本缺，甲本作“四”，兹據甲本及文義補，《李録》補作“四”，兹從補。

〔二八九〕 三人分之，底本缺，甲本作“三人分之”，兹據甲本及文義補，《李録》補作“三人分之”，兹從補。

〔二九〇〕 人得卅八，底本缺，甲本作“人得卅八”，兹據甲本及文義補，《李録》補作“得卅八”。

〔二九一〕 二人分之，底本缺，甲本作“二人分之”，兹據甲本及文義補，《李録》補作“二人分之”，兹從補。

〔二九二〕 人得卅二，底本缺，甲本作“人得卅二”，兹據甲本及文義補，《李録》補作“得卅二”。

〔二九三〕 百九十六，底本缺，甲本作“百九十六”，兹據甲本及文義補，《李録》補作“百九十六”，兹從補。

〔二九四〕 四人分之，底本缺，甲本作“四人分之”，兹據甲本及文義補。

〔二九五〕 人得三百廿四，底本缺，甲本作“人得三百廿四”，兹據甲本及文義補。〇甲本的羽三七號訖此行。

〔二九六〕三人分之，底本缺，兹據文義補，《李録》補作"三人分之"，兹從補。

〔二九七〕人得廿七，底本缺，兹據文義補，《李録》補作"得廿七"。

〔二九八〕二人分之，底本缺，兹據文義補，《李録》補作"二人分之"，兹從補。

〔二九九〕人得一十八，底本缺，兹據文義補，《李録》補作"得十八"。

〔三〇〇〕"三三一，凡總得一十五"，底本僅存殘劃，兹據字形及文義補《李録》補"三三一凡"，逕録"惣得十五"。

〔三〇一〕自相乘得二百，底本僅存殘劃，兹據字形及文義補，《李録》補作"自相乘得二百"，兹從補。〇廿五，底本缺，兹據文義補，《李録》補作"廿五"，兹從補。

〔三〇二〕三人分之，底本缺，兹據文義補。

〔三〇三〕人得七十五，底本缺，兹據文義補。

〔三〇四〕二人分之，底本缺，兹據文義補，《李録》補作"二人分之"，兹從補。

〔三〇五〕人得八，底本缺，兹據文義補，《李録》補作"得八"。

〔三〇六〕今，底本作"𫝆"，兹據文義逕録正。按：以下"𫝆"字逕録正，不再一一出校。〇方，兹據文義補，《李録》補作"方"，兹從補。

〔三〇七〕曰，底本缺，兹據文義補，《李録》補作"曰"，兹從補。

〔三〇八〕十畝餘一步，底本缺，兹據文義補，《李録》補作"十畝余一步"。

〔三〇九〕術曰，底本缺，兹據文義補，《李録》補作"術曰"，兹從補。

〔三一〇〕以卅九步自相乘得二，底本缺，《李録》補作"以卅九步自相乘得二"，兹從補。

〔三一一〕十，底本下部殘泐，兹據字形及文義補，《李録》逕録作"十"，兹從補。〇畝餘一步，底本缺，兹據文義補，《李録》補作"畝余一步"。

〔三一二〕爲，底本下部略有殘泐，兹據字形及文義補，《劉録》《李録》逕録作"爲"，兹從補。〇田幾何，底本缺，兹據文義補，《李録》補作"田幾何"，兹從補。

〔三一三〕曰，底本缺，兹據文義補，《李録》補作"曰"，兹從補。

〔三一四〕 廿二畝半，底本缺，茲據文義補，《李録》補作“廿二畝半”，茲從補。

〔三一五〕 術曰，底本缺，茲據文義補，《李録》補作“術曰”，茲從補。

〔三一六〕 列廣，底本缺，茲據文義補，《李録》補作“列廣”，茲從補。

〔三一七〕 百卅步除之，底本缺，茲據文義補，《李録》補作“百卅步除之”，茲從補。

〔三一八〕 即得廿二畝半，底本缺，茲據文義補，《李録》補作“即得廿二畝半”，茲從補。

〔三一九〕 曰，底本缺，茲據文義補，《李録》補作“曰”，茲從補。

〔三二〇〕 五畝，底本缺，茲據文義補，《李録》補作“五畝”，茲從補。

〔三二一〕 術曰，底本缺，茲據文義補，《李録》補作“術曰”，茲從補。

〔三二二〕 以周自乘得一萬四，底本缺，茲據文義補，《李録》補作“以周自乘得一万四”。

〔三二三〕 實，當校作“積”，茲據文義校改，《李録》校作“積，茲從校。〇步，底本下部殘泐，茲據字形及文義補，《李録》徑録作“步”，茲從補。

〔三二四〕 以二百卅步除之，底本缺，茲據文義補，《李録》補作“以二百卅步除之”，茲從補。

〔三二五〕 即得，底本缺，茲據文義補，《李録》補作“即得”，茲從補。〇畝數，底本缺，甲本作“畝數”，茲據甲本及文義補，《李録》補作“五畝”。〇甲本的斯五七七九號起“畝數”二字。

〔三二六〕 等，底本脫，茲據《五曹算經》及文義補，《李録》補作“等”，茲從補。〇今有四不等田，甲本缺。

〔三二七〕 北頭廣六，甲本缺。〇十九步，底本、甲本缺，茲據文義補，《李録》補作“十九步”，茲從補。

〔三二八〕 東畔長一百八步，底本、甲本缺，茲據文義補，《李録》補作“東畔長百八步”。

〔三二九〕 西畔，底本、甲本缺，茲據文義補，《李録》補作“西畔”，茲從補。〇長，底本缺，甲本上部殘泐，茲據字形及文義補，《李録》徑録作“長”，茲從補。〇一百廿步，底本缺，甲本作“一百廿步”，茲據甲本及文義補，《李録》

徑録作"百廿步"。

〔三三〇〕　餘，底本作"余"，兹據文義徑録正，《劉録》《李録》録作"余"。按：余，"餘"的俗字。以下"余"字徑録正，不再一一出校。按：《周禮·地官·委人》載："凡其余聚以待頒賜。"鄭玄注："余當爲餘，聲之誤也。餘謂縣都畜聚之物。"○卅四畝餘卅八步，甲本缺。

〔三三一〕　術曰，甲本缺。

〔三三二〕　以南，甲本缺。○頭廣七十，底本、甲本缺，兹據文義補，《李録》補作"頭廣七十"，兹從補。○五步，底本缺，甲本作"五步"，兹據甲本及文義補，《李録》補作"五步"，兹從補。

〔三三三〕　北頭廣六十九步，底本缺，甲本作"北頭廣六十九步"，兹據甲本及文義補，《李録》補作"併北頭廣六十九步"。

〔三三四〕　併之得，底本缺，甲本作"併之得"，兹據甲本及文義補，《李録》補作"併之得"，兹從補。○一百卅，底本、甲本缺，兹據文義補，《李録》補作"一百卅"，兹從補。○四步，甲本缺。

〔三三五〕　半，甲本缺。○得，底本、甲本脱，兹據文義補，《李録》徑録作"得"，兹從補。

〔三三六〕　長，底本下部殘泐，甲本作"長"，兹據甲本及文義補，《劉録》《李録》徑録作"長"，兹從補。○一百廿步，底本缺，甲本作"一百廿步"，兹據甲本及文義補，《李録》補作"一百廿步"，兹從補。○置，底本作"寘"，甲本同，兹據文義徑録正，《李録》徑録作"置"，兹從之。按：以下"寘"字徑録正，不再一一出校。

〔三三七〕　東畔長一百八步，底本缺，甲本作"東畔長一百八步"，兹據甲本及文義補，《李録》補作"東畔長一百八步"，兹從補。

〔三三八〕　併之得二百廿八，底本缺，甲本作"併之得二百廿八"，兹據甲本及文義補，《李録》補作"併之得二百廿八"，兹從補。

〔三三九〕　得，甲本脱。

〔三四〇〕　底本、甲本"乘"字後衍"家"字，兹據文義徑删，《李録》未録，兹從之。○七，底本僅存上部殘劃，甲本作"七"，兹據甲本及文義補，《李録》録作"方"，不確。又《李録》在"方"字下補"七"字。○十二步，底本缺，甲本作“十二步”，兹據甲本及文義補，《李録》補作“十二步”，兹從補。

〔三四一〕 得八千二百八步，底本缺，甲本作“得八千二百八步”，兹據甲本及文義補，《李録》補作“得八千二百八步”，兹從補。

〔三四二〕 復二百卌步除之即得，底本缺，甲本作“復二百卌步除之即得”，兹據甲本及文義補，《李録》補作“復二百卌步除之即得”，兹從補。

〔三四三〕 蛇，底本作“虵”，甲本同，兹據文義徑録正，《劉録》録作“蚺”，《李録》録作“虵”。按：《玉篇·虫部》：“虵，正作蛇。”

〔三四四〕 中央廣六十三步，底本缺，甲本作“中央廣六十三步”，兹據甲本及文義補，《李録》補作“中央廣六十三步”，兹從補。

〔三四五〕 長一百卌步，底本缺，甲本作“長一百卌步”，兹據甲本及文義補，《李録》補作“長一百卌步”，兹從補。

〔三四六〕 問，底本缺，甲本作“問”，兹據甲本及文義補，《李録》補作“問”，兹從補。

〔三四七〕 爲田幾何，底本缺，甲本作“爲田幾何”，兹據甲本及文義補，《李録》補作“爲田幾何”，兹從補。

〔三四八〕 乘長得積步，底本缺，甲本作“乘長得積步”，兹據甲本及文義補，《李録》補作“乘長得積步”，兹從補。

〔三四九〕 以畝法除之得畝數，底本缺，甲本作“以法除得畝數”，兹據甲本及文義補，《李録》補作“以畝法除之即得畝數”，兹從補。

〔三五〇〕 置南頭，底本缺，甲本作“置南頭”，兹據甲本及文義補，《李録》補作“置南頭廣”。

〔三五一〕 九十九步，底本缺，甲本作“九十九步”，兹據甲本及文義補，《李録》補作“九十九步”，兹從補。

〔三五二〕 以三除之得卅三步，底本缺，甲本作“以三除之得卅三步”，兹據甲本及文義補，《李録》補作“以三除之得卅三步”，兹從補。

〔三五三〕 以卅三乘長，底本缺，甲本作“以卅三乘長”，兹據甲本及文義補，《李録》補作“以卅三乘長”，兹從補。〇步，底本脱，甲本作“步”，兹據甲本及文義補。

〔三五四〕 得，底本下部殘泐，甲本作"得"，茲據甲本及文義補，《劉錄》《李錄》徑錄作"得"，茲從補。〇一十九畝餘六十步，底本脫，甲本作"一十九畝餘六十步"，茲據甲本及文義補，《李錄》補作"十九畝余六十步"。

〔三五五〕 環，底本作"瑔"，甲本同，茲據文義徑錄正，《劉錄》《李錄》徑錄作"環"，茲從之。按：以下"瑔"字徑錄正，不再一一出校。

〔三五六〕 十五步，底本缺，甲本作"十五步"，茲據甲本及文義補，《李錄》補作"十五步"，茲從補。

〔三五七〕 徑十二步，底本缺，甲本作"徑十二步"，茲據甲本及文義補，《李錄》補作"徑十二步"，茲從補。

〔三五八〕 問，底本缺，甲本作"問"，茲據甲本及文義補，《李錄》補作"問"，茲從補。

〔三五九〕 爲田幾何，底本缺，甲本作"爲田幾何"，茲據甲本及文義補，《李錄》補作"爲田幾何"，茲從補。

〔三六〇〕 曰，底本缺，甲本作"曰"，茲據甲本及文義補，《李錄》補作"曰"，茲從補。

〔三六一〕 三畝餘一百，底本缺，甲本作"三畝餘一百"，茲據甲本及文義補，《李錄》補作"三畝余一百"。

〔三六二〕 折，《劉錄》錄作"析"，蓋誤。〇積，底本僅存上部殘劃，甲本作"積"，茲據甲本及文義補，《李錄》徑錄作"積"，茲從補。〇步，底本缺，甲本作"步"，茲據甲本及文義補，《李錄》補作"步"，茲從補。

〔三六三〕 以畝法除之得畝數，底本缺，甲本作"以法除之得畝數"，茲據甲本及文義補，《李錄》補作"以畝法二百卌步除之即得畝數"。

〔三六四〕 置外周一百廿五步，底本缺，甲本作"置外周一百廿五步"，茲據甲本及文義補，《李錄》補作"置外周一百廿五步"，茲從補。

〔三六五〕 折，《劉錄》錄作"析"，蓋誤。〇步，底本缺，甲本作"步"，茲據甲本及文義補，《李錄》補作"步"，茲從補。

〔三六六〕 以徑十二乘之得八百卌步，底本缺，甲本作"以徑十二乘之得八百卌步"，茲據甲本及文義補，《李錄》補作"以徑十二乘之得八百卌步"，茲從補。

〔三六七〕 以二百卌步除之即得，底本缺，甲本作"以二百卌步除之即得"，茲據甲本及文義補，《李録》補作"以畝法除之即得"。〇底本記此行。

〔三六八〕 麁，《李録》録作"粗"。

〔三六九〕 短，甲本作"矩"，當校作"短"，茲據文義徑録正，《李録》徑録作"短"，茲從校。

〔三七〇〕 得，甲本漫漶不清，茲據文義補，《李録》徑録作"得"，茲從補。

〔三七一〕 畝，甲本脱，茲據文義補。

〔三七二〕 卅，當校作"卅"，茲據文義校改，《李録》徑録作"卅"，茲從校。

〔三七三〕 曲，甲本脱，茲據文義補。

〔三七四〕 甲本"步"上字殘缺不清，疑似衍文，不録。

〔三七五〕 形如簸箕也，《李録》録作"形如發箕文"，不確。

〔三七六〕 先置北頭廿步，甲本脱，茲據文義補。

〔三七七〕 甲本"併之得廿六步"後有"先置北頭廿六步"七字，蓋抄寫錯亂所致。〇甲本"併之得廿六步"之前兩句，《李録》徑録作"置南頭六步，北頭廿步"。

〔三七八〕 南，當校作"之"，《李録》徑録作"之"，茲從校。

〔三七九〕 如似玉珪，《李録》録作"尖如圭"，蓋誤。按：玉珪，《漢語大詞典》解釋作："古代帝王、諸侯朝聘或祭祀時所持的玉器"。《後漢書》卷九六《禮儀志下·大喪條》載："太常導皇帝就贈位。司徒跪曰'請進贈'，侍中奉持鴻洞。贈玉珪長尺四寸，薦以紫巾，廣袤各三寸，緹裏，赤繡周緣。"

〔三八〇〕 畝，甲本脱，茲據文義補。

〔三八一〕 以乘長得積步，甲本左側殘泐，茲據字形及文義補，《李録》徑録作"以乘長得積步"，茲從補。

〔三八二〕 甲本"以畝"二字僅存右側殘筆，"法"字脱，"除之即得"四字僅存右側殘筆，茲據文義補，《李録》徑録作"以畝法除之，即得"，茲從補。〇甲本的斯五七七九號訖"以法除之即得"。《李録》補此題所缺，補作"置南頭七十四步，北頭七十四步，中央一百六十一步，併之得三百九步，三而分之，得一百三步。以長一百卌步乘之，得一萬四千四百廿步。以二百卌除之，得六十畝，余廿步"。

圖　録

1. 伯三三四九號＋斯五八五九號

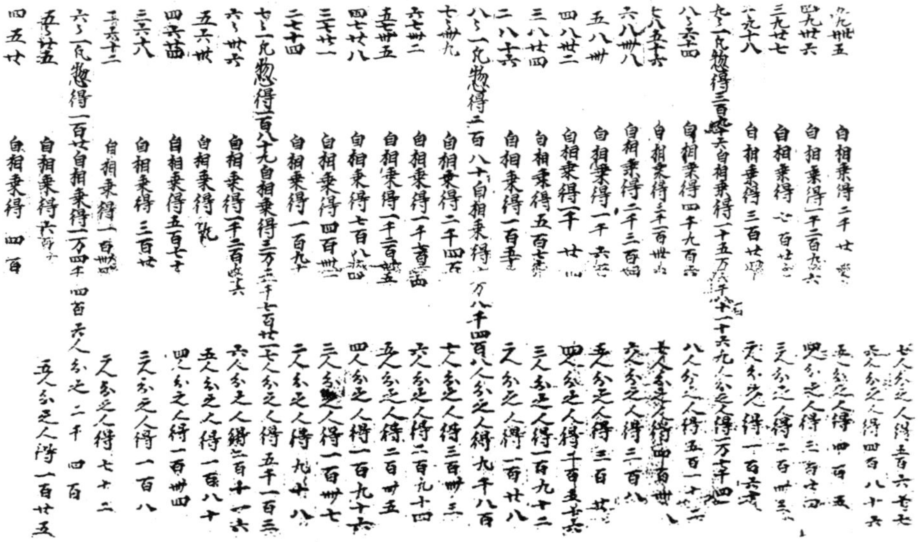

（本葉為豎排算書，右起逐行抄錄，多為「自相乘得」及「幾分之人得」之九九乘方表文字，字迹漫漶，數目難以盡辨）

自相乘得二千廿五
自相乘得一千九百卅六
自相乘得一千八百卌九
自相乘得一千七百六十四
自相乘得一千六百八十一
自相乘得一千六百
自相乘得一千五百廿一
自相乘得一千四百卌四
自相乘得一千三百六十九
自相乘得一千二百九十六
自相乘得一千二百廿五
自相乘得一千一百五十六
自相乘得一千八十九
自相乘得一千廿四
自相乘得九百六十一
自相乘得九百
自相乘得八百卌一
自相乘得七百八十四
自相乘得七百廿九
自相乘得六百七十六
自相乘得六百廿五
自相乘得五百七十六
自相乘得五百廿九
自相乘得四百八十四
自相乘得四百卌一
自相乘得四百
自相乘得三百六十一
自相乘得三百廿四
自相乘得二百八十九
自相乘得二百五十六
自相乘得二百廿五
自相乘得一百九十六
自相乘得一百六十九
自相乘得一百卌四
自相乘得一百廿一
自相乘得一百
自相乘得八十一
自相乘得六十四
自相乘得卅六

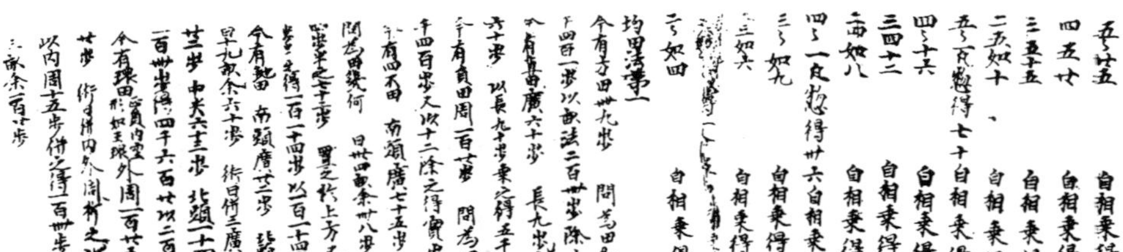

均田第一
今有方田廿五步
問為田幾何
...
均輸第一
...

2.斯一九號+俄敦三九〇三號+（中缺）+羽三七號+（中缺）+斯五七七九號

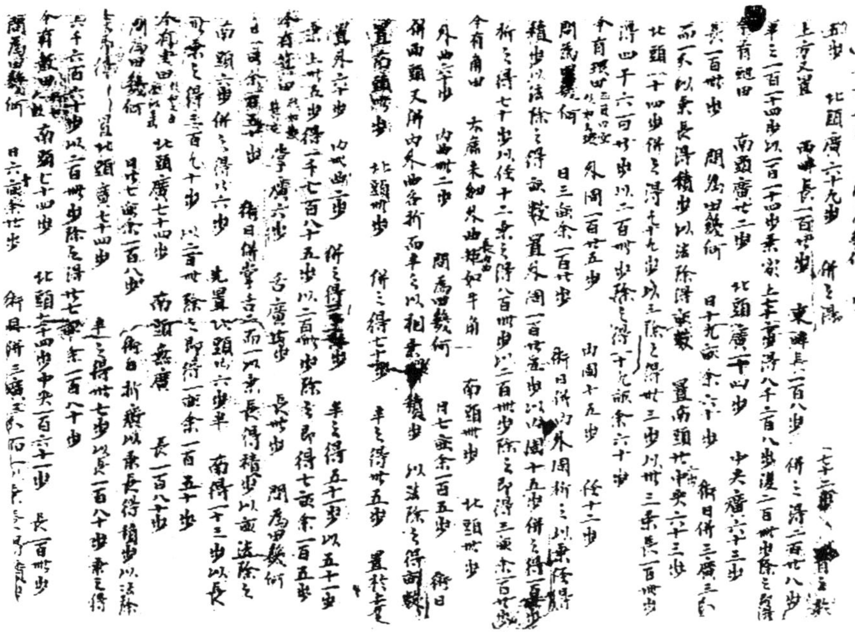

四 《算書》校釋

叙　録

　　敦煌寫本《算書》迄今發現了一件，編號爲伯二六六七號。李儼稱其是我國現存寫本算書的最古者[一]。該書現存十三道算題，内容涉及民食、軍需、營造、生産，存部名"營造部第七"和"□□部第九"。關於其編撰年代，有以李儼爲代表的唐代説，以許康和郭正忠爲代表的北朝説，還有菊池英夫提出的北朝到唐初説。如果《算書》編撰時間在北朝的話，將對探究唐代以前民間算學的内容、該書與《孫子算經》的關係以及唐代民間算術教育的影響有重要意義。以下對《算書》寫本以及前人的整理、校釋成果進行簡要介紹，并進行重新叙録和校釋。

　　對伯二六六七號《算書》的校釋和介紹，李儼貢獻很大。一九二六年，李儼收到伯希和贈送的伯二六六七號照片，以《敦煌石室"算書"》一文對該寫本進行了初步介紹和録文[二]。一九三五年，李氏在《西陲中算史料之發現》一文補校了伯二六六七號第一題[三]。一九五四年李氏《中國古代數學史料》一

　〔一〕　李儼：《敦煌石室"算書"》，《中大季刊》第一卷第二期，一九二六年，第一～四頁。

　〔二〕　李儼：《敦煌石室"算書"》，《中大季刊》第一卷第二期，一九二六年，第一～四頁。

　〔三〕　李儼：《西陲中算史料之發現》，收入李儼、錢寶琮：《李儼錢寶琮科學史全集》第十卷，第一五二～一五三頁。

書 "敦煌千佛洞 '算書'" 一節對以前的録文做了修訂[一]。一九六三年《中國古代數學史料》第二版中李儼又做了一些修訂[二]。自從李儼對伯二六六七號反復校録之後，學界在研究該算書時，多以李儼校本爲準。二〇〇二年，郭正忠《〈甲種敦煌算書〉的考校與釋補》一文對伯二六六七號進行了重新校釋，修正了部分李儼的錯誤[三]，可備參考。

以下在前人的基礎上，對《算書》寫本進行叙録。

伯二六六七號

本篇首尾俱缺，共六十二行，起 "二斛八斗四升"，訖 "復以高三寸乘之"，字迹清晰，書寫工整，無紀年。底卷背面爲社司轉帖、狀稿和《千字文》，有紀年 "大順三年十二月" 和 "大順年正月李文忠" 及 "於開元寺" 等字。正背面筆迹不一，本篇的書寫年代當早於背面各内容。該 "大順三年十二月"，那波利貞録作 "大順二年十一月"，因而推斷本篇的書寫時間應在大順二年（八九一）之前[四]；寧可、郝春文録作 "大順三年十二月"[五]，無誤。因此本篇書寫時代應該在大順三年之前，即唐景福元年（八九二）之前。本篇原件無題，李儼定作 "算書"，《索引》《索引新編》定作 "殘算書"。

〔一〕 李儼：《中國古代數學史料》，第二二~二七頁。

〔二〕 李儼：《中國古代數學史料》（第二版），第二三~二七頁。

〔三〕 郭正忠：《〈甲種敦煌算書〉的考校與釋補》，《自然科學史研究》二〇〇二年第一期，第一~一一頁。

〔四〕 [日]那波利貞：《唐代の庶民教育に於ける算術科の内容とその布算の方法とに就きて》，《甲南大學文學會論集》（通號一），一九五四年，第一五頁。

〔五〕 寧可、郝春文輯校：《敦煌社邑文書輯校》，江蘇古籍出版社，一九九七年，第一三九頁。

題　解

　　本書校釋《算書》，以伯二六六七號爲底本。本篇首尾俱缺，共六十二行，起"二斛八斗四升"，訖"復以高三寸乘之"，字迹清晰，書寫工整。本篇原件無題，李儼在《敦煌石室"算書"》一文中首次將該寫本稱之爲《算書》。現存算題十三道，涉及内容包括民食、軍需、營造、生産，第二題之後有部名"營造部第七"，第十題之後有部名"□□部第九"，與《算經》中僅存的部名"均田法第一"的結構類似，書寫時間應在景福元年（八九二）之前。

　　本篇李儼《敦煌石室"算書"》和《中國古代數學史料·敦煌千佛洞"算書"》（今以上海科學技術出版社一九六三年第二版爲參校本，以下簡稱《李録》）、郭正忠《〈甲種敦煌算書〉的考校和釋補》（以下簡稱《郭録》）有録文。兹以伯二六六七號（《法藏》第一七册影印本及IDP彩圖）爲底本，參酌諸家録文，對底本重新校録。

校　釋

（前缺）

　　一■■■〔一〕□■■■（二斛八）斗四升〔二〕，亦置之於上■（方）〔三〕。□□□□□□□□□（次置小男一萬四千一百）■■■□（五十四人）〔四〕，□□□（以五升）乘之〔五〕，〔退位二等〕〔六〕，■■（即得）小男一日食米七百七斛七斗〔七〕，所置於上〔八〕。次□□□□□□□□□□（置黃男一萬二千七十二人）〔九〕，□（以）二升乘之〔一〇〕，退位二等，得黃男一日所食米二百卌一■（斛）四斗四升〔一一〕。總併五位〔一二〕，□□□□□□（得各男一日食）六千七百七十五斛五斗八升〔一三〕。上十之，得十日之食六萬七千七百五十五□□□（斛八斗）〔一四〕。□□□□■（又以三因之）〔一五〕，得一月之食廿萬三千二百六十七斛四斗〔一六〕。又以十二乘之，得一年之食二百卌□□□□（三萬九千）二百八斛八斗〔一七〕。

　　　■■（今有）〔馬〕七萬八千九百八十五疋〔一八〕。三萬二千三百廿三疋上馬，日給粟五斗〔一九〕。二萬四千三百卌一疋中馬，日給粟四斗〔二〇〕。二萬二千三百廿一疋下馬，日給粟三斗〔二一〕。△問〔二二〕：前件三等馬一日、十日、一月、一年之食粟各幾何。△曰：一日合食粟三萬二千五〔百〕九十四斛二斗〔二三〕，十日合食卅二萬五千九百卌二斛〔二四〕，一月食九十七萬七千八百廿六斛〔二五〕，一年食一千一百七十三萬三千九百一十二斛〔二六〕。△術曰：置上馬三萬二千三百廿三疋，以五斗乘之〔二七〕，退〔位〕一等〔二八〕，得上馬一日食粟一萬六千一百六十一斛五斗〔二九〕，置於上方。次置中馬二萬四千三百卌一疋，以四斗乘之〔三〇〕，退

[位] 一等 [三一]，得中馬一日食粟九千七百卅六斛四 [斗] [三二]，亦置上方。次置下馬二萬二千三百廿一疋，以三斗乘之 [三三]，退位一等，[得] 下馬一日食粟六千六百九十六斛三斗 [三四]。總併三位，得都合一日食粟三萬二千五百九十四斛二斗 [三五]。上十之，得十日都合食 [粟] 卅二萬五千九百卌二斛 [三六]。又以三因之 [三七]，得一月都合食粟九十七萬七千八百廿六斛 [三八]。又以十二乘之，得一年都合食粟一千一百七 [十] 三萬三千九百十二斛 [三九]。

△營造部第七 [四〇]

今有塹廣八尺 [四一]，深八尺 [四二]，長七百卅五尺。△問：千尺爲一方 [四三]，凡得幾何方 [四四]。△曰：廿三方不盡五百 [廿] 尺 [四五]。△術曰：先張███（長）七百卅五尺 [四六]，次廣八尺 [四七]，半之得四尺，以四尺乘之，得二千九百卌尺。深八尺，乘之得二萬三千五百廿，以一千尺於下除之即得 [四八]。

今有堤下廣五丈，上廣三丈，高二丈，長六十尺，限有一千二百人 [四九]，一日日別斷██□（二尺）[五〇]。△問：凡用幾何日得了。△曰：廿日得了。△術曰：置上廣卅尺，下廣五十尺，并之得八十尺，半之得卌尺，以高廿尺乘之，得八百尺，復以其長六十尺乘之，得四萬八千尺，[置] 於上 [五一]。次置一千二百人 [五二]，一日二尺，乘之得二千四百尺，以二千四百尺除之 [上] 位即得 [五三]。

今有屋東西長六丈，廣三丈，[尺] 用瓦二枚 [五四]。△問：總得幾何瓦。△曰：三千六百枚。△術曰：以廣卅尺乘長六十尺 [五五]，得積尺一千八百尺，以瓦二枚乘之，得三千六百枚。

今有城周廻七里廿五步，欲豎鹿角 [五六]，將三尺立一根 [五七]。△問：凡幾何根。△曰：用四千二百五十根 [五八]。△術曰：城七里，以三百步乘之，内廿五 [五九]，得二千一百廿五，以六尺因之得積尺，得一萬二千七百五十尺，以三尺除之，即得根數四千二百五十根 [六〇]。

今有綿七千二百廿六斤，欲造袍，領別用綿八斤。△問：總合着綿得幾領 [六一]。△曰：九百三領餘二斤 [六二]。△術曰：先張綿七千二百廿六斤，[置] 於上 [六三]，以八斤於上除之 [六四]，即得袍九百三領餘二斤。

今███（欲造）袍一千八百九十二領 [六五]，領別███（用紫）[六六]、█（帛）各三丈五尺 [六七]。△問：總紫、帛幾何。△曰：合用三千三百一十一疋，一千六百五十五疋二丈紫，一千六百五十五疋二丈帛。

今有城周迴十八里，四面有門，門有二樓，又四角，角有一大樓，一十五小樓。廿步置一弩[六八]，卅步置一方梁，六十步置一石車，□▨（五步）置一鉤[六九]。一大樓上着卅人，小樓着廿人，弩着三人，一方梁着八[人][七〇]，石車置廿人，一鉤置二人，又欲一步着戰士一人。△問：凡用兵幾何。△曰：一十二大樓用人四百八十，六[十]個▨▨（小樓）[用人]▨▨（一千）[二百][七一]，二百七十張弩用人八百一十，一百卅五個方梁用[人一千八十][七二]，[九十個石車用人一千八百][七三]，[一千八十枚鉤用]人二千一百六十人[七四]，五千四百▨□□□□□（步用人五千四百）[七五]。△術曰：先張大樓十二，以卅乘之得四百八十人。次張小樓[十五][七六]，[以四乘之得小樓六十][七七]，[以廿乘之得一千二百人][七八]。次張城十八里，以三百步乘之得▨▨（積步）五千四百[七九]，次以廿步除之得弩二百七十張，以三人因之▨□▨（得八百）一十人[八〇]。次更置積步五千四百，以卅步除之得方梁一百卅五，以八因之，得一千八十人。次置▨（積）步五千四百[八一]，[以]六十步除之得石車九十[八二]，以廿人乘之得一千八百人。次更置積步五千四百，以五步除之得[鉤]一千八十枚[八三]，以二人乘之得二千一百六十人。次更[置]積步五千四百[八四]，以一人因之，得一乘步長[八五]，遂得五千四百人，即是。欲得都數[八六]，併之得一萬二千九百卅人。

今有四王各領九軍出征[八七]，一軍有儀同，欲使二人共駄[八八]，三駄共火[八九]，四火共師[九〇]，五師共將[九一]，六[將]共一都督[九二]，七都[督]共一營主[九三]，八營主共一儀同。△問：合得幾何。△曰：四王，卅六儀同，二百八十八營主，二千一十六都督，一萬二千九十六將，六萬四百八十師[九四]，廿四萬一千九百廿火，七十二萬五千七百六十駄[九五]，一百卅五萬一千五百廿人正身。△術曰：先張四王，以九因之，得儀同之數卅六人。次以八因之[九六]，得營主之數二百八十八人。次以七因之，得都督[之]數二千一十六人[九七]。次以六因之，得大將之數一萬□□□□□（二千九十六）人[九八]。次以五因之，得師之數六萬四百八十人[九九]。次以四因之，得火之數廿四萬一千九百廿火。□□□□□（次以三因之）[一〇〇]，▨（得）駄之數七十二萬五千七百六十[一〇一]。次以二因之，得正身數一百卅五萬一千五百廿人[一〇二]，□□（即得）[一〇三]。

□□▓（部）第九[一〇四]

□▓（今有）木方三尺[一〇五]，高三尺，欲方五寸作枕一枚[一〇六]。△問：總得幾何。△曰：二百一十六枚。△術曰：以▓（方）三尺乘之得九尺[一〇七]，復以高三尺乘之得廿七尺，又以八因之，即得枕數。

今有蠟方三尺[一〇八]，高三尺，欲一日燃方寸。△問：得幾日燃。△曰：得七十五年燃。△術曰：方三尺自相乘得九尺[一〇九]，復以高三尺乘之得廿七尺，遷上十作寸，得二萬七千寸，以三百六十日除之即得。

今有木廣三尺，長三尺，高三尺，欲方三寸作枕一枚。△問：總得枕幾何。△曰：一千枚。△術曰：廣長自相乘得九尺，復以高▓▓▓□□□□□（三尺乘之得廿七尺）[一一〇]，▓（遷）十作寸[一一一]，得二萬七千寸。次方三寸自相乘得九寸，▓▓▓▓▓▓▓▓（復以高三寸乘之）[一一二]，□□□□（得廿七寸）[一一三]。□□□□□（以廿七寸除之）[一一四]，□□□▓（即得枕數）[一一五]。

（後缺）

【校釋】

〔一〕 底本首行行首上缺字數不詳，行末兩字僅存左側殘筆。《李録》對此題所缺部分進行了的補充，可參。

〔二〕 底本行首上缺約二十三字。○二，底本僅存左側殘筆，《李録》徑録作"二"，茲從補。○斛八，底本右側殘泐，茲據字形及文義補，《李録》《郭録》補作"研八"，蓋誤。○斗，底本作"𣁍"，茲據文義徑録正，《李録》《郭録》録作"升"，蓋誤。按：以下"𣁍"字徑録正，不再一一出校。○升，底本作"夃"，茲據文義徑録正，《李録》《郭録》録作"升"，不必。按：以下"夃"字徑録正，不再一一出校。

〔三〕 置，底本作"𡊍"，茲據文義徑録正，《李録》《郭録》徑録作"置"，茲從之。按：以下"𡊍"字徑録正，不再一一出校。○於，底本作"扵"，茲據文義徑録正，《李録》《郝録》徑録作"扵"，茲從之。按：扵，"於"的俗寫。《干禄字書》：扵於，"上通下正"。以下"扵"字徑録正，不再一一出校。○方，底本右側殘泐，茲據字形及文義補，《李録》《郭録》徑録作"方"，茲從補。

〔四〕 次置小男一萬四千一百，底本缺，《李録》補作"次置小男一萬四千一百”，兹從補。〇底本“五十四”三字右側殘泐，兹據字形補，“人”字缺，兹據文義補，《李録》《郭録》逕録作“五十四人”，兹從補。

〔五〕　以五升，底本缺，兹據文義補，《李録》逕録作“以五升”。〇乘，底本作“乘”，兹據文義逕録正，《李録》《郭録》逕録作“乘”，兹從之。按：乘，“乘”的俗字。《正字通・丿部》：“俗作乘，舊本從北作乘。”以下“乘”字逕録正，不再一一出校。

〔六〕　退位二等，底本脱，兹據文義補，《李録》補作“退二等”。

〔七〕　即得，底本右側殘泐，兹據字形及文義補，《李録》《郭録》逕録作“即得”，兹從補。〇斛，底本作“斗”，兹據文義逕録正，《李録》《郭録》録作“斛”，蓋誤。按：斛，“斗”的俗字。《集韻・屋韻》：“斛，或作斗。”以下“斗”字逕録正，不再一一出校。〇斗，《李録》《郭録》録作“升”。

〔八〕　所，底本作“𠩄”，兹據文義逕録正，《李録》録作“亦”，不妥；《郭録》逕録作“所”，兹從之。按：《干禄字書》：𠩄所，“上俗下正”。以下“𠩄”字逕録正，不再一一出校。〇《李録》在“上”字後補“方”字。

〔九〕　置黄男一萬二千七十二人，底本缺，兹據文義補，《李録》補作“置黄男六千一百卅六人”，不妥。

〔一〇〕　以，底本缺，兹據文義補，《李録》補作“以”，兹從補。〇二升乘之，《李録》録作“四升乘之”，不妥；《郭録》録作“二升乘之”。

〔一一〕　卌，《李録》録作“卌”；《郭録》録作“卅”，蓋誤。〇一，《李録》作“五”，《郭録》校作“十”，不妥。〇斛，底本僅存右側殘劃，兹據文義補；《李録》録作“斛”。〇斗，《李録》《郭録》録作“升”。〇升，《李録》《郭録》録作“升”。

〔一二〕　總，底本作“惣”，兹據文義逕録正，《李録》録作“惣”，《郭録》録作“总”。按：惣，“摠”的俗訛字，又“摠”，同“總”。以下“惣”字逕録正，不再一一出校。

〔一三〕　得各男一日食，底本缺，兹據文義補，《李録》補作“得各男一日食”，兹從補。〇斛，《李録》《郭録》録作“斛”。〇斗，《李録》《郭録》録作“升”。〇升，《李録》《郭録》録作“升”。

〔一四〕　萬，底本作“万”，兹據文義逕録正，《李録》録作“萬”，兹從之；《郭録》録作“万”。按：万，“萬”的俗字。《集韻・願韻》：“万，數也，通作萬。”以下“万”字逕録正，不再一一出校。〇斛八斗，底本缺，兹據文義補，《李録》

補作"斛八升"。

〔一五〕 底本"又以三因"四字缺，"之"字僅存左側殘筆，兹據文義補，《李録》補作"又以三因之"，兹從補。

〔一六〕 廿，底本作"卅"，兹據文義徑録正，《李録》録作"廿"；《郭録》徑録作"廿"，兹從之。按：卅，"廿"的俗寫。以下"卅"字徑録正，不再一一出校。〇斛，《李録》《郭録》録作"斗"。〇斗，《李録》《郭録》録作"升"。

〔一七〕 三萬九千，底本缺，兹據文義補，《李録》補作"三萬九千"，兹從補。〇八，底本作"廿"，當校作"八"，兹據文義徑録正，《李録》徑録作"八"，《郭録》校作"八"，兹從校。〇斛，《李録》《郭録》録作"斗"。〇斗，《李録》《郭録》録作"升"。

〔一八〕 今有，底本右側殘泐，兹據字形及文義補，《李録》徑録作"今有"，兹從補。〇馬，底本脱，兹據文義補，《李録》徑録作"馬"，兹從補。〇疋，《李録》徑録作"匹"，《郭録》録作"疋"。按：《廣韻·質韻》："匹，俗作疋。"

〔一九〕 斗，《李録》《郭録》録作"升"。

〔二〇〕 斗，《李録》《郭録》録作"升"。

〔二一〕 斗，《李録》《郭録》録作"升"。

〔二二〕 底本"△"符號爲朱筆，下同。

〔二三〕 百，底本脱，兹據文義補，《李録》徑録作"百"，《郭録》補作"百"，兹從補。〇底本"二斗"前衍"四斗"二字，《李録》徑删，兹從之，《郭録》録作"四升"且認爲是衍文。〇斛，《李録》《郭録》録作"斗"。〇斗，《李録》《郭録》録作"升"。

〔二四〕 底本"斛"字後衍"二斗"二字，《李録》徑删，兹從之，《郭録》録作"二升"且認爲是衍文。〇斛，《李録》《郭録》録作"斗"。

〔二五〕 斛，《李録》《郭録》録作"斗"。

〔二六〕 斛，《李録》《郭録》録作"斗"。

〔二七〕 斗，《李録》《郭録》録作"升"。

〔二八〕 位，底本脱，兹據文義補。

〔二九〕 斛，《李録》《郭録》録作"斗"。〇斗，《李録》《郭録》録作"升"。

〔三〇〕 斗，《李録》《郭録》録作"升"。

〔三一〕 位，底本脱，兹據文義補。

〔三二〕　斛，《李録》《郭録》録作“䂞”。○斗，底本脱，兹據文義補，《李録》徑録作“升”，《郭録》補作“升”。

〔三三〕　斗，《李録》《郭録》録作“升”。

〔三四〕　得，底本脱，兹據文義補，《李録》徑録作“得”，兹從補。○六，底本作“四”，當校作“六”，兹據文義徑録正，《李録》徑録作“六”，《郭録》校作“六”，兹從校。○斛，《李録》《郭録》録作“䂞”。○斗，《李録》《郭録》録作“升”。

〔三五〕　斛，《李録》《郭録》録作“䂞”。○斗，《李録》《郭録》録作“升”。

〔三六〕　粟，底本脱，兹據文義補。○斛，《李録》《郭録》録作“䂞”。

〔三七〕　因，底本作“囙”，兹據文義徑録正，《李録》《郭録》徑録作“因”，兹從之。按：囙，“因”的俗字。《干禄字書》：“囙因，上俗下正”。以下“囙”字徑録正，不再一一出校。

〔三八〕　九，底本作“七”，當校作“九”，兹據文義徑録正，《李録》徑録作“九”，《郭録》校作“九”，兹從校。○斛，《李録》《郭録》録作“䂞”。

〔三九〕　十，底本脱，兹據文義補，《李録》徑録作“十”，《郭録》補作“十”，兹從補。○斛，《李録》《郭録》録作“䂞”。

〔四〇〕　第，底本作“弟”，兹據文義徑録正，《李録》《郭録》徑録作“第”，兹從之。按：弟，“第”的俗寫。《干禄字書》：“弟第，次弟字，上俗下正。”以下“弟”字徑録正，不再一一出校。

〔四一〕　底本“今有塹”三字的右上側有朱筆“丨”形點檢符號，兹用“＿＿＿”形横綫代替。以下同類情况，徑用“＿＿＿”代替，不再一一出校。○今，底本作“仐”，兹據文義徑録正，《李録》《郭録》徑録作“今”，兹從之。按：以下“仐”字徑録正，不再一一出校。

〔四二〕　底本“深”字前衍“下廣”二字，徑删；《李録》録作“下無廣”，可備一説。

〔四三〕　爲，底本作“為”，兹據文義徑録正。按：為，“爲”的俗字。《廣韻·支韻》：“為，俗。”《玉篇·爪部》：“爲，俗作為。”慧琳《音義》：“從爪作爲，正也。經文作為，略也。”以下“為”字徑録正，不再一一出校。

〔四四〕　凡，底本作“凣”，兹據文義徑録正，《李録》《郭録》徑録作“凡”，茲從之。按：以下"夂"字徑録正，不再一一出校。

〔四五〕 方，底本作"万"，當校作"方"，茲據文義徑録正，《李録》《郭録》徑録作"方"，茲從之。〇廿，底本脱，《李録》徑録作"廿"，《郭録》補作"廿"，茲從補。

〔四六〕 長，底本中部殘泐，茲據字形及文義補，《李録》《郭録》徑録作"長"，茲從之。

〔四七〕 底本"次"字前衍"深"字，徑删。〇廣，底本作"𢌞"，茲據文義徑録正，《李録》《郭録》徑録作"廣"，茲從之。按：以下"𢌞"字徑録正，不再一一出校。

〔四八〕 一，底本作"二"，當校作"一"，茲據文義徑録正，《李録》徑録作"一"，《郭録》校作"一"，茲從校。〇除，底本作"乘"，茲據文義徑録正，《李録》徑録作"除"，《郭録》校作"除"，茲從校。

〔四九〕 有，《李録》録作"用"。

〔五〇〕 底本"二"字漫漶不清，疑原作"四"字，"尺"字缺，茲據文義補，《李録》《郭録》徑録作"二尺"，茲從補。〇一日日別斷二尺，《李録》録作"一日人二尺"，《郭録》録作"一日別了斷二尺"。又該句第二個"日"字，底本爲重文符號，疑衍文。

〔五一〕 置，底本脱，茲據文義補。

〔五二〕 置，《李録》録作"列"，蓋誤。〇人，《李録》録作"尺"，蓋誤。

〔五三〕 上，底本脱，茲據文義補，《李録》將底本"之"字徑録作"上"，《郭録》補作"上"，茲從補。

〔五四〕 尺，底本脱，茲據文義補，《李録》徑録作"尺"，茲從補。〇二，底本作"三"，當校作"二"，茲據文義徑録正，《李録》徑録作"二"，《郭録》校作"二"，茲從校。〇枚，底本作"牧"，茲據文義徑録正，《李録》《郭録》徑録作"枚"，茲從之。按：牧，"枚"的俗寫。

〔五五〕 卅，底本作"冊"，當校作"卅"，茲據文義徑録正，《李録》徑録作"卅"，《郭録》校作"卅"，茲從校。

〔五六〕 竪，底本作"豎"，茲據文義徑録正，《李録》録作"豎"，茲從之，《郭録》録作"竪"。按：竪，"豎"的俗字。《廣韻·麌韻》："竪，豎俗。"《集韻·麌韻》:"豎,俗作竪。"

〔五七〕 底本"將"字有塗抹痕迹,以致成"㮠"形,《李録》録作"柹",《郭録》録作"桁",不確。按:"鹿角"是古代城防器械。《三國志》卷九《魏書·桓範傳》載:"爽得宣王奏事,不通,迫窘不知所爲。"裴松之注:"干寶《晋紀》曰:爽留車駕宿伊水南,伐木爲鹿角,發屯甲兵數千人以爲衛。"《梁書》卷一二《韋叡傳》載:"叡於景宗營前二十里,夜掘長塹,樹鹿角,截洲爲城,比曉而營立。"等等。文獻中尚未見"鹿角柹"或"鹿角桁"的用法。

〔五八〕 四,底本作"二",當校作"四",兹據文義徑録正,《李録》徑録作"四",《郭録》校作"四",兹從校。

〔五九〕 廿,底本作"十",當校作"廿",兹據文義徑録正,《李録》徑録作"廿";《郭録》校作"廿",兹從校。

〔六〇〕 數,底本作"𢽻",兹據文義徑録正,《李録》《郭録》徑録作"數",兹從之。按:以下"𢽻"字徑録正,不再一一出校。

〔六一〕 總,底本作"物",當校作"總",兹據文義徑録正,《李録》録作"惣",《郭録》録作"总"。

〔六二〕 餘,底本作"余",兹據文義徑録正,《李録》《郭録》録作"余"。按:余,"餘"的俗字。以下"余"字徑録正,不再一一出校。

〔六三〕 置,底本脱,兹據文義補。

〔六四〕 除,底本作"乘",當校作"除",兹據文義徑録正,《李録》徑録作"除",《郭録》校作"除",兹從校。

〔六五〕 欲造,底本左側殘泐,兹據字形及文義補,《李録》《郭録》徑録作"欲造",兹從補。

〔六六〕 領,底本疑作重文符號,《李録》録作"凡",不妥;《郭録》録作"領",兹從補。○底本"用"字下部殘泐,"紫"字僅存右側殘劃,兹據字形及文義補,《李録》《郭録》徑録作"用紫",兹從補。

〔六七〕 帛,底本僅存右側殘劃,兹據字形及文義補,《李録》《郭録》徑録作"帛",兹從補。

〔六八〕 弩,底本作"努",當校作"弩",兹據文義徑録正,《李録》徑録作"弩",《郭録》校作"弩",兹從校。

〔六九〕 底本"五"字缺，茲據文義補，"步"字僅存下部殘筆，茲據字形及文義補，《李録》徑録作"五步"，《郭録》補作"五步"，茲從補。○鉤，底本作"釣"，當校作"鉤"，茲據文義徑録正，《李録》徑録作"鉤"，《郭録》徑録作"钩"，茲從校。按：以下"釣"字徑録作"鉤"，不再一一出校。

〔七〇〕 人，底本脱，茲據文義補，《李録》徑録作"人"，《郭録》補作"人"，茲從補。

〔七一〕 十，底本脱，茲據文義補。○個，底本作"个"，當作"個"，茲據文義徑録正，《李録》録作"個"，茲從之；《郭録》録作"个"。按：敦煌寫本中多用"簡"和"个"字，不用"個"字。《正字通·人部》："個，與个、簡并同。"以下"个"字徑録正，不再一一出校。○小樓，底本僅存右側殘劃，茲據字形及文義補，《李録》《郭録》徑録作"小樓"，茲從補。○用人，底本脱，茲據文義補，《李録》徑録作"用人"，茲從補。○一千，底本僅存右側殘筆，茲據字形及文義補，《李録》徑録作"一千"，茲從補。○二百，底本脱，茲據文義補，《李録》《郭録》徑録作"二百"，茲從補。○"一十二大樓用人四百八十，六十個小樓一千二百"，《李録》録作"一十二大樓用人四百八十個，小樓用人一千二百"，《郭録》録作"一十二大樓用人四百八十個，小樓□□二百"。

〔七二〕 人一千八十，底本脱，茲據文義補，《李録》徑録作"人一千八十人"；《郭録》補作"人一千八十"，茲從補。

〔七三〕 九十個石車用人一千八百，底本脱，茲據文義補，《李録》徑録作"九十個石車，用人一千八百人"；《郭録》補作"九十個石車用人一千八百"，茲從補。

〔七四〕 一千八十枚鉤用，底本脱，茲據文義補，《李録》徑録作"一千八十枚鉤，用"，《郭録》補作"一千八十枚钩用"，茲從補。

〔七五〕 步，底本漫漶不清，疑似"个"字，當作"步"，茲據文義徑録正，《李録》《郭録》徑録作"步"，茲從之。○用人五千四百，底本脱，茲據文義補，《李録》徑録作"用人五千四百"，《郭録》補作"用人五千四百"，茲從補。

〔七六〕 十五，底本脱，茲據文義補，《李録》徑録作"十五"，《郭録》補作"十五"，茲從補。

〔七七〕 以四乘之得小樓六十，底本脱，茲據文義補，《李録》徑録作"以四乘之，得小樓六十"，《郭録》補作"以四乘之，得小樓六十"，茲從補。

〔七八〕　以廿乘之得一千二百人，底本脱，茲據文義補，《李録》逕録作"以二十乘之，得一千二百人"，《郭録》補作"以二十乘之，得一千二百人"。

〔七九〕　底本"積"字僅存左側殘筆，"步"字右側殘泐，茲據字形及文義補，《李録》《郭録》逕録作"積步"，茲從補。

〔八〇〕　三，底本作"二"，當校作"三"，茲據文義逕録正，《李録》逕録作"三"，《郭録》校作"三"，茲從校。○底本"得"字下部殘泐，"八"字缺，"百"字上部殘泐，皆茲據字形及文義補，《李録》《郭録》逕録作"得八百"，茲從補。

〔八一〕　積，底本僅存左下部殘筆，茲據字形及文義補，《李録》《郭録》逕録作"積"，茲從補。

〔八二〕　以，底本脱，茲據文義補，《郭録》補作"以"，茲從補。

〔八三〕　鉤，底本脱，茲據文義補，《李録》逕録作"鉤"，《郭録》補作"钩"，茲從補。

〔八四〕　置，底本脱，茲據文義補，《李録》逕録作"置"，《郭録》補作"置"，茲從補。

〔八五〕　步，底本作"不"，當校作"步"，茲據文義逕録正，《李録》逕録作"步"，《郭録》校作"步"，茲從校。

〔八六〕　底本"都"字前衍"樓"字，《李録》逕删，茲從之；《郭録》以爲不當删。

〔八七〕　征，底本作"**征**"，茲據文義逕録正，《李録》《郭録》逕録作"征"，茲從之。

〔八八〕　駄，底本作"**駄**"，茲據文義逕録正，《李録》録作"駁"，不妥；《郭録》録作"駄"，茲從之。按：以下"**駄**"字逕録正，不再一一出校。

〔八九〕　駄，《李録》録作"駁"。

〔九〇〕　師，《李録》録作"帥"，不妥；《郭録》録作"師"，茲從之。

〔九一〕　師，《李録》録作"帥"。

〔九二〕　將，底本脱，茲據文義補，《李録》逕録作"將"，《郭録》補作"將"，茲從補。○督，底本作"**督**"，茲據文義逕録正，《李録》《郭録》逕録作"督"，茲從之。"按：以下"**督**"字逕録正，不再一一出校。

〔九三〕　督，底本脱，茲據文義補，《李録》逕録作"督"，《郭録》補作

"督"，兹從補。

〔九四〕 六，底本作"二"，當校作"六"，兹據文義徑録正，《李録》録作"二"；《郭録》校作"六"，兹從校。○師，《李録》録作"帥"。

〔九五〕 馱，《李録》録作"駁"。

〔九六〕 次，底本作"欲"，當校作"次"，兹據文義徑録正，《李録》徑録作"次"，《郭録》校作"次"，兹從校。

〔九七〕 之，底本脱，兹據文義補，《李録》徑録作"之"，兹從補。

〔九八〕 二千九十六，底本缺，兹據文義補，《李録》徑録作"二千九十六"，《郭録》補作"二千九十六"，兹從補。

〔九九〕 師，《李録》録作"帥"。

〔一〇〇〕 次以三因之，底本缺，兹據文義補，《李録》徑録作"次以三因之"，《郭録》補作"次以三因之"，兹從補。

〔一〇一〕 得，底本僅存下部殘劃，兹據字形及文義補，《李録》《郭録》徑録作"得"，兹從之。○馱，《李録》録作"駁"。

〔一〇二〕 卌，底本作"卅"，當校作"卌"，兹據文義徑録正，《李録》徑録作"卌"，《郭録》校作"卌"，兹從校。

〔一〇三〕 即得，底本缺，兹據文義補，《李録》徑録作"即得"，《郭録》補作"即得"，兹從補。

〔一〇四〕 底本行首上缺約兩字。○部，底本右側殘泐，兹據字形及文義補，《李録》《郭録》徑録作"部"，兹從補。

〔一〇五〕 底本"今"字缺，兹據文義補，"有"字上部殘泐，兹據字形及文義補，《李録》《郭録》徑録作"今有"，兹從補。

〔一〇六〕 枕，底本作"**枕**"，兹據文義徑録正，《李録》校作"枕"，《郭録》徑録作"枕"，兹從之。按：以下"**枕**"字徑録正，不再一一出校。按：《孫子算經》卷中（郭書春、劉鈍校點：《算經十書》二）："今有木方三尺，高三尺。欲方五寸作枕一枚。問得幾何？答曰：二百一十六枚。"所記問題與底本基本相同，所以底本當以"枕"爲確。

〔一〇七〕 方，底本上部殘泐，兹據字形及文義補，《李録》《郭録》徑録作"方"，兹從補。

〔一〇八〕 蠟，底本作"獵"，當校作"蠟"，兹據文義校改，《李録》徑録作"蠟"，《郭録》校作"蠟"，兹從校。

〔一〇九〕 底本"方"字前衍一"方"字，《李録》徑删，兹從之，《郭録》以爲當删。

〔一一〇〕 底本"三尺"二字漫漶不清，"乘"字僅存上部殘筆，兹據字形及文義補，又"之得廿七尺"五字，底本缺，兹據文義補，《李録》徑録作"三尺乘之，得廿七尺"，《郭録》徑録作"乘之，得廿七尺"。

〔一一一〕 遷，底本左側殘泐，兹據字形及文義補，《李録》《郭録》徑録作"遷"，兹從補。

〔一一二〕 復以高三寸乘之，底本左側殘泐，兹據字形及文義補，《李録》《郭録》徑録作"復以高三寸乘之"，兹從之。

〔一一三〕 得廿七寸，底本缺，兹據文義補，《李録》徑録作"得廿七寸"。

〔一一四〕 以廿七寸除之，底本缺，兹據文義補，《李録》徑録作"以廿七寸除之"。

〔一一五〕 底本"即得枕"三字缺，兹據文義補，"數"字僅存右側殘劃，兹據字形及文義補，《李録》徑録作"即得枕數"，兹從補。

圖　錄

伯二六六七號

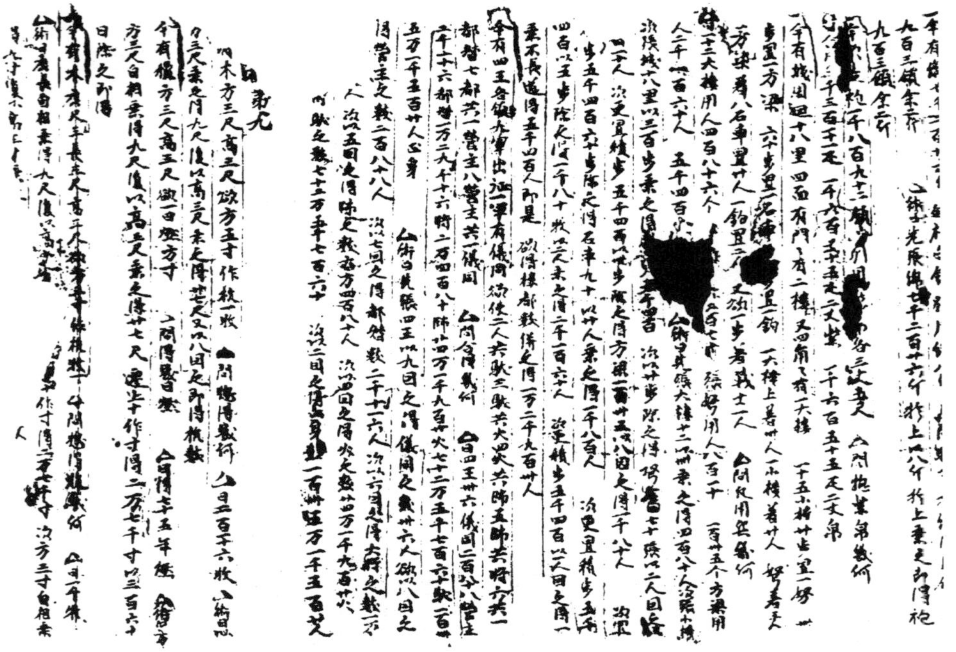

下編　研究篇

第一章　算術蒙書《九九乘法歌》研究

　　敦煌文獻中《九九乘法歌》寫本有十三件，其中四件内容完整，其餘寫本保存内容有多有少，總體來看，寫本有横書，也有縱書，有大寫數字本，也有吐蕃文本，充分展現了唐五代宋初《九九乘法歌》的内容特點和書寫形式，爲探究當時敦煌的算術教育提供了珍貴資料。前人已經通過這些寫本基本説明了這一時期《九九乘法歌》的特點和價值。如王進玉《敦煌遺書中的數學史料及其研究》一文較早地指出敦煌本四十五句的《九九乘法歌》與先秦典籍中三十六句的古九九表及宋代和西方普遍使用的八十一句的大九九表均異，這種四十五句的小九九表是漢代以後方始流行，唐代則普遍採用[一]。其後王進玉在《敦煌學和科技史》一書中詳細介紹了各寫本的特點，强調了吐蕃文本《九九乘法歌》的價值[二]。鄭阿財、朱鳳玉《開蒙養正：敦煌的學校教育》一書中簡要説明了敦煌本《九九乘法歌》與秦漢出土簡牘、現今版本的區别，以及吐蕃文本伯特一二五六號的價值[三]。張小虎《敦煌算經九九

〔一〕　王進玉：《敦煌遺書中的數學史料及其研究》，李迪主編：《數學史研究文集》第二輯，第六〇頁。

〔二〕　王進玉：《敦煌學和科技史》，第五四～六五頁。

〔三〕　鄭阿財，朱鳳玉：《開蒙養正：敦煌的學校教育》，第四二～四七頁。

表探析》一文討論了伯三一〇二號背大寫數字《九九乘法歌》的價值[一]。另外，華侃、黃顥、劉英華、才項多傑等分別對敦煌吐蕃文《九九乘法歌》有詳細的介紹[二]。本章在前人基礎上，着重説明敦煌寫本《九九乘法歌》所呈現出的特點和性質，并結合出土秦漢簡牘、樓蘭文書以及傳世算學文獻，探究秦漢以來《九九乘法歌》的發展變化。此外，本章還將利用朝鮮半島、日本出土的木簡等，説明《九九乘法歌》在東亞的影響。

第一節　敦煌本《九九乘法歌》的内容特點與性質

敦煌本《九九乘法歌》中斯四五六九號、斯六一六七號背、斯八三三六號背、伯二五〇二號背、伯三一〇二號背、北敦五六七三號背、北敦一〇八二〇號、俄敦二一四五號背、俄敦二九〇四號這九件是漢文寫本，伯特一〇七〇號、伯特一二五六號、斯特七六四號、莫高窟B五九：一〇號這四件是吐蕃文寫本。以下詳細説明這些寫本的内容特點，并通過這些寫本來看《九九乘法歌》的性質。

一　敦煌本《九九乘法歌》的内容特點解析

十三件敦煌本《九九乘法歌》可以分爲漢文本與吐蕃文本，漢文本中又可以分爲小寫數字本和大寫數字本。

〔一〕　張小虎：《敦煌算經九九表探析》，《温州大學學報（自然科學版）》二〇一一年第二期，第一～六頁。

〔二〕　華侃：《敦煌古藏文寫卷〈乘法九九表〉的初步研究》，《西北民族學院學報（哲學社會科學版）》一九八五年第三期，第四五～五五頁；黃顥：《敦煌莫高窟北區石窟出土藏文文獻譯釋研究（一）》，彭金章、王建軍編：《敦煌莫高窟北區石窟》第一卷，第三八〇～三八一頁；劉英華：《敦煌本藏文算書研究》，《西藏大學學報（社會科學版）》二〇一五年第一期，第七四～八一頁；才項多傑：《敦煌出土藏文九九乘法寫本與西藏籌算中的九九乘法表的關係研究》，《敦煌研究》二〇一九年第五期，第一〇二～一一〇頁；劉英華、楊寶玉：《敦煌本藏文算書九九表再探》，《西藏研究》二〇二一年第一期，第六四～七三頁。

（一）小寫數字《九九乘法歌》的特點

這類《九九乘法歌》寫本計有八件，其中內容保存完整的是斯四五六九號和北敦一〇八二〇號。下面以斯四五六九號爲例，來看這一時期《九九乘法歌》的內容特點。該寫本首尾俱全，共七行，從右側開始書寫，具體內容和形式如下：

右起第一行：九九八十一，八九七十二，七九六十三，六九五十四，五九四十五，四九三十；

第二行：六，三九二十七，二九一十八，一九如九，八八六十四，七八五十六，六八四十八；

第三行：五八四十，四八三十二，三八二十█（四），二八一十六，一八如八，七七四十九，六七；

第四行：四十二，五七三十五，四七二十八，█（三）七二十一，二七一十四，一七如七，六六三；

第五行：十六，五六三十，四六二十四，三六一十八，二六一十二，一六如六，五五二十五，四五；

第六行：二十，三五一十五，二五一十，一五如五，四四一十六，三四一十二，二四如八，一四；

第七行：如四，三三如九，二三如六，一三如三，二二如四，一二如二，一一如一。

該寫本爲縱向書寫，書寫方向是從右向左，每行字數和句數不固定，寫至寫本底端爲止。從寫本內容來看，當時的《九九乘法歌》是從"九九八十一"開始，數值逐漸變小，直至"一一如一"，共四十五句。其中凡數字重復者，比如"九九""八八"等，後一個數字使用重文符號"〃"表示。其中"一九如九""一八如八"等句中用"如"字連接被乘數與乘積，這裏的"如"字表示結果，應該相當於"則"〔一〕。

─────────

〔一〕 漢語大字典編輯委員會編：《漢語大字典》（縮印本），四川辭書出版社、湖北辭書出版社，一九九三年，第一〇二六頁。按：（清）王引之《經傳釋詞》卷七"如"條載："如，猶'則'也。"（李花蕾校點，上海古籍出版社，二〇一六年，第一四五頁）

　　另一内容完整的寫本北敦一〇八二〇號，共六行，亦是起"九九八十一"，訖"一一如一"，書寫方式與斯四五六九號基本一致。另外，内容不完整的寫本中，伯二五〇二號背首尾俱全，起"九九八十一"，訖"一三如三"；俄敦二一四五號背首尾俱缺，起"八十一"，訖"一三如三"；斯八三三六號背首尾俱缺，起"六九五十四"，訖"五六▨（三）"；俄敦二九〇四號首尾俱缺，起"▨▨▨（四六二）"，訖"一二如二"；北敦五六七三號背首尾俱全，起"九九八十一"，訖"七八五"。這五件寫本中的《九九乘法歌》皆是數值從大到小，且採用縱向的書寫方式。綜合説明唐五代宋初敦煌地區的漢文本《九九乘法歌》是起"九九八十一"，訖"一一如一"，是四十五句"小九九"。

　　（二）大寫數字《九九乘法歌》的特點

　　十三件敦煌寫本中伯三一〇二號背（圖一）是唯一的大寫數字《九九乘法歌》。大寫數字，即今人所謂"會計體"。該寫本正面爲《開蒙要訓》，背面爲《孔子項託相問書》《敕河西節度使牒抄》《某社支麵名録》、不知名算書以及《九九乘法歌》。從《敕河西節度使牒抄》來看，該寫本背面内容的書寫年代大約在歸義軍時期。《九九乘法歌》的内容是"貳玖拾捌，叁玖貳拾柒，肆玖叁拾陸，伍玖肆拾伍，陸玖伍拾肆，柒玖陸拾叁，捌玖柒拾貳，玖玖捌拾壹"八句，不僅使用了大寫數字，而且書寫順序是按照數值的從小到大，與其他敦煌寫本不同。這八句歌訣緊接在不知名算書之後，二者筆迹相同，説明該《九九乘法歌》應該是學生學習算術知識所用。同寫本中的不知名算書，共四行，内容如下：

　　　　壹畝地貳百肆拾步，拾畝地貳阡肆百步。拾畝長陸拾，廣肆拾，壹步陸拾步，拾步管陸百步，肆陸貳拾肆，貳阡肆百步爲拾畝。壹畝廣陸步，長肆拾，壹步管肆拾，肆陸貳［拾］肆，貳百肆拾步爲壹畝。壹頃貳萬肆阡［步］。[一]

　　　　————————

　　〔一〕　録文參照上海古籍出版社、法國國家圖書館編《法藏敦煌西域文獻》第二一冊（上海古籍出版社，二〇〇二年，第三一三頁）影印本及IDP（International Dunhuang Project）彩圖。

圖一　伯三一〇二號背（局部）

　　該不知名算書是基礎的田畝計算，強調一畝是二百四十步，十畝是二千四百步，一頃即一百畝是二萬四千步，而且説明了具體的計算方法，即一畝地是用六步乘以四十步，十畝地是用六十步乘以四十步，所利用的乘法口訣是"四六二十四"。唐杜佑《通典》："大唐開元二十五年令：田廣一步、長二百四十步爲畝，百畝爲頃。"又注："自秦漢以降，即二百四十步爲畝，非獨始於國家，蓋具令文耳。"[一]據此可知"二百四十步爲畝"的制度早在秦漢之際便已形成，唐代沿用。此不知名算書即採用了這一田畝制度，不過其言"壹畝廣陸步，長肆拾"，與《通典》所載"田廣一步、

<hr/>

　　〔一〕（唐）杜佑撰，王文錦、王永興、劉俊文、徐庭雲、謝方點校：《通典》卷二《食貨二·田制下》，中華書局，一九八八年，第二九頁。

長二百四十步爲畝”的乘數有別，體現的是當時民間對於田畝的認識。又據《孫子算經》載有“二百四十步爲一畝”[一]，説明這一田制是當時重要的教育内容。不知名算書還加入了十畝、一頃與步的換算關係，頗具蒙書的特點。

伯三一〇二號背中不知名算書和《九九乘法歌》都用大寫數字，説明唐五代宋初敦煌地區重視大寫數字的學習。敦煌文獻中還有不少大寫數字的練習寫本，也證明了這一點。如斯五七五三號背的修補紙上存“壹貳叁肆”“壹貳叁肆伍陸柒捌”；斯七八二號背、斯四一〇六號背中都寫有兩遍“壹貳叁肆伍陸柒捌玖拾”；北敦一五四五〇號背寫有三遍大寫數字，而且還有“壹碩、貳碩、叁碩”這樣的練習。此外，吐魯番阿斯塔那三一六號墓出土寫本六〇TAM三一六：〇八/一號（b）《古抄本乘法訣》也是用大寫數字所寫[二]，其書寫時代大約在高昌時期之末（七世紀中期）[三]，早於歸義軍時期的敦煌寫本伯三一〇二號背，可以説是迄今發現的最早的大寫數字本《九九乘法歌》。其殘存内容有“究究拔拾”“究陸拾叁，陸究五”“究究拔拾壹，拔究柒拾貳”[四]，其中用“究”表示“玖”、“拔”表示“捌”，這可能是錯別字，也可能是當時當地使用的另一套大寫數字體系。以上兩件大寫數字本《九九乘法歌》的存在，是唐五代宋初民間算術教育重實用的具體表現。

各類文書尤其是賬簿中的數字，爲了防止被人修改或誤讀，古人很早就發明了借用義近、同音字來表示數字的方法。吐魯番阿斯塔那一號墓出土六三TAM一：一八號《罰毯文書》載：“罰毯貳拾貳張入官民。”[五]同墓還

〔一〕 錢寶琮校點：《算經十書》，中華書局，一九六三年，第二八一～二八二頁。

〔二〕 對於伯三一〇二號背《九九乘法歌》和吐魯番文書六〇TAM三一六：〇八/一號（b）《古抄本乘法訣》的論述，參見張小虎《敦煌算經九九表探析》，《温州大學學報（自然科學版）》二〇一一年第二期，第四頁。

〔三〕 唐長孺主編：《吐魯番出土文書》（壹），文物出版社，一九九二年，第四七〇頁。

〔四〕 唐長孺主編：《吐魯番出土文書》（壹），第四七〇頁。

〔五〕 唐長孺主編：《吐魯番出土文書》（壹），第七頁。

出土有《西凉建初十四年（四一八）韓渠妻隨葬衣物疏》。阿斯塔那五九號墓出土六六TAM五九：四/八–一號《達楷斛斗殘帳（一）》載：“叁拾斛達楷。”[一]同墓還出土《北凉神璽三年（三九九）倉曹貸糧文書》。哈拉和卓九一號墓文書七五TKM九一：一八號（a）《北凉玄始十一年（四二二）馬受條呈爲出酒事》載：“合用酒柒斛。”[二]這些例證足以説明早在四世紀末五世紀初，古人已經在文書中普遍使用大寫數字。那麽唐五代時期出現大寫數字的《九九乘法歌》就不足爲怪了。

（三）吐蕃文《九九乘法歌》的特點

敦煌文獻中的四件吐蕃文《九九乘法歌》寫本，既有“小九九”，也有“大九九”，對認識這一歌訣的演變及其對吐蕃算學的影響有重要價值。

先來看兩件“小九九”歌訣的内容特色。法國國家圖書館藏伯特一二五六號是用吐蕃文表示的漢音《九九乘法歌》，十世紀寫本[三]，起“九九八十一”，訖“一一如一”[四]，共八行四十五句，内容完整，寫本背面是吐蕃文《于闐遣使名單》。用吐蕃文標漢音，推測是在漢地藏人學習漢語《九九乘法歌》的一種方法。伯特一〇七〇號是一件純粹的吐蕃文《九九乘法歌》，吐蕃中期以後寫本，共五行，起“九九八十一”，訖“二十”[五]，未寫完，與之同書的有《甲寅年曆日》一卷，寫本背面是佛經和《吐蕃敕尚書令賜大瑟瑟告身尚起律心見聖光寺功德頌》。本篇總體順序與漢文本一致，不過首句之後不是“八九七十二，七九六十三”，而是“九八七十二，九七六十三”，乘數和被乘數的順序與漢文本有別，説明唐五代宋初吐蕃文《九九乘法歌》源自漢文本，又

〔一〕　唐長孺主編：《吐魯番出土文書》（壹），第二五頁。

〔二〕　唐長孺主編：《吐魯番出土文書》（壹），第六一頁。

〔三〕　〔日〕高田時雄：《雜抄と九九表——敦煌におけるチベット文字使用の一面》，《均社論叢》第一四號，一九八三年，第二頁。

〔四〕　華侃：《敦煌古藏文寫卷〈乘法九九表〉的初步研究》，《西北民族學院學報（哲學社會科學版）》一九八五年第三期，第四五頁。

〔五〕　劉英華：《敦煌本藏文算書研究》，《西藏大學學報（社會科學版）》二〇一五年第一期，第七七頁。

具有自身特點。

再來看兩件"大九九"歌訣的内容特色。英國國家圖書館藏斯特七六四號起"九九八十一,九八七十二,九七六十三",訖"二三六,二二四",共六十四句,没有以數字"一"爲乘數和被乘數的十七句歌訣。據劉英華和楊寶玉考證,此本的書寫年代不早於九世紀中期,且歌訣後的吐蕃文中有漢文音譯的姓名吳興子,此人可能是該歌訣的編者,也可能是最早編製"大九九"歌訣的人,其生活年代不晚於十世紀〔一〕。由《英國國家圖書館藏敦煌西域藏文文獻》的編例可知編號斯特(即 IOL.Tib.J)的寫本出自敦煌藏經洞〔二〕,考慮到藏經洞的封閉時間,本篇的年代不會晚於十一世紀初。由此可以確認"大九九"的出現不晚於十一世紀初,本篇也成爲了迄今發現的時代最早的"大九九"寫本。傳世文獻中關於"大九九"的記載最早見於南宋楊輝的《乘除變通算寶》。楊輝云:"因九九錯綜而有合數,陰陽凡八十一句。今人求簡,止念四十五句,餘置不用。算家唯恐無數可致,豈得有數不用者乎。嘗於《日用》《詳解》二集刊陰陽字,分賓主共存之。"〔三〕從"今人求簡"一句可推知,八十一句的"大九九"在楊輝生活時代之前就已出現。今人孫文青《九九傳說及九九乘法表》據楊輝之説稱:"是八十一句之九九合數表,在晋代《孫子》以後,南宋楊輝以前,業經完成。"〔四〕如今據斯特七六四號不僅證實了這一點,而且把"大九九"歌訣的出現時間和傳播到吐蕃的時間上溯到十世紀至十一世紀初。

莫高窟北區石窟出土的吐蕃文寫本 B 五九:一〇,正背面書,寫本兩側有殘缺,正面七行,背面三行,現存内容正面起"七九六十三",訖"五 3

〔一〕 劉英華、楊寶玉:《敦煌本藏文算書九九表再探》,《西藏研究》二〇二一年第一期,第六六～六七頁。

〔二〕 西北民族大學、上海古籍出版社、英國國家圖書館編:《英國國家圖書館藏敦煌西域藏文文獻》第一册,上海古籍出版社,二〇一〇年,第一一頁。

〔三〕 (宋)楊輝編集:《乘除變通算寶》卷中,郭書春主編:《中國科學技術典籍通彙·數學卷》第一分册,第一〇六〇頁。

〔四〕 孫文青:《九九傳說及九九表》,《學藝雜志》第一三卷第七期,一九三四年,第四五頁。

三五”，背面起“四3三四一十二”，訖“一國王耶。結束”〔一〕。此本的一個特點是乘數與被乘數出現一次之後，二者調換順序再出現一次，共用一個乘積，比如“九1一九得九”“八五五八四十整”，且從殘句可以推測此本原内容完整，包括八十一個算式〔二〕。較之斯特七六四號，本篇的形式更爲簡潔，且已是一份完整的“大九九”。本篇的另一個特點是“除自相乘口訣完全用藏文數詞外，其他每句口訣混用數詞和數碼符號”〔三〕。這一特點不見於漢文本，當是在藏區發展出的新形式，體現了藏民的智慧。此本的年代相對較晚，黄顥從字體推斷在唐宋之後〔四〕，才項多傑推斷爲藏傳佛教後弘期〔五〕，當如是。以上四件吐蕃文寫本保存在敦煌莫高窟，説明《九九乘法歌》在唐代就已經傳入西藏，且唐以後漢藏一直保持着密切的算學交流。

　　綜上所述，敦煌文獻中的八件小寫數字本顯示出唐五代宋初時期的《九九乘法歌》基本延續了魏晉以來的四十五句的“小九九”，起“九九八十一”，訖“一一如一”，并主要採用縱向書寫方式。大寫數字本伯三一〇二號背加上吐魯番寫本六〇TAM三一六：〇八/一號（b）《古抄本乘法訣》以及數件大寫數字練習寫本的存在，説明大寫數字練習在唐五代宋初的教育中已經多見，是算學教育實用性的具體表現，尤其是伯三一〇二號背的歌訣是按照數值從小到大的順序排列，證明晚唐五代宋初或已經出現了歌訣順序逆轉的迹象。四件吐蕃文寫本説明吐蕃的算學受中原影響較大，其中斯特七六四號和莫高窟北區B

　　〔一〕　劉英華：《敦煌本藏文算書研究》，《西藏大學學報（社會科學版）》二〇一五年第一期，第七五～七六頁。

　　〔二〕　劉英華、楊寶玉：《敦煌本藏文算書九九表再探》，《西藏研究》二〇二一年第一期，第六八頁。

　　〔三〕　劉英華：《敦煌本藏文算書研究》，《西藏大學學報（社會科學版）》二〇一五年第一期，第七六頁。

　　〔四〕　黄顥：《敦煌莫高窟北區石窟出土藏文文獻譯釋研究（一）》，彭金章、王建軍編：《敦煌莫高窟北區石窟》第一卷，第三八〇頁。

　　〔五〕　才項多傑：《敦煌出土藏文九九乘法寫本與西藏籌算中的九九乘法表的關係研究》，《敦煌研究》二〇一九年第五期，第一〇六頁。

五九：一〇號更是兩份"大九九"，對認識"大九九"的出現年代和影響有重要幫助。

二 敦煌本《九九乘法歌》的性質探析

早在漢代，《九九乘法歌》就是基礎的蒙書。東漢崔寔《四民月令》載："農事未起，命成童以上入大學，學《五經》；師法求備，勿讀書傳。研凍釋，命幼童入小學，學篇章。"崔寔自注："'篇章'謂《六甲》《九九》《急就》《三倉》之屬。"〔一〕這裏崔寔所謂的《九九》，便是以《九九乘法歌》爲代表的算術類蒙書，而《急就》《三倉》是基礎的識字蒙書。從這一記載可知，漢代幼童在接受識字教育的同時，進行《九九乘法歌》的學習，與《漢書・食貨志》所載："八歲入小學，學六甲五方書計之事"〔二〕，是一致的。漢代的《周髀算經》載："數之法出於圓方。圓出於方，方出於矩，矩出於九九八十一。"魏晋間人趙爽注："九九者，乘除之原也。"〔三〕唐代《夏侯陽算經》云："夫乘除之法，先明九九。"〔四〕這兩條資料裏的"九九"即《九九乘法歌》，説明從漢至唐，人們都視《九九乘法歌》爲算術的基礎。敦煌寫本《九九乘法歌》主要是唐五代宋初人所寫，反映了時人學習《九九乘法歌》的真實情況，是説明此歌訣在當時教育中的性質和地位的珍貴資料。

敦煌寫本斯四五六九號和北敦一〇八二〇號雖然內容完整，但是寫本內容單一，難以反映《九九乘法歌》的性質，而那些與其他內容同抄的寫本，反而對認識它在當時教育中的性質和地位有很大幫助。北敦五六七三號寫本正面爲《無量壽宗要經》，背面內容依次爲雜字、《九九乘法歌》《丙辰年潤（閏）二月八日社人詮信母亡轉帖鈔》、行人轉帖、《敦煌百家姓》，這些內容書寫凌亂、筆迹稚嫩，爲同一人所寫。筆迹的稚嫩，説明書寫者的書寫能力較差。《敦煌百家姓》是以"張王李趙，陰薛唐鄧"開篇的姓氏教材，産生

〔一〕（漢）崔寔撰，石聲漢校注：《四民月令校注》，第九頁。

〔二〕《漢書》卷二四上《食貨志上》，第一一二二頁。

〔三〕錢寶琮校點：《算經十書》，第一三~一四頁。

〔四〕錢寶琮校點：《算經十書》，第五五八頁。

時代應該在張氏歸義軍建立以後〔一〕。該寫本中的《敦煌百家姓》，首行爲十四個“張”字，次行爲三個“王”字，之後的“李”“趙”“陰”“薛”等字爲横向寫，每字僅寫一遍，總體呈現出明顯的習字特徵。因此，這一寫本可以説明《九九乘法歌》是與《敦煌百家姓》在同一學習階段的教材，且還是習字階段就學習的内容。還有伯三一〇二號背寫本中《九九乘法歌》與不知名算書内容銜接、筆迹一致，不知名算書是基礎的田畝知識，也説明了《九九乘法歌》在當時是較爲基礎的知識。需要説明的是，伯三一〇二號正面爲《開蒙要訓》，背面還有《孔子項託相問書》，此二者是蒙書，與《九九乘法歌》的筆迹不同，顯然是其他人所寫，因此它們雖然出現在同一寫本，但是不能直接證明三者之間有明確聯繫。又如斯八三三六號背保存了蒙書《新集文詞九經抄》，伯二五〇二號背保存了蒙書《百行章·敬行章第二》，然而兩件寫本中兩本蒙書的筆迹與《九九乘法歌》有别，雖然同處一卷，但是書寫人和書寫時代可能不同，因此不能據此斷然認爲《新集文詞九經抄》《百行章》與《九九乘法歌》在啓蒙教育中有關係。不過北敦五六七三號背和伯三一〇二號背已經説明了《九九乘法歌》的蒙書性質，尤其是北敦五六七三號背的存在，説明了《九九乘法歌》是習字階段的學習内容。而且北敦五六七三號背的書寫者同時練習了《九九乘法歌》和雜字、《敦煌百家姓》，這些内容與東漢崔寔《四民月令》所載的幼童學習的“篇章”類似，説明唐五代宋初啓蒙教育的内容結構與漢代具有很大相似性。

　　《九九乘法歌》是算術的基礎，比之更基礎的是從一到十的數字。《禮記·内則》載：“六年，教之數與方名……十年，出就外傅，居宿於外，學書計。”〔二〕宋王應麟《困學紀聞》云：“‘六年，教之數與方名。’數者，一至十也……

　　〔一〕　任占鵬：《姓氏教材〈敦煌百家姓〉與晚唐五代的敦煌社會》，郝春文主編：《敦煌吐魯番研究》第一九卷，上海古籍出版社，二〇二〇年，第一八七～二〇〇頁。

　　〔二〕　（清）孫希旦撰，沈嘯寰、王星賢點校：《禮記集解》卷二八，中華書局，一九八九年，第七六八～七六九頁。

'十年，學書計。'六書、九數也；計者，數之詳，百千萬億也。"〔一〕可見在古代的算術教育中，從一到十的數字的學習是早於計算的。從敦煌文獻來看，唐代的數字學習在習字之初就已進行。敦煌寫本斯一四七二號背、斯五四四一號、斯五六三一號背、伯三七〇五號背中皆有數字"一二三四五六七八九十"〔二〕，并且筆迹稚嫩，值得注意的是，這四件寫本中還有《上大夫》，尤其是前三件寫本中數字是與《上大夫》銜接的。《上大夫》是初學者所用的習字蒙書。斯一三一三號《大乘百法明門論義序釋》第七則載："言演半滿於言派者。且如世小兒上學，初學上大夫等爲半字，後聚多字成一字者，令盡識會爲滿字。"〔三〕這段記載明確說明了《上大夫》在唐五代習字教育中的初學地位。再者，俄敦一八九三八號寫本中保存了數字"七"到"九"的順朱〔四〕，行首爲範字，每字臨習一行，這一寫本證明數字在當時被用於學生入門習字。因此可以得知在唐五代宋初，數字"一二三四五六七八九十"是初學內容，與初級習字教育同時進行。《九九乘法歌》是由數字組成，需要學習者具備基礎的數字知識，其學習時間應該在數字之後，也就是在初級習字教育之後。敦煌寫本《九九乘法歌》除了筆迹稚嫩的北敦五六七三號背，其他寫本的書寫皆有一定水準，證明了這些寫本的書寫者已經具備不錯的書寫能力。

〔一〕（宋）王應麟著，（清）翁元圻等注，欒保群、田松青、呂宗力校點：《困學紀聞》卷五《禮記》，上海古籍出版社，二〇〇八年，第六二九頁。

〔二〕 小寫數字"一二三四五六七八九十"還見於敦煌寫本斯六九〇八號背、伯三六一六號背、北敦三一〇六號背。

〔三〕《英國國家圖書館藏敦煌遺書》第二〇册，第三〇九頁。

〔四〕 關於順朱，詳見任占鵬《從"順朱"到"描朱"看學童習字方法的演進——以習字蒙書〈上大人〉爲中心》，《首都師範大學學報（社會科學版）》二〇二二年第一期，第二〇～二九頁。

第二節 《九九乘法歌》的演進

先秦典籍《穆天子傳》《逸周書》《荀子》等中已經出現了乘法口訣的散句[一]，如今在出土的先秦、秦漢文獻中也發現了不少應用乘法口訣的算書，比如岳麓書院藏秦簡《數》和張家山漢簡《算數書》[二]，尤其是二〇〇八年清華大學入藏的一批簡牘中有一篇使用年代在戰國中晚期的《算表》，爲迄今所見我國最早的數學文獻實物[三]。該表是由二十一支簡編成的數字方陣，可完成從"朏（半）"到"九十"的十九個數字間的乘法運算[四]，是一件比八十一句"大九九"更大且結構嚴謹的算表。出土里耶秦簡中更是發現了完整的三十八句本的九九乘法表，説明最遲到戰國晚期《九九乘法歌》已經基本定型。在樓蘭文書中也發現了《九九乘法歌》殘本，説明在魏晉時期，此歌訣已經傳播到西域地區。傳世文獻中，《九九乘法歌》最早見於晋末南北朝之初的《孫子算經》[五]，在宋元明時代的算書中最爲多見，這些文獻對於

〔一〕 李儼：《中國古代數學史料》（第二版），第一四～一六頁。

〔二〕 岳麓書院藏秦簡《數·合分與乘分》載："□乘三分，二叄而六，六分一也；半乘半，四分一也；四分乘四分，四四十六，十六分一也；少半乘一，少半也。"（〇四一〇）"三分乘四分，三四十二，十二分一也；三分乘三分，三三而九，九分一也；少半乘十，三有（又）少半也；五分乘六分，五六卅，卅分之一也。"（〇七七八）"五分乘五分，五五廿五，廿五分一也；四分乘五分，四五廿，廿分一也。"（〇七七四）（朱漢民、陳松長主編：《岳麓書院藏秦簡》（貳），上海辭書出版社，二〇一一年，第七四～七五頁）。張家山漢簡《算數書·》載："五分乘五分，廿五分一；四分乘四分，十六分一；四乘五分，廿分一；五分乘六分，卅分一也；七分乘七分，四十九分一也；六分乘六分，卅六分一也；六分乘七分，四十二分一也；七分乘八分，五十六分一也。"（江陵張家山漢簡整理小組：《江陵張家山漢簡〈算數書〉釋文》，《文物》二〇〇〇年第九期，第七八頁）

〔三〕 李學勤主編：《清華大學藏戰國竹簡》（肆），中西書局，二〇一三年，第一三七頁。

〔四〕 李均明、馮立昇：《清華簡〈算表〉的形製特徵與運算方法》，《自然科學史研究》二〇一四年第一期，第一～一七頁。

〔五〕 前人對《孫子算經》成書年代的推斷，參見紀志剛《南北朝隋唐數學》，第四五～四九頁。

梳理《九九乘法歌》的演進具有重要價值。以下利用出土秦漢簡牘、樓蘭文書，結合傳世文獻，説明秦漢魏晋以及宋以後《九九乘法歌》的内容特點。

一　秦漢時期《九九乘法歌》的内容特點解析

迄今在出土秦漢簡牘中發現了不少《九九乘法歌》。羅振玉早在《流沙墜簡》中便對敦煌漢簡二一七〇號進行了録文，説明了當時《九九乘法歌》的内容特點〔一〕。甌燕、文本亨、楊耀林《從深圳出土乘法口訣論我國古代"九九之術"》一文介紹了深圳南頭紅花園出土漢磚《九九乘法歌》，簡要論述了"九九之術"的淵源和演變〔二〕。劉金華《秦漢簡牘"九九殘表"述論》一文對里耶秦簡、敦煌漢簡、居延漢簡、居延新簡中七件《九九乘法歌》進行了録文，并分析了當時《九九乘法歌》的内容特點和書寫格式〔三〕。日本學者松丸有希子《秦漢簡牘〈九九〉資料考》一文校録了四件《九九乘法歌》，并就這些簡牘所呈現出的内容和字形進行了説明〔四〕。王焕林《里耶秦簡九九表初探》一文對我國出土文獻中的《九九乘法歌》做了一定統計，詳細介紹了里耶秦簡J一（六）一號，説明了其内容特點，修正了羅振玉在《流沙墜簡》中的某些結論〔五〕。黄悦《從出土"九九乘法表"看漢語韻律類型演變》一文亦對我國出土文獻中的《九九乘法歌》做了統計，分析了出土秦漢簡牘、敦煌寫本《九九乘法歌》中涉及的韻律問題〔六〕。吴貞銀《秦漢시기의 구구단—少吏의 일상 업무에서의 그

〔一〕　羅振玉、王重民編著：《流沙墜簡》，中華書局，一九九三年，第九二頁。

〔二〕　甌燕、文本亨、楊耀林：《從深圳出土乘法口訣論我國古代"九九之術"》，《文物》一九九一年第九期，第七八～八五頁。

〔三〕　劉金華：《秦漢簡牘"九九殘表"述論》，《文博》二〇〇三年第三期，第二五～二八頁。

〔四〕　［日］松丸有希子：《秦漢簡牘〈九九〉資料考》，《書道學論集》第一號，二〇〇三年，第八一～九六頁。

〔五〕　王焕林：《里耶秦簡九九表初探》，《吉首大學學報（社會科學版）》二〇〇六年第一期，第四六～五一頁。

〔六〕　黄悦：《從出土"九九乘法表"看漢語韻律類型演變》，《韻律語法研究》二〇一九年第一期，第一一四～一四三頁。

가치를 중심으로—》一文對我國出土的十五篇秦漢簡牘《九九乘法歌》進行了叙録和性質判斷[一]。戴衛紅《中國出土的九九表研究》及《中日韓出土九九表簡牘及其基層社會的數學學習》二文按照秦漢簡牘及墓磚的年代順序詳細介紹了里耶秦簡、北大秦簡、益陽兔子山漢簡、敦煌漢簡、居延漢簡、居延新簡、肩水金關漢簡、渠縣城壩津關漢簡、懸泉漢簡、烏程漢簡、張家界古人堤漢簡、深圳紅花園漢磚中的二十一篇《九九乘法歌》及其用途，統計數據頗爲全面[二]。前學統計出的秦漢簡牘及漢磚《九九乘法歌》計有二十五篇[三]，具體爲里耶秦簡木牘兩支三篇（J一（六）一號、一二－二一三〇號+一二－二一三一號+B九－七八三號a、一二－二一三〇號+一二－二一三一號+B九－七八三號b）、北大秦簡木牘一支（M－〇二五號）、北大秦簡《算書》甲篇中一篇、敦煌漢簡兩支（一〇六二號、二一七〇號）、居延漢簡五支（三六・五號、七五・一九號、二七一・二〇號B、三五一・三號、四三五・二五號）、居延新簡兩支（EPT五二：一八九號、EPT五二：二二三號）、肩水金關漢簡四支五篇（七三EJT一〇：七號B、七三EJT一四：二四號A和B、七三EJT二一：二八五號、七三EJT二六：五號A）[四]、張家界古人堤漢簡一支（一二號）、深圳南頭紅花園漢磚一塊、懸泉漢簡一支（Ⅰ九〇DXT〇一一〇①：一一四號A）、渠縣城壩津關漢簡一支（T三⑧：六一號）、烏程漢簡一支、益陽兔子山漢簡一支（J七⑤

〔一〕［韓］吳貞銀（오정은）：《秦漢시기의 구구단—少吏의 일상 업무에서의 그 가치를 중심으로—》，《中國古中世史研究》第五八輯，二〇二〇年，第四七~九四頁。

〔二〕戴衛紅：《中國出土的九九表研究》（《중국 출토 구구표 자료 연구》），《木簡과 文字》第二五號，二〇二〇年，第二五七~二八二頁；戴衛紅：《中日韓出土九九表簡牘及其基層社會的數學學習》，《簡帛研究》二〇二一年第一期，第三四三~三八七頁。按：二〇二三年三月十九日微信公衆號"先秦秦漢史"發佈的《中日韓出土九九表簡牘及其基層社會的數學學習》（上）一文中，戴衛紅先生補充了最新公佈的烏程漢簡。

〔三〕任占鵬《〈九九乘法歌〉的傳播與演變——以出土文獻爲中心》中寫道前學統計出的秦漢簡牘及漢磚爲二十三篇（《閩南師範大學學報（哲學社會科學版）》二〇二二年第三期，第七九頁），本書補充了七三EJT一四：二四號B和烏程漢簡。

〔四〕謝坤：《算術與行政：從西北漢簡看算術在西北地區的實際應用》，張德芳主編：《甘肅省第三屆簡牘學國際學術研討會論文集》，上海辭書出版社，二〇一七年，第三七七頁。

圖二　里耶秦簡Ｊ一（六）一號

壹：三二八號+Ｊ七⑤貳：二七號+Ｊ七⑦：四一號）〔一〕。本書補充了居延漢簡一支（三二六・九號A）、肩水金關漢簡兩支（七三EJT五：八七號、七三EJT六：一九三號），使得簡牘及漢磚《九九乘法歌》的數量變成了二十八篇。遺憾的是除了里耶秦簡和北大秦簡中的《九九乘法歌》保存較爲完整，其餘簡牘和墓磚皆爲殘篇。以下利用出土簡牘着重説明秦漢時期這一歌訣的内容特點。

先來看秦簡《九九乘法歌》的特點。里耶秦簡和北大秦簡中的四篇可謂是現知時代最早、保存相對完整的《九九乘法歌》。下面以内容清晰的里耶秦簡Ｊ一（六）一號（圖二）爲例，具體説明其内容特點和書寫形式。該簡首尾俱全，右上角略有殘缺，正面《九九乘法歌》共七行、六列，背面是雜寫，以下是《九九乘法歌》的録文：

第一列：□□（九九）八十一，□▧（八九七）十二，七九六十三，六九五十四，五九卅五，四九卅六；

第二列：三九廿七，二九十八，八八六十四，七八五十六，六八卌八，五八卌，四八卅二；

第三列：三八廿四，二八十六，七七卌九，六七卌二，五七卅五，四七廿八，三七廿一；

第四列：二七十四，六六卅六，五六卅，四六廿四，三六十八，二六十二，五五廿五，四五廿；

___

〔一〕　據湖南省文物考古研究所、中國人民大學歷史系《湖南益陽兔子山遺址七號井出土簡牘述略》一文的介紹可知，該遺址七號井出土簡牘中初步確定屬於“九九乘法表”的資料共十餘枚，多殘損嚴重，絕大多數僅存一兩句（《文物》二〇二一年第六期，第八〇頁）。

第五列：三五十五，二五而十，四四十六，三四十二，二四而八，三三而九，二三而六；

第六列：二二而四，一一而二〔一〕，二半而一〔二〕，凡千一百一十三字〔三〕。

該《九九乘法歌》内容起“九九八十一”，到“二半而一”是三十八句，訖“凡千一百一十三字”。與敦煌文獻中的四十五句《九九乘法歌》相比，没有以乘數“一”開頭的“一九如九”至“一一如一”九句，而且結尾“一一而二，二半而一”兩句非乘法運算，前者是加法運算，後者是分數運算〔四〕。結尾“千一百一十三”是三十八句歌訣結果的總和，最後的“字”字應該是一種籌算單位〔五〕。該簡的書寫順序是從右向左，即從右側頂端開始寫“九九八十一”，

〔一〕　“一一而二”，三枚里耶秦簡中乘數“一”字下皆作兩條上下平行的短直綫，爲重文符號，當録作“一一而二”。《湘西里耶秦代簡牘選釋》《秦漢簡牘“九九殘表”述論》《秦漢簡牘〈九九〉資料考》中釋作“一二而二”（湖南省文物考古研究所、湘西土家族苗族自治州文物處：《湘西里耶秦代簡牘選釋》，《中國歷史文物》二〇〇三年第一期，第八頁；劉金華：《秦漢簡牘“九九殘表”述論》，《文博》二〇〇三年第三期，第二五頁；［日］松丸有希子：《秦漢簡牘〈九九〉資料考》，《書道學論集》第一號，二〇〇三年，第九〇頁）。《讀里耶秦簡札記》《里耶秦簡牘校釋》中録作“一一而二”（胡平生：《讀里耶秦簡札記》，“簡帛研究網”http://www.jianbo.org/admin3/list.asp.id=1028，發佈日期：二〇〇三年十月二十三日，訪問日期：二〇二〇年十月五日；陳偉主編：《里耶秦簡牘校釋》第一卷，武漢大學出版社，二〇一二年，第一七頁）。王焕林認爲此句就是“一一而二”，不當改釋（《里耶秦簡九九表初探》，《吉首大學學報（社會科學版）》二〇〇六年第一期，第四九頁）。

〔二〕　“半”表示二分之一，“二半而一”即表示二的二分之一爲一。清華簡《算表》中有作“肍”“四肍”“三肍”“二肍”“一肍”者，其中的“肍”爲“刉”的省形簡化字，讀作“半”，表示二分之一（李均明、馮立昇：《清華簡〈算表〉的形製特徵與運算方法》，《自然科學史研究》二〇一四年第一期，第六頁）。

〔三〕　圖版參見湖南省文物考古研究所編著《里耶秦簡》（壹）“第六層簡牘圖版”（文物出版社，二〇一二年）第九頁。

〔四〕　王焕林：《里耶秦簡九九表初探》，《吉首大學學報（社會科學版）》二〇〇六年第一期，第四八、四九頁。

〔五〕　“凡千一百一十三字”中的“字”字，胡平生認爲是衍文（《讀里耶秦簡札記》），王焕林認爲是一種籌算單位（《里耶秦簡九九表初探》，《吉首大學學報（社會科學版）》二〇〇六年第一期，第四七~四八頁）。

緊接在左側寫"八九七十二"，這樣寫完一列後，再回到木牘右側繼續寫，可稱橫向分列書寫，各列句數不等，第六列僅有四句，而第四列有八句。行間有重文符號，用兩條短平行綫或兩點表示。

　　另外兩篇里耶秦簡及北大秦簡《九九乘法歌》的內容和形式也基本相同。從這兩篇里耶秦簡的圖版和韓巍《北大秦簡中的數學文獻》一文對北大秦簡M－○二五號的介紹[一]，可知它們的主體內容也是從"九九八十一"到"二半而一"的三十八句，其中里耶秦簡一二－二一三○號＋一二－二一三一號＋B九－七八三號b和北大秦簡M－○二五號中末尾也有"凡千一百一十三字"一句。它們的書寫方式也和里耶秦簡J一（六）一號相同，不過每列的句數不定，以致最終的列數有五列者，也有六列者。從這四篇《九九乘法歌》可以確認其基本內容和形式至遲在戰國晚期已經定型。

　　漢簡和漢磚中保存的《九九乘法歌》爲二十三篇，然而都殘破不全，以下以保存內容較多的居延新簡EPT五二：二二三號和被討論較多的敦煌漢簡二一七○號爲代表，分析漢代《九九乘法歌》的特點。居延新簡EPT五二：二二三號，從現存形製來看，該《九九乘法歌》當是寫在兩支簡上，而左側簡缺失，現存二十句，從上到下分作六列，第一列存四行，右起"九九八十一"至"六九五十四"；第二列存四行，右起"七八五十六"至"四八卅二"；第三列存四行，右起"四八卅二"至"三七廿一"；第四列存三行，右起"五六卅"至"三六十八"；第五列存三行，右起"二五而十"至"三四十二"，第六列存兩行，爲"一一而二，二半二一"[二]。從此簡保存的內容來看，當時的《九九乘法歌》依舊是以"九九八十一"開頭，以"一一而二，二半而一"結尾，不過由於左側簡缺失，"凡千一百一十三字"一句是否存在，不得而知。需要説明的一點是，該簡中"一一而二"一句，《居延新簡·甲渠候官與第四燧》《居延

　　〔一〕　剩餘兩支里耶秦簡的圖版和録文參見里耶秦簡博物館編《里耶秦簡博物館藏秦簡》（中西書局，二○一六年）第六九頁。北大秦簡M－○二五號的介紹，參見韓巍《北大秦簡中的數學文獻》，《文物》二○一二年第六期，第八七頁。

　　〔二〕　録文和圖版參見李迎春《居延新簡集釋》（三）（甘肅文化出版社，二○一六年）第一四五頁。

新簡·甲渠候官》《中國簡牘集成》《居延新簡釋校》《秦漢簡牘"九九殘表"述論》等書及文章中皆録作"一二而二"〔一〕。筆者仔細觀察圖版，以爲該句第二個"一"字其實是重文符號，而且在其他漢簡中尚未發現"一一而一"的痕迹，所以當以"一一而二"爲確。最新李迎春《居延新簡集釋》一書中録作"一一而二"〔二〕。另外，居延新簡EPT五二：一八九號中第四列第二句爲"一一"二字，前人録文都録作"一二"，筆者以爲不確，第二字當是重文符號。因此可以説，居延新簡EPT五二：二二三號與里耶秦簡J一（六）一號非常相似，内容和形式并没有什麼變化。

　　敦煌漢簡二一七〇號《九九乘法歌》是出土較早且前人討論最多的一篇。該簡僅有一半内容，左側也疑似缺失了一支簡，現存十七句，分六列。第一列存三行，右起"九九八十一"至"七九六十三"；第二列存四行，右起"八八六十四"至"五八卌"；第三列存四行，右起"五七卅五"至"三七廿一"；第四列存四行，右起"二六十二"至"三五十五"；第五列存三行，右起"二三而六，二二而四"，最後一句漫漶不清，依稀可辨"而一"二字〔三〕；第六

　　〔一〕　肅省文物考古研究所、甘肅省博物館、文化部古文獻研究室、中國社會科學院歷史研究所編：《居延新簡·甲渠候官與第四燧》，文物出版社，一九九〇年，第二四四頁；甘肅省文物考古研究所、甘肅省博物館、中國文物研究所、中國社會科學院歷史研究所編：《居延新簡·甲渠候官》上，中華書局，一九九四年，第一〇四頁；中國簡牘集成編輯委員會編：《中國簡牘集成》第十册甘肅省·内蒙古自治區卷《居延新簡》（二），敦煌文藝出版社，二〇〇一年，第一九四頁；馬怡、張榮强主編：《居延新簡釋校》，天津古籍出版社，二〇一三年，第三八二頁；劉金華：《秦漢簡牘"九九殘表"述論》，《文博》二〇〇三年第三期，第二七頁。
　　〔二〕　李迎春：《居延新簡集釋》（三），第一四五頁。
　　〔三〕　《居延漢簡考釋·附録敦煌漢簡校文》《敦煌漢簡》《中國簡牘集成》《秦漢簡牘"九九殘表"述論》中皆録作"一一而一"（勞榦：《居延漢簡考釋·附録敦煌漢簡校文》，商務印書館，一九四九年，第一一五頁；甘肅省文物考古研究所編：《敦煌漢簡》下册，中華書局，一九九一年，第三〇四頁；《中國簡牘集成》第三册甘肅省卷上，第二九六頁；劉金華：《秦漢簡牘"九九殘表"述論》，《文博》二〇〇三年第三期，第二六頁）。白軍鵬《敦煌漢簡校釋》中録作"一一而二"（上海古籍出版社，二〇一八年，第一〇五~一〇六頁）。

列一行，爲“大凡千一百一十三”〔一〕。羅振玉在《流沙墜簡》中據此簡提出當時《九九乘法歌》是“始九九，訖二二”，蓋無“一一如一”至“一九如九”九句〔二〕。但是，由於簡牘字迹漫漶不清，羅氏以爲歌訣訖“二二而四”，末尾乘積之和爲“大凡千一百一十”，其後當無“三”字。今觀照里耶秦簡，可知該簡“二二而四”之後漫漶不清的一句實爲“一一而二”〔三〕，其後還缺“二半而一”。羅氏還提出：“此簡‘二二而四’，今法作‘二二如四’，考《大戴記》《淮南子》并引‘三三而九’，《周禮疏》亦引‘二二而四’‘三三而九’，正與此同，知唐人尚作‘而’。而《容齋續筆》云‘三三如九’‘三四十二’，皆俗語算術，知改‘而’作‘如’始於宋代也。《孫子算經》亦作‘二二如四’‘三三如九’，殆唐以後刊本所追改，非原書之舊矣。”許康已經就敦煌寫本《立成算經》《算經》中的九九乘法歌皆作“如”字，證羅氏此説不確〔四〕。其實張家界古人堤出土《九九乘法歌》殘簡存“二五如十”一句〔五〕，得知東漢已有“如”字之例，所以不能排除《孫子算經》原書便作“如”字的可能。敦煌漢文本《九九乘法歌》皆作“如”字，説明唐代已經普遍作“如”。

〔一〕 圖版參見《敦煌漢簡》上册圖版壹柒叁。録文參見羅振玉、王重民編著《流沙墜簡》，第九二頁；勞榦《居延漢簡考釋·附録敦煌漢簡校文》，第一一五頁；《敦煌漢簡》下册，第三〇四頁；吴礽驤、李永良、馬建華釋校《敦煌漢簡釋文》（甘肅人民出版社，一九九一年）第二三五頁；《中國簡牘集成》第三册甘肅省卷上，第二九六頁；白軍鵬《敦煌漢簡校釋》，第一〇六頁。

〔二〕 羅振玉、王重民編著：《流沙墜簡》，第九二頁。

〔三〕 王焕林：《里耶秦簡九九表初探》，《吉首大學學報（社會科學版）》二〇〇六年第一期，第四七頁；白軍鵬：《敦煌漢簡校釋》，第一〇六頁。

〔四〕 許康：《敦煌算書透露的科學與社會信息》，《敦煌研究》一九八九年第一期，第九六頁。按：許康誤爲王國維之説。

〔五〕 湖南省文物考古研究所、中國文物研究所：《湖南張家界古人堤簡牘釋文與簡注》，《中國歷史文物》二〇〇三年第二期，第七六頁。

　　另外，敦煌漢簡一〇六二號〔一〕、居延漢簡七五・一九號〔二〕、三五一・三號〔三〕、居延新簡EPT五二：一八九號〔四〕、肩水金關漢簡七三EJT一〇：七號B〔五〕、七三EJT一四：二四號〔六〕、七三EJT二六：五號A〔七〕、張家界古人堤漢簡一二號等〔八〕、懸泉漢簡Ⅰ九〇DXT〇一一〇①：一一四號A〔九〕、渠縣城壩津關漢簡T三⑧：六一號〔一〇〕、益陽兔子山漢簡J七⑤壹：三二八號+J七⑤貳：二七

　　〔一〕　圖版參見《敦煌漢簡》上冊圖版玖柒。録文參見《敦煌漢簡》下冊，第二六〇頁；吳礽驤、李永良、馬建華釋校《敦煌漢簡釋文》，第一〇九～一一〇頁；《中國簡牘集成》第三冊甘肅省卷上，第一三六頁；白軍鵬《敦煌漢簡校釋》，第三〇〇～三〇一頁。

　　〔二〕　圖版參見中國社會科學院考古研究所編《居延漢簡甲乙編》上冊（中華書局，一九八〇年）乙圖版陸陸。録文參見《居延漢簡甲乙編》下冊，第五五頁；謝桂華、李均民、朱國炤《居延漢簡釋文合校》（文物出版社，一九八七年）第一三三頁；《中國簡牘集成》第五冊甘肅省・內蒙古自治區卷《居延漢簡》（一），第二一七～二一八頁；簡牘整理小組編《居延漢簡》（壹）（中研院史語所，二〇一四年）第二三〇頁。

　　〔三〕　圖版參見《居延漢簡甲乙編》上冊乙圖版貳肆叁。録文參見《居延漢簡甲乙編》下冊，第二三二頁；謝桂華、李均民、朱國炤《居延漢簡釋文合校》，第五四五頁；《中國簡牘集成》第八冊甘肅省・內蒙古自治區卷《居延漢簡》（四），第一二頁。

　　〔四〕　圖版參見李迎春《居延新簡集釋》（三），第三三七頁。録文參見《居延新簡・甲渠候官與第四燧》，第二四二頁；《居延新簡・甲渠候官》上，第一〇三頁；《中國簡牘集成》第十冊甘肅省・內蒙古自治區卷《居延新簡》（二），第一九〇頁；馬怡、張榮強主編《居延新簡釋校》，第三七八頁；劉金華《秦漢簡牘"九九殘表"述論》（《文博》二〇〇三年第三期）第二七頁；李迎春《居延新簡集釋》（三），第三三七頁。

　　〔五〕　圖版和録文參見甘肅簡牘保護研究中心、甘肅省文物考古研究所、甘肅省博物館、中國文化遺産研究院古文獻研究室、中國社會科學院簡帛研究中心編《肩水金關漢簡》（壹）上冊（中西書局，二〇一六年）第二三八頁。

　　〔六〕　圖版和録文參見《肩水金關漢簡》（貳）上冊，第一一頁。

　　〔七〕　圖版和録文參見《肩水金關漢簡》（叁）上冊，第六九頁。

　　〔八〕　録文參見湖南省文物考古研究所、中國文物研究所《湖南張家界古人堤簡牘釋文與簡注》，《中國歷史文物》二〇〇三年第二期，第七六頁。

　　〔九〕　圖版和録文參見甘肅簡牘博物館、甘肅省文物考古研究所、陝西師範大學人文社會科學高等研究院、清華大學出土文獻研究與保護中心編《懸泉漢簡》（壹）（中西書局，二〇一九年）第六七頁。

　　〔一〇〕　圖版和録文參見四川省文物考古研究院、渠縣歷史博物館《四川渠縣城壩遺址》，《考古》二〇一九年第七期，第七四～七五頁。

號+J七⑦：四一號〔一〕，從所存殘篇來看，都採用了與里耶秦簡J一（六）一號類似的從右向左橫向分列書寫的形式，僅烏程漢簡是從左向右〔二〕，如果補全内容的話，可以推測它們皆起“九九八十一”，訖“二半而一”。因此可以説漢代主流的《九九乘法歌》在内容與形式上承接秦代，没有大的變化。

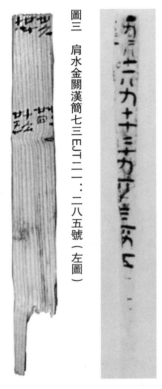

圖三 肩水金關漢簡七三EJT二一：二八五號（左圖）

圖四 居延漢簡三六・五號（左圖）

值得注意的是，漢簡中還存在一種僅有乘積結果的九九乘法表，爲居延漢簡三二六・九號A和肩水金關漢簡七三EJT二一：二八五號（圖三）。前者可以分作五列，第一列存“卌五”，爲四九之乘積；第二列存“卌、卌二”，分別爲五八、四八之乘積；第三列存“廿八”，爲四七之乘積；第四列存“廿五”，爲五五之乘積；第五列存“四”，爲二二之乘積〔三〕。後者存兩列，第一列存三行，爲“卅六、廿七、十八”，分別爲四九、三九、二九之乘積；第二列存四行，爲“▨▨（卅二）、廿四、十六、廿五”，分別爲四八、三八、二八、五五之乘積〔四〕。這兩支簡牘依舊採用橫向分列書寫，但僅有乘積，顯然是一種簡化寫法，書寫更爲便捷。

漢簡和漢磚中還有一種非分列形式的書寫方法，即自上而下縱向書寫。居延漢簡三六・

〔一〕 圖版和録文參見湖南省文物考古研究所、中國人民大學歷史系《湖南益陽兔子山遺址七號井出土簡牘述略》，《文物》二〇二一年第六期，第七〇~八一頁。

〔二〕 烏程漢簡《九九乘法歌》的圖版參見中國美術學院漢字文化研究所編《烏程漢簡》（上海書畫出版社，二〇二二年），此據微信公衆號“先秦秦漢史”在二〇二三年三月十九日發佈的戴衛紅《中日韓出土九九表簡牘及其基層社會的數學學習》（上）所載圖版。

〔三〕 圖版參見《居延漢簡甲乙編》上册乙圖版貳叁貳。録文參見《居延漢簡甲乙編》下册，第二二〇頁；謝桂華、李均民、朱國炤《居延漢簡釋文合校》，第五一八頁；《中國簡牘集成》第七册甘肅省・内蒙古自治區卷《居延漢簡》（三），第二六二頁。

〔四〕 圖版和録文參見《肩水金關漢簡》（貳）上册，第六八頁。

五號（圖四）僅存一行，内容爲“九九八十一，八九七十二，七九六十三，六九五█□（十四），█（五）”〔一〕。深圳南頭紅花園漢墓出土《九九乘法歌》，内容分兩行，左行爲“九九八十一，八九七十二，七九六十三，六九五十四，五九四十五”，右行起於磚中段，爲“三九二十七，二九十八，四九三十六”〔二〕。這兩件《九九乘法歌》都不分列，縱向書寫，與敦煌本《九九乘法歌》的書寫形式一致。

　　總之，秦漢時期的《九九乘法歌》是從“九九八十一”到“二半而一”，没有以乘數“一”開頭的“一九而九”到“一一而一”九句，共三十八句，同時，一份完整的《九九乘法歌》還應該包括各句歌訣之和——“凡千一百一十三字”。在書寫格式方面，秦漢時期的《九九乘法歌》主要採用横向分列格式，根據每列書寫内容的多少，可以分爲五列或六列。值得注意的是，漢代的《九九乘法歌》在書寫格式上有新特點，出現了僅有乘積的簡化形式和縱向書寫形式，體現出練習形式的多樣化，是進步的體現。

二　魏晋時期《九九乘法歌》的内容特點解析

　　樓蘭文書中發現的三件魏晋時期殘片，是已知現存最早的紙質《九九乘法歌》寫本。上世紀初瑞典探險家斯文赫定第二次中亞考察在古樓蘭地區發掘出土的二百七十七件漢文文書中包括兩件紙質的《九九乘法歌》（圖五），其一編號爲L.A.II.ii—孔紙二二.一五，首尾俱缺，上下殘，存兩行，第一列存“三九廿七、二九十█（八）”，第二列存“二八十六、██████（一八而八）”；其二編號爲L.A.II.ii—孔紙二二.一六，僅存一行，爲“九九八十一”〔三〕，第二個

　　〔一〕　圖版參見《居延漢簡甲乙編》上册甲圖版叁叁。録文參見《居延漢簡甲乙編》，第二三頁；謝桂華、李均民、朱國炤《居延漢簡釋文合校》，第五八頁；《中國簡牘集成》第五册甘肅省·内蒙古自治區卷《居延漢簡》（一），第九五頁。

　　〔二〕　廣東省博物館、深圳博物館：《深圳市南頭紅花園漢墓發掘簡報》，《文物》一九九〇年第一一期，第三三頁。

　　〔三〕　圖片和録文參見侯燦、楊代欣編著《樓蘭漢文簡紙文書集成》（天地出版社，一九九九年）第二二二～二二三頁。

"九"字原爲重文符號，形式與秦漢簡牘中的重文符號相似。兩件殘片字迹一致，可能出自同一寫本，字迹稚嫩，爲學生練習之作。林梅村認爲斯文赫定所獲文書"絕大部分爲魏晋時期的遺物"[一]，那麼這兩件文書的書寫年代應該是在魏晋時期。該《九九乘法歌》的書寫方式依舊沿用秦漢時期的橫向分列寫法，而且重要的是"一八而八"一句的出現，表明當時的《九九乘法歌》發展出了以"一"開頭的九句[二]，較之秦漢時期，有了大發展。

孔紙22.16　　　　　孔紙22.15

圖五　孔紙二二.一五號和孔紙二二.一六號《九九乘法歌》

圖片源自侯燦、楊代欣編著《樓蘭漢文簡紙文書集成》

　　比斯文赫定稍晚幾年的英國探險家斯坦因第三次中亞探險活動中也在古樓蘭地區發掘了大量文書，其中包括一件紙質《九九乘法歌》，爲Or八二一二/一三九八號B（圖六）。郭鋒《斯坦因第三次中亞探險所獲甘肅新疆出土漢文文書——未經馬斯伯樂刊佈的部分》一書中對該文書有釋文，并擬題作《晋殘信及九九口訣文》[三]。該文書存三行，第二行存"九八十一，二九十八，一九如，

　　[一]　林梅村編：《樓蘭尼雅出土文書》，文物出版社，一九八五年，第三頁。

　　[二]　胡平生《讀里耶秦簡札記》一文中對L.A.II.ii—孔紙二二.一五號和孔紙二二.一六號做過復原，復原內容中包括了"一九而九"到"一一而一"。

　　[三]　郭鋒：《斯坦因第三次中亞探險所獲甘肅新疆出土漢文文書——未經馬斯伯樂刊佈的部分》，甘肅人民出版社，一九九三年，第八九頁。按：郭書中該寫本的編號作"Or8212/1398d"，今依據IDP（International Dunhuang Project）作"Or八二一二/一三九八號B"。

一升十一粟穬"〔一〕，第一行與第三行爲信件内容。從形式看，該《九九乘法歌》未分列，縱向書寫。郭鋒認爲此件文書是晋代之物，當無疑問。"一九如"三字，爲表明晋代已出現以乘數"一"開頭的九句再添一證。另外同地區出土的Or八二一二/一三九九號C，郭鋒擬題作《晋殘信啓及九九口訣文》〔二〕，存兩行，第一行存"月十▨▨"，第二行存"乘除九九自夫乘"，"夫"字右下側疑似旁注數字"一十二"〔三〕。從殘存内容看，該寫本并非《九九乘法歌》，而是一本不知名算書的殘文。結合字迹和格式，可以判定以上兩件文書當出自同一寫本，而《九九乘法歌》應該是屬於不知名算書的一部分。

圖六　Or八二一二/一三九八號B

《九九乘法歌》

圖七　Or八二一二/一三九九號C

不知名算書殘文

〔一〕　郭鋒《斯坦因第三次中亞探險所獲甘肅新疆出土漢文文書——未經馬斯伯樂刊佈的部分》中録作"□六十一，二九十八，一九□"（第八九頁）。

〔二〕　郭鋒：《斯坦因第三次中亞探險所獲甘肅新疆出土漢文文書——未經馬斯伯樂刊佈的部分》，第八九頁。按：郭書中該寫本的編號作"Or8212/1399a"，今依據IDP作"Or八二一二/一三九九號C。

〔三〕　郭鋒《斯坦因第三次中亞探險所獲甘肅新疆出土漢文文書——未經馬斯伯樂刊佈的部分》中録作"□乘除九九一十二自打家（？）□"（第八九頁）。

成書於晋末南北朝之初的《孫子算經》中有從"九九八十一"到"一一如一"的四十五句的乘法歌，較之秦漢簡牘，多出了"一九如九"到"一一如一"九句，没有"一一而二，二半而一"兩句。然而此書，唐人多有修訂[一]，内容中哪部分是原貌已不易判斷。如今結合三件樓蘭文書殘片，可證傳世本《孫子算經》中的九九乘法歌應該就是原貌，也説明四十五句的九九乘法歌最晚在晋代已經出現。

三　宋以後《九九乘法歌》的内容特點解析

《九九乘法歌》在宋代發生了一個重要變化，變爲以歌訣"一一如一"開始，迄"九九八十一"的形式。南宋數學家楊輝《算法通變本末・習算綱目》云："先念九九合數。"自注："一一如一至九九八十一，自小至大，用法不出於此。"[二]可見晚至南宋，《九九乘法歌》的順序已經是"自小至大"，楊輝稱之爲"九九合數"。前輩學者也早已注意到了這一現象。當代數學史家李儼指出："以一一爲始迄於九九，則宋金元時代已如此矣。"[三]至於發生變化的原因，孫文青認爲："宋南渡後，中國圖籍十損七八。間有守殘抱缺，每多凌雜無次。故中國學術在此時爲一大關戾。宋元之間，可謂另開生面，而數學一科，尤爲特著"[四]。可備一説。以下利用宋以後傳世文獻，具體説明宋元明時期《九九乘法歌》的内容特點。

南宋時期的《重編詳備碎金》和《事林廣記》中保存了完整的九九乘法歌，對了解宋代這一歌訣的内容特點有重要價值。《重編詳備碎金》，南宋張雲翼編，現有日本天理圖書館藏宋刻本，其中"九九數"部的内容起"一一

〔一〕　錢寶琮：《夏侯陽算經考》，收入李儼、錢寶琮：《李儼錢寶琮科學史全集》第九卷，第一〇四頁。

〔二〕　（宋）楊輝編集：《乘除變通算寶》卷中，郭書春主編：《中國科學技術典籍通彙・數學卷》第一分冊，第一〇四八頁。

〔三〕　李儼：《中國算學史》（修訂版），商務印書館，一九五五年，第一六七頁。

〔四〕　孫文青：《九九傳説及九九表》，《學藝雜志》第一三卷第七期，一九三四年，第四五頁。

如一，一二如二，二二如四，一三如三"，訖"一九如九……九九八十一"，共四十五句，末還有"共積一千一百五十五數"一句[一]。此句中的"一千一百五十五"爲四十五句歌訣的總和。這種九九乘法歌加乘積總和的形式，早在里耶秦簡中便已出現，不過當時是三十八句的歌訣及其總和，與這一內容形式基本一致的，是著名的《孫子算經》和敦煌文獻斯九三〇號背《立成算經》中的九九乘法歌，由此可以推斷《重編詳備碎金》"九九數"部應該受到了《孫子算經》和《立成算經》的影響。南宋陳元靚《事林廣記·算法類算附—尺法》中載有"九九算訣"一部[二]，主體內容與《重編詳備碎金》"九九數"部相同，僅是缺少歌訣乘積的總和。《重編詳備碎金》和《事林廣記》的記載，可證南宋時期的《九九乘法歌》確如楊輝所說，變爲了"自小至大"，還是四十五句，而且歌訣順序正好與唐五代時期的完全相反。至於歌訣完成順序顛倒的具體時間，應該在北宋時期。經過這樣的顛倒，學生可以從較小的乘數和乘法運算學起，由簡入難，因此可以說這種變化是算術教育的一大進步。

　　元明時代出現了很多算書，多數算書中都有九九乘法歌，而且多數歌訣內容較之南宋時期沒有太大變化，衹是對乘法歌訣的稱呼不盡相同，如元朱世傑《算學啓蒙》中稱作"釋九數法"[三]，元安止齋《詳明算法》中延續楊輝之說稱作"九九合數"[四]，明吳敬《九章算法比類大全》中稱作"習九九演數乘除加減皆呼此數"[五]，明王文素《算學寶鑑》中稱作"九九合

　　〔一〕（宋）張雲翼編：《重編詳備碎金》卷下，天理圖書館善本叢書漢籍之部第六卷，天理大學出版社，一九八一年影印本，第五〇七～五〇八頁。

　　〔二〕（宋）陳元靚撰：《事林廣記》辛集卷上，中華書局，一九九九年影印本，第二〇二頁。

　　〔三〕（元）朱世傑撰：《算學啓蒙》，郭書春主編：《中國科學技術典籍通彙·數學卷》第一分冊，第一一二七頁。

　　〔四〕（元）安止齋撰：《詳明算法》，郭書春主編：《中國科學技術典籍通彙·數學卷》第一分冊，第一三五〇～一三五一頁。

　　〔五〕（明）吳敬撰：《九章算法比類大全》，郭書春主編：《中國科學技術典籍通彙·數學卷》第二分冊，第一五頁。

數"[一]，明柯尚遷《數學通軌》中稱作"習九九數總念歌"[二]，明程大位《算法統宗》中稱作"九九合數"[三]，明黃龍吟《算法指南》中稱作"因法總合"[四]，明李之藻等編譯《同文算指》中稱作"九九相乘歌"[五]。值得注意的是，元安止齋《詳明算法》中"九九合數"後注云："此止一半，倒念上一字，又一半也。"[六]明王文素《算學寶鑑》中"九九合數"後注云："九九合數，陰陽凡八十一句，今人求簡，止念四十五句，餘置不用。算家唯恐無數可致，豈得有數不用者乎。故述于左。"[七]王文素在此注文後補上了另外三十六句歌訣。因此，我們可以確認安止齋和王文素書中的"九九合數"參考了南宋楊輝的《日用》《詳解》二書，并從王文素《算學寶鑑》中得見楊輝所載"大九九"的原貌。另外，元賈亨《算法全能集》中的九九乘法歌名作"因法"部，内容起"一如一，一二如二，一三如三，一四如四"，訖"七九六十三，八八六十四，八九七十二，九九八十一"[八]。此九九乘法歌同樣是四十五句，也是從小至大，不過歌訣的具體順序與宋元明時期的主流有所不同。

〔一〕（明）王文素撰：《算學寶鑑》，郭書春主編：《中國科學技術典籍通彙·數學卷》第二分册，第三五七~三五八頁。

〔二〕（明）柯尚遷撰：《數學通軌》，郭書春主編：《中國科學技術典籍通彙·數學卷》第二分册，第一一七三、一一七五頁。

〔三〕（明）程大位著：《算法統宗》，郭書春主編：《中國科學技術典籍通彙·數學卷》第二分册，第一二三二頁。

〔四〕（明）黃龍吟撰：《算法指南》，郭書春主編：《中國科學技術典籍通彙·數學卷》第二分册，第一四二七頁。

〔五〕（明）李之藻等編譯：《同文算指》，郭書春主編：《中國科學技術典籍通彙·數學卷》第四分册，第八五頁。

〔六〕（元）安止齋撰：《詳明算法》，郭書春主編：《中國科學技術典籍通彙·數學卷》第一分册，第一三五一頁。

〔七〕（明）王文素撰：《算學寶鑑》，郭書春主編：《中國科學技術典籍通彙·數學卷》第二分册，第三五八頁。

〔八〕（元）賈亨類編：《算法全能集》，郭書春主編：《中國科學技術典籍通彙·數學卷》第一分册，第一三一八頁。

　　另一值得注意的現象是，南宋時期人們把數字"十"加入到了乘法歌訣中，形成了一種不能再稱之爲九九乘法歌的新歌訣。南宋陳元靚《事林廣記·算法類算附—尺法》中的"累算數法"部起"二二單四，三二如六"，訖"九九八十一，十九九十"[一]，共七十二句。同樣類型的歌訣，還見於明徐心魯《盤珠算法》的"初學累算數法"部[二]。較之四十五句的《九九乘法歌》，這一内容形式減去了以數字"一"爲乘數和被乘數的十七句歌訣，加入了以乘數"十"開頭的八句歌訣，這種新變化也是乘法運算發展過程中的一項進步。

第三節　《九九乘法歌》的東傳

　　《九九乘法歌》傳入朝鮮半島的具體時間尚不明確，但是刻於五世紀初的高句麗《廣開土王碑》中已有"二九登祚"一句，可見當時《九九乘法歌》的散句已經在朝鮮半島得以運用[三]。二〇〇三年，在韓國大田月平洞山城出土了一塊瓦片，存"五十四,五九卅五,四九卅六"，被確定爲六世紀末七世紀初的物品[四]。二〇一一年，在韓國忠清南道扶餘邑雙北里的百濟時期泗沘城迹出土了一件《九九乘法歌》木簡[五]，該簡左側漫漶不清，可以確認其起"九九八十一"，爲橫向分列書寫，最下列存"二二四"一句，與出土秦漢簡

　　〔一〕（宋）陳元靚撰：《事林廣記》辛集卷上，第二〇一頁。
　　〔二〕（明）徐心魯撰：《盤珠算法》，郭書春主編：《中國科學技術典籍通彙·數學卷》第二分冊，第一一五二～一一五三頁。
　　〔三〕〔日〕三上喜孝：《古代日本における九九算の受容と特質—九九算木簡を手がかりに—》，《萬葉集研究》第三四集，塙書房，二〇一三年，第二四八頁。
　　〔四〕〔韓〕孫焕一（손환일）：《百濟 九九段의 記錄體系와 書體—〈扶餘雙北里出土九九段木簡〉과〈傳大田月平洞山城收拾九九段蓋瓦〉를 중심으로—》，《韓國史學史學報》第三三號，二〇一六年，第四五～七〇頁。
　　〔五〕〔韓〕孫焕一（손환일）：《百濟 九九段의 記錄體系와 書體—〈扶餘雙北里出土九九段木簡〉과〈傳大田月平洞山城收拾九九段蓋瓦〉를 중심으로—》，《韓國史學史學報》第三三號，二〇一六年，第四五～七〇頁；〔韓〕尹善泰（윤선태）：《百濟의'九九段'木簡과 術數學》，《木簡과 文字》第一六號，二〇一六年，第一三～三七頁。

牘《九九乘法歌》的書寫形式基本一致。這一瓦片和木簡成爲六、七世紀的朝鮮半島流傳《九九乘法歌》的重要證據。

《九九乘法歌》傳入日本的具體時間亦尚不明確。據李儼考證，中算大約是在日本欽明十五年（五五四）以後經朝鮮半島傳入日本[一]。日本大寶二年（七〇二）頒布學令，設立算數科，所用的教材是包含《孫子算經》在内的"算經十書"等[二]。《孫子算經》中就有九九乘法歌，那麼可以明確在日本大寶二年《九九乘法歌》已爲官學教育内容。日本最早的和歌集《萬葉集》以及史書《續日本紀》中發現了不少《九九乘法歌》的散句，可知《九九乘法歌》在八世紀左右已經在日本廣泛存在[三]。平安時代中期天禄元年（九七〇）源爲憲所撰的蒙書《口遊》中記載了"九九八十一"到"一一一"的四十五句九九乘法歌，末注"謂之九九"[四]，内容和順序與敦煌本基本一致，顯然是受到了唐代的影響。

上世紀以來在日本各地出土的瓦片、土器、漆紙文書、木簡中發現了不少《九九乘法歌》[五]。《九九乘法歌》瓦片的出土遺址有奈良縣的山田寺迹、奧山久米寺迹及長野縣信濃國分寺迹。出土瓦片保存的内容都比較少，山田寺迹和奧山久米寺迹瓦片都僅存縱書"九九八十一，八九七十二"兩句[六]，信濃國分寺迹瓦

〔一〕 李儼：《中國算學史》（修訂版），第四五頁。

〔二〕 ［日］遠藤利貞遺著，［日］三上義夫編，［日］平山諦補訂：《增修日本數學史》，恒星社厚生閣，一九八一年，第九頁。

〔三〕 ［日］三上喜孝：《古代日本における九九算の受容と特質—九九算木簡を手がかりに—》，《萬葉集研究》第三四集，第二二一～二二六頁。

〔四〕 ［日］源爲憲撰：《口遊》，古典保存會，一九二四年。

〔五〕 關於日本出土瓦片、土器、漆紙文書、木簡《九九乘法歌》的統計和介紹，參見［日］山路實《須惠器線刻の掛け算九九に對する考察》（《和算》第八八號，一九九九年，第一二～一九頁）、［日］小林博隆《屋代遺迹群出土"九九木簡"の再評價》（《信濃（第三次）》第五八卷第一二號，二〇〇六年，第八九一～九〇一頁）、戴衛紅《中日韓出土九九表簡牘及其基層社會的數學學習》（《簡帛研究》二〇二一年第一期，第三四三～三八七頁）。

〔六〕 ［日］金子裕也：《木簡は語る》，講談社，一九九六年，第七二～七三頁。

片中僅存"七九六十三"一句[一]。這三件瓦片被認爲是七世紀後半的產物[二]，尤其是奧山久米寺迹出土瓦片被日本學者山路實認爲是日本數學史上最古的《九九乘法歌》[三]。《九九乘法歌》土器殘片一件，茨城縣熊の山遺迹出土，歌訣被刻在一件須惠器之上，殘存縱書"三, 八九七十二, 九九八十一"[四]，爲日本平安時代（七九四～一一八五）的産物[五]。《九九乘法歌》漆紙文書一件，宮城縣下窪遺迹出土，存縱書"九九八十一, 八"，約爲九世紀後半至十世紀前半期的産物[六]。

　　出土的《九九乘法歌》木簡相對較多，主要出土遺址有：奈良縣的藤原宮迹、平城宮迹，京都府的長岡京迹、平安京迹、靈尾遺迹，長野縣屋代遺迹群，新潟縣的大澤谷内遺迹、七社遺迹以及馬場屋敷遺迹，島根縣白壞遺迹，鳥取縣青木遺迹，兵庫縣的祢布ヶ森遺迹和深江北町遺迹，等等。出土《九九乘法歌》木簡幾乎都有殘缺，根據三上喜孝的研究，可知它們基本上起"九九八十一"，内容順序與我國宋代以前相同，書寫時代集中在八世紀左右，從字迹看，目的以練習爲主[七]。三上氏還把這些木簡與里耶秦簡、敦煌漢簡、《孫子算經》做了對比，指出了它們的一些异同。遺憾的是三上氏未參考與木簡

〔一〕〔日〕上田市教育委員會：《上田市文化財調查報告書第108集：史迹信濃國分寺迹》，上田市、上田市教育委員會，二〇一〇年，第一一三頁。

〔二〕〔日〕上田市教育委員會：《上田市文化財調查報告書第108集：史迹信濃國分寺迹》，第一一三頁。

〔三〕〔日〕山路實：《古九九と木簡、竿子と算具等の話》，懷德堂記念會編：《懷德》第六四號，一九九六年，第八五頁；〔日〕山路實：《須惠器線刻の掛け算九九に對する考察》，《和算》第八八號，一九九九年，第一六頁。

〔四〕〔日〕山路實：《須惠器線刻の掛け算九九に對する考察》，《和算》第八八號，一九九九年，第一三頁。

〔五〕〔日〕小林博隆：《屋代遺迹群出土"九九木簡"の再評價》，《信濃（第三次）》第五八卷第一二號，二〇〇六年，第八九九頁。

〔六〕〔日〕平川南：《漆紙文書の研究》，吉川弘文館，一九八九年，第一八一頁。按：〔日〕山路實《須惠器線刻の掛け算九九に對する考察》一文中認爲該漆紙文書《九九乘法歌》是奈良時代（七一〇～七九四）的産物（《和算》第八八號，一九九九年，第一四頁）。

〔七〕〔日〕三上喜孝：《古代日本における九九算の受容と特質—九九算木簡を手がかりに—》，《萬葉集研究》第三四集，第二二一～二四九頁。

時代最爲接近的敦煌寫本。以下列舉六件有代表性的日本《九九乘法歌》木簡，以觀它們的内容特點。

①長岡京迹出土第一〇號木簡[一]

正面：卌五，四九卅六，三九廿七，二九十八

左側面：████，█████（二八十六），七七卌九

背面：廿四，三六十八

右側面：████ ███

②長野縣屋代遺迹群出土第八一號木簡[二]

正面右起第一行：九九████（八十）一，███（八九）七十█（二），███（七九）六十三，六九五

第二行：█九卌，四九卅，三九廿七，二九十八

背面右起第一行：█九如█，八八█（六）十四，七█（八）

第二行：五八卌，████，三八廿四，二八十六

③新潟縣大澤谷内遺迹出土木簡[三]

正面右起第一行：七九六十三，四三六，一九九九█，六八卌八，一八█

第二行：八九七十二，七九四七，二九四八，七八七十六，二八█

第三行：九九八十一，六九七十四，三九二十四，八八六十四，三八███

④新潟縣七社遺迹出土木簡[四]

正面右起第一行：█（九）九八十一，八九七十二，七九六十卌三

第二行：六九五十四，五九███（四），█九███

第三行：一九又九，八八六十四

⑤平城宮迹第四二九次調查出土木簡[五]

[一] ［日］木簡學會編：《木簡研究》第八號，一九八六年，第二三頁。

[二] ［日］木簡學會編：《木簡研究》第二二號，二〇〇〇年，第二五六頁。

[三] ［日］木簡學會編：《木簡研究》第三一號，二〇〇九年，第一五〇頁。

[四] ［日］木簡學會編：《木簡研究》第三三號，二〇一一年，第一〇二頁。

[五] ［日］奈良文化財研究所編：《平城宮發掘調查出土木簡概報》第四〇號，奈良文化財研究所，二〇一〇年，第九頁。

正面：九廿七，二九十八，一九如九

背面：五八册，四八册二，三八廿

⑥京都府龜尾遺迹出土木簡

正面右起第一行：九九八十一，八九七十二，七九六十三，六九五十四，五九册五

第二行：四九册六，三九廿七，二九十八，一九如九，八八六十四，七八五十六

第三行：六八册八，五八册，四八册二，三八廿四，二八十六，一八如八

背面右起第一行：七七册九，六七册二，五七册五，四七廿八，三七廿一，二七十四

第二行：一七如七，六六册六，五六册，四六廿四，三六十八，二六十二

第三行：一六如六，五五廿五，四五廿，三五十五，二五十，一五如五

日本出土《九九乘法歌》木簡基本都有殘缺，尚未發現内容完整者，但從現存内容來看，這些木簡基本起“九九八十一”，且已知“一九如九”“一八如八”“一七如七”“一六如六”“一五如五”等歌訣的存在，結合當時《孫子算經》已經在日本流傳的情況，可推知當時的《九九乘法歌》蓋以“一一如一”結尾，總數應該是四十五句，在内容和用詞上與敦煌本是一致的。不過④新潟縣七社遺迹出土《九九乘法歌》木簡中載有“一九又九”一句，此中“又”字用法尚屬首見，應當表示“同樣”[一]。

在書寫方式上，日本出土《九九乘法歌》木簡多數是縱向寫法，即從右上端起，從上而下書，寫完一行後，在左側另起一行書寫，如上所舉①②④⑤⑥，這種書寫格式與敦煌本基本一致。也有少量《九九乘法歌》木簡採用了橫向分列形式書寫，如上舉③以及島根縣白壞遺迹出土木簡[二]、長野縣屋代遺迹群出土第一一六、一一七號木簡[三]，保留了秦漢魏晋之遺風。日本《九九乘法歌》

〔一〕〔日〕淺井勝利：《七社遺迹出土“九九”木簡について》，《七社遺迹發掘調查報告書》，新發田市教育委員會，二〇一一年，第三〇頁。

〔二〕〔日〕木簡學會編：《木簡研究》第一〇號，一九八八年，第七四頁。

〔三〕〔日〕木簡學會編：《木簡研究》第二二號，二〇〇〇年，第二五七頁。

木簡中有不少正背面同書的現象，即正面寫完後，緊接在背面繼續寫，正背面內容接續，如上舉②⑤⑥。秦漢簡牘中僅有益陽兔子山漢簡J七⑤壹：三二八號+J七⑤貳：二七號+J七⑦：四一號是如此形式[一]。如果木板較厚，如上舉①，不僅正背面，兩側面也會拿來書寫。這種多面連書形式在我國秦漢簡牘《九九乘法歌》中未見，是屬於日本木簡的一個特色。

總之，日本八世紀左右的《九九乘法歌》都是"小九九"，在內容和形式上與敦煌漢文本較爲相近，明顯受到了唐代算學的影響，但是在書寫形式上也形成了自身的特點，最爲顯著的特點便是在木簡正背面連書《九九乘法歌》，甚至側面也書，類於觚。這種書寫形式說明這些木簡沒有成册，應該是爲了在攜帶和使用上的方便。

結 論

十三件敦煌本《九九乘法歌》可以分爲小寫數字本、大寫數字本和吐蕃文本。八件小寫數字本中斯四五六九號和北敦一〇八二〇號內容完整，保存了唐五代宋初《九九乘法歌》的全貌，兩件寫本皆採用縱向書寫的方式，內容起"九九八十一"，訖"一一如一"，共四十五句。伯三一〇二號背是敦煌寫本中唯一的大寫數字《九九乘法歌》，說明唐五代宋初的算術教育重視實用。吐蕃文本《九九乘法歌》共四件，是唐宋時期漢藏算學交流的證據。從伯特一二五六號和伯特一〇七〇號來看，除了文字不同外，內容與漢文本基本相同，說明唐五代時期吐蕃地區的《九九乘法歌》當是從中原地區傳入的。尤其是斯特七六四號的發現，把八十一句歌訣的"大九九"的出現時間和傳播到吐蕃的時間前溯到了十世紀至十一世紀初，且說明"大九九"的編者可

〔一〕 益陽兔子山漢簡J七⑤壹：三二八號+J七⑤貳：二七號+J七⑦：四一號正面訖"二三而六"，背面雖殘，但從殘存筆劃可知內容爲"二二而四，一一而二，二半而一"，與正面接續。里耶秦簡一二–二一三〇號+一二–二一三一號+B九–七八三號和肩水金關漢簡七三EJT一四：二四號正面都書有《九九乘法歌》，但是正背面不是同一篇內容的連續，而是相互獨立的兩篇。

能是宋初吳興子。《九九乘法歌》屬於算學基礎知識，是童蒙教育的內容，敦煌寫本證明了這一點。北敦五六七三號背筆迹稚嫩，學生同時練習了《九九乘法歌》、姓氏蒙書《敦煌百家姓》、社司轉帖以及雜字，當中《敦煌百家姓》還呈現出習字的特徵，説明《九九乘法歌》是當時學生習字階段便學習的內容。

　　《九九乘法歌》早在秦漢時期已普遍流行。從出土的相關秦漢簡牘來看，當時的《九九乘法歌》起"九九八十一"，訖"二半而一"，共三十八句。較之敦煌本，没有以乘數"一"開頭的"一九而九"到"一一而一"九句，而且"一一而二，二半而一"兩句非乘法運算，前者是加法運算，後者是分數運算。秦漢時期的《九九乘法歌》主要採用從右向左的橫向分列書寫方式，這一點也與敦煌漢文本縱向書寫不同。樓蘭文書中出現了"一八而八"和"一九如"兩句，結合晋末南北朝之初出現的《孫子算經》，説明晚至晋代《九九乘法歌》發展出了以乘數"一"開頭的九句，已經與唐五代時期的没有什麼不同。兩宋時期《九九乘法歌》發生了一個重要變化，即歌訣内容變成起"一一如一"，訖"九九八十一"，句數没變，但是與唐五代宋初的歌訣順序完全相反，這種變化是算術教育進步的體現。《九九乘法歌》不僅在西域地區有很大影響，而且在五世紀初之前就傳到了朝鮮半島，在七世紀後半期已在日本傳播，被刻於瓦片、土器，書於漆紙、木簡，成爲日本各階層學習算術的啓蒙書。

第二章 算術蒙書《立成算經》研究

　　《立成算經》早已散佚，幸賴敦煌文獻中發現了斯九三〇號背、伯三七七三號背、斯五七五一號背、伯五五四六號（二）背四個卷號。斯九三〇號背內容完整，首題"立成算經一卷"，未載作者，內容較爲簡短，主要包括識位法、度量衡制、金屬比重、大數法、九九乘法歌[一]。伯三七七三號背和斯五七五一號背實際源自同一寫本，由於殘缺，僅存標題和結尾部分。伯五五四六號（二）背僅有標題"立成再（算）經一卷"。自一九三九年李儼校錄斯九三〇號背以後[二]，學界研究成果頗多。李倍始（U.J.Libbrecht）、許康、宮島一彥、李迪、紀志剛等對它的內容和價值做了綜合論述[三]。趙承澤強調了其數碼的獨特價

　　〔一〕 季羨林主編：《敦煌學大辭典》劉鈍"立成算經"條，第六〇一頁。

　　〔二〕 李儼：《敦煌石室立成算經》，《北平圖書館圖書季刊》新第一卷第四期，一九三九年，第三八六～三九六頁。

　　〔三〕 ［比］U.J.Libbrecht（李倍始）：MATHEMATICAL MANUSCRIPTS FROM THE TUNHUANG CAVES，李國豪、張孟聞、曹天欽主編：《中國科技史探索》，第二二五～二二八頁；許康：《敦煌算書透露的科學與社會信息》，《敦煌研究》一九八九年第一期，第九六～一〇三頁；［日］宮島一彥：《曆書·算書》，［日］池田溫編：《講座敦煌5·敦煌漢文文獻》，第四八三～四八四頁；李迪：《中國數學通史·上古到五代卷》，第三九一～三九五頁；紀志剛：《南北朝隋唐數學》，第三二八～三三二頁。

值〔一〕。沈康身強調了它對認識古代籌算教育的意義〔二〕。張小虎強調了其九九乘
法歌及累加表和數碼的意義〔三〕。劉鈍、鄧文寬、王進玉對它的價值進行了總結
説明〔四〕。但是前輩學者的論述，或把它與其他敦煌算書結合起來對敦煌算學
的内容和特點做綜合討論；或有單獨討論者，然論述簡短，未能盡興。筆者
以爲《立成算經》内容雖少，却囊括了籌算的基本知識，與當時流行的算書
相比，簡潔、易記，在編撰形式上獨具特色，因此對其編撰特點和價值還有
進一步探究的空間。本章將在前人基礎上，從《立成算經》的題目與識位法、
度量衡制、九九乘法歌等具體内容，對比唐代"算經十書"中有名的《孫子
算經》，對其編撰特點和編撰意圖進行分析、總結，進而窺探該書的性質和價
值。另外還將利用宋元明時代字書、類書中的算法篇，探究《立成算經》對
後世算書編撰的影響。

第一節 《立成算經》的編撰特點

對於《立成算經》的性質，前輩學者已有一些論斷，汪泛舟認爲該書屬
於應用類童蒙讀物〔五〕，許康認爲該書是啓蒙讀物〔六〕，李并成主張該書是數學入
門者的讀物〔七〕。綜合前輩們的論斷來看，《立成算經》是基礎性算學蒙書無疑。

〔一〕 趙承澤：《敦煌學和科技史》，敦煌文物研究所編：《1983 年全國敦煌學術討論
會文集（文史・遺書編）》上册，第四一〇～四一一頁。

〔二〕 吴文俊主編，沈康身分卷主編：《中國數學史大系》第四卷《西晋至五代》，第
三六四頁。

〔三〕 張小虎：《敦煌算經九九表探析》，《温州大學學報（自然科學版）》二〇一一年
第二期，第一～六頁。

〔四〕 季羨林主編：《敦煌學大辭典》，第六〇〇～六〇一頁；王進玉：《敦煌學和
科技史》，第七一～七二、七六頁。

〔五〕 汪泛舟：《敦煌的童蒙讀物》，《文史知識》一九八八年第八期，第一〇七頁。

〔六〕 許康：《敦煌算書透露的科學與社會信息》，《敦煌研究》一九八九年第一期，
第一〇一頁。

〔七〕 李并成：《從敦煌算經看我國唐宋時代的初級數學教育》，《數學教學研究》
一九九一年第一期，第三九頁。

但是對於該書作爲蒙書，究竟内容上有什麽樣的特點，與同樣作爲基礎性算書的《孫子算經》有什麽區別，以及該書在算術教育中的價值，還有待於深入探討。

一　"立成"含義與蒙書編撰意圖解析

對於《立成算經》中"立成"一詞，前輩學者已有闡釋。英國著名漢學家李約瑟認爲："中國很早就像古巴比倫那樣，製有數字的量值表。我們已經看到，書名中的'立成'一詞指的就是這種表；'立成'就是'立即成功'，意思相等於'計算便覽'。《九宮行棋立成》就是使用該詞的一個早期的例子，其中的表由王琛編成，摘録了李業興在公元548年所造曆法中使用的天文資料。類似的表在以後各斷代史的曆志中都經常出現。"〔一〕《中國數學簡史》一書中指出"此卷算經實際上是供一般計算時查閱的常用算表故名'立成'算經"〔二〕。王渝生在《敦煌算書提要》中提到："'立成'本係唐以後天文學家推算各種數據時所用算表的通稱，後來亦被算學家採用。"〔三〕《敦煌學大辭典·立成算經》中劉鈍的看法與王渝生近似，其言："'立成'即速成，係唐以後天文學家推算各種數據時所用算表的通稱，後來亦被數學家採用"〔四〕。從内容來看，《立成算經》并不能稱之爲"算表"，所以此中"立成"的用意應該是表示"立即成功"或"速成"。

斯九三〇號背《立成算經》中僅用七十行便書寫完畢，其中識位法、度量衡制、大數法、金屬比重共二十二行，九九乘法歌共四十五行，總字數僅六百七十四，與《孫子算經》相比，可謂簡短。再從該書識位法來看，其云

〔一〕〔英〕Joseph Needham（李約瑟），Science and Civilisation in China Volume 3 Mathematics and the Sciences of the Heavens and the Earth, Cambridge University Press, 1959, p.107. 此據〔英〕李約瑟著，王鈴協助，梅榮照等譯：《中國科學技術史》第三卷《數學、天學和地學》第一九章"數學"，科學出版社、上海古籍出版社，二〇一八年，第九八頁。

〔二〕中外數學簡史編寫組：《中國數學簡史》，第二二六頁。

〔三〕王渝生：《敦煌算書提要》，郭書春主編：《中國科學技術典籍通彙·數學卷》第一分册，第四〇三頁。

〔四〕季羨林主編：《敦煌學大辭典》，第六〇一頁。

"凡算之法，大數左畔，小〔數〕右厢，六不積聚，五不單張。大小諸隻，具列後詳。算既人間要切，合如略舉大綱"，從最後一句"合如略舉大綱"來看，編者已經明言該書是一本算學大綱。所以，《立成算經》既内容簡短，又爲算學"大綱"，確實可以用之達到速成目的。

"立成"一詞表示速成的用法早已有之，比如前引李約瑟所舉王琛的《九宫行棋立成》，另外《隋書 · 經籍志》記録有：《太一三宫兵法立成圖》《太公書禁忌立成集》《黄帝軍出大師年命立成》《九州行基立成法》《三元九宫立成》《太一飛鳥立成》《遁甲九元九局立成法》《決式立成》《易立成》《周易立成占》《雜地基立成》等等〔一〕。敦煌文獻保存有《立成孔子馬坐卜占法》。可見"立成"一詞早先多用於道家著作中，表示快速習得之意。而與《立成算經》題目相近的道家著作亦有之。《通志 · 藝文略》載有"《三命立成算經》一卷，陶隱居撰"和"《三命立成算經要訣》一卷"〔二〕。陶隱居，即陶弘景，是南朝著名道家代表人物。陶弘景所撰《三命立成算經》應該是推算命數之書，與算術之學無涉。《三命立成算經要訣》，雖不知撰者，但性質應該與《三命立成算經》類似。如今看來，《立成算經》的取名當受到道家"立成"類書名，尤其是《三命立成算經》《三命立成算經要訣》的影響。

使用速成概念的蒙書并不僅見於《立成算經》，現存漢代史游《急就篇》和明代《龍文鞭影》都具有這樣的意義。《急就篇》是識字蒙書，其曰"急就"，有速成之義。如《史記 · 李斯傳》載："今怠而不急就，諸侯復彊，相聚約從，雖有黄帝之賢，不能并也。"〔三〕"急就篇"即指可以速成之篇。史游

〔一〕（唐）魏徵等撰：《隋書》卷三四《經籍志三》，中華書局，一九七三年，第一〇一三～一〇三七頁。

〔二〕（宋）鄭樵撰：《通志》卷六八《藝文略第六》"右三命"條，中華書局，一九八七年影印本，第八〇五頁。

〔三〕（漢）司馬遷撰，（南朝 · 宋）裴駰集解，（唐）司馬貞索隱，（唐）張守節正義：《史記》卷八七《李斯傳》，中華書局，一九五九年，第二五四〇頁。

在篇首指出"用日約少誠快意，勉力務之必有喜"〔一〕，與"急就"對應。對於"用日約少誠快意"一句，顏師古注曰："以其詳悉，多所該備，不費功日，而心意開了，故云快意也。《禮·學記》曰：'師逸而功倍。'"〔二〕顏師古認爲《急就篇》内容詳備，僅需少許時日便可掌握，可達事半功倍的效果，正合《禮記》所云"善學者師逸而功倍"之觀點〔三〕。宋人趙希弁《郡齋讀書後志·急就章一卷》云："急就者，謂字之難知者，緩急可就而求焉。"〔四〕他理解"急就"爲"緩急可就"，即急需的時候可快速掌握。《龍文鞭影》，原名《蒙養故事》，爲明人蕭良有撰，内容以歷史人物典故爲主，後來明人楊臣諍對該書進行了補充和訂正，改名爲《龍文鞭影》。"龍文"，駿馬名〔五〕。"鞭影"，馬鞭的影子。楊臣諍自敘云："凡屬駒齒未落者，皆當見鞭影而馳，以無負不佞較讎之苦志，斯可矣。"〔六〕可見此中"龍文"指代優秀且勤奮的學子，"鞭影"則指代這本蒙書，寓意是這本蒙書可以讓學子在學業上疾馳，取得"師逸而功倍"的學習效果。回到《立成算經》，其編者自言"合如略舉大綱"，説明該書内容簡要而完備，學習者不費很多時日便可掌握，故編者題曰"立成"。此"立成"實與"急就""龍文鞭影"所要表達的意義相同。

〔一〕（漢）史游著，曾仲珊校點：《急就篇》，岳麓書社，一九八九年影印本，第一頁。

〔二〕（漢）史游著，曾仲珊校點：《急就篇》卷一，第三四頁。

〔三〕（清）孫希旦撰，沈嘯寰、王星賢點校：《禮記集解》卷三六《學記第十八》，第九六九頁。

〔四〕（宋）趙希弁編：《郡齋讀書後志》卷一"小學類·急就章一卷"條，（清）紀昀等編纂：《景印文淵閣四庫全書》第六七四册，臺北商務印書館，一九八六年影印本，第三七五頁。

〔五〕《漢書·西域傳》："蒲梢、龍文、魚目、汗血之馬充於黃門。"孟康注曰："四駿馬名也。"（第三九二八頁）

〔六〕（明）蕭良有撰，（明）楊臣諍增訂，喻岳衡、喻美靈校注：《龍文鞭影》，岳麓書社，二〇〇八年，第三頁。

二 識位法的編撰特點解析

《立成算經》的編者不僅在題目中標榜"立成"，而且在内容的編撰中，注重簡要、押韻，把"立成"的理念貫穿到了整個内容中。以下分析識位法的編撰特點。

算學蒙書多以識位法開篇，《立成算經》亦是如此。在珠算發明之前，我國主要使用籌算之法，利用一種被稱爲籌（或叫算、策）的竹製、木製或者鐵製的一組小細棒進行布算。學習者在算學入門之時，首先要了解數碼的排列方法和運算法則，即識位法。爲了明晰《立成算經》中識位法的編撰特點，以下把其與《孫子算經》的識位法進行對比。

《立成算經》	凡算之法，大數左畔，小〔數〕右厢，六不積聚，五不單張。大小諸隻，具列後詳。算既人間要切，合如略舉大綱。丨 一縱、一 十横、丨 百立、一 千僵、丨 萬豎、一 億横。
《孫子算經》	凡算之法，先識其位。一縱十横〔一〕，百立千僵，千十相望，萬百相當。凡乘之法，重置其位。上下相觀，上位有十步至十，有百步至百，有千步至千。以上命下，所得之數列於中位。言十即過，不滿自如。上位乘訖者先去之。下位乘訖者則俱退之。六不積，五不隻。上下相乘，至盡則已。〔二〕

《立成算經》開篇"凡算之法"，當出自《孫子算經》之"凡算之法，先識其位"。緊接"大數左畔，小〔數〕右厢"兩句是説：大數在左，小數在右，位數由大到小。這兩句不見於其他算書，應該是獨創〔三〕。再接"六不積聚，五不

〔一〕 縱，錢寶琮校點《算經十書》和郭書春、劉鈍校點《算經十書・孫子算經》（遼寧教育出版社，一九九八年，第二頁）中作"從"。按：從，通"縱"。《集韻・鍾韻》："從，東西曰衡，南北曰從。或从糸。"（〔宋〕丁度等編，上海古籍出版社，一九八五年影印本，第一七頁）今當作"縱"。以下《算經十書》校點本中凡"縱"作"從"者，一律作"縱"，不再一一出注説明。

〔二〕 錢寶琮校點：《算經十書》，第二八二頁。

〔三〕 許康：《敦煌算書透露的科學與社會信息》，《敦煌研究》一九八九年第一期，第九七頁。

單張”兩句是表示數碼的組成方式。這兩句，《孫子算經》作“六不積，五不雙”。其後“大小諸隻，具列後詳。算既人間要切，合如略舉大綱”四句不見於其他算書，亦或爲編者所創。《立成算經》識位法最後一段連起來爲“一縱十橫，百立千僵，萬豎億橫”，前兩句顯然出自《孫子算經》，最後一句“萬豎億橫”又當爲編者所加。

　　經過對比可知，《立成算經》的識位法與《孫子算經》有很多相似之處，鑒於《孫子算經》出現在唐代以前，又在唐代有很大的影響力，我們可以大膽推測《立成算經》的識位法應該改編自《孫子算經》。不同點是，《立成算經》添加了不少自創內容，尤其是“大小諸隻，具列後詳。算既人間要切，合如略舉大綱”一段話無疑是編者意圖的呈現。

　　另外需要注意的是，《立成算經》與《孫子算經》的識位法都有不少四字句，注意押韻，但是唯有《立成算經》的識位法將押韻貫徹到底。該書識位法中各句末的“厢”“張”“詳”“僵”四字都押平聲陽韻，“綱”字押平聲唐韻，形成每兩句押韻的結構，讀之朗朗上口，可謂是一篇以四字句爲主的識位法口訣。當然這種口訣不是《立成算經》首創。唐代的《夏侯陽算經·明乘除法》載：“夫乘除之法，先明九九。一縱十橫，百立千僵，千、十相望，萬、百相當。滿六已上，五在上方，六不積算，五不單張。上、下相乘，實居中央。言十自過，不滿自當。以法除之，宜得上商。縱算相似，橫算相當。以次右行，極於左方。”[一]已然是一篇四字句口訣。不過，《夏侯陽算經》這部分內容更多且複雜，《立成算經》顯然在簡易度上更勝一籌。

三　度量衡制、金屬比重、大數法的編撰特點解析

　　斯九三〇號背《立成算經》中，度量衡制、金屬比重、大數法這三部分內容緊接在識位法之後，九九乘法歌之前，具體順序是量制、衡制、金屬比重、度制、大數法，這些內容在編撰形式上具有一定相似性，故放在一起討論。

〔一〕　錢寶琮校點：《算經十書》，第五五八頁。

先來看《立成算經》度量衡制的編撰特點。寫卷中量制僅三行，共八句，起"六粟爲圭"，訖"六千萬粟爲石"；衡制亦爲三行，共七句，起"秤之權衡"，訖"七十斤爲石"；度制内容稍多，爲四行，共十二句，起"尺之毫釐"，訖"十丈爲引"。以下把這三項内容分別與《孫子算經》作對比，以求明晰這部分内容的編撰特點。

	量制	衡制	度制
《立成算經》	六粟爲圭，六十粟爲撮，六百粟爲抄，六千粟爲勺，六萬粟爲合，六十萬粟爲升，六百萬粟爲斗，六千萬粟爲石。	秤之權衡，十黍爲絫，十絫爲銖，廿四銖爲兩，十六兩爲斤，卅斤爲鈞，七十斤爲石。	尺之毫釐，十忽爲絲，十絲爲毫，十毫爲釐，十釐爲分，十分爲寸，十寸爲尺，十尺爲丈，三丈爲段，四丈爲疋，五丈爲端，十丈爲引。
《孫子算經》	量之所起，起於粟。六粟爲一圭，十圭爲一撮，十撮爲一抄，十抄爲一勺，十勺爲一合，十合爲一升，十升爲一斗，十斗爲一斛。斛得六千萬粟。所以得知者，六粟爲一圭，十圭六十粟爲一撮，十撮六百粟爲一抄，十抄六千粟爲一勺，十勺六萬粟爲一合，十合六十萬粟爲一升，十升六百萬粟爲一斗，十斗六千萬粟爲一斛。十斛六億粟，百斛六兆粟，千斛六京粟，萬斛六陔粟，十萬斛六秭粟，百萬斛六壤粟，千萬斛六溝粟，萬萬斛爲一億斛，六澗粟，十億斛六正粟，百億斛六載粟。	稱之所起，起於黍。十黍爲一絫，十絫爲一銖，二十四銖爲一兩，十六兩爲一斤，三十斤爲一鈞，四鈞爲一石。	度之所起，起於忽。欲知其忽，蠶吐絲爲忽。十忽爲一絲，十絲爲一毫，十毫爲一釐，十釐爲一分，十分爲一寸，十寸爲一尺，十尺爲一丈，一丈爲一引。五十尺爲一端，四十尺爲一疋。六尺爲一步。二百四十步爲一畝。三百步爲一里。[一]

從以上對比可見，《立成算經》的量制完全脱胎於《孫子算經》的"六粟爲一圭，十圭六十粟爲一撮，十撮六百粟爲一抄，十抄六千粟爲一勺，十勺六萬粟爲一合，十合六十萬粟爲一升，十升六百萬粟爲一斗，十斗六千萬粟爲一斛"

〔一〕 錢寶琮校點：《算經十書》，第二八一～二八二頁。

一段〔一〕，區别在於《立成算經》的編者把《孫子算經》中"一圭""一撮""一抄"等直接省作了"圭""撮""抄"等，又把"十圭六十粟爲一撮，十撮六百粟爲一抄"等句省去了前邊的"十圭""十撮"等，使内容更爲簡短。不僅如此，《立成算經》的量制祇是擇取了《孫子算經》中的一部分，因爲這部分内容在日常生活中是比較常用的，而《孫子算經》中"十斛六億粟"至"百億斛六載粟"十句，數值已經超越了實際生活的範圍，故未被《立成算經》的編者採用。

　　《立成算經》的衡制内容與《孫子算經》高度重合，亦有簡短化的特點。《立成算經》中從"十黍爲絫"到"七十斤爲石"，較之《孫子算經》，每句中皆省去了"一"字，在不影響文義的前提下，達到了簡化目的。不過，《立成算經》的衡制的首句和末句皆與《孫子算經》不同。《立成算經》的衡制首句"秤之權衡"，不見於其他算書，可能爲編者自創。"權衡"是秤在稱量物體輕重時的主要器具，這裏有"標準"的含義，"秤之權衡"即表明秤的重要作用是設定標準，突出了衡制的意義。末句"七十斤爲石"，《孫子算經》作"四鈞爲一石"，《夏侯陽算經》《算經》亦作"四鈞爲一石"，四鈞是一百二十斤，因此《立成算經》此句可能存在抄寫錯誤〔二〕。

　　《立成算經》的度制内容亦與《孫子算經》高度重合，不過亦省去了每句中的"一"字，達到了簡化目地。首句"尺之毫釐"，不見於《孫子算經》，顯然是編者延續了衡制首句的形式。"毫釐"是度制的基本單位，也是尺的基本刻度，泛指長度、尺寸。"尺之毫釐"一句，突出了度制的意義。另外，"三丈爲段"一句爲《孫子算經》所無。《立成算經》中"三丈爲段，四丈爲疋，五丈爲端，

〔一〕（唐）釋慧琳《一切經音義》卷二五"《涅槃經卷》第十卷·滿足八斛"條載："《孫子算經》云：'量之所起，初起於粟，六粟爲一圭，六十粟爲一撮，六百粟爲一抄，六千粟爲一勺，六萬粟爲一合，六十萬粟爲一升，六百萬粟爲一斗，六千萬粟爲一斛。'"（徐時儀校注：《〈一切經音義〉三種校本合刊》，上海古籍出版社，二〇〇八年，第九四五頁）此記載與傳世本《孫子算經》略有不同，可供參校。

〔二〕許康：《敦煌算書透露的科學與社會信息》，《敦煌研究》一九八九年第一期，第九九頁。

十丈爲引”四句，按照數字升序排列，便於學習者記誦，也是編者匠心的體現。

綜合《立成算經》的度量衡制來看，各制的基本單位及換算方法齊備，保留了《孫子算經》的度量衡制的基本內容，省去了《孫子算經》中“六粟爲一圭”“十黍爲一絫”“十忽爲一絲”等句中的“一”字，使多數內容形成了四字句，更加便於記誦。其衡制和度制分別以“秤之權衡”和“尺之毫釐”兩句引出後文，頗具新意。需要注意的是，《立成算經》的量制內容不僅未以“量之”開頭，而且未採用各容量單位間的十進制換算內容，而是以“粟”爲基本單位，記錄了各容量單位與“粟”的換算關係，形式與衡制、度制有明顯不同，造成這一不同的原因可能是寫卷在傳抄過程中產生的錯誤。另外，寫卷中金屬比重部分寫在衡制和度制的中間，也可能是在抄寫中產生的錯誤顛倒。

接下來分析《立成算經》中金屬比重和大數法的編撰特徵。繼續以表格的形式將這兩部分內容與《孫子算經》中對應的部分進行對比。

	金屬比重	大數法
《立成算經》	金方寸爲斤，銀方寸爲十二兩，玉方寸爲九兩，銅方寸爲八兩，鐵方寸爲六兩，石方寸爲四兩。	大數有十，十萬曰億，十億爲兆，十兆爲京，十京爲垓，十垓爲秭，〔十壤〕爲溝，十溝爲間，十間爲正，十正爲載。
《孫子算經》	黃金方寸重一斤。白銀方寸重一十四兩。玉方寸重一十二兩。銅方寸重七兩半。鈆方寸重九兩半。鐵方寸重六兩。石方寸重三兩。	凡大數之法：萬萬曰億，萬萬億曰兆，萬萬兆曰京，萬萬京曰陔，萬萬陔曰秭，萬萬秭曰壤，萬萬壤曰溝，萬萬溝曰澗，萬萬澗曰正，萬萬正曰載。〔一〕

經過對比，可知《立成算經》和《孫子算經》都以金方寸爲一斤，但是之後除了鐵方寸，銀方寸、玉方寸、銅方寸、石方寸的重量都不一致，《立成算經》形成了一組新的比重值〔二〕，説明這部分內容并非完全抄自《孫子算經》，

〔一〕　錢寶琮校點：《算經十書》，第二八二頁。

〔二〕　（比）U.J.Libbrecht（李倍始）：MATHEMATICAL MANUSCRIPTS FROM THE TUNHUANG CAVES，李國豪、張孟聞、曹天欽主編：《中國科技史探索》，第二二七頁；許康：《敦煌算書透露的科學與社會信息》，《敦煌研究》一九八九年第一期，第九七～九八頁；李迪：《中國數學通史・上古到五代卷》，第三九四～三九五頁。

而是有實踐依據的〔一〕。較之《孫子算經》,《立成算經》的編者減去了不常用的
銖方寸的內容,而且把"黃金""白銀"分別省作"金""銀",把"一斤"省
作"斤",變"重"字爲"爲"字,內容不僅更爲簡潔,而且帶有"爲"字的
句式與度量衡制保持了一致。

　　《立成算經》的大數法採用的是十進制,而《孫子算經》採用的是萬進
制,說明前者另有所據。關於大數及其進制,唐代算學用書《數術記遺》和
《三等數》中有詳細記載。《數術記遺》云:"黃帝爲法,數有十等。及其用也,
乃有三焉。十等者,億、兆、京、垓、秭、壤、溝、澗、正、載。三等者,
謂上、中、下也。其下數者,十十變之,若言十萬曰億,十億曰兆,十兆曰京
也。中數者,萬萬變之,若言萬萬曰億,萬萬億曰兆,萬萬兆曰京也。上數
者,數窮則變,若言萬萬曰億,億億曰兆,兆兆曰京也。"〔二〕宮島一彥指出《立
成算經》的十進制大數法相當於《數術記遺》之"下數"〔三〕。而《數術記遺》
所言之"中數",即萬進制,爲《孫子算經》和《算經》所採用,說明唐五代
大數法中十進制和萬進制并行。就編撰形式而言,《立成算經》的大數法皆爲
四字句,并普遍採用"爲"字句,與度量衡制、金屬比重的句式一致。

　　綜上所述,《立成算經》的度量衡制、金屬比重、大數法,在編撰形式上
較爲統一,注重簡要,在保證表述含義不變的前提下省去了《孫子算經》中
的部分文字,使內容多保持爲四字句,并多採用"爲"字句,使內容接近於
口訣,更加便於記誦,可達速成之效,與標題"立成"契合。這三部分內容
亦是算學的基礎和綱要,正合該書中編者所言"算既人間要切,合如略舉大
綱"。這種各項內容都注重簡要的編撰形式,不僅與《孫子算經》不同,也尚

　　〔一〕　許康:《敦煌算書透露的科學與社會信息》,《敦煌研究》一九八九年第一期,
第九八頁。

　　〔二〕　錢寶琮校點:《算經十書》,第五四〇頁。按:《數術記遺》卷首題"漢徐岳撰,
北周漢中郡守、前司隸、臣甄鸞注",三上義夫、錢寶琮都主張它是甄鸞所撰而託名徐岳
(〔日〕三上義夫著,林科棠譯:《中國算學之特色》,王雲五主編《萬有文庫》第一集一千
種,商務印書館,一九三〇年,第一六頁;錢寶琮校點:《算經十書》,第五三一頁)。

　　〔三〕　〔日〕宮島一彥:《曆書·算書》,〔日〕池田溫編:《講座敦煌5·敦煌漢文文獻》,
第四八四頁。

未見於唐代的其他算書，成爲了《立成算經》獨特性之所在。

四　九九乘法歌的編撰特點解析

斯九三〇號背《立成算經》寫本中的九九乘法歌，共四十五行，主體内容是從“九九八十一”到“一一如一”的四十五句的乘法歌，不過在每句歌訣後增加了相應的數碼以及“直下”“通前”部分，這種編撰形式爲《立成算經》所獨有。現截取《立成算經》中九九乘法歌的部分内容，以備分析之用。

九九八〔十〕一	⊥I	直下八十一	⊥I
八九七十二	⊥II	通前一百五十三	I≡III
……			
八八六十四	⊥IIII	直下六十四	⊥IIII
七八五十六	≡丅	〔通〕前一百廿文	II⊥（I＝）
……			
一二如二	II	通前五（六）文	IIIII（丅）
一一如一	I	直下一	I

都計得一千一百五十五文。

從以上内容來看，九九乘法歌中的一個突出特徵，便是數碼的運用。數碼由記數符號組成，當時的記數符號從一到九分別用縱式 I、II、III、IIII、IIIII、丅、㔮、㖡、㗊和横式 一、＝、≡、㖊、㗊、⊥、⊥、⊥、⊥表示。爲了便於學習者記憶這些記數符號，遂有“六不積聚，五不單張”的口訣。對於這兩句口訣，李約瑟解釋爲：“到了6這個數字，就不再堆砌（筆畫）了，而數字5則不是一個（單畫）組成的”[一]。這一解釋當没有問題。這些記數符號在使用時縱横相間，如識位法所言“一縱十横，百立千僵，萬豎億横”，具體排

〔一〕〔英〕Joseph Needham（李約瑟），Science and Civilisation in China Volume 3 Mathematics and the Sciences of the Heavens and the Earth, p.8. 此據〔英〕李約瑟著，王鈴協助，梅榮照等譯《中國科學技術史》第三卷《數學、天學和地學》第一九章“數學”，第八頁。

序方法又是“大數左畔，小數右厢”。比如“八十一”，用數碼表示爲“⊥丨”，“一百五十三”，用數碼表示爲“丨亖〣”。如果是零的話，理論上是用空位表示，但在實際使用中也可以不空，比如《立成算經》中的“四百五文”表示爲“〢〢〢〢”。伯二九三〇號碎一背的修補紙上記載了兩組數值非常大的數碼，對認識當時數碼的排序有重要參考價值。該寫本左側數碼爲“〣＝丅〣〤＝”（後缺），數碼下對應數值爲“三兆二億六萬五千九百二十”（後缺），右側數碼爲“丨⊥〣＝〤”（後缺），數碼下對應數值爲“一兆六億三萬二千九百”（後缺）。這兩組數碼即是按照“大數左畔，小〔數〕右厢”進行排列，而且它們的數值遠遠超出了實際運用的範圍，顯然書寫者的目的是學習數碼和識位訓練。回到《立成算經》，當中四十五句乘法歌訣加上“直下”“通前”部分的四十五句，每句後皆有相應的數碼，也就是説共計有九十個數碼。這些數碼與前面的識位法形成了互動，使識位法不再是乾巴巴的口訣，讓學習者可以更快地掌握籌算的基本運算規則，滿足實際運用。這種九九乘法歌與數碼結合的形式，還見於伯三三四九號＋斯五八五九號《算經》和斯六六三號背，説明敦煌地區較爲注重數碼的學習。

　　該九九乘法歌中的另一個特點是加法運算的引入，這一點體現在“直下”和“通前”部分中。對於“直下”和“通前”的意義，張小虎認爲：“‘直下’大約爲‘從這裏開始計算’，似還起到給九九表‘分段’的作用；‘通前’則無疑應是指各句乘積的遞相累加。”〔一〕這樣理解應該是沒有錯誤的。“通前”部分其實就是加法運算，即把“九九”到“一九”、“八八”到“一八”，直至“二二”到“一二”的每段歌訣乘積的結果相加。而且九九乘法歌末還有一句“都計得一千一百五十五文”〔二〕，即四十五句歌訣乘積相加的總和。這樣以來，在乘法練習中，增加了加法運算，有助於學習者提升乘法、加法的綜合運算能力，也可以供學習者做簡單的算術查詢。

　　〔一〕　張小虎：《敦煌算經九九表探析》，《温州大學學報（自然科學版）》二〇一一年第二期，第三頁。
　　〔二〕　此句的形式與里耶秦簡《九九乘法歌》末“凡千一百一十三字”的意義基本一致，不過里耶秦簡中是三十八句歌訣的總和。

對於九九乘法歌內容和功能的擴充，其實早在《孫子算經》中便已出現。《孫子算經》的九九乘法歌中，每句歌訣下增加了平方、除法運算，比如"八九七十二，自相乘，得五千一百八十四。八人分之，人得六百四十八"；還在"九九"到"一九"、"八八"到"一八"等每段歌訣之後，增加了加法、平方、除法運算，比如"九九"到"一九"這一段後有"右九九一條，得四百五，自相乘，得一十六萬四千二十五。九人分之，人得一萬八千二百二十五"。《孫子算經》的這一形式還延續到了敦煌《算經》中。《立成算經》的九九乘法歌與《孫子算經》相比，祇增加了加法運算，顯然更適合於初學者，而且可以確定的是，《立成算經》這部分內容亦受到了《孫子算經》的影響。

綜上所述，《立成算經》中九九乘法歌與數碼、加法運算相結合，不僅讓九九乘法歌與識位法緊密結合，利於學習者快速掌握籌算基本規則，而且有助於學習者提升綜合運算能力，亦可供學習者進行一些簡單的算術運算結果、數碼的查詢，實用性大大增強，更是契合了編者提出的"立成"理念，可達速成之效。

第二節　《立成算經》編撰形式的影響

宋代以後算書種類豐富、形式多樣，雖然很多算書都注重算法的教授，也多用歌訣、口訣，比如宋代的《謝察微算經》、楊輝《日用算法》，元代朱世傑《算學啓蒙》、丁巨《丁巨算法》、賈亨《算法全能集》、安止齋《詳明算法》，明代吳敬《九章算法比類大全》、王文素《算學寶鑑》、程大位《算法統宗》等等，但是這些算書幾乎都有算題，與《孫子算經》《夏侯陽算經》《算經》是一脈，而與《立成算經》這樣僅有算法的算書不同。宋刻本《重編詳備碎金》、宋末陳元靚《事林廣記·算法類算附—尺法》和明初《明本大字應用碎金·算法篇第十六》所載算法在編撰形式上與《立成算經》有很多相似之處，從這三書或可尋得《立成算經》在宋元明時期的影響。

一　《立成算經》對《重編詳備碎金》編撰形式的影響

今藏日本天理圖書館的宋刻本《重編詳備碎金》，南宋張雲翼編，依目錄可知該書分門別類，有四十個篇目。現該書中最後一部分是算法，然缺大部名，僅有八個小部名，分別是"積數""九九數""九數""尺法""斛法""秤法""畝法""算法"，正文爲大字，注文爲雙行小字[一]。從現存內容來看，該部僅有基礎算法，不涉及算題，因此可以説這部分內容是一部算法大綱，和《立成算經》的性質相似。以下簡要介紹該書算法部分的主要內容，以便觀其與《立成算經》在編撰形式上的相似之處。

《重編詳備碎金》的"積數"部爲"數起於一二三四五六七八九十"，非常簡短。其"九九數"部起"一一如一"，訖"九九八十一"，末有"共積一千一百五十五數"一句。從此"九九數"部來看，南宋的《九九乘法歌》的順序已經與唐代不同，變爲從"一一"起，不過其末還保留了"共積一千一百五十五數"一句，這一點與《立成算經》一致。其"九九數"部後接大數法，大數法似與"積數"部內容銜接，起"百十爲百"，訖"載生極"。之後的"九數"部取自《九章算術》之九章名目，該部不見於現存唐代算書。接下來的"尺法""斛法""秤法"三部是度量衡制，這部分內容的編撰形式有《立成算經》的特點。該書最後是"畝法"和"算法"二部，"算法"部僅有"乘除加減倍折因皈"八字，這二部內容不見於《立成算經》，應該是延續自《孫子算經》。

該書所載度量衡制具體特點如下。其"尺法"部載"度鐸起於忽忽謂如蠶初吐絲也。絲毫十忽曰絲，十絲曰毫。釐分十毫曰釐，十釐曰分。尺寸十分曰寸，十寸曰尺……"其"斛法"部載："斛，胡谷切。古斛十斗，今斛五斗。量起於粟粳粟，小米。圭撮六粟爲圭，十圭爲撮。抄勺十撮爲抄，十抄爲勺……"；其"秤法"部載："衡行起於黍暑。稬粟，黃米。絫銖音畾殊。十黍曰絫，十絫曰銖……"以上度量衡制的內容在形式上採用了字書的編撰方式，內容上明顯有《孫子算經》的痕跡，但是其注文的換算內容在編撰形式上與《立成算經》非常類似。具體而言，這些換算內容和《立成算經》一樣，皆省去了《孫子算經》中的"一"字，比如《孫子算經》中的"十忽爲一絲，十絲爲一毫"，《立成算經》作"十忽爲絲，十絲爲

〔一〕（宋）張雲翼編：《重編詳備碎金》，天理圖書館善本叢書漢籍之部第六卷，第五〇七～五一〇頁。

毫”，該書作“十忽曰絲，十絲曰毫”，可以説該書在編撰形式上亦追求簡潔，多用四字句，和《立成算經》有异曲同工之妙。

該算法内容與《立成算經》還有一個非常重要的共性，那就是二者皆爲算法大綱，所舉内容皆不出基礎的算學知識範圍，以滿足日用爲目的。《重編詳備碎金》序言曰：“碎金一書，雖非文章華麗，然童稚發蒙與夫涉世，逐急日用事字皆不可闕。”[一]由此可見，該書與《急就篇》的性質類似，可作識字“逐急”之用，而該書中算法部分自然與《立成算經》的性質類似，便於算法“立成”。

二 《立成算經》對《事林廣記・算法類算附—尺法》編撰形式的影響

宋末陳元靓撰類書《事林廣記》中《算法類算附—尺法》的編撰形式與《立成算經》有很多共同點。該《算法類算附—尺法》現存“算法源流”[二]“算至極數”“累算數法”“足數展省”“省數歸足”“九九算法”“亥字算法”“置位加減因折”“下籌算法”“算米麥法”“算匹帛法”“算細數長短之法謂之度”“斤秤數輕重之法謂之衡”“斛粟數多少之法謂之量”“魯般尺法”“玄女尺法”“玄女尺詩”“飛白尺法”十八部[三]。首部“算法源流”載：“夫算法者：伏羲始畫八卦，周公叙述九章。至於玄元益古，如積細草，其旨淵奧，難以尋繹，初學者無所措手。其加減因折乘除之法，所以上揆星躔，下營地理，巨無不攬，細無不規，其間穀帛買賣，賦役均輸，罔弗備具。至於修築積垛，淺深廣遠，高厚長短，於縱横之間，舉一至萬，如示諸掌，苟能通此，其求

〔一〕（宋）張雲翼編：《重編詳備碎金》，天理圖書館善本叢書漢籍之部第六卷，第三八七頁。

〔二〕 李儼《十三、十四世紀中國民間數學》中引用《事林廣記・算法類》之時，將“算法源流”用波浪綫標出，表示其爲書名（科學出版社，一九五七年，第四三頁）。《李儼錢寶琮科學史全集》第二卷李儼《十三、十四世紀中國民間數學・算書》第六條《事林廣記》中更是直接作“《算法源流》”（第四五四頁）。筆者以爲此“算法源流”如若作爲算書題名，不能總括其下各項算法，因而當是《事林廣記・算法類》之下的一個部名，内容和作用相當於序，而非算書題名。

〔三〕（宋）陳元靓撰：《事林廣記》辛集卷上，第二〇一～二〇三頁。

驅怯飛歸之法自解矣。"由此可知，此《算法類算附—尺法》當是一部爲初學者編撰的基礎算書。

從該《算法類算附—尺法》保存內容來看，形式多樣，不僅使用了很多歌訣、口訣，還夾雜了論述和圖表的形式。以下主要介紹該書中採用歌訣、口訣的內容的具體形式，以觀這部分內容與《立成算經》在編撰形式上的共同點。"算至極數"部即大數法，起"十一曰十，十十曰百"，訖"十正曰載，十載曰極"，共十五句，採用與《立成算經》相同的十進制，而且句式亦與《立成算經》相似。"累算數法"部共七十二句，起"二二單四，三二如六"，訖"九九八十一，十九九十"，這是以九九乘法歌爲基礎而把數字擴展到"十"後產生的新歌訣。"足數展省"部起"一加三，二加六"，訖"九加廿七，十與一同"，共十句；"省數歸足"部起"一七七，二一五四"，訖"九六九三，十與一同"，共十句，都是算法口訣。"九九算法"部則是以"一一如一"開頭的四十五句九九乘法歌，值得注意的是每句歌訣之上有表示該句乘積結果的數碼，這種歌訣和數碼結合的編撰形式與《立成算經》相似。"置位加減因折"部的內容是"橫千豎百，臥十立一，五不單張，六不集聚。因從上因，折從下折，加從下加，減從上減"，爲純粹的算法口訣。"算細數長短之法謂之度"部起"十忽成一絲"，訖"五丈爲一端"；"斤秤數輕重之法謂之衡"部起"十黍爲一絫"，訖"四鈞爲一石"；"斛粟數多少之法謂之量"部起"六粟爲一圭"，訖"十斗爲一石"，分別對應度制、衡制、量制。

介紹了這些內容後，可以發現該《算法類算附—尺法》亦是一本算法大綱，部名雖然稍顯複雜，但是多數內容的編撰都注重簡短，多以三字、四字、五字句出現，除了"累算數法"和"九九算法"二部本身就是歌訣外，其他各部內容也呈現出歌訣化、口訣化，易於記誦，在編撰形式上與《立成算經》非常相似。尤其此中大數法採用十進制、九九乘法歌與數碼結合，這些內容和形式可能是受到了《立成算經》的影響。

三　《立成算經》對《明本大字應用碎金·算法篇第十六》編撰形式的影響

《明本大字應用碎金》二卷，明洪武四年（一三七一）刊，卷上有《算法篇第十六》，有部名，包括"九九數""尺法""斛法""秤法""畞法""尺畞法""寸畞法"七部〔一〕。"九九數"部是以"一一如一"開頭的四十五句的九九乘法歌。"尺法"部起"度之所起於忽忽者如蛛蠶吐絲方成形，十忽爲絲，十絲爲毫"，訖"九尺爲尋，倍尋曰常"。"斛法"部起"量之所起曰圭六粟也，十圭爲撮，十撮爲抄"，訖"十升爲斗，十斗爲石"。"秤法"部起"衡之所起於黍，十黍爲㭞（絫），十㭞（絫）爲銖"，中間加"又衡之所起於忽，十忽爲絲，十絲爲毫"，訖"四鈞爲石謂計重一百二十斤，一千九百二十兩"。"畞法"部起"引之所起於步五尺也，六十步爲角，二百四十步爲畞"，訖"百畞爲頃"。"尺畞法"僅有"六千尺"三字。"寸畞法"僅有"六十"二字。此篇中度量衡制，亦有《孫子算經》的痕迹，不過具體內容的編撰形式，又與《立成算經》一致，比如不用《孫子算經》中"十忽爲一絲"裏的"一"字，講求簡短，基本保持四字句。而且該篇內容都屬於基礎算法知識，內容短而全，無疑也是一篇算法大綱，可稱《立成算經》一脈之餘裔。

結　論

《立成算經》的核心內容承自《孫子算經》，僅有少量內容屬於編者自創。與《孫子算經》不同的是，《立成算經》的編者強調"立成"，也就是速成，所以僅保留了識位法、度量衡制、金屬比重、大數法、九九乘法歌這些基礎的算學知識，自稱此書爲"略舉大綱"；在編撰形式上注重簡潔，多採用四字句、"爲"字句型，使全篇的語句更爲流暢，易於讀誦；而且把數碼和加法運算加入到九九乘法歌中，擴充了九九乘法歌的功能，不僅有助於學習者提升乘法和加法的綜合運算能力，也便於進行一些基礎的算術查詢，實用性大大增加。因此，筆者推測該書應該是唐代出現的一部用於初學者入門的算術口訣書，用以讓初學者快速掌握籌算的基礎算法。唐代中央設置有算學，所用

〔一〕（明）佚名撰：《明本大字應用碎金》，北京圖書館古籍出版編輯組編：《北京圖書館古籍珍本叢刊》第七六册"子部·類書類"，書目文獻出版社，二〇〇〇年影印本，第四一三頁。

教材有著名的 "算經十書"，算術教育較之前代有了很大進步，但是《孫子算經》《夏侯陽算經》《五曹算經》以及敦煌《算經》等比較基礎的算書的内容都比較多，無法讓學習者達到速成效果，而《立成算經》正好彌補了這方面的空缺，解決了初學者或者是急需基礎算術能力者可以快速掌握基礎算法的需求。其實從《宋史·藝文志》所載《算範要訣》《法算機要賦》《法算口訣》《算法秘訣》來看〔一〕，宋代出現了不少算法口訣、歌訣書，説明了人們對這類算書有很大的需求。現在《立成算經》的發現，讓我們知道其實在唐代就已經出現了這種專門的算法口訣書。《立成算經》雖然亡佚，但是其影響却貫穿到宋元明時期的字書、類書的算法篇當中。《重編詳備碎金》《事林廣記·算法類算附一尺法》《明本大字應用碎金·算法篇第十六》中所載算法，雖然很多内容與時俱進，但是核心的度量衡制、大數法、九九乘法歌却一直相承不斷，依舊保持着算法大綱的基本内容結構，而且内容都注重簡潔、易記，多用四字句，口訣、歌訣增多，在編撰方式上與《立成算經》一脈相承，貫徹着速成的理念。

〔一〕（元）脱脱等撰：《宋史》卷二〇七《藝文志六》，中華書局，一九七七年，第五二七六頁。

第三章　算術蒙書《算經》研究

　　《算經》，史籍未載，作者不明，幸賴敦煌文獻中保存了六個卷號的寫本，可以綴合爲兩件，爲伯三三四九號+斯五八五九號、斯一九號+俄敦三九〇三號+（中缺）+羽三七號+（中缺）+斯五七七九號[一]。綴合後的兩件寫本的内容依舊殘缺，按照現存内容可以分爲三部分：一是序文，二是以籌算識位法、九九乘法歌、大數法、度量衡制爲主的傳統基礎算學知識，三是“均田法第一”。這些内容及其形式與唐代流行的《孫子算經》《夏侯陽算經》非常類似，對校勘唐代算書，探究唐五代社會文化具有較高價值。而且，《算經》流行於民間，對了解民間算術教育的内容和特色有重要意義。早先李儼指出“此卷多爲《孫子算經》語”，就其大數法、度量衡制與《孫子算經》做了對比[二]。此後，學界多圍繞《算經》的内容和價值展開探討，且多涉及與《九章算術》《孫子算經》《張丘建算經》《五曹算經》《夏侯陽算經》的對比，先後有那波利貞、李倍始（U.J.Libbrecht）、趙承澤、許康、李并成、王進玉、宮島一彦、王渝生、李迪、沈康身、紀志剛等前輩學者的論著可以

　　〔一〕《算經》寫本的整理、校録和綴合方面的相關研究，請參看校釋篇。
　　〔二〕　李儼：《敦煌石室“算經一卷并序”》，《國立北平圖書館館刊》第九卷第一號，一九三五年，第三九~四六頁。

參考〔一〕。另外鄧文寬、劉鈍有對《算經》的價值進行總結論述〔二〕，金少華對寫本的綴合有準確説明〔三〕。對於《算經》的性質，那波利貞主張是唐代鄉校俚儒編纂的作爲教授普通庶民的一般教科書；李并成主張它是學校或家塾教育的初級數學課本，具有很强實用性，可作爲算學入門讀物。本章在前人研究的基礎上，將更爲細緻地對比《算經》與《孫子算經》《夏侯陽算經》《五曹算經》等算書的異同點，進而解析其內容來源、編撰特點，論證其編撰年代，再結合出土秦漢算書、敦煌寫本北朝《算書》，探究《算經》的源流。

第一節 《算經》的編撰特點

敦煌文獻所藏算書中，《算經》雖然有殘缺，但所存内容相對較多，現存内容依次爲序文、識位法、九九乘法歌、大數法、度量衡制、九九乘法歌、

〔一〕 ［日］那波利貞：《唐代の庶民教育に於ける算術科の内容とその布算の方法とに就きて》，《甲南大學文學會論集》（通號一），一九五四年，第一～三一頁；［比］U.J.Libbrecht（李倍始）：MATHEMATICAL MANUSCRIPTS FROM THE TUNHUANG CAVES，李國豪、張孟聞、曹天欽主編：《中國科技史探索》，第二〇三～二二九頁；趙承澤：《敦煌學和科技史》，敦煌文物研究所編：《1983年全國敦煌學術討論會文集（文史・遺書編）》上册，第四〇九～四一〇頁；許康：《敦煌算書透露的科學與社會信息》，《敦煌研究》一九八九年第一期，第九六～一〇三頁；李并成：《從敦煌算經看我國唐宋時代的初級數學教育》，《數學教學研究》一九九一年第一期，第三九～四二頁；［日］宮島一彦：《曆書・算書》，［日］池田温編：《講座敦煌5・敦煌漢文文獻》，第四七九～四八三頁；王渝生：《敦煌算書提要》，郭書春主編：《中國科學技術典籍通彙・數學卷》第一分册，第四〇二～四〇三頁；李迪：《中國數學通史・上古到五代卷》，第三九五～三九九頁；吴文俊主編，沈康身分卷主編：《中國數學史大系》第四卷《西晉至五代》，第三六〇～三七三頁；紀志剛：《南北朝隋唐數學》，第三一九～三二八頁。

〔二〕 季羨林主編：《敦煌學大辭典》，第六〇〇～六〇一頁；張弓主編：《敦煌典籍與唐五代歷史文化》，第一一〇三～一一〇四頁。

〔三〕 金少華：《跋日本杏雨書屋藏敦煌本〈算經〉殘卷》，《敦煌學輯刊》二〇一〇年第四期，第八一～八三頁。

“均田法第一”〔一〕。李儼説“此卷多爲《孫子算經》語”〔二〕。傳世本《孫子算經》三卷，内容依次爲序文、度量衡制、大數法、金屬比重、識位法、乘除法、九九乘法歌、算題。可見《算經》在内容體例上與《孫子算經》相似。在唐代的傳世算書中，《夏侯陽算經》的内容也與《算經》存在很多相似點。本節把《算經》分爲六個部分，分别分析這些部分與《孫子算經》《夏侯陽算經》等算書的异同點，進而説明《算經》的編撰特點，以期爲論證編者身份、編撰年代以及性質提供幫助。

一　序文的編撰特點解析

伯三三四九號《算經》首題“算經一卷并序”，緊接序文七行，然而由於寫本下半截殘缺，序文殘缺不全，根據現存字數，可推算出原序文每行約三十字，現在每行約缺十一到十五字。李儼早在《西陲中算史料之發現》一文中就嘗試根據《孫子算經》對《算經》序文所缺内容進行校補〔三〕，後又在《敦煌石室“算經一卷并序”》《中國古代數學史料·敦煌千佛洞‘算經一卷并序’》中對校補内容進行了修訂〔四〕。由此可見李儼早就發現了《孫子算經》序文與《算經》序文的相似之處，并且後者顯然源自前者。日本學者那波利貞和比利時學者李倍始亦曾對此序文有過校録〔五〕，李倍始更是把它翻譯作英文。沈康身認爲：“《算經》序足以代表當時當地官民對數學作用的見解……可以推斷爲作者學

〔一〕　季羨林主編：《敦煌學大辭典》劉鈍“算經”條，第六〇一頁。

〔二〕　李儼：《敦煌石室“算經一卷并序”》，《國立北平圖書館館刊》第九卷第一號，一九三五年，第三九頁。

〔三〕　李儼：《西陲中算史料之發現》，收入李儼、錢寶琮：《李儼錢寶琮科學史全集》第十卷，第一五三～一五四頁。

〔四〕　李儼：《敦煌石室“算經一卷并序”》，《國立北平圖書館館刊》第九卷第一號，一九三五年，第三九～四〇頁；李儼：《中國古代數學史料》，第二八頁；李儼：《中國古代數學史料》（第二版），第二八～二九頁。

〔五〕〔日〕那波利貞：《唐代の庶民教育に於ける算術科の内容とその布算の方法とに就きて》，《甲南大學文學會論集》（通號一），一九五四年，第一〇頁；〔比〕U.J.Libbrecht（李倍始）：MATHEMATICAL MANUSCRIPTS FROM THE TUNHUANG CAVES，李國豪、張孟聞、曹天欽主編：《中國科技史探索》，第二一三～二一六頁。

習《孫子》序後的心得體會。"[一]最近日本學者大川俊隆在李儼的基礎上對此序文做了修訂[二]，可以參考。李儼校補《算經》序文依據的是《孫子算經》序文，的確二者在内容上有很多相似之處，後者是補校前者的關鍵。不過二者序文既有相同點，也有一些不同點，許康、紀志剛曾專門對二者的异同點做過討論[三]。以下筆者試圖在前人的基礎上以二者的不同點爲中心展開論述，以明晰《算經》編者的編撰意圖。兹把二者序文對比如下：

《算經》序	《孫子算經》序
夫算者，天地之經緯，群生之元首，五[常之本末，陰陽之父母，星辰之建號，三光]之表裏，五行之平均，皇極之終始，萬[物之祖宗，六藝之綱紀。稽群倫之聚散]，考元氣於奸究，推四時之運移，記精微之[肇基]，□□□□□，□□□□□年。又推方圓，合規矩，均尺丈，制法度，立權衡，平斛[斗，剖毫釐，析黍絫，歷億載而]不朽。但行之者富貴有餘，背之者貧且賤，▨□□□□□□□□□□□，蓋意明情樂者，安有不成哉。昔魯人請算，▨□□□□□□□□□，言人不解算者，如天無日月，地無泉源，人無[眼目]，□□□□□□□□▨。	孫子曰：夫算者，天地之經緯，群生之元首，五常之本末，陰陽之父母，星辰之建號，三光之表裏，五行之準平，四時之終始，萬物之祖宗，六藝之綱紀。稽群倫之聚散，考二氣之降升，推寒暑之迭運，步遠近之殊同。觀天道精微之兆基，察地理縱橫之長短。采神祇之所在，極成敗之符驗。窮道德之理，究性命之情。立規矩，準方圓，謹法度，約尺丈，立權衡，平重輕，剖豪釐，析黍絫，歷億載而不朽。施八極而無疆。散之不可勝究，斂之不盈掌握。嚮之者富有餘，背之者貧且寠。心開者幼沖而即悟，意閉者皓首而難精。夫欲學之者必務量能揆已，志在所專。如是則焉有不成者哉[五]

*注："[ ]"内部分爲筆者依據李儼録文所補

[一] 吳文俊主編，沈康身分卷主編：《中國數學史大系》第四卷《西晋至五代》，第三六〇～三六一頁。

[二] [日]大川俊隆：《〈孫子算經〉譯注稿（1）》，《大阪產業大學論集（人文・社會科學篇）》第三六號，二〇一九年，第三頁。

[三] 許康：《敦煌算書透露的科學與社會信息》，《敦煌研究》一九八九年第一期，第一〇二～一〇三頁；紀志剛：《南北朝隋唐數學》，第三一九～三二一頁。

[四] 錢寶琮校點：《算經十書》，第二七九頁。

　　通過比對可見《算經》序文的篇首及其中部分内容與《孫子算經》序文高度相似，説明在《孫子算經》的影響力下，《算經》編者對其序文進行了高度借鑒，然後依據自己的想法做了一些改編，省去、增加了部分内容。以下在前學的基礎上，對主要變化之處及其所反映的編者意圖進行分析。

　　第一，《算經》編者通過省去"孫子"字樣以及部分字詞的變動，以示不同於《孫子算經》。首先，《算經》雖然是仿《孫子算經》而編撰，但是編者爲了區别，不僅在標題中省去了"孫子"，而且開篇也省去了"孫子曰"三字。其次，編者變"五行之準平，四時之終始"爲"五行之平均，皇極之終始"；變"考二氣之降升，推寒暑之迭運"爲"考元氣於奸宄，推四時之運移"；變"立規矩，準方圓，謹法度，約尺丈，立權衡，平重輕"爲"推方圓，合規矩，均尺丈，制法度，立權衡，平斛斗"；删去了"步遠近之殊同""天道"等。其中多數字詞的變動并没有造成原本意義的變化，但"考二氣之降升"和"考元氣於奸宄"兩句的意義有明顯不同。"考二氣之降升"一句表達的是考察天地之氣的下降與上升，因爲二氣的降升造成了四時的變化。而"考元氣於奸宄"一句表達的是發現作奸犯科之人身上的元氣。這一改動使論述對象和意義完全改變，體現了編者的辯證思想。就以上改編部分而言，《算經》編者主要是通過删減"孫子"字樣和變換部分字詞，以達到區别於《孫子算經》和融入自身思想的目的。

　　第二，《算經》編者通過改動《孫子算經》的部分語句，表明教育觀念的不同。編者把《孫子算經》中"心開者幼沖而即悟，意閉者皓首而難精"兩句改爲了"蓋意明情樂者，安有不成哉"。許康認爲"心開者幼沖而即悟，意閉者皓首而難精"兩句有"天才觀"痕迹，而《算經》没有這樣的話，重在堅定學習者的自信心，保護學習者的積極性，反映了教育思想的進步[一]。李并成贊同許説[二]。筆者以爲《算經》"蓋意明情樂者"一句中的"意明"即有興趣，"情樂"

　　〔一〕　許康：《敦煌算書透露的科學與社會信息》，《敦煌研究》一九八九年第一期，第一〇三頁。

　　〔二〕　李并成：《從敦煌算經看我國唐宋時代的初級數學教育》，《數學教學研究》一九九一年第一期，第四一頁。

即心情愉悦，説明編者迴避了天賦問題，希望學習者可以保持興趣并樂在其中，這樣的教育理念的確與《孫子算經》不同，有明顯的進步意義。

第三，《算經》編者在序文末尾增加了勸學内容。其序文末尾的"昔魯人請算……言人不解算者，如天無日月，地無泉源，人無眼目"一段爲《孫子算經》所無，源頭未知。"昔魯人請算"一句疑似編者引用了一條有關於算學的典故。從後面的内容看，這段典故用了最少三個連比强調了算術的重要價值。許康認爲："算書的序言，目的在引起學習者的興趣，但駢驪句以語調鏗鏘取勝，缺乏主動内容。爲此，算書丙又講了個'魯人請算'的故事。"并認爲該故事可能與孔子有關，可能是説孔子怎樣回答這一問題的，體現了循循善誘的教學方法〔一〕。這一故事是否涉及孔子，尚難以確定，不過引用典故説教是童蒙教育常用的方法，確有引發學習者興趣的功用。《算經》受衆主要偏向於普通百姓，編者爲了讓普通學習者更好地理解算術的價值，因而引用典故，以日常生活中常見到的"日月""泉源""眼目"來類比算術的地位，以達到勸學的目的。《算經》這幾句話對後世也有一定影響。明代吴敬《九章算法比類大全·先賢格言》云："人生世不能學算，如空中日月無光。"〔二〕這段話可能就改編自《算經》。

另外，許康認爲二者還有一主要區別是：《算經》序文删去了《孫子算經》中具有濃厚道家色彩的"觀天道精微之肇基""采神祇之所在，極成敗之符驗，窮道德之理，究性命之情"以及"八極""歙""散"等字句，表明編撰（或抄寫）者的思想傾向於釋家〔三〕。此觀點值得商榷。《孫子算經》所述思想觀念并非道家獨有，至少秦漢時期已普遍可見，如"天道""符驗""八極"之説，漢代著述屢見，未必與道家關涉。另外以《算經》而言，也無證據顯示其"思想傾向於釋家"。

綜上所述，《算經》序文雖然源自《孫子算經》，但是編者通過改編部分

〔一〕 許康：《敦煌算書透露的科學與社會信息》，《敦煌研究》一九八九年第一期，第一〇二頁。

〔二〕 （明）吴敬編集：《九章算法比類大全》，郭書春主編：《中國科學技術典籍通彙·數學卷》第二分册，第一四頁。

〔三〕 許康：《敦煌算書透露的科學與社會信息》，《敦煌研究》一九八九年第一期，第一〇二～一〇三頁。

語句突顯了自身特點；編者還注重培養學習者的興趣和積極性，且引用典故循循善誘，突出算術的重要價值，這些都是進步的教育理念。另外，那波利貞認爲《算經》的序文較爲拙劣，可以視作鄉校俚儒所編的一項證據[一]。筆者以爲其序文雖不至拙劣，但是基本照搬《孫子算經》的行爲必然不是數學家或者飽學之士所能爲的，加之編者的改編注重保持學習者積極性、突出了勸學性質，因而編者應該是一位奮鬥在民間算術教育一綫的老師。

二　識位法的編撰特點解析

伯三三四九號《算經》中識位法緊接在序文之後，僅有三行，下半部分內容缺失，現存內容起"凡算者正身端坐"，訖"不滿自當，相"。這部分內容與《孫子算經》《夏侯陽算經》的識位法相似度很高，故以下將三者列表對比，以示它們的聯繫與區別，進而説明《算經》識位法的編撰特點。

《算經》識位法	《孫子算經》識位法	《夏侯陽算經》識位法
凡算者正身端坐，一從右膝而起，[先識其位。一縱十橫，百立千僵]。萬百相似，千十相望。六不積聚，五不單張。算[法□□，上見十步至十，見百步至]百，見萬步至萬。乘除之法，言十自過，不滿自當，相▨（後缺）	凡算之法，先識其位。一縱十橫，百立千僵，千十相望，萬百相當。凡乘之法，重置其位。上下相觀，上位有十步至十，有百步至百，有千步至千。以上命下，所得之數列於中位。言十即過，不滿自如。上位乘訖者先去之。下位乘訖者則俱退之。六不積，五不隻。上下相乘，至盡則已。[二]	夫乘除之法，先明九九。一縱十橫，百立千僵，千、十相望，萬、百相當。滿六已上，五在上方，六不積算，五不單張。上、下相乘，實居中央。言十自過，不滿自當。以法除之，宜得上商。縱算相似，橫算相當。以次右行，極於左方。言步之，上見十步至十，見百步至百，見千步至千，見萬步至萬。悉觀上數，以安下位。上不滿十，下不滿一。步隨多少，以爲楷式。[三]

＊注："[　]"內部分爲筆者所補

[一]　[日]那波利貞：《唐代の庶民教育に於ける算術科の內容とその布算の方法とに就きて》，《甲南大學文學會論集》（通號一），一九五四年，第一〇頁。

[二]　錢寶琮校點：《算經十書》，第二八二頁。

[三]　錢寶琮校點：《算經十書》，第五五八頁。

　　經過對比可知，《算經》識位法當主要取材自《夏侯陽算經》。《算經》起首"凡算"二字雖與《孫子算經》的起首相同，"先識其位。一縱十橫，百立千僵"三句也是依據《孫子算經》所補，但是總體來看，其識位法與《夏侯陽算經》相似度更高。首先，伯三三四九號《算經》中從"算"字至"百見萬步至萬"一句之間的内容缺失，從現存部分來看，其中"見萬步至萬"一句見於《夏侯陽算經》中"言步之，上見十步至十，見百步至百，見千步至千，見萬步至萬"的部分，二者的表達形式相同，因此可以推知《算經》這部分内容取自《夏侯陽算經》。再結合伯三三四九號寫本中"見萬步至萬"一句前的"百"字，可推知該寫本的原文是"見百步至百，見萬步至萬"，并且這兩句中間可能抄漏了"見千步至千"一句。其次，《算經》中"六不積聚，五不單張""乘除之法""言十自過，不滿自當"這幾句也同樣出現在《夏侯陽算經》中，而與《孫子算經》有所不同。由這兩條證據，可以證明《算經》的識位法實取自《夏侯陽算經》。而爲何不是《夏侯陽算經》取法於《算經》，筆者以爲《算經》應該是民間的算學老師根據當時一些有名的算書改編而成的，而《夏侯陽算經》是唐代官學教材，名氣很大，其撰者韓延應該不會向一本民間教材偷師。

　　《算經》識位法較之《夏侯陽算經》，更爲簡短，部分内容有所調整，體現了編者的編撰意圖。首先，《算經》識位法省去了《夏侯陽算經》中的"滿六已上，五在上方""上下相乘，實居中央"等句，僅保留了最基本的識位、運算内容，反映出編者有意簡化内容，以便於學習者記憶。再者，《算經》中"萬百相似，千十相望"兩句與《夏侯陽算經》中的"千、十相望，萬、百相當"也有不同，不僅兩句話的順序發生了顛倒，而且有"似"字與"當"之别。從《夏侯陽算經》的識位法來看，其多四字句，句末也多押韻，可稱得上一篇算法口訣，不過其中"當"字在句末出現了三次，略顯重復。而《算經》編者爲了減少"當"字的出現次數，遂把"千、十相望，萬、百相當"兩句改作"萬百相似，千十相望"，不僅減少了一個"當"字，而且通過語句的顛倒，也不影響押韻，加上删去了《夏侯陽算經》中的"縱算相似，橫算相當"兩句，使得"當"字僅在"不滿自當"一句中出現了一次。

經過編者的努力,《算經》的識位法更加簡潔,減少了重復字,更加適合於啓蒙教育。

　　分析了識位法的取材和内容特點之後,再來具體解析這部分内容的意義,以進一步了解其編撰特點。首句"凡算者正身端坐,一從右膝而起"不見於《孫子算經》《夏侯陽算經》,應該源自其他算書或是編者自創。從這兩句話可知,古代籌算之時,需要挺直端坐,以雙膝前的空地爲算盤,手持算籌進行布算,這裏的"一"表示最小的數字,而最小的數字是從右膝側開始。"一從右膝而起"與《立成算經》識位法中"大數左畔,小數右厢"兩句有异曲同工之妙,且此句已經進入識位教學。接下來的"〔一縱十橫,百立千僵〕。萬百相似,千十相望"四句是識位法中最基礎的口訣,表示的是:個位數、百位數是縱列,十位數、千位數是橫列,十位數與千位數相類,萬位數又與百位數相似。古代數字從一到九,用記數符號縱式丨、丨丨、丨丨丨、丨丨丨丨、丨丨丨丨丨、丅、丅丅、丅丅丅、丅丅丅丅和橫式一、二、三、三、三、⊥、⊥、⊥、⊥表示,表示九以上的數字時,就需要使用上述口訣,注意縱式和橫式相間,比如八十一,就用⊥丨表示,一百二十五,就用丨二丨丨丨表示。有了這套口訣,識數變得簡單很多。接下來的"六不積聚,五不單張"兩句口訣表示記數符號的組合規則。從上述記數符號的縱式和橫式來看,數字五呢,是靠橫綫堆砌,而數字六與之前的數字有别,不再是靠橫綫來堆砌了〔一〕。從五到六的記數符號的表示方法發生了改變,所以用"六不積聚,五不單張"來説明。最後的内容"算〔法□□,上見十步至十,見百步至〕百,見萬步至萬。乘除之法,言十自過,不滿自當"等句才真正進入了乘除運算的方法。可見《算經》的識位法是從計算時的姿勢開始説明,然後介紹個位、十位、百位、千位以及萬位的位置,再説明數碼的組合方法,最後説明運算法則,可謂是循序漸進,很好地遵循了算學啓蒙的步驟,利於學

　　〔一〕〔英〕Joseph Needham(李約瑟),Science and Civilisation in China Volume 3 Mathematics and the Sciences of the Heavens and the Earth, p.8. 此據〔英〕李約瑟著,王鈴協助,梅榮照等譯:《中國科學技術史》第三卷《數學、天學和地學》第一九章"數學",第八頁。

習者入門。

《算經》的識位法之後緊接一篇九九乘法歌，這種形式不見於《孫子算經》和《夏侯陽算經》，亦是編者匠心的體現。該篇九九乘法歌起"九九八十一"，訖"一一如一"，共四十五句，部分乘法歌訣下還標有數碼，比如"九九八十一"後標"⊥丨"，"八九七十二"後標"⊥‖"。九九乘法歌的數最高不出十位，對於學習者熟悉籌算法則、數碼幫助很大。識位法僅僅是讓學習者掌握了算法理論，而緊接的九九乘法歌與數碼可以讓學習者馬上進入識位與算術實踐，把理論與實踐結合，便於快速掌握算術基礎。

總之，《算經》識位法主要取材自《夏侯陽算經》，不過編者做了不少改編。首先，編者刪去了一些非必要内容，并改編部分内容，在内容循序漸進的基礎上，使内容更加簡短，重復字減少，便於學習者入門和記憶；其次，編者把九九乘法歌與數碼編在了識位法之後，意圖讓學習者在了解了算術的基本方法後，馬上用九九乘法歌來熟悉算法和數碼，提升學習效果。《算經》的這些編撰特點，當是編者在實踐教育中產生的結果，體現了算術教育的進步。

三　大數法的編撰特點解析

伯三三四九號《算經》中的大數法，共十行，起"凡數不過十，名不過萬，故至萬萬即改"，訖"百萬載、千萬載、萬萬載曰極"，由於寫本下部殘缺，所存内容僅有一半左右。斯一九號《算經》存"右孫子數，錢滿載，天不容，地不載，故以載爲極末也"一段，可與伯三三四九號之"萬萬載曰極"一句銜接。傳世《夏侯陽算經》不載大數法，《孫子算經》的大數法在度量衡制之後。李儼對《算經》大數法的校補，所依據的應該是《孫子算經》及《算經》自身的編撰規律。以下在表格中列《算經》《孫子算經》的大數法，以便明確二者的聯繫及《算經》的編撰特點。

《算經》大數法	《孫子算經》大數法
凡數不過十，名不過萬，故至萬萬即改。［一、十、百、千、萬、十萬、百萬、千萬、萬萬］曰億。一億、十億、百億、千億、萬億、十萬億、［百萬億、千萬億、萬萬億曰兆］。一兆、十兆、百兆、千兆、萬兆、十萬兆、百萬兆、千萬兆、［萬萬兆曰京。一京、十京、百京、千京］、萬京、十萬京、百萬京、千萬京、萬萬京曰［該。一該、十該、百該、千該、萬該、十萬該］、百萬該、千萬該、萬萬該曰梓。一梓、十梓、百梓、［千梓、萬梓、十萬梓、百萬梓、千萬梓］、萬萬梓曰讓。一讓、十讓、百讓、千讓、萬讓、［十萬讓、百萬讓、千萬讓、萬萬讓曰溝］。一溝、十溝、百溝、千溝、萬溝、十萬溝、百萬溝、千［萬溝、萬萬溝曰間。一間、十間、百間、千間］、萬間、十萬間、百萬間、千萬間、萬［間曰政。一政、十政、百政、千政、萬政、十］萬政、百萬政、千萬政、萬萬政曰載。［一載、十載、百載、千載、萬載、十萬載］、百萬載、千萬載、萬萬載曰極。右孫子數，錢滿載，天不容，地不載，故以載爲極末也。	凡大數之法：萬萬曰億，萬萬億曰兆，萬萬兆曰京，萬萬京曰陔，萬萬陔曰秭，萬萬秭曰壤，萬萬壤曰溝，萬萬溝曰澗，萬萬澗曰正，萬萬正曰載。［一］

＊注："［　］"内部分爲筆者依據李儼録文所補

　　《算經》的大數法内容比《孫子算經》多了幾倍，然而核心内容是相同的，從最後"右孫子數"一句來看，編者明確這一部分内容是改編自《孫子算經》。唐代"萬"及以上的數字，使用萬進制和十進制兩種方法，《算經》和《孫子算經》大數法採用的是萬進制，而敦煌寫本《立成算經》和《俗務要名林·數部》採用的是十進制。從實際運用的角度看，萬進制更爲方便[二]。

　　《算經》的大數法與《孫子算經》相比，主要不同點有三。

　　首先，《算經》大數法更加細緻化。編者在《孫子算經》的大數法每句的前邊增加了"一、十、百、千、萬、十萬、百萬、千萬"這樣的詳細内容，對每一個大數單位都進行分解，數值從小到大，説明各單位的進制關係。如《孫子算經》中"萬萬億曰兆"一句，《算經》編者在此句前增加了"一億、

〔一〕　錢寶琮校點：《算經十書》，第二八二頁。

〔二〕　錢寶琮校點：《算經十書·數術記遺提要》，第五三二頁。

十億、百億、千億、萬億、十萬億、百萬億、千萬億", 詳細説明了從大數單位"億"到"兆"之間的十進制關係。這樣以來, 内容雖然增多, 但是細化了大數單位之間的換算關係, 有助於學習者深入理解各單位的換算過程, 培養學習者的邏輯思維能力, 也便於查閲。

其次,《算經》大數法增加了單位"極", 進一步提升了大數的上限。大數單位"極"的提法并非《算經》所獨有, 其實早已有之。《太平御覽·工藝部》引《風俗通》曰:"十十謂之百, 十百謂之千……十選謂之載, 十載謂之極。"〔一〕《風俗通》爲漢末應劭所著, 傳世本中此條亡佚。據《太平御覽》所引, 可知"極"在漢代就已用爲大數的最大單位。然而這一用法似乎并不爲後人所普遍接受。唐人則普遍以"載"爲最大單位。唐代"算經十書"中的《數術記遺》載:"黄帝爲法, 數有十等。及其用也, 乃有三焉。十等者, 億、兆、京、垓、秭、壤、溝、澗、正、載。"〔二〕《孫子算經》大數法訖"萬萬正曰載"。又《太平御覽·工藝部》載:"《一位算法》曰: 萬萬穰爲載, 數之極矣。或問之曰: 何以數之爲載? 按《孫子算經》云: 古者積錢, 上至於天, 天不能容, 下至於地, 地不能載。天不能蓋, 地不能載, 故名曰載。"〔三〕已失傳的《一位算法》是唐人江本所撰〔四〕。據《太平御覽》的這段記載可知《一位算法》和《孫子算經》都表示"載"已是數的最大單位。而且《算經》也説:"右孫子數, 錢滿載, 天不容, 地不載, 故以載爲極末也。"可見時人普遍認爲"載"是最大單位。如今從《算經》"萬萬載曰極"一句可知, 在唐五代時期大數"極"的説法還在民間流傳。不過宋代以後,"極"也不再是最大的單位了。從張雲翼《重編詳備碎金》、朱世傑《算學啓蒙》、吴敬《九章算法比

〔一〕（宋）李昉等撰:《太平御覽》卷七五〇《工藝部七·數》, 中華書局, 一九六〇年影印本, 第三三二八頁。

〔二〕 錢寶琮校點:《算經十書》, 第五四〇頁。

〔三〕（宋）李昉等撰:《太平御覽》卷七五〇《工藝部七·數》, 第三三二八頁。按:《太平御覽》所載的出自《孫子算經》的這段話, 不見於傳世本《孫子算經》, 對此,（清）孫詒讓《札迻》卷一一"孫子算經"條載:"檢今本《孫子算經》無此語, 疑傳録失之"（雪克、陳野點校, 中華書局, 二〇〇九年, 第四一五頁）。

〔四〕《新唐書》卷五九《藝文志三》, 第一五四八頁。

類大全》、王文素《算學寶鑑》、程大位《算法統宗》等書可知，從南宋開始，人們已經普遍認爲“極”之上還有“恒河沙”“阿僧祇”“那由他”“不可思議”“無量數”。特別是王文素《算學寶鑑》在“無量數”下載：“古人云：天下不能蓋，地不能載，故理之無量數也。”〔一〕這段話顯然是由《孫子算經》的説法演變而來的。

最後，《算經》大數法開篇對數與萬進制進行了簡要説明。《算經》較之《孫子算經》，增加了“凡數不過十，名不過萬，故至萬萬即改”一段。編者通過這段話，對數字的使用和大數法的換算進行了説明，有對學習者進行講解之意。

總之，《算經》的大數法是對《孫子算經》大數法的詳細解讀，進一步説明了大數單位間的換算關係，便於學習者理解和查詢，突顯了蒙書性和實用性，這一點在實際教學中是有積極意義的。

四　度量衡制的編撰特點解析

伯三三四九號《算經》的度量衡制亦由於殘缺而不完整，幸好斯一九號《算經》完好地保存了這部分内容。從斯一九號來看，十六行的度量衡制起“凡度之所起，起於忽”，訖“一絫有十黍”，按度、量、秤（衡）的順序排列，内容與《孫子算經》《夏侯陽算經》的度量衡制比較相似，但是仔細對照的話其實有不少區別，郝春文在校録這一寫本時，已經認識到：“此件所記之度量衡制，與傳世諸書多有不合，仍有進一步比堪、分析之必要”〔二〕。因此下面再次列表對比《算經》與《孫子算經》《夏侯陽算經》中的相關内容。

〔一〕（明）王文素撰：《算學寶鑑》，郭書春主編：《中國科學技術典籍通彙·數學卷》第二分冊，第三五六頁。

〔二〕　郝春文編著：《英藏敦煌社會歷史文獻釋録》第一卷，第二二頁。

《算經》度量衡制	《孫子算經》度量衡制	《夏侯陽算經·辯度量衡》
凡度之所起，起於忽從蠶口中吐絲爲一忽。忽者，嚀（吐）思（絲）之狀也。十忽爲一絲，十絲爲一毫……十丈爲引，方丈曰堵，五尺曰步，六尺爲尋，七尺爲常，八尺爲仞，五尺爲一步，二百卌步爲一畝，一百畝爲一頃。一疋有四丈、[四十尺]，四百寸、四千分、四萬釐、卅萬毫、四百萬絲、四千萬忽……絲有十忽。又據《大唐令》文：諸[度]以北方秬黍中者一黍之廣[爲分]。	度之所起，起於忽。欲知其忽，蠶吐絲爲忽。十忽爲一絲，十絲爲一毫，十毫爲一釐，十釐爲一分，十分爲一寸，十寸爲一尺，十尺爲一丈，十丈爲一引。五十尺爲一端，四十尺爲疋。六尺爲一步。二百四十步爲一畝。三百步爲一里。	田曹云，度之所起，起於忽。十忽爲一絲，十絲爲一毫，十毫爲一釐，十釐爲一分，十分爲一寸，十寸爲一尺，十尺爲一丈，十丈爲一引。四丈爲一匹，五丈爲一端。六尺爲一步。二百四十步爲一畝。三百步爲一里。[一]
凡斗量所起，起於圭（粟）。十粟爲一圭，十圭爲一抄，十抄爲一撮，十撮爲一勺，十勺爲一合，十合爲一升，十升爲一斗，十斗爲一斛。[一斛]有十斗、百升、千合、萬勺、十萬撮、百萬抄、千萬圭。一斗有十升、百合、千勺、萬撮、十萬抄、百萬圭。一升有十合、百勺、千撮、萬抄、十萬圭。一合有十勺、百撮、千抄、萬圭。一勺有十撮、百抄、千圭。一撮有十抄、百[圭]。一抄有十圭。或云六粟爲一圭。今云廿粟爲一圭。方一尺深一尺六寸二分受一石。	量之所起，起於粟。六粟爲一圭，十圭爲一撮，十撮爲一抄，十抄爲一勺，十勺爲一合，十合爲一升，十升爲一斛，十斛爲一斛。斛得六千萬粟。所以得知者，六粟爲一圭，十圭六十粟爲一撮，十撮六百粟爲一抄，十抄六千粟爲一勺，十勺六萬粟爲一合，十合六十萬粟爲一升，十升六百萬粟爲一斗，十斗六千萬粟爲一斛。十斛六億粟，百斛六兆粟，千斛六京粟，萬斛六陔粟，十萬斛六秭粟，百萬斛六壤粟，千萬斛六溝粟，萬萬斛爲一億斛，六澗粟，十億斛六正粟，百億斛六載粟。	倉曹云，量之所起，起於粟。十粟爲一圭，十圭爲一撮，十撮爲一抄，十抄爲一勺，十勺爲一合，十合爲一升，十升爲一斗，十斗爲一斛。

〔一〕《夏侯陽算經》中關於度制的記載不止於此，其《論步數不等》載："田曹：以六尺爲步，三百步爲一里。此古法。雜令：諸度地以五尺爲一步，三百六十步爲一里。田令：諸田廣一步，長二百四十步爲畝。畝百爲頃。此今用之"（錢寶琮校點：《算經十書》，第五六七頁）。

續表

《算經》度量衡制	《孫子算經》度量衡制	《夏侯陽算經·辯度量衡》
秤之所起，起於黍黍者，如一黍之重。十黍爲一絫，十絫爲一銖……四鈞爲一石。一石有四鈞、一百廿斤、一千九百廿兩、四萬六千八十銖、卅六萬八百絫、四百六十萬八千黍……一銖有十絫、百黍。一絫有十黍。	稱之所起，起於黍。十黍爲一絫，十絫爲一銖，二十四銖爲一兩，十六兩爲一斤，三十斤爲一鈞，四鈞爲一石。[一]	金曹云，稱之所起，起於黍。十黍爲一絫，十絫爲一銖，二十四銖爲一兩，十六兩爲一斤，三十斤爲一鈞，四鈞爲一石。[二]

*注："〔 〕"内部分爲筆者所補。

經過對比，可知以上三者的主體内容基本一致，尤其各制開篇的語句基本相同，説明《算經》的度量衡制受後兩者影響很大。下面逐層分析三者的不同點，以窺《算經》的編撰特點。

首先，《算經》最爲明顯的一個特點是對度量衡制進行了逆向推算，細化了各單位間的換算關係。比如衡制的前半部分是"十黍爲一絫，十絫爲一銖……四鈞爲一石"，與《孫子算經》《夏侯陽算經》完全一致，然而後半部分"〔一斛〕有十斗、百升、千合、萬勺、十萬撮、百萬抄、千萬圭。一斗有十升、百合、千勺、萬撮、十萬抄、百萬圭……"，就不見於後兩者。這後半部分内容是對前半部分的逆向推算，使得各單位的相互關係更加明了化。這種形式非常有利於實際運算和查詢，是《算經》實用性的具體表現之一。

其次，《算經》度制和衡制中都有對最小單位的解釋，具有蒙書的性質。如度制中"凡度之所起，起於忽"一句後注："從蠶口中吐絲爲一忽。忽者，嘮（吐）思（絲）之狀也。"編者通過此注，解釋了單位"忽"的意義、長度、字義。《孫子算經》中"度之所起，起於忽"之後有"欲知其忽，蠶吐絲爲忽"兩句，顯然也是對單位"忽"的解釋，不過僅解釋了該字的意義。不可否認的是《算經》中的注文改編自《孫子算經》，但是編者進一步對

〔一〕 錢寶琮校點：《算經十書》，第二八一~二八二頁。
〔二〕 錢寶琮校點：《算經十書》，第五五九~五六〇頁。

"忽"字的字義做了解釋，顯然利於學習者理解"忽"字的概念。另外，《孫子算經》有北周甄鸞注和唐李淳風注釋，而傳世本的注釋大部分缺失，現在從《算經》所存注釋，或可窺得唐代《孫子算經》注釋之一斑。

再次，《算經》的編撰表現了唐五代時期的令文制度。度制部分所載"方丈曰堵，五尺曰步，六尺爲尋，七尺爲常，八尺爲一仞"一段，爲《孫子算經》《夏侯陽算經》所無，補充了度制的内容，而且"五尺曰步"一句與後兩者中的"六尺爲一步"不同。據前人研究，"六尺爲一步"爲唐以前的制度，唐初改爲"五尺爲一步"〔一〕。《舊唐書・食貨志》載："武德七年，始定律令。以度田之制：五尺爲步，步二百四十爲畝，畝百爲頃。"〔二〕即得證。加之《算經》度制結尾載有"又據《大唐令》文：諸〔度〕以北方秬黍中者一黍之廣〔爲分〕"一段，説明《算經》的編撰有依據唐代或後唐的令文。

最後，《算經》的編者就同一項内容枚舉不同用制，供學習者了解。其量制言"十粟爲一圭"，結尾又説"或云六粟爲一圭。今云廿粟爲一圭"。其中"十粟爲一圭"一説當引自《夏侯陽算經》，"或云六粟爲一圭"一説則引自《孫子算經》，"今云廿粟爲一圭"一説則是編者根據當時當地的令文而加入的。不同用制匯集在一起，體現出編者有意讓學習者了解不同時不同地的制度，開拓視野。

此外，《算經》量制"十圭爲一抄，十抄爲一撮，十撮爲一勺"一段與《孫子算經》《夏侯陽算經》中的"十圭爲一撮，十撮爲一抄，十抄爲一勺"一段有所不同，當中單位"抄"與"撮"的地位正好相反。《隋書・律曆志》引"《孫子算術》曰：'六粟爲圭，十圭爲秒，十秒爲撮，十撮爲勺，十勺爲合。'"〔三〕可見傳世本《孫子算經》較之《隋書》編撰者所見到的版本，有所變化。對此，《四庫全書總目》子部・天文算法類"孫子算經三卷"條云："蓋

〔一〕 錢寶琮：《夏侯陽算經考》，收入李儼、錢寶琮：《李儼錢寶琮科學史全集》第九卷，第一〇三頁。

〔二〕《舊唐書》卷四八《食貨志上》，第二〇八八頁。

〔三〕《隋書》卷一六《律曆志上》，第四〇九頁。

古書傳本不一，校訂之儒各有據證，無妨參差互見也"[一]。其實這種不同的出現，可能并不僅是由於傳本不同引起的，因爲唐五代時期的敦煌文獻中就存在記載的不一。敦煌寫本《俗務要名林·量部》載："六粟爲一圭，十圭爲一杪（抄）下楚交反，十杪（抄）爲一撮下七活反，十撮爲一勺。"[二]敦煌寫本《立成算經》載："六粟爲圭，六十粟爲撮，六百粟爲抄，六千粟爲勺。"再結合《算經》，可知唐五代時期"十圭爲一杪，十杪爲一撮"和"十圭爲一撮，十撮爲一杪"這兩種説法其實是同時存在的。

綜上所述，《算經》度量衡制較之《孫子算經》《夏侯陽算經》，所體現出的編撰特點主要有四：一、細化了各單位間的換算關係，有利於實際運算和查詢；二、度制和衡制中有對最小單位的解釋，具有蒙書的性質；三、表現了唐五代時期的令文制度；四、就量制的同一項内容枚舉不同用制，可以讓學習者知曉量制的不同規定，開拓視野。總之，《算經》度量衡制的内容更加具體，注重細節，突出了實用性，適用於啓蒙教育。

五　九九乘法歌的編撰特點解析

《算經》中有兩篇九九乘法歌。第一篇在識位法之後，僅在伯三三四九號有保存，共七行，其特點是部分歌訣後附着數碼。第二篇在度量衡制之後，"均田法第一"之前，共四十三行，内容起"九九八十一"，訖"二二如四"，較之四十五句的完整歌訣，缺少了以乘數"一"開頭的九句。這篇九九乘法歌的每句歌訣之下補充了平方和除法運算，以下選取部分内容，以備分析之用。

> 九九八十一，自相乘得六千五百六十一。九人分之，人得七百廿九。
> 八九七十二，自相乘得五千一百八十四。八人分之，人得六百卌八。
> ……
> 二九十八，自相乘得三百廿四。二人分之，人得一百六十二。

[一]（清）永瑢等撰：《四庫全書總目》卷一〇七，中華書局，一九六五年影印本，第九〇三頁。

[二] 張涌泉主編：《敦煌經部文獻合集》第七册，第三六二四頁。

九九一，凡總得三百九十六，自相乘得一十五萬六千八百一十六。九人分之，人得一萬七千四百廿四。

八八六十四，自相乘得四千九十六。八人分之，人得五百一十二。

……

二八十六，自相乘得二百五十六。二人分之，人得一百廿八。

八八一，凡總得二百八十，自相乘得七萬八千四百。八人分之，人得九千八百。

……

三三一，凡總得一十五，自相乘得二百廿五。三人分之，人得七十五。

二二如四，自相乘得一十六。二人分之，人得八。

此篇九九乘法歌三十六句口訣之下都接"自相乘得……"和"……人分之，人得……"部分，分別是自乘（平方）和除法運算。如果把從"九九"到"二九"視作一段，從"八八"到"二八"視作一段，以此類推，一直到"二二"，此篇九九乘法歌可以分爲八段，除了"二二"段，其餘七段都以"……凡總得……自相乘得……人分之，人得……"結尾。這樣的形式其實與《孫子算經》高度相似。以下以"九九"段爲例，把《算經》和《孫子算經》試做對比，列表如下。

《算經》	《孫子算經》
九九八十一，自相乘得六千五百六十一。九人分之，人得七百廿九。	九九八十一，自相乘，得幾何？答曰：六千五百六十一。術曰：重置其位，以上八呼下八……中位即得六千五百六十一。六千五百六十一，九人分之，問人得幾何？答曰：七百二十九。術曰……自八八六十四至一一如一，并準此。
八九七十二，自相乘得五千一百八十四。八人分之，人得六百卌八。	八九七十二，自相乘，得五千一百八十四。八人分之，人得六百四十八。
七九六十三，自相乘得三千九百六十九。七人分之，人得五百六十七。	七九六十三，自相乘，得三千九百六十九。七人分之，人得五百六十七。

續表

《算經》	《孫子算經》
六九五十四，自相乘得二千九百一十六。六人分之，人得四百八十六。	六九五十四，自相乘，得二千九百一十六。六人分之，人得四百八十六。
五九卌五，自相乘得二千廿五。五人分之，人得四百五。	五九四十五，自相乘，得二千二十五。五人分之，人得四百五。
四九卅六，自相乘得一千二百九十六。四人分之，人得三百廿四。	四九三十六，自相乘，得一千二百九十六。四人分之，人得三百二十四。
三九廿七，自相乘得七百廿九。三人分之，人得二百卅三。	三九二十七，自相乘，得七百二十九。三人分之，人得二百四十三。
二九十八，自相乘得三百廿四。二人分之，人得一百六十二。	二九一十八，自相乘，得三百二十四。二人分之，人得一百六十二。
	一九如九，自相乘，得八十一。一人得八十一。
九九一，凡總得三百九十六，自相乘得一十五萬六千八百一十六。九人分之，人得一萬七千四百廿四。	右九九一條，得四百五，自相乘，得一十六萬四千二十五。九人分之，人得一萬八千二百二十五。[一]

　　經過對比得證《算經》中的這部分九九乘法歌確實是承自《孫子算經》，不過内容更加精簡。首先，《孫子算經》中"九九八十一"這句歌訣之後的内容詳盡，其形式以"自相乘，得幾何""九人分之，問人得幾何"提出問題，"答曰"給出答案，"術曰"解釋計算過程和方法，而《算經》此條省去了自問自答和計算過程，與其他歌訣的條目保持了一致。其次，《算經》刪去了以乘數"一"開頭的"一九如九"到"一一如一"九句歌訣，因此每段後的乘積之和也未統計這部分歌訣。比如上表中所列的"九九"段末，《孫子算經》爲"右九九一條，得四百五"，而《算經》爲"九九一，凡總得三百九十六"，相較之下，後者正好没有加入"一九如九"的乘積結果"九"。筆者認爲編者刪去《孫子算經》中歌訣"九九八十一"後的計算過程和方法，應當是爲了追求格式統一，至於爲何刪去"一九如九"到"一一如一"九句，原因尚不清楚。

〔一〕　郭書春、劉鈍校點：《算經十書·孫子算經》，第三~四頁。

與敦煌寫本《九九乘法歌》相比，《算經》中的九九乘法歌的內容和功能都增加了，不再局限於九九乘法，擴充了相關的求平方、加法、除法運算，涉及的數值從百到萬，實用性大大增强。許康針對《算經》中的九九乘法歌，認爲："算書如此詳細介紹九九表，并擴充功能：一是有助於初學者提高乘、除、加法綜合運算能力；二是若能記住一些數字的平方和商有利於速算；三是可供實際運算查閱。這反映了作者考慮的周詳和當時數學教育的進步"[一]。所言甚是。九九乘法歌內容和功能的擴充，爲的是讓學習者更好地建立、鞏固基礎，又能結合實踐，學以致用。《算經》的九九乘法歌之後便是"均田法第一"等算題，算題涉及到十位數到百位數的乘法運算、十位數到萬位數的除法運算、十位數的加法運算，難度較高。學習者通過學習此九九乘法歌，基本的加減乘除四則運算便得以掌握，而後進入田畝計算等各類算題的訓練自然能游刃有餘。

六 "均田法第一"的編撰特點解析

"均田法第一"接在第二篇九九乘法歌後，是《算經》僅存的算題內容，在伯三三四九號《算經》中存十九行，下殘，起方田算題，訖環田算題，斯五七七九號《算經》中存三十二行，起四不等田算題，訖鼓田算題，兩件寫本有重復之處且書風有別，分屬不同寫本。

兩件《算經》寫本共存十道算題，依次爲方田、直田、圓田、四不等田、蛇田、環田、角田、箕田、圭田、鼓田十種形狀土地的畝數計算。從方田到四不等田，每題先以"今有"某種田的形式提出數值，然後以"問：爲田幾何"的形式提出問題，再以"曰：……"的形式公佈答案，最後以"術曰：……"的形式説明計算過程。以方田算題爲例（"[ ]"內部分爲筆者所補，下同）：

今有方田[方]卌九步。問：爲田幾何。[曰：十畝餘一步。術曰：以卌九步自相乘得二]千四百一步，以畝法二百卌步除之，即得[十畝餘一步]。

〔一〕 許康：《敦煌算書透露的科學與社會信息》，《敦煌研究》一九八九年第一期，第九十七頁。

　　可見方田算題的結構包括了數值、提問、答案、算法四部分。而從蛇田到鼓田的算題中，除了以上四部分內容，在"術曰"部分還加入了算術口訣，使結構變爲了五部分。以蛇田爲例，內容如下：

　　　今有蛇田，南頭廣廿二步，北頭廣一十四步，中央廣六十三步，長一百卅步。問：爲田幾何。曰：十九畝餘六十步。術曰：併三廣三分而一分，以乘長得積步，以［畝］法除［之］得畝數。置南頭廿二步，中央六十三步，北頭一十四步，併之得九十九步，以三除之得卅三步，以卅三乘長一百卅步得四千六百廿步，以二百卌步除之得一十九畝餘六十步。

　　此中"術曰：併三廣三分而一分，以乘長得積步，以［畝］法除［之］得畝數"這部分即爲計算蛇田面積的算術口訣，其後才是計算過程。至於爲什麼從蛇田開始加入了算術口訣，應該與計算難度有關。蛇田之前的方田、直田、圓田、四不等田都是較爲規則的形狀，計算相對簡單，而從蛇田到鼓田皆是不規則形狀的田地，計算難度增大，所以編者補充了算術口訣[一]。另外，從環田到鼓田，都有注釋對各田的形狀進行解釋，說明了各田稱呼的由來，比如解釋環田作："正圓內空，形如玉環"，解釋角田作："本麄末細，外曲長，內曲短，如牛角"。各田的邊長或周長皆在二百步以內，數值較小，既符合實際情況，也便於計算，而且所用的運算方法包括加法、乘法、除法，皆在前面的九九乘法歌中有涉及。李并成稱："這些公式開列於'均田法第一'的名目之下，即學習它們的目的在於爲當時推行的均田法服務。公式的講解仍先以實例引入，然後列出公式，再入數字演算，步驟明晰，便於理解掌握……由淺入深，由簡單到複雜，由規則形體到不規則形體，循序漸進，既便於學生理解領會，又有很强的實用性，既適宜作爲教材講授，又可供政府

────────────

　　〔一〕　關於四不等田、蛇田、角田、鼓田的算術，許康指出都存在錯誤（《敦煌算書透露的科學與社會信息》，《敦煌研究》一九八九年第一期，第九九頁）。這些錯誤的出現並不是由於《算經》編者的能力不夠造成的，而是由當時社會整體有限的算術知識決定的，因爲在《五曹算經》《夏侯陽算經》中也存在類似的錯誤。

部門授田退田時查用。"[一] 此説甚是。

關於算書中的田畝算題，其實源流甚早。北大秦簡卷七《成田》、卷八《田書》包括約五十七道田畝算題[二]，基本上是較爲簡單的廣、長不同的直田（即矩形田）的田畝計算。北大秦簡卷四《算書》甲篇之"算題彙編"中涉及到的田狀有直田、箕田、圓田等，所用的算術有啓廣術、啓從（縱）術、里田術、徑田術、方田術、箕田術、圓田術等。算題結構主要可分三類：一是先以"某某述（術）曰"或"曰某某述（術）"開頭，陳述算術口訣，然後列舉例題；二是先舉例題，然後用"某述（術）曰"説明算術口訣；三是僅有算術口訣而無例題[三]。岳麓書院秦簡《數》中亦有田畝算術題，涉及到大廣術、啓縱術、里田術、少廣術、箕田術、圓田術等算術[四]。張家山漢簡《算數書》中包括了方田術、啓廣術、啓縱術、少廣術、大廣術、里田術等算術及相關算題，結構順序基本以提問、答案、算術口訣爲主[五]。以下總結出土秦漢簡牘算書中關於田畝算題的特點：一、所涉及的田狀較少，以直田、箕田、圓田爲主；二、涉及到的數值有整數、分數；三、涉及到的算術較多，有求面積、邊長等。把《算經》"均田法第一"與出土秦漢算書相比的話，《算經》所涉及的田狀較多，但都是求面積；而出土秦漢算書涉及田狀雖少，但既求面積，也求邊長，所用算術也多。相較之下，出土秦漢算書涉及算術更具有多元性，實用性更強，這可能與它們的使用者是地方官吏有關。不過它們的算題結構已經與《算經》有不少相似點，實爲後者之濫觴。

唐代以前的傳世算書中已多見田畝算題，從中可見與《算經》的淵源關

〔一〕 李并成：《從敦煌算經看我國唐宋時代的初級數學教育》，《數學教學研究》一九九一年第一期，第四〇頁。

〔二〕 楊博：《北大秦簡〈田書〉與秦代田畝、田租問題新釋》，《中國農史》二〇二〇年第二期，第七三～七五頁。

〔三〕 韓巍：《北大秦簡中的數學文獻》，《文物》二〇一二年第六期，第八七～八八頁。

〔四〕 肖燦、朱漢民：《岳麓書院藏秦簡〈數書〉中的土地面積計算》，《湖南大學學報（社會科學版）》二〇〇九年第二期，第一一～一四頁。

〔五〕 江陵張家山漢簡整理小組：《江陵張家山漢簡〈算數書〉釋文》，《文物》二〇〇〇年第九期，第七八～八四頁。

係。傳世算書中年代最早者當爲東漢初年編的《九章算術》，共九卷，作者不
詳，内容分"方田""粟米""衰分""少廣""商功""均輸""盈不足""方
程""句股"九章，其中"方田"章涉及到的田地形狀有方田、圭田、邪田、
箕田、圓田、宛田、弧田、環田，每種田都附有算術口訣〔一〕，算題的結構順
序是數值、提問、答案、算術口訣。除了這些基本算術，"方田"章還載其他
算術，比如里田術、大廣田術；"少廣"章介紹了少廣術。與出土秦漢算書
相比，《九章算術》的内容和結構更爲完善，田狀增多，針對各種田狀皆有
算術口訣。這種田畝算題自然少不了編撰於晉末南北朝初期的《孫子算經》，
不過該書中相關内容較少，僅有圓田、方田、丘田三題，且與其他類算題混
在一起。編寫於元魏初年以後的《五曹算經》是一册爲地方行政職員編寫的
應用算術書，作者甄鸞〔二〕。全書分爲五卷，即"田曹""兵曹""集曹""倉
曹""金曹"。"田曹"計有方田、直田、圭田、腰鼓田、鼓田、弧田、蛇田、
墙田、簫田、丘田、箕田、四不等田、覆月田、牛角田、圓田、環田等田狀
的算題，所涉及田狀最多。《孫子算經》和《五曹算經》中田畝算題的形式和
結構相同，結構分爲數值、提問、答案、算法、較之《九章算術》，沒有算術
口訣，但增加了算法（即計算過程）。唐代韓延所編《夏侯陽算經・論步數不
等》中，計有方田、直田、腰鼓田、圓田、環田、丸田、圭田、弓田、箕田、
四不等田十種田狀〔三〕，每種田狀下皆有注釋説明具體形狀，但是除了方田保
留了一道算題外，其餘僅有算術口訣。該書涉及的田狀類型和注釋與《算經》
最爲接近，而且其中腰鼓田、環田、圭田、箕田中所用的算術口訣與《算經》
非常類似。上文中常常把《算經》與《孫子算經》《夏侯陽算經》做比，但是
關於田畝算題，《孫子算經》的内容與《算經》的相似度不高，難以進行比較，
反而是《五曹算經》《夏侯陽算經》與《算經》在田狀種類及算題結構上存在
很多相似點，因此，《算經》"均田法第一"這部分内容的編撰參考了《五曹
算經》《夏侯陽算經》的可能性很高。

〔一〕　錢寶琮校點：《算經十書》，第九三～一一一頁。
〔二〕　錢寶琮校點：《算經十書》，第四○九頁。
〔三〕　錢寶琮校點：《算經十書》，第五六七～五六九頁。

　　另外，敦煌文獻中涉及田畝計算的寫本，除了《算經》，還有伯二四九〇號《田畝算表》和斯四六六一號、斯四七六〇號背、俄敦一二八八號、北敦一六〇一八號及斯六六三號背《田地算題》不得不提。

　　伯二四九〇號《田畝算表》，存六張紙，紙張有缺失，每葉正面畫有均等大小的朱格，格中用墨筆記有田地的畝數和餘步數，凡已知六十步以内的矩形田地的邊長（廣、長），通過檢閱此表即可知道其畝數〔一〕，是一份名副其實的計算便覽表，非常實用，與清華大學藏戰國竹簡《算表》在性質上有些類似。其中一紙背載有題記“廣順二年次歲壬子正月日記”，表明該表的製作時代大約是在後周廣順二年（九五二）。關於此表的性質，比利時學者李倍始認爲可能是一份實用的田畝計算表或當時學生的一份作業〔二〕；許康認爲該表應當是負責田土丈量官吏的工作用表，劉鈍和王進玉主張可能是某個低級官吏和地主丈量土地使用的實用算表〔三〕。筆者亦以爲其當爲一份實用田畝算表。

　　斯四六六一號、斯四七六〇號背、俄敦一二八八號、北敦一六〇一八《田地算題》，并不屬於同一件寫本，而是四件内容類似的關於土地面積的算題。四件寫本都無題，前輩學者所擬題有《算經》《園地計簿》《土地計簿》《地畝曆》《丈量地畝文書》《園地計步》《丈量田畝籍》等，因爲它們都不是實用文書，而是學習用的算題，所以筆者擬題爲《田地算題》。斯四六六一號正面有算題十三道，背面有算題三道，内容都是矩形田的面積計算，諸如“又地東西二十九步半，南北十步半，計三百一十步”，難度不大，正背面最後一道題均是前面算題的總和。斯四七六〇號背正面是《太平興國六年（九八一）十一月聖光寺尼修善等上都僧統牒并判辭》和兩行算題，背面是

　　〔一〕 李儼：《中國古代數學史料》（第二版），第二八頁；季羨林主編：《敦煌學大辭典》，第六〇二頁。

　　〔二〕 ［比］U.J.Libbrecht（李倍始）：MATHEMATICAL MANUSCRIPTS FROM THE TUNHUANG CAVES，李國豪、張孟聞、曹天欽主編：《中國科技史探索》，第二一一頁。

　　〔三〕 許康：《敦煌算書透露的科學與社會信息》，《敦煌研究》一九八九年第一期，第九七頁；季羨林主編：《敦煌學大辭典》，第六〇二頁；王進玉：《敦煌學和科技史》，第六六頁。

算題，正背面共有田地算題二十三道，算題結構與斯四六六一號類似。俄敦一二八八號正面是一道算題，背面是兩道算題和《都頭紹清等分書》。該寫本和前兩件的結構有所不同，正面前六行的形式是每行列一塊地的東西、南北長度，不直接算面積，而是在最後一行即第七行總算前面所列田地的總面積，也就是説正面就是一道算題；背面前三行是一道算題，後兩行是一道算題。北敦一六〇一八號上下殘，不存完整算題，記録了土地東西、南北步長，從殘存内容推知其應該與前面三件寫本的性質類似。筆者以爲這四件《田地算題》并非實用地畝文書，因爲田地的邊長都在五十步以内，又都是矩形田，不太符合實際情況，所以它們的性質應該是學習者爲了練習田畝計算而作。

斯六六三號背，原件無題，前學的擬題有《雜帳》《疑似算經》《失明算經》《算經》《田畝著物及貸麥五年本利計會》等，筆者根據寫本内容擬題作《田地算題》，其録文如下：

⊥丨 ⊥丨 計六千五百六十一步　　⊥丨丨 ⊥丨丨 計五千一百八十四步
⊥丨丨丨 ⊥丨丨丨 計三千九百六十九步　　三丨丨丨 三丨丨丨 計二千九百一十六步
三丨丨丨丨 三丨丨丨丨 計二千二十五步　　三丅 三丅 計一千二百九十六步
二丅 二丅 計七百二十九步　　一丅 一丅 計三百二十四步
丨丨丨丨丅 計八十一步　　已前通計地二萬三千八十五步。
共地九十六畝餘四十五步。每畝七石五斗，共著物（總）
七百二十一石三斗九升九合。
麥十叁石四斗，五年中間合著物（總）本利四十九
石七斗五升三合六勺五圭。

該《田地算題》的内容可以分爲兩部分：前七行爲九塊地的各自步數、相加後的總步數、换算後的畝數及出糧總數，屬於田地算題；最後兩行爲所貸麥五年本利的計會。前五行中田地廣長的數值是用數碼表示的，且廣長的步數相同，九句話涉及到的廣長數值依次爲八十一、七十二、六十三、五十四、四十五、三十六、二十七、十八、九，分别對應九九乘法歌九九段

的乘積結果，而數碼之後的田畝步數實際爲九組數碼的自相乘（即平方）結果。因爲我們可以斷定這部分內容是時人用九九乘法歌的九九段結合數碼製作的一部田地算題，用於田畝計算和數碼的學習。

綜上所述，《算經》"均田法第一"涉及的田狀較多，結構清晰，步驟明確，而且田狀和算法逐漸複雜，注重由淺入深，尤其從蛇田算題開始，編者加入了算術口訣，實行算術口訣與例題相結合的形式進行教學，從環田算題開始，編者針對田狀進行了解釋，便於學習者記憶和理解。再者，各算題涉及到的數值較小，且都是求面積，沒有超出加減乘除四則運算的範圍。經過對比出土秦漢簡牘和傳世算書，可知《算經》"均田法第一"中算題的形式在秦漢時期就已經出現，并且這部分內容可能受《五曹算經》和《夏侯陽算經》的影響較大。另外，敦煌文獻中的《田畝算表》和《田地算題》，涉及到"薗地""麥地""雨畦"等田，實踐性更高，可與《算經》搭配學習，反映了時人注重實用的學習特點。

第二節　《算經》的編撰年代與源流

關於《算經》的編撰年代，一九三五年李儼在《中算書錄》中提到是開元、天寶年間[一]；一九三八年李儼在《唐代算學史》一文中主張是唐代算書[二]；李氏又在五十年代出版的《中算史論叢・宋代民間算學教育》和《十三、十四世紀中國民間數學》中提及敦煌算書多是唐末宋初的著作[三]；那波利貞推斷時間爲唐昭宗大順二年（八九一）之前[四]；許康主張《算經》寫於

〔一〕　李儼：《中算書錄》，收入丁福寶、周雲青編：《四部總錄算法編・補遺》，第四一頁。

〔二〕　李儼：《唐代算學史》，《西北史地季刊》第一卷第一號，一九三八年，第六八～六九頁。

〔三〕　李儼：《中算史論叢》第四集，第二六七頁；李儼：《十三、十四世紀中國民間數學》，第一頁。

〔四〕　［日］那波利貞：《唐代の庶民教育に於ける算術科の內容とその布算の方法とに就きて》，《甲南大學文學會論集》（通號一），一九五四年，第一五頁。

唐代或五代〔一〕；沈康身推斷爲八至九世紀〔二〕。近年來，郝春文和王進玉主張五代説〔三〕。可見前人的認識尚不一致。而關於《算經》的源流，據前人的研究成果，可追溯到《孫子算經》。二○一○年北京大學入藏的一批秦簡中，有《算書》甲篇二百一十多枚〔四〕，此書内容和結構與《孫子算經》《算經》非常類似。另外，敦煌文獻中尚有北朝《算書》一卷，形式與《算經》較爲接近。通過《算書》甲篇、北朝《算書》可對《算經》的源流有進一步的認識。

一　《算經》的編撰年代探析

本小節將在前人研究成果的基礎上，結合傳世文獻，就《算經》的編撰年代問題進行進一步探討。

李儼在《唐代算學史》一文中判斷《算經》是唐代著作〔五〕，主要依據有二：第一，《算經》中“《大唐令》文：諸［度］以北方秬黍中者一黍之廣［爲分］”一句與《唐律疏議》所載“《雜令》……度，以秬黍中者，一黍之廣爲分”及《唐六典》所載“凡度以北方秬黍中者一黍之廣爲分”的内容相吻合〔六〕；第二，《算經》所載“五尺曰步”，與《舊唐書·職官志》載“凡天下之田，五尺爲步，步二百有四十爲畝，畝百爲頃”〔七〕，相關内容一致。從李儼所

〔一〕　許康：《敦煌算書透露的科學與社會信息》，《敦煌研究》一九八九年第一期，第九八頁。

〔二〕　吳文俊主編，沈康身分卷主編：《中國數學史大系》第四卷《西晋至五代》，第三六二頁。

〔三〕　郝春文編著：《英藏敦煌社會歷史文獻釋録》第一卷，第二一~二二頁；郝春文、杜立暉等編著：《英藏敦煌社會歷史文獻釋録》第一卷（修訂版），第五一頁；王進玉《敦煌學和科技史》，第七八頁。

〔四〕　韓巍：《北大秦簡中的數學文獻》，《文物》二○一二年第六期，第八六頁。

〔五〕　李儼：《唐代算學史》，《西北史地季刊》第一卷第一號，一九三八年，第六八~六九頁。

〔六〕　（唐）長孫無忌等撰，劉俊文點校：《唐律疏議》卷二六《雜律》，中華書局，一九八三年，第四九七頁；（唐）李林甫等撰，陳仲夫點校：《唐六典》卷三《尚書户部》，中華書局，一九九二年，第八一頁。

〔七〕　《舊唐書》卷四三《職官志二》，第一八二五頁。

舉材料來看，《算經》的内容符合唐制，那麼它編撰於唐代的可能性很高。然而李儼又在《中算史論叢》和《十三、十四世紀中國民間數學》中提出它是唐末宋初著作，未進行説明。許康所依據材料與李儼類似，認識却略有不同。他指出《算經》所載的"五尺曰步"與唐代《夏侯陽算經》所載相同，符合唐制，又結合李儼所列第一條材料，認爲《算經》寫於唐代或五代。沈康身依據《算經》中"《大唐令》文：諸［度］以北方秬黍中者一黍之廣［爲分］"一句推斷其爲八至九世紀時作品。其實五代的度量衡制基本延續自唐代，且後唐也有稱"大唐"[一]，所以不能排除《算經》編撰於後唐的可能性。

　　郝春文進一步主張五代説[二]，依據有三：其一，唐人多稱《開元令》或《某某年令》，而不稱《大唐令》；其二，《算經》量部末尾所載"今云廿粟爲一圭"，與《大唐令》中"十粟爲一圭"一句不同，透露出其時代在《大唐令》之後；其三，《算經》中量制單位"抄"，在唐代成書的《隋書・律曆志》中寫作"妙"，而在成於後晉時期的《舊唐書・食貨志》即寫作"抄"，似乎表明《算經》的時代與《舊唐書》相近。筆者以爲這三條依據皆有值得商榷之處。首先，唐杜佑《通典・職官》載："大唐令，諸職事官年七十、五品以上致仕者，各給半禄。"[三]此材料可證唐代當朝有稱《大唐令》。其次，《算經》中"又據《大唐令》文：諸［度］以北方秬黍中者一黍之廣［爲分］"一句出現在度制内

　　〔一〕（宋）司馬光編著，（元）胡三省音注《資治通鑑》卷二七二《後唐紀一》"莊宗同光元年"條載："唐使稱詔，吳人不受；帝易其書，用敵國之禮，曰'大唐皇帝致書于吳國主'，吳人復書稱'大吳國主上大唐皇帝'，辭禮如牋表。"（中華書局，一九五六年，第八九〇三頁）（清）吳任臣《十國春秋》卷五八《南漢一》載："乾亨七年夏四月己巳，晉王李存勖即皇帝位，國號大唐，改元同光。"（中華書局，一九八三年，第八四三頁）可見後唐亦自稱"大唐"。在出土墓志中亦有不少後唐人墓志使用"大唐"的稱呼，如《大唐故興國推忠功臣光禄大夫檢校太保守左金吾衛大將軍致仕兼御史大夫上柱國昌黎縣開國伯食邑七百户韓公墓志銘》《大唐故東南面招討副使寧江軍節度觀察處置兼雲□榷鹽制置等使光禄大夫檢校太保樂安縣開國伯食邑七百户西方公墓志銘并序》中稱"大唐"，參見周阿根《五代墓志彙考》（黃山書社，二〇一二年）第一九八～二〇二頁。

　　〔二〕郝春文、杜立暉等編著：《英藏敦煌社會歷史文獻釋録》第一卷（修訂版），第五一頁。

　　〔三〕《通典》卷三五《職官十七・致仕官禄》，第九六八頁。

容末尾，應該是作爲度制的補充介紹，而不能認爲《算經》所載量制的“十粟爲一圭”亦出自《大唐令》。而且“廿粟爲一圭”的説法在傳世文獻中尚未發現，筆者以爲它可能出自當時的地方制度，可能是唐代，也可能是五代，所以不能根據這句話得出《算經》的編撰年代在《大唐令》之後的推測。最後，《隋書·律曆志》載：“《孫子算術》曰：‘六粟爲圭，十圭爲秒，十秒爲撮，十撮爲勺，十勺爲合。’”[一] 其中作“秒”字，而非“妙”字。《隋書》中作“秒”，可能是“抄”字之訛，而且古籍傳本用字不一非常多見，實難據此來推測《算經》的時代。王進玉亦認爲是五代，然不知所由。總之，以現有的證據來看，并不能排除《算經》編撰於唐代的可能，還是唐代或後唐時期更爲穩妥。

　　日本學者那波利貞提出了唐昭宗大順二年（八九一）之前説[二]。那波氏得出此結論的前提是《算經》和伯二六六七號《算書》是同一本書，伯二六六七號背有題記“大順二年十一月”[三]。“大順”是唐昭宗年號，那波氏進而推測出《算書》和《算經》的編撰年代應該早於大順二年。但是，《算經》和伯二六六七號《算書》不是一書，這一點前人已有論斷，如許康主張《算書》可能出自北朝[四]；菊池英夫推斷《算書》的編撰年代在北朝到唐初之間[五]；郭正忠更是經過對《算書》各題內容的詳細考證，判斷它是北朝著作[六]。王進玉支持郭正忠之説[七]。可見《算書》的編撰年代早於《算經》似乎已成定論，因此那波氏的立論基礎就不成立了。

　　〔一〕《隋書》卷一六《律曆志上》，第四〇九頁。

　　〔二〕［日］那波利貞：《唐代の庶民教育に於ける算術科の内容とその布算の方法とに就きて》，《甲南大學文學會論集》（通號一），一九五四年，第一五頁。

　　〔三〕據伯二六六七號IDP彩圖可知其題記作“大順三年十二月”，那波氏著録有誤。

　　〔四〕許康：《敦煌算書透露的科學與社會信息》，《敦煌研究》一九八九年第一期，第一〇〇頁。

　　〔五〕［日］菊池英夫：《敦煌發見〈算書〉中に見える軍制模式についての一考察》，《中央大學文學部紀要》第一三六號，一九九〇年，第八〇頁。

　　〔六〕郭正忠：《一部失落的北朝算書寫本——〈甲種敦煌算書〉研究》，《中國學術》二〇〇一年第二期，第二〇七～二三二頁。

　　〔七〕王進玉：《敦煌學和科技史》，第七九～八〇頁。

從前人所舉材料來看,《算經》的編撰年代應該在唐代或後唐,而筆者校録伯三三四九號《算經》之後,發現一條資料對判斷它編撰年代上限提供了重要幫助。依據IDP彩圖可見伯三三四九號寫本"萬步至萬"一句之前二字明顯作"百見","百見"二字再往前便缺失了,把"百見"與"萬步至萬"組合起來重新斷句,應該作"百,見萬步至萬",而與這句話類似的内容出現在傳世本《夏侯陽算經》中。《夏侯陽算經·明乘除法》載:"夫乘除之法,先明九九。一縱十横,百立千僵,千、十相望,萬、百相當……言步之,上見十步至十,見百步至百,見千步至千,見萬步至萬。悉觀上數,以安下位。上不滿十,下不滿一。"〔一〕據此説明《算經》這段話其實引自《夏侯陽算經·明乘除法》。而且《算經》量制的"十粟爲一圭",與《孫子算經》所載的"六粟爲一圭"不同,而與《夏侯陽算經》一致,爲《算經》有參考《夏侯陽算經》的又一例證。因此,我們不僅可以利用《夏侯陽算經》,補足《算經》中相關的缺失内容,而且還可以縮小《算經》編撰年代的範圍。據錢寶琮考證,傳世本《夏侯陽算經》是唐人韓延大約在唐代宗建中元年(七八〇)兩税法施行以後編撰的〔二〕。近些年,學者們試圖在錢氏的基礎上進一步縮小《夏侯陽算經》成書年代的範圍。陳明光推斷該書編撰於唐德宗貞元四年(七八八)之後到唐憲宗元和十一年(八一六)之前〔三〕。李兆華認爲"若將公元785年左右視爲傳本《夏侯陽算經》的成書年代當與事實相去不遠"〔四〕。郭書春贊同李説〔五〕。諸前學之説近似,那麽説傳本《夏侯陽算經》編撰於建中元年之後當没有問題。因此,我們可以認爲《算經》的具體編撰年代應該是在唐代宗建中元年之後的中晚唐或者後

〔一〕 錢寶琮校點:《算經十書》,第五五八頁。

〔二〕 錢寶琮:《夏侯陽算經考》,收入李儼、錢寶琮:《李儼錢寶琮科學史全集》第九卷,第一〇二~一〇四頁。

〔三〕 陳明光:《傳本〈夏侯陽算經〉成書年代補證》,中國歷史文獻研究會編:《歷史文獻研究》(北京新一輯),北京燕山出版社,一九九〇年,第二四八~二五三頁。

〔四〕 李兆華:《傳本〈夏侯陽算經〉成書年代考辨》,《自然科學史研究》二〇〇七年第四期,第五五一~五五六頁。

〔五〕 郭書春主編:《中國科學技術史·數學卷》,科學出版社,二〇一六年,第三五三頁。

唐時期。

二　《算經》的源流探析

本小節將利用北大秦簡《算書》甲篇、敦煌寫本北朝《算書》，結合《孫子算經》，對《算經》的源流試作探析，以期對唐以前算學蒙書的發展過程有更多認識。

從李儼、那波利貞、許康等學者以及前文的論述中，可知《算經》的內容多源自《孫子算經》。這裏對二者內容結構和性質方面的相同點進行一些説明。《孫子算經》的成書年代大約在晉末南北朝之初，唐人多有修訂。傳世本《孫子算經》分爲序、卷上、卷中、卷下，卷上內容依次爲度量衡制、大數法、金屬比重、識位法、九九乘法歌，卷中和卷下是各種算題。現存《算經》的內容依次爲序文、識位法、九九乘法歌、大數法、度量衡制、九九乘法歌、"均田法第一"。可見二者在內容結構上高度重合。不僅如此，二者還都是基礎算書。錢寶琮認爲："《孫子算經》卷上首先叙述竹籌記數的縱橫相間制和乘、除法則，卷中説明分數算法和開平方法，這些不僅在當時達到了普及數學教育的目的……卷中和卷下所選的應用問題大都切於民生日用，解題方法亦淺近易曉。"[一]那波利貞認爲《算經》和《孫子算經》的內容都是唐代普通人日常實際生活中最低限度的算術知識，是可以在寺塾、鄉學、里學等學校中使用的庶民普通教育的教材[二]。王渝生指出敦煌算書的數學水平與著名的十部算經中的《孫子算經》《五曹算經》《夏侯陽算經》大致相當[三]。所以我們有理由認爲《算經》是和《孫子算經》一脈相承。

除此以外，北大秦簡《算書》甲篇在內容和形式上與《孫子算經》《算經》較爲接近，敦煌寫本北朝《算書》所存部分也與《算經》的"均田法第

〔一〕　錢寶琮校點：《算經十書》，第二七五～二七六頁。

〔二〕　［日］那波利貞：《唐代の庶民教育に於ける算術科の內容とその布算の方法とに就きて》，《甲南大學文學會論集》（通號一），一九五四年，第七～九頁。

〔三〕　王渝生：《敦煌算書》，郭書春：《中國科學技術典籍通彙·數學卷》第一分册，第四〇五頁。

一”在形式上類似，對於它們之間的聯繫，學界尚未充分關注。

（一）北大秦簡《算書》甲篇與《孫子算經》《算經》的關係

二〇一〇年北京大學入藏的秦簡中有《算書》甲篇一件，共二百一十多枚簡，内容依次爲《魯久次問數於陳起》、“九九術”“算題彙編”、衡制換算〔一〕。這些内容讓筆者立馬聯想到了《孫子算經》《算經》，它們的聯繫值得深入探究。

對於《算書》甲篇，前人的目光多集中在其中的《魯久次問數於陳起》，不斷探究其文義以及與其他文獻的關係。其中郭書春和郭世榮的論述中涉及到了該文與《孫子算經》序文的一些異同點〔二〕。郭書春認爲二者在强調“數”的作用方面有一定相似性。郭世榮認爲陳起是從實際出發，論述平實，而《孫子算經》所述比較誇張和張揚。可見前輩學者雖然已經論及到《魯久次問數於陳起》與《孫子算經》序文的一些異同點，但是未能展開説明。以下具體來看此文與《孫子算經》和《算經》序文間的關係。

《魯久次問數於陳起》共三十二枚竹簡，八百一十六字，原無篇題，韓巍取其篇首命名，簡稱爲“《陳起》篇”，内容起“魯久次問數於陳起”，訖“所求者毋不有也”〔三〕，包括魯久次的三次提問和陳起的三次回答，通過問對形式，論述了數學的起源、作用和意義。魯久次的三次提問，分别引出三個問題。第一問是“魯久次問數於陳起曰：‘久次讀語、計數弗能並徹，欲徹一物，何物爲急？’”第二問是“久次曰：‘天下之物，孰不用數？’”第三問是“久次敢問：‘臨官蒞政，立度興事，何數爲急？’”其中第二問和第三問的部分内容皆能在《孫子算經》《算經》的序文中找到對應。下面把相關内容列表如下：

〔一〕 韓巍：《北大秦簡中的數學文獻》，《文物》二〇一二年第六期，第八五～八九頁。

〔二〕 韓巍、鄒大海整理：《北大秦簡〈魯久次問數於陳起〉今譯、圖版和專家筆談》，《自然科學史研究》二〇一五年第二期，第二三二～二六六頁。

〔三〕《魯久次問數於陳起》的完整録文，參見韓巍《北大藏秦簡〈魯久次問數於陳起〉初讀》，《北京大學學報（哲學社會科學版）》二〇一五年第二期，第二九～三六頁。

《魯久次問數於陳起》	《孫子算經》序
（第二問）久次曰：“天下之物，孰不用數？”陳起對之曰：“天下之物，無不用數者。夫天所蓋之大殹（也），地所生之衆殹（也），歲四時之至殹（也），日月相代殹（也），星辰之生（往）與來殹（也），五音六律生殹（也），畢用數。子其近計之：一日之役必先智（知）食數，一日之行必先智（知）里數，一日之田必先智（知）畝數，此皆數之始殹（也）……曰：地方三重，天員（圓）三重，故曰三方三員（圓），規椐（矩）水繩、五音六律六簡（閒）皆存……命爲四卦，以卜天下。” （第三問）久次敢問：“臨官立（莅）政，立尼（度）興事，可（何）數爲急？”陳起對之曰：“夫臨官立（莅）政，立尼（度）興事，數無不急者。不循瞥（昏）墨（黑），枭（澡）漱絜（潔）齒，治官府，非數無以智（知）之。和均五官，米粟黎（糲）朿（漆），升料（料）斗甬（桶），非數無以命之。具爲甲兵筋革，折筋、靡（磨）矢、牯（栝）狋，非數無以成之。段（鍛）鐵鑼（鑄）金，和赤白，爲桑（柔）剛，磐鐘竽瑟，六律五音，非數無以和之。錦繡文章，卒（萃）爲七等，藍莖葉英，別爲五采（彩），非數無以別之。外之城攻（工），斬離（籬）鑿豪（壕），材之方員（圓）細大、溥（薄）厚曼夾（狹），色（絶）契慕杼，鄣鑿橺（斧）鋸、水繩規椐（矩）之所折斷，非數無以折之。高閣臺謝（榭），戈（弋）邋（獵）置埄（放）御（禦），度池旱（岸）曲，非數無以置之。和攻（功）度事，見（視）土剛桑（柔），黑白黃赤，秦屬（菜）津如（洳），立（粒）石之地，各有所宜，非數無以智（知）之……民而不智（知）尼（度）數，辟（譬）猶天之毋日月也。天若毋日月，毋以智（知）明晦。民若不智（知）度數，無以智（知）百事經紀……（隸首）者筭之始也，少廣者筭之市也，所求者毋不有也。”〔一〕	孫子曰：夫算者，天地之經緯，群生之元首，五常之本末，陰陽之父母，星辰之建號，三光之表裹，五行之準平，四時之終始，萬物之祖宗，六藝之綱紀。稽群倫之聚散，考二氣之降升，推寒暑之迭運，步遠近之殊別。觀天道精微之兆基，察地理縱橫之長短。采神祇之所在，極成敗之符驗。窮道德之理，究性命之情。立規矩，準方圓，謹法度，約尺丈，立權衡，平重輕，剖豪釐，析黍絫，歷億載而不朽，施八極而無疆。散之不可勝究，斂之不盈掌握。嚮之者富有餘，背之者貧且窶。心開者幼沖而即悟，意閉者皓首而難精。夫欲學之者必務量能揆己，志在所專。如是則焉有不成者哉〔二〕。
	《算經》序
	夫算者，天地之經緯，群生之元首，五[常之本末，陰陽之父母，星辰之建號，三光]之表裹，五行之平均，皇極之終始，萬[物之祖宗，六藝之綱紀。稽群倫之聚散]，考元氣於奸宄，推四時之運移，記精微之[肇基]，□□□□□□□□□□□□。又推方圓，合規矩，均尺丈，制法度，立權衡，平斛[斗，剖毫釐，析黍絫，歷億載而]不朽。但行之者富貴有餘，背之者貧且賤。■□□□□□□□□□，蓋意明情樂者，安有不成哉。昔魯人請算，■□□□□□□□□□，言人不解算者，如天無日月，地無泉源，人無[眼目]，□□□□□□□□□■。

*注：《算經》錄文中“[ ]”中内容爲筆者所補

〔一〕　錢寶琮校點：《算經十書》，第二七九頁。

〔二〕　韓巍：《北大藏秦簡〈魯久次問數於陳起〉初讀》，《北京大學學報（哲學社會科學版）》二〇一五年第二期，第二九～三六頁。

由於《算經》序文改編自《孫子算經》，又有部分内容缺失，所以以下主要分析《魯久次問數於陳起》與《孫子算經》序文之關聯。經過對比，二者的明顯相似點有三：

其一，二者都借用天地、日月、四時等宏大又不可缺少的事物來説明數學的重要性。《魯久次問數於陳起》第二問中云："天下之物，無不用數者。夫天所蓋之大也，地所生之衆也，歲四時之至也，日月相代也，星辰之往與來也，五音六律生也，畢用數。"這段話與《孫子算經》序文的"天地之經緯，群生之元首，五常之本末，陰陽之父母，星辰之建號，三光之表裏，五行之準平，四時之終始，萬物之祖宗，六藝之綱紀"一段，採用的論述方法和舉出的事例高度相似，二者都是從宏觀的角度表達"數"的重要意義。

其二，二者都宣揚數學對人們日常生活生產的重要意義。《魯久次問數於陳起》第二問中"地方三重，天圓三重，故曰三方三圓，規矩水繩、五音六律六間皆存"這段話對應着《孫子算經》序文的"立規矩，準方圓"。《魯久次問數於陳起》第三問中從"不循昏黑，澡漱潔齒"到"各有所宜，非數無以知之"一大段話，是從現實的角度表達"數"是日常生活、生產、營造、軍事等方面不可缺少的知識。《孫子算經》序文濃縮爲"謹法度，約尺丈，立權衡，平重輕，剖豪釐，析黍絫"短短數語。

其三，二者都有明顯的勸學意圖。《魯久次問數於陳起》第三問末尾的"（隸首）者筭之始也，少廣者筭之市也，所求者毋不有也"這幾句話與《孫子算經》序文末尾的"嚮之者富有餘，背之者貧且窶"兩句表達的意義類似，旨在告訴學習者算學是成功的階梯。

由此可見，《魯久次問數於陳起》所表達的數學的意義和價值，基本都可以在《孫子算經》序文中找到對應的部分，二者的聯繫躍然紙面，可以説前者是後者的源頭。不同的是前者以問答方式展開，説明細緻；後者則借用"孫子"之口進行述説，注重簡要。從學習者的角度看，後者容易記誦，更爲實用。

此外，《魯久次問數於陳起》中一段話更是與《算經》有明顯聯繫。該文第三問中提到："民而不知度數，譬猶天之毋日月也。天若毋日月，毋以知明晦。民若不知度數，無以知百事經紀。"這段話讓筆者聯想到了《算經》序文末尾的"言人不解算者，如天無日月，地無泉源，人無眼目"一段。二者都強調了算學的重要意義，涉及內容和形式有一定的相似性，説明它們有淵源關係。《孫子算經》的時代在《魯久次問數於陳起》與《算經》之間，而傳世本《孫子算經》序文中却没有這段類似內容，可能存在傳播過程中亡佚的可能。

　　總之，可以確定的是《魯久次問數於陳起》就是《孫子算經》《算經》序文的源頭，這一發現對探究《孫子算經》序文的形成具有重要啓示，而且可知《孫子算經》和《算經》所表達的數學思想早在秦代就已經形成。

　　《算書》甲篇中《魯久次問數於陳起》之後的內容，韓巍《北大秦簡中的數學文獻》一文有專門介紹，尚未有人將其與《孫子算經》《算經》做過對比。《算書》甲篇的第二部分是九九乘法歌，韓巍稱之爲"九九術"，共八枚簡，分上下五欄抄寫，起"九九八十一"，訖"一一而二"，共三十七句，後接算題，其內容和形式與里耶、敦煌、居延等地出土的《九九乘法歌》基本相同，祇是缺了"二半而一"一句。《孫子算經》中的九九乘法歌是在度量衡制、大數法之後，算題之前。《算經》有兩篇九九乘法歌，第一篇在序文和識位法之後，大數法之前，第二篇在度量衡制之後，"均田法第一"之前。可見三本書中九九乘法歌的位置相似。不過，《孫子算經》《算經》的九九乘法歌已經發展爲四十五句的"小九九"，且在歌訣後添加了加法、除法、平方運算，內容更加豐富。

　　《算書》甲篇的第三部分是"算題彙編"，內容以田畝和田租方面的算題和相應算術爲主，現存標題有"田""租禾""租枲""自爲實"等，標題概括了本組算題的內容。算題的結構形式可分三類：一是先以"某某述（術）曰"或"曰某某述（術）"開頭，陳述算術口訣，然後列舉例題；二是先舉例題，然後用"某述（術）曰"説明算術；三是僅有算術口訣而無例題，如"乘分""合分""約分"等分數運算[一]。這種內容形式和算題結構爲後來的《九章算術》《孫子算經》《五曹算經》《夏侯陽算經》《算經》等算書繼承。具體到《孫子算經》《算經》中，算題都是以"今有……。問……"的形式提出問題，以"答曰……"或"曰……"的形式公佈答案，最後用"術曰……"的形式講述算法。

〔一〕　韓巍：《北大秦簡中的數學文獻》，《文物》二〇一二年第六期，第八七～八八頁。

《算書》甲篇的第四部分是衡制換算，包括石、鈞、斤、兩、錙、銖等單位的相互換算，如"一石而四鈞""一鈞而卅斤"等[一]，在形式上與《孫子算經》《算經》的度量衡制相近。不同的是《算書》甲篇僅有衡制，且其中單位換算用"而"字連接，而後兩者度量衡制齊備，單位換算多用"爲"字連接。

綜上所述，《算書》甲篇中的《魯久次問數於陳起》其實可以看作是其序文，緊接着是九九乘法歌、算題彙編、衡制，除了衡制的順序，可以説内容和體例與《孫子算經》《算經》有很高的相似度，證明了《算書》甲篇就是《孫子算經》《算經》的源頭。

（二）北朝《算書》與《孫子算經》《算經》的關聯

關於敦煌寫本伯二六六七號《算書》，前人已注意到其"營造部第七""□□部第九"的部名以及算題形式與《算經》"均田法第一"有諸多相似之處，那波利貞便以爲它可能是伯三三四九號《算經》的一部分[二]。那麼它與《孫子算經》《算經》有怎樣的聯繫呢。

伯二六六七號《算書》，首尾俱缺，原件無題，李儼最早稱之爲《算書》，許康、郭正忠論證出它是北朝著作[三]，故這裏藉此稱之"北朝《算書》"。那波利貞認爲它是和《算經》一樣爲唐代鄉校俚儒編纂的作爲教授普通庶民的一般教科書[四]，宫島一彦認爲它是初級的數學問題集[五]，李并成説它是用於學

〔一〕 韓巍：《北大秦簡中的數學文獻》，《文物》二〇一二年第六期，第八八頁。

〔二〕［日］那波利貞：《唐代の庶民教育に於ける算術科の内容とその布算の方法とに就きて》，《甲南大學文學會論集》（通號一），一九五四年，第一～三一頁。

〔三〕 許康：《敦煌算書透露的科學與社會信息》，《敦煌研究》一九八九年第一期，第一〇〇頁；郭正忠：《一部失落的北朝算書寫本——〈甲種敦煌算書〉研究》，《中國學術》二〇〇一年第二期，第二〇七～二三二頁。

〔四〕［日］那波利貞：《唐代の庶民教育に於ける算術科の内容とその布算の方法とに就きて》，《甲南大學文學會論集》（通號一），一九五四年，第一～三一頁。

〔五〕［日］宫島一彦：《曆書·算書》，［日］池田温編：《講座敦煌5·敦煌漢文文獻》，第四七七頁。

校或家塾教育的初級數學課本〔一〕。可見它的性質和《孫子算經》《算經》非常類似。

北朝《算書》現存算題十三道，第二題之後有部名"營造部第七"，第十題之後有部名"□□部第九"，各題的結構是以"今有……"開頭的數值，然後以"△問：……"的形式提出問題，接着用"△曰：……"的形式給出答案，最後是"△術：……"的形式給出算法。這一形式與《孫子算經》《算經》相似。宮島一彦根據題目的相關性，推測北朝《算書》各部皆由四道題構成〔二〕，即現存第一題和第二題屬於"某某部第六"，第三題到第六題屬於"營造部第七"，第七題到第十題屬於抄寫過程中脫掉的"某某部第八"，第十一題到第十三題屬於"□□部第九"。此說頗有道理。其算題涉及內容包括民食、軍需、營造、生產，具體問題有人口食量、馬匹食量、塹和堤的營造、建屋用瓦、衣袍製造、城防建設、軍隊出征、生活物品生產（作枕、燃蠟），與普通人的日常生活關係不大，而與官吏的行政和軍事工作、社會生產的關係更爲密切。《孫子算經》卷中也有類似的工程營造（圓窖、方窖、索、堤、溝、築城、穿渠）、生活物品生產（作枕、織布）等。二者相近的算題對比可見下表（"[　]"中內容爲筆者所補）。

《孫子算經》	北朝《算書》
今有屋基南北三丈，東西六丈，欲以瓴砌之。凡積二尺，用瓴五枚。問計幾何？答曰：四千五百枚。術曰：置東西六丈，以南北三丈乘之，得一千八百尺。以五乘之，得九千尺。以二除之，即得。〔三〕	今有屋東西長六丈，廣三丈，[尺]用瓦二枚。△問：總得幾何瓦。△曰：三千六百枚。△術曰：以廣卅尺乘長六十尺，得積尺一千八百尺，以瓦二枚乘之，得三千六百枚。

〔一〕　李并成：《從敦煌算經看我國唐宋時代的初級數學教育》，《數學教學研究》一九九一年第一期，第三九頁。

〔二〕［日］宮島一彦：《曆書·算書》，［日］池田温編：《講座敦煌5·敦煌漢文文獻》，第四七七～四七八頁。

〔三〕　錢寶琮校點：《算經十書》，第二九七～二九八頁。

續表

《孫子算經》	北朝《算書》
今有木方三尺。欲方五寸作枕一枚。問得幾何？答曰：二百一十六枚。術曰：置方三寸，自相乘得九尺。以高三尺乘之，得二十七尺。以一尺木八枕乘之，即得。[一]	［今有］木方三尺，高三尺，欲方五寸作枕一枚。△問：總得幾何。△曰：二百一十六枚。△術曰：以［方］三尺乘之得九尺，復以高三尺乘之得廿七尺，又以八因之，即得枕數。
今有隄，下廣五丈，上廣三丈，高二丈，長六十尺。欲以一千尺作一方。問計幾何？答曰：四十八方。法曰：置隄上廣三丈，下廣五丈，并之，得八丈，半之，得四丈。以高二丈乘之，得八百尺。以長六十尺乘之，得四萬八千。以一千尺除之，即得。[二]	今有堤下廣五丈，上廣三丈，高二丈，長六十尺，限有一千二百人，一日日別斷［二尺］。△問：凡用幾何日得了。△曰：廿日得了。△術曰：置上廣卅尺，下廣五十尺，并之得八十尺，半之得卌尺，以高廿尺乘之，得八百尺，復以其長六十尺乘之，得四萬八千尺，［置］於上。次置一千二百人，一日二尺，乘之得二千四百尺，以二千四百尺除之［上］位即得。

　　表中所舉算題爲建屋用瓦、方木作枕、修建堤壩三題，經過對比可知二者的數據基本相同，算法近似，可以確認北朝《算書》的這些算題就是源自《孫子算經》。但是《孫子算經》未分部，而北朝《算書》"營造部第七"和"□□部第九"兩個部名的出現表明它更有體系。姜亮夫在《敦煌——偉大的文化寶藏》中提及："這種分類編輯法，本是六朝以來類書體式，也是適應當時民間需要而作的。"[三]可見北朝《算書》採用的分類體式，顯然順應時代，受到了類書編撰體式的影響，較之《孫子算經》是進步的體現。

　　《算書》雖是北朝著作，但寫本字體是正楷，抄寫時代應該是唐代以後，背面爲社司轉帖、字迹清晰的三件狀稿和《千字文》以及題記"大順三年十二月"，對比正背面書寫情況，正面的《算書》是較爲正式的抄寫，而背面帶有雜寫性質，所以推測《算書》的書寫年代在前，背面在後，那麼敦煌寫

〔一〕　錢寶琮校點：《算經十書》，第三〇〇頁。

〔二〕　錢寶琮校點：《算經十書》，第三〇〇頁。

〔三〕　姜亮夫：《敦煌——偉大的文化寶藏》，上海古典文學出版社，一九五六年，第一二四頁。

本北朝《算書》的書寫年代當在唐代大順三年之前，即景福元年（八九二）之前。

北朝《算書》一直到唐代還在敦煌地區流傳，它應該對《算經》的編撰產生過一定影響。以下從內容體例和寫本特徵兩個方面分析二者的异同點。首先，二者的編撰形式具有相似性。北朝《算書》的部名"營造部第七""□□部第九"與《算經》部名"均田法第一"有一致性，都採用類書的編體方式，而且二者算題的結構也基本相同，因此前者當是後者體式之濫觴。其次，二者寫本特徵具有相似性。寫本都留有天頭地腳，有界欄，行約三十五字，總的抄寫方式非常類似，然而二者字迹不一，非同一人所抄。

經過對比可知，《算經》中算題分門別類的體例非原創，而是承自北朝《算書》，且北朝《算書》在唐代還在流行，甚至和《算經》一起流行於敦煌地區，因此不排除《算經》的編者直接參考《算書》的可能。遺憾的是，北朝《算書》和《算經》都缺失大半，難以了解它們的全貌。

結　論

敦煌《算經》受《孫子算經》和《夏侯陽算經》的影響較大，其序文、九九乘法歌基本承自《孫子算經》的相應部分，大數法是在《孫子算經》的基礎上做了添加，其識位法節選自《夏侯陽算經》，其度量衡制綜合了《孫子算經》和《夏侯陽算經》，并在二者基礎上進行了擴充。不過《算經》的編者頗具匠心，通過改編體現自身的意圖，讓該算書易於理解和學習，適合於啓蒙教育。具體而言，編者通過改編《孫子算經》序文的部分語句，表達自身思想，意圖保持學習者的興趣和積極性，且引用典故循循善誘，增加勸學效果；識位法中，編者刪去了《夏侯陽算經》中一些非必要內容，使內容更爲簡短，又通過改編，減少了重復字，便於學習者入門和記憶，并在識位法後緊接了一篇攜帶數碼的九九乘法歌，意圖把理論與實踐結合；大數法中編者增加了大數單位間的換算關係，便於學習者理解和查詢；度量衡制中編者細化了各單位間的換算關係，豐富了對部分起始單位的解釋，增加了唐五代時期的令文制度，羅列了同一項內容的不同用制，注重細節和知識的實用性，便於學習者學習；還有一篇九九乘法歌的歌訣下編者按照《孫子算經》擴充了相關的求平方、加法、除法運算。此外，《算經》的"均田法第一"部分的內容和形式受《五曹算經》《夏侯陽算經》的影響較大，其涉及的田狀多，結構和運算步驟明確，注重算題的由淺入深，重視算術口訣與例題相結合，且算題都沒有超出加減乘除四則運算的範圍。總之，《算經》的編撰特點具有蒙書性和實用性，適用於從算術基礎學起的學習者，很多方面在實際教學中是有積極意義的，體現出進步的教育理念。這些編撰特點，當是編者在實踐教育中產生的結果，因而編者應該是一位奮鬥在民間算術教育一綫的老師。

《算經》的編撰年代當在唐代或後唐，考慮到其識位法的部分內容引自韓延的《夏侯陽算經》，因此將它的編撰年代放在唐代宗建中元年之後的中晚唐或五代後唐時期更爲穩妥。《算經》的很多內容源自《孫子算經》，而《孫子算經》又可以追溯到北大秦簡《算書》甲篇，此簡牘所載算學內容按照《魯久次問數於陳起》、九九乘法歌、算題彙編、衡制排序，內容結構與《孫子算經》高度相似，可見早在秦代，這些構成基礎算學的知識已經形成一定結構，《孫子算經》便是承襲這一結構而來。敦煌文獻中的北朝《算書》所存"營造部第七""□□部第九"及算題結構與《算經》"均田法第一"類似，均採用北朝以來的類書體式，此北朝《算書》應該是《算經》體式之濫觴。如此以來，從北大秦簡《算書》甲篇、《孫子算經》、北朝《算書》，再到《算經》，搭建起了一條從秦代到唐五代的算學蒙書的發展脈絡。

結　語

　　上述敦煌算術類蒙書計爲四種，爲《九九乘法歌》《立成算經》《算經》
及北朝《算書》，分別論述了《九九乘法歌》的内容特點、性質、源流、流傳
及這一歌訣的發展變化；《立成算經》的編撰特點、性質、影響；《算經》的
編撰特點、性質、編撰年代、源流；北朝《算書》的内容特點及與《孫子算
經》《算經》的關係。以下根據前面各章的論述，加以歸納，有關敦煌算術類
蒙書的特點，概而言之主要有以下幾點。

一　普遍性和地域性共存

　　敦煌地處我國西北，唐五代宋初時敦煌地區周邊少數民族林立，特別是
敦煌地區在貞元四年（七八八）至大中二年（八四八）間陷於吐蕃[一]，其獨特
的地理位置和文化特點，造成唐五代宋初時期敦煌算術類蒙書具有普遍性和
地域性共存的特點。所謂普遍性是指當時敦煌地區使用的算術類蒙書的種類
和内容與中原地區沒有太大區別，具體來説就是《九九乘法歌》《立成算經》
《算經》所包含的算術知識與中原地區具有一致性。唐代官方指定的算學教材
是著名的"算經十書"，這十本書是中原地區算學教育的核心内容。而《立成

　　〔一〕　李正宇：《沙州貞元四年陷蕃考》，《敦煌研究》二〇〇七年第四期，第九八～
一〇三頁。

算經》的識位法、度量衡制、大數法、九九乘法歌都可以在《孫子算經》中找到對應內容，而且識位法、度量衡制明顯有模仿《孫子算經》的痕迹。《算經》的序文、大數法、度量衡制、九九乘法歌改編自《孫子算經》，識位法、度量衡制又參考了《夏侯陽算經》，"均田法第一"又參考了《五曹算經》《夏侯陽算經》。可以説敦煌地區使用的算術蒙書受"算經十書"的影響較大，其算術內容并未超出中原地區的算學知識體系，因此，我們認爲唐五代宋初時期敦煌算術類蒙書具有普遍性。

所謂地域性是指由於敦煌獨特的地理位置，與吐蕃關係密切，出現了吐蕃文本《九九乘法歌》。敦煌文獻中保存了四件吐蕃文《九九乘法歌》寫本，其中伯特一二五六號是吐蕃文拼寫的漢文本"小九九"，伯特一〇七〇號是純粹的吐蕃文本"小九九"，它們的內容與當時的漢文本基本一致，是晚唐五代宋初時期吐蕃人學習《九九乘法歌》的證明。還有斯特七六四號的發現，把八十一句歌訣的"大九九"的出現時間和傳播到吐蕃的時間前溯到了十世紀至十一世紀初。這三件寫本是晚唐五代宋初時期敦煌算術類蒙書地域性的具體表現。另外一件莫高窟 B 五九：一〇號記録的是一份完整的"大九九"，其把同一乘積的兩句歌訣融爲一句且夾雜藏式數碼的形式，體現了藏民的智慧，是宋元時期藏民學習《九九乘法歌》的證據。

二　受《孫子算經》《夏侯陽算經》影響較大

敦煌文獻中雖然尚未發現《孫子算經》和《夏侯陽算經》的寫本，但是從敦煌算術類蒙書中可見它們的影響甚爲廣泛。

《立成算經》是唐代出現的一部用於初學者算術入門的口訣書，其核心內容基本承自《孫子算經》，却更加簡潔。首先，《立成算經》開篇"凡算之法"一句引自《孫子算經》識位法中的"凡算之法，先識其位"，其後"｜一縱、一十横、｜百立、一千僵"一段去除符號後，也與《孫子算經》保持一致。其次，《立成算經》的度量衡制保留了《孫子算經》的基本內容，尤其是量制部分完全引自《孫子算經》量制的後半部分，但是《立成算經》編者爲了達到口訣化的目的，省去了部分没有必要的字，使多數內容形成了四字句，更加便於記誦；最後，《立成算經》的金屬比重部分參考了《孫子算經》，不過在具體數值上有所變化，且減去了不常用的"鈆方寸"部分。總體來看，《立成算經》的編者其實是根據《孫子算經》編撰了一部簡短的算術口訣，爲初學入門者習用，以達"立成"之效。

《算經》應該是唐代宗建中元年之後的中晚唐或五代後唐時期編撰的一部算術蒙書，用於學習者掌握基本的算術知識和四則運算能力，其內容受《孫子算經》和《夏侯陽算經》的影響較大。首先，其序文殘存部分與《孫子算經》的序文相似度很高，不過編者爲了區別於《孫子算經》，通過删減和變換字詞的方式融入了自己的思想，意圖保持學習者的興趣和積極性，且加入了算學典故，用典故突出算學的重要性。其次，其九九乘法歌的主體內容可以說與《孫子算經》基本一致，僅是删去了以乘數"一"開頭的九句歌訣，并且變更了每段歌訣後涉及到的加法、乘法、除法運算的數值。再次，其大數法是對《孫子算經》大數法的詳細解讀，進一步說明了大數單位間的換算關係。然後，其度量衡制的主體內容引自《孫子算經》，其中量制"十粟爲一圭"的說法又採自《夏侯陽算經》，明顯不同點是《算經》編者專門細化了各單位間的換算關係。最後，其識位法節選自《夏侯陽算經》，編者通過一些改編，使內容更加簡短，且減少了重復字，韻律更加和諧。總體來看，《算經》的編者是在《孫子算經》和《夏侯陽算經》的基礎上，使內容更加細緻，突出各單位間的換算關係，讓其擁有更高的實用價值。這一點正好與《立成算經》的編撰意圖相反，兩者一簡化，一細化，進而適合不同需求、不同學習階段的學習者。另外，北朝《算書》所存算題雖然分門別類，較之《孫子算經》更爲系統，但是部分算題有明顯模仿《孫子算經》的痕迹。

三　注重教學效果與實踐

《立成算經》和《算經》的大部分內容雖然都源自《孫子算經》，但是它們的編者沒有一味地照搬，而是根據教學情況和實際需求，删去了一些缺乏實用性的內容，增補了一些具有實用價值和教育意義的內容。《九九乘法歌》雖然傳自前代，但是在內容形式上也呈現出新特點。以下對敦煌算術類蒙書所展現的新特點進行總結說明。

（一）重視內容的簡潔性。《立成算經》的編者強調"立成"，意圖把該書打造成一本簡要的算術大綱，如其在識位法末所言"算既人間要切，合如略舉大綱"。《立成算經》的各項内容皆較爲簡潔，且盡量採用同樣的句型，口訣化明顯，便於記誦，可稱現存唐代算書中最爲簡短者。《算經》的編者雖然在度量衡制、大數法部分增加了很多内容，但是在識位法和九九乘法歌中却較之《孫子算經》《夏侯陽算經》減少了一些内容，讓這兩部分内容更爲簡潔，尤其是識位法亦具有口訣化的特點。口訣化是算學蒙書發展過程中的一個明顯趨向。數學史家李儼指出："許多算法的歌訣化正是公元十三、十四世紀我國民間數學的顯著特點。""楊輝之外，元朝的朱世傑、丁巨、賈亨等人，以及明朝的劉仕隆、吴敬、程大位等人的著作中，都有用歌訣形式提出的各種算法；有時也用詩歌的形式提出各種數學問題。"[一]李儼提到的"歌訣化"，也就是口訣化。如今看來，在唐代算書中就已經出現了口訣化的特點。算書的口訣化，帶來的好處是更加容易學習，更加容易普及，更加容易保持學習者的熱情，是算術教育進步的體現。

（二）重視内容的實用性。《九九乘法歌》在日常生活中本就具有很高的實用性，大寫數字本更是其實用性的具體表現之一。敦煌寫本伯三一〇二號背《九九乘法歌》和吐魯番寫本六〇TAM三一六：〇八／一號（b）《古抄本乘法訣》都是用大寫數字書寫的，這種大寫數字本是唐代"算經十書"中没有的内容。大寫數字是古人爲了讓數字不易更改而借其他漢字來表示數字的一種方法，在吐魯番出土的魏晉時期文書中就已經出現。唐代大寫數字本《九九乘法歌》的出現，説明當時當地重視實用教育，且從基礎算術教育之始，就把大寫數字納入了學習範圍。《立成算經》和《算經》的實用性則體現在内容編撰方面，不僅内容識位法、度量衡制、大數法、九九乘法歌、金屬比重、田畝算題等都在日常生活中具有很高實用意義，而且編者通過吸收、改編其他算書的方式進一步增强了内容的實用性。首先，兩書的編者根據學習者需求的不同，通過減去一些對於目標學習者來説實用性相對較低的内容，讓蒙書更加的精煉。比如《立成算經》的量制祇擇取了《孫子算經》中的在

〔一〕 李儼、杜石然：《中國古代數學簡史》，中華書局，一九六四年，第二三四頁。

日常生活中比較常用的一部分，而《孫子算經》中"十斛六億粟"至"百億斛六載粟"這十句已經超越了實際生活範圍的部分，則未被編者採用；還有其金屬比重較之《孫子算經》，也省去了不常用的"鈇方寸"部分。《算經》編者在改編《夏侯陽算經》識位法的時候，也是僅保留了最基本的籌算識位和運算法則，讓學習者的記誦更加簡單。其次，兩書的編者也通過增加一些内容，讓蒙書的功能更加豐富。《立成算經》的編者在九九乘法歌中加入了加法運算，即通過"直下""通前"二詞的連接，分別把每一段歌訣的乘積進行累計相加，又在每句歌訣下和"直下""通前"部分之下羅列了相應的數碼。《算經》編者也在書中第一篇九九乘法歌的歌訣後加入了數碼，并在第二篇九九乘法歌中保留了《孫子算經》的内容，也就是保持了乘法運算與平方、除法、加法運算相結合的形式。這樣以來，九九乘法歌部分的功能得以拓展，不僅讓數碼與乘法結合，也讓識位法得以迅速實踐，而且有助於學習者提升綜合運算能力，亦可供學習者進行一些運算結果的記憶和查詢。而且《算經》編者還把度量衡制和大數法中各單位的換算關係進一步細化，細化後的形式有利於實際運算和查詢，實用性大大增強。

（三）重視内容的啓蒙性。《九九乘法歌》本身就是基礎的啓蒙知識，自不用多言。《立成算經》編者強調"立成"，在保持算術大綱的基礎上，讓内容變成方便記誦的口訣，意圖讓算術啓蒙更加容易。《算經》的内容雖多，但是編者在細節上做了很多工作，使得該書的蒙書性增強。比如《算經》的序文中"但行之者富貴有餘，背之者貧且賤……蓋意明情樂者，安有不成哉"這一段，不僅突出了算術的重要價值，勸學意義明顯，而且編者意圖培養學習者的興趣和積極性；編者還在末尾補充道："昔魯人請算……言人不解算者，如天無日月，地無泉源，人無眼目"，意圖引用典故循循善誘，增加勸學效果，這些改編體現出進步的教育理念。另外，《算經》編者還對度制、衡制的基礎單位以及一些複雜的田狀進行解釋，枚舉同一項量制的不同規定，并在田畝算題中加入算術口訣，而且設計的算題皆不出四則運算。編者的這些細節行爲目的在於降低《算經》的學習難度，讓學習者更好地理解一些算術問題，使該書更加適用於啓蒙教育。

參考文獻

傳世文獻

《白虎通疏證》,(清)陳立撰,吳則虞點校,中華書局,一九九四年。

《北夢瑣言》,(五代)孫光憲撰,賈二强點校,中華書局,二〇〇二年。

《乘除變通算寶》,(宋)楊輝編集,收入郭書春主編:《中國科學技術典籍通彙·數學卷》第一分冊,河南教育出版社,一九九三年。

《重編詳備碎金》,(宋)張雲翼編,天理圖書館善本叢書漢籍之部第六卷,天理大學出版社,一九八一年。

《春秋左傳正義》,(周)左丘明傳,(晋)杜預注,(唐)孔穎達正義,收入李學勤主編:《十三經注疏》,北京大學出版社,二〇〇〇年。

《道山清話》,(宋)王暐撰,收入(清)紀昀等編纂:《景印文淵閣四庫全書》第一〇三七冊,臺灣商務印書館,一九八六年。

《丁巨算法》,(元)丁巨撰,收入郭書春主編:《中國科學技術典籍通彙·數學卷》第一分冊。

《干禄字書》,(唐)顏元孫撰,日本國立國會圖書館藏文化十四年(一八一七)刊本。

《韓昌黎文集校注》,(唐)韓愈著,馬其昶校注,馬茂元整理,上海古籍出版社,二〇一四年。

《漢書》,(漢)班固撰,(唐)顏師古注,中華書局,一九六二年。

《淮南子集釋》，何宁撰，中華書局，一九九八年。

《急就篇》，（漢）史游著，曾仲珊校點，岳麓書社，一九八九年。

《集韻》，（宋）丁度等編，上海古籍出版社，一九八五年。

《箋注倭名類聚抄》，［日］狩谷棭齋著，日本明治十六年（一八八三）印刷局活版本。

《戒子通録》，（宋）劉清之等撰，吳敏霞、楊居讓、侯藹奇注譯，三秦出版社，二〇〇六年。

《經傳釋詞》，（清）王引之撰，李花蕾校點，上海古籍出版社，二〇一六年。

《舊唐書》，（後晉）劉昫等撰，中華書局，一九七五年。

《九章算法比類大全》，（明）吳敬撰，收入郭書春主編：《中國科學技術典籍通彙·數學卷》第二分冊。

《郡齋讀書志校證》，（宋）晁公武撰，孫猛校證，上海古籍出版社，一九九〇年。

《郡齋讀書後志》，（宋）趙希弁編，收入《景印文淵閣四庫全書》第六七四冊。

《口遊》，［日］源爲憲撰，古典保存會，一九二四年。

《困學紀聞》，（宋）王應麟著，（清）翁元圻等注，欒保群、田松青、呂宗力校點，上海古籍出版社，二〇〇八年。

《禮記集解》，（清）孫希旦撰，沈嘯寰、王星賢點校，中華書局，一九八九年。

《梁蕭文集》，（唐）梁蕭撰，胡大浚、張春雯校點整理，甘肅人民出版社，二〇〇〇年。

《陵陽集》，（宋）韓駒撰，收入《景印文淵閣四庫全書》第一一三三冊。

《六藝之一録》，（清）倪濤撰，收入《景印文淵閣四庫全書》第八三六冊。

《隆平集校證》，（宋）曾鞏撰，王瑞來校證，中華書局，二〇一二年。

《龍文鞭影》，（明）蕭良有撰，（明）楊臣諍增訂，喻岳衡、喻美靈校注，岳麓書社，二〇〇八年。

《明本大字應用碎金》，（明）佚名撰，收入北京圖書館古籍出版編輯組編：《北京圖書館古籍珍本叢刊》第七六冊"子部·類書類"，書目文獻出版社，二○○○年。

《盤珠算法》，（明）徐心魯撰，收入郭書春主編：《中國科學技術典籍通彙·數學卷》第二分冊。

《牆東類稿》，（元）陸文圭撰，收入《景印文淵閣四庫全書》第一一九四冊。

《商君書錐指》，蔣禮鴻撰，中華書局，一九八六年。

《尚書故實》，（唐）李綽編，收入王雲五主編：《叢書集成初編》第二七三九冊，中華書局，一九八五年。

《史記》，（漢）司馬遷撰，（南朝·宋）裴駰集解，（唐）司馬貞索隱，（唐）張守節正義，中華書局，一九五九年。

《事林廣記》，（宋）陳元靚撰，中華書局，一九九九年。

《十國春秋》，（清）吳任臣撰，中華書局，一九八三年。

《十三經注疏》，（清）阮元校刻，中華書局，一九八○年。

《數學通軌》，（明）柯尚遷撰，收入郭書春主編：《中國科學技術典籍通彙·數學卷》第二分冊。

《説文解字》，（漢）許慎撰，中華書局，一九六三年。

《四庫全書總目》，（清）永瑢等撰，中華書局，一九六五年。

《四民月令校注》，（漢）崔寔撰，石聲漢校注，中華書局，二○一三年。

《宋本廣韻·永禄本韻鏡》，（宋）陳彭年等編，江蘇教育出版社，二○○五年。

《宋史》，（元）脱脱等撰，中華書局，一九七七年。

《算法全能集》，（元）賈亨類編，收入郭書春主編：《中國科學技術典籍通彙·數學卷》第一分冊。

《算法統宗》，（明）程大位著，收入郭書春主編：《中國科學技術典籍通彙·數學卷》第二分冊。

《算法指南》，（明）黃龍吟撰，收入郭書春主編：《中國科學技術典籍通彙·數學卷》第二分冊。

《算經十書》，錢寶琮校點，中華書局，一九六三年。

《算經十書》，郭書春、劉鈍校點，遼寧教育出版社，一九九八年。

《算學寶鑑》，（明）王文素撰，收入郭書春主編：《中國科學技術典籍通彙・數學卷》第二分冊。

《算學啓蒙》，（元）朱世傑撰，收入郭書春主編：《中國科學技術典籍通彙・數學卷》第一分冊。

《遂初堂書目》，（宋）尤袤撰，收入王雲五主編：《叢書集成初編》第三二冊，中華書局，一九八五年。

《隋書》，（唐）魏徵等撰，中華書局，一九七三年。

《太平御覽》，（宋）李昉等撰，中華書局，一九六〇年。

《唐會要》，（宋）王溥撰，中華書局，一九五五年。

《唐六典》，（唐）李林甫等撰，陳仲夫點校，中華書局，一九九二年。

《唐律疏議》，（唐）長孫無忌等撰，劉俊文點校，中華書局，一九八三年。

《通典》，（唐）杜佑撰，王文錦、王永興、劉俊文、徐庭雲、謝方點校，中華書局，一九八八年。

《通志》，（宋）鄭樵撰，中華書局，一九八七年。

《同文算指》，（明）李之藻等編譯，收入郭書春主編：《中國科學技術典籍通彙・數學卷》第四分冊。

《文鏡秘府論》，［日］遍照金剛撰，周維德校點，人民文學出版社，一九七五年。

《文選》，（南朝・梁）蕭統編，（唐）李善注，上海古籍出版社，一九八六年。

《詳明算法》，（元）安止齋撰，收入郭書春主編：《中國科學技術典籍通彙・數學卷》第一分冊。

《新唐書》，（宋）歐陽修、宋祁撰，中華書局，一九七五年。

《新五代史》，（宋）歐陽修撰，（宋）徐無黨注，中華書局，一九七四年。

《性靈集注》，［日］阿部泰郎、山崎誠編集，收入國文學研究資料館編：《真福寺善本叢刊》第二集第一二卷（文筆部三），臨川書店，二〇〇七年。

《言泉集：東大寺北林院本》，［日］釋澄憲著，［日］畑中榮編，古典文庫，二〇〇〇年。

《一切經音義》，（唐）釋慧琳撰，收入徐時儀校注：《〈一切經音義〉三種校本合刊》，上海古籍出版社，二〇〇八年。

《玉海》，（宋）王應麟輯，江蘇古籍出版社、上海書店，一九八七年。

《玉篇校釋》，胡吉宣著，上海古籍出版社，一九八九年。

《札迻》，（清）孫詒讓著，雪克、陳野點校，中華書局，二〇〇九年。

《湛然居士集》，（元）耶律楚材撰，謝方點校，中華書局，一九八六年。

《正字通》，（明）張自烈編，（清）廖文英補，國際文化出版公司，一九九六年。

《忠靖集》，（明）夏原吉撰，收入《景印文淵閣四庫全書》第一二四〇冊。

《周禮注疏》，（漢）鄭玄注，（唐）賈公彥疏，收入李學勤主編：《十三經注疏》。

《周易啓蒙翼傳》，（元）胡一桂撰，收入《景印文淵閣四庫全書》第二二冊。

《周易正義》，（三國·魏）王弼注，（唐）孔穎達疏，收入李學勤主編：《十三經注疏》。

《資治通鑑》，（宋）司馬光編著，（元）胡三省音注，中華書局，一九五六年。

出土文獻

《敦煌寶藏》，黃永武主編，新文豐出版公司，一九八一～一九八六年。

《敦煌掇瑣》，劉復輯，中研院歷史語言研究所，一九三一～一九三五年。

《敦煌漢簡》，甘肅省文物考古研究所編，中華書局，一九九一年。

《敦煌漢簡校釋》，白軍鵬，上海古籍出版社，二〇一八年。

《敦煌漢簡釋文》，吳礽驤、李永良、馬建華釋校，甘肅人民出版社，一九九一年。

《敦煌經部文獻合集》，張涌泉主編，中華書局，二〇〇八年。

《敦煌秘笈》第一～九冊，[日]吉川忠夫編，武田科學振興財團，二〇〇九～二〇一三年。

《敦煌契約文書輯校》，沙知錄校，江蘇古籍出版社，一九九八年。

《敦煌社邑文書輯校》，寧可、郝春文輯校，江蘇古籍出版社，一九九七年。

《俄藏敦煌文獻》第一～一七冊，俄羅斯科學院東方研究所聖彼得堡分所、俄羅斯科學出版社東方文學部、上海古籍出版社編，上海古籍出版社、俄羅斯科學出版社東方文學部，一九九二～二〇〇一年。

《法藏敦煌西域文獻》第一～三四冊，上海古籍出版社、法國國家圖書館編，上海古籍出版社，一九九五～二〇〇五年。

《法國國家圖書館藏敦煌藏文文獻》第一～三五冊，西北民族大學、上海古籍出版社、法國國家圖書館編纂，上海古籍出版社，二〇〇六年～二〇二〇年。

《國家圖書館藏敦煌遺書》第一～一四六冊，中國國家圖書館編，北京圖書館出版社，二〇〇五～二〇一二年。

《肩水金關漢簡》，甘肅簡牘保護研究中心、甘肅省文物考古研究所、甘肅省博物館、中國文化遺産研究院古文獻研究室、中國社會科學院簡帛研究中心編，中西書局，二〇一六年。

《居延漢簡》（壹），簡牘整理小組編，中研院史語所，二〇一四年。

《居延漢簡甲乙編》，中國社會科學院考古研究所編，中華書局，一九八〇年。

《居延漢簡考釋》，勞榦，商務印書館，一九四九年。

《居延漢簡釋文合校》，謝桂華、李均民、朱國炤，文物出版社，一九八七年。

《居延新簡集釋》（三），李迎春，甘肅文化出版社，二〇一六年。

《居延新簡・甲渠候官》，甘肅省文物考古研究所、甘肅省博物館、中國文物研究所、中國社會科學院歷史研究所編，中華書局，一九九四年。

《居延新簡・甲渠候官與第四燧》，甘肅省文物考古研究所、甘肅省博物館、文化部古文獻研究室、中國社會科學院歷史研究所編，文物出版社，一九九〇年。

《居延新簡釋校》，馬怡、張榮强主編，天津古籍出版社，二〇一三年。

《里耶秦簡》（壹），湖南省文物考古研究所編著，文物出版社，二〇一二年。

《里耶秦簡博物館藏秦簡》，里耶秦簡博物館編，中西書局，二〇一六年。

《里耶秦簡牘校釋》第一卷，陳偉主編，武漢大學出版社，二〇一二年。

《流沙墜簡》，羅振玉、王國維編著，中華書局，一九九三年。

《樓蘭漢文簡紙文書集成》，侯燦、楊代欣編著，天地出版社，一九九九年。

《樓蘭尼雅出土文書》，林梅村編，文物出版社，一九八五年。

《清華大學藏戰國竹簡》（肆），李學勤主編，中西書局，二〇一三年。

《斯坦因第三次中亞探險所獲甘肅新疆出土漢文文書——未經馬斯伯樂刊佈的部分》，郭鋒，甘肅人民出版社，一九九三年。

《吐魯番出土文書》第一～十冊，國家文物局古文獻研究室、新疆維吾爾自治區博物館、武漢大學歷史系編，文物出版社，一九八一～一九九一年。

《吐魯番出土文書》（壹～肆），唐長孺主編，文物出版社，一九九二～一九九六年。

《英藏敦煌社會歷史文獻釋錄》第一卷，郝春文主編，科學出版社，二〇〇一年。

《英藏敦煌社會歷史文獻釋錄》第二～一八卷，郝春文主編，社會科學文獻出版社，二〇〇三～二〇二二年。

《英藏敦煌社會歷史文獻釋錄》第一卷（修訂版），郝春文主編，社會科學文獻出版社，二〇一八年。

《英藏敦煌文獻》第一～一四卷，中國社會科學院歷史研究所、中國敦煌吐魯番學會敦煌古文獻編輯委員會、英國國家圖書館、倫敦大學亞非學院合編，四川人民出版社，一九九〇～一九九五年。

《英國國家圖書館藏敦煌遺書》第一～五〇冊，方廣錩、[英]吳芳思主編，廣西師範大學出版社，二〇一一～二〇一七年。

《王梵志詩校注》，（唐）王梵志著，項楚校注，上海古籍出版社，一九九一年。

《五代墓志彙考》，周阿根，黃山書社，二〇一二年。

《懸泉漢簡》（壹），甘肅簡牘博物館、甘肅省文物考古研究所、陝西師範大學人文社會科學高等研究院、清華大學出土文獻研究與保護中心編，中西書局，二〇一九年。

《岳麓書院藏秦簡》（貳），朱漢民、陳松長主編，上海辭書出版社，二〇一一年。

《中國簡牘集成》第一～二〇冊，中國簡牘集成編輯委員會編，敦煌文藝出版社，二〇〇一～二〇〇五年。

中文著作

陳寅恪：《唐代政治史述論稿》中篇《政治革命及黨派分野》，上海古籍出版社，一九九七年。

鄧嗣禹編：《燕京大學圖書館目録初稿》，燕京大學圖書館，一九三五年。

鄧文寬、馬德主編：《中國敦煌學百年文庫・科技卷》，甘肅文化出版社，一九九九年。

丁福寶、周雲青編：《四部總録算法編》，商務印書館，一九五七年。

敦煌文物研究所編：《1983年全國敦煌學術討論會文集（文史・遺書編）》上册，甘肅人民出版社，一九八七年。

敦煌研究院編：《敦煌遺書總目索引新編》，中華書局，二〇〇〇年。

高明士：《隋唐貢舉制度》，文津出版社，一九九九年。

高天霞：《敦煌寫本〈籝金〉系類書整理與研究》，復旦大學博士後研究工作報告，二〇一七年。

高天霞：《敦煌寫本〈俗務要名林〉語言文字研究》，中西書局，二〇一八年。

郭戈編：《李廉方教育文存》，人民教育出版社，二〇〇六年。

郭書春主編：《中國科學技術史・數學卷》，科學出版社，二〇一六年。

郭正忠、［法］藍克利：《數學典籍索引：秦漢至宋社會經濟史料》，遼寧教育出版社，二〇〇三年。

漢語大詞典編輯委員會漢語大詞典編纂處編纂：《漢語大詞典》第一～一二卷，漢語大詞典出版社，一九八六～一九九四年。

漢語大字典編輯委員會編：《漢語大字典》（縮印本），四川辭書出版社、湖北辭書出版社，一九九三年。

黄永武主編：《敦煌叢刊初集》，新文豐出版公司，一九八五年。

黄征：《敦煌俗字典》，上海教育出版社，二〇〇五年。

季羨林主編：《敦煌學大辭典》，上海辭書出版社，一九九八年。

紀志剛：《南北朝隋唐數學》，河北科學技術出版社，二〇〇〇年。

姜伯勤：《敦煌社會文書導論》，新文豐出版公司，一九九二年。

姜亮夫：《敦煌——偉大的文化寶藏》，上海古典文學出版社，一九五六年。

金瀅坤：《唐五代科舉的世界》，復旦大學出版社，二〇一四年。

金瀅坤：《中國科舉制度通史・隋唐五代卷》，上海人民出版社，二〇一五年。

金瀅坤主編：《童蒙文化研究》第一～六卷，人民出版社，二〇一六～二〇二一年。

李迪主編：《數學史研究文集》第二輯，內蒙古大學出版社、九章出版社，一九九一年。

李迪：《中國數學通史・上古到五代卷》，江蘇教育出版社，一九九七年。

李國豪、張孟聞、曹天欽主編：《中國科技史探索》，上海古籍出版社，一九八二年。

李儼：《中算史論叢》（一），商務印書館，一九二八年。

李儼：《中國古代數學史料》，中國科學圖書儀器公司，一九五四年。

李儼：《中算史論叢》第一～五集，科學出版社，一九五四～一九五五年。

李儼：《中國算學史》（修訂版），商務印書館，一九五五年。

李儼：《十三、十四世紀中國民間數學》，科學出版社，一九五七年。

李儼：《中國古代數學史料》（第二版），上海科學技術出版社，一九六三年。

李儼、杜石然：《中國古代數學簡史》，中華書局，一九六四年。

李儼、錢寶琮：《李儼錢寶琮科學史全集》，遼寧教育出版社，一九九八年。

李正宇：《敦煌史地新論》，新文豐出版公司，一九九六年。

林春梅：《宋代家禮家訓的研究》，花木蘭文化出版社，二〇一〇年。

劉全波：《類書研究通論》，甘肅文化出版社，二〇一八年。

劉欣：《宋代家訓與社會整合研究》，雲南大學出版社，二〇一五年。

羅常培：《唐五代西北方音》，商務印書館，二〇一二年。

毛漢光：《中國中古社會史論》，上海書店出版社，二〇〇二年。

商務印書館編：《敦煌遺書總目索引》，中華書局，一九八三年新一版。

孫彥、薩仁高娃、胡月平選編：《敦煌學研究》第四冊，國家圖書館出版社，二〇〇九年。

邰惠莉主編：《俄藏敦煌文獻敘錄》，甘肅教育出版社，二〇一九年。

汪維玲、王定祥：《中國家訓智慧》，漢欣文化，一九九二年。

王長金：《傳統家訓思想通論》，吉林人民出版社，二〇〇六年。

王國維：《觀堂集林》，中華書局，一九五九年。

王鴻俊：《家庭教育》，教育部社會教育司，一九四〇年。

王焕林：《里耶秦簡校詁》，中國文聯出版社，二〇〇七年。

王進玉：《敦煌學和科技史》，甘肅教育出版社，二〇一一年。

王卡：《敦煌道教文獻研究——綜述・目錄・索引》，中國社會科學出版社，二〇〇四年。

王三慶：《敦煌類書》，麗文文化事業股份有限公司，一九九三年。

王三慶：《敦煌蒙書校釋與研究・語對卷》，文物出版社，二〇二二年。

吳楓：《中國古典文獻學》，齊魯書社，二〇〇五年。

吳文俊主編，沈康身分卷主編：《中國數學史大系》第四卷《西晉至五代》，北京師範大學出版社，一九九九年。

夏初、惠玲校釋：《配圖蒙學十篇》，北京師範大學出版社，一九九三年。

項楚：《敦煌詩歌導論》，巴蜀書社，二〇〇一年。

徐少錦、陳延斌：《中國家訓史》，人民出版社，二〇一一年。

徐梓：《中國文化通志》，上海人民出版社，一九九八年。

徐梓：《中華蒙學讀物通論》，中華書局，二〇一四年。

徐梓：《傳統蒙學與蒙書研究》，中國社會科學出版社，二〇一七年。

嚴耕望：《嚴耕望史學論文集》，上海古籍出版社，二〇〇九年。

余嘉錫：《余嘉錫論學雜著》，中華書局，一九六三年。

張德芳主編：《甘肅省第三屆簡牘學國際學術研討會論文集》，上海辭書出版社，二〇一七年。

張弓主編：《敦煌典籍與唐五代歷史文化》，中國社會科學出版社，二〇〇六年。

張新朋：《敦煌寫本〈開蒙要訓〉研究》，中國社會科學出版社，二〇一三年。

張志公：《傳統語文教育初探：附蒙學書目稿》，上海教育出版社，一九六二年。

張志公：《傳統語文教育教材論：暨蒙學書目和書影》，上海教育出版社，一九九二年，中華書局，二〇一三年。

趙忠心：《家庭教育學——教育子女的科學與藝術》，人民教育出版社，二〇〇〇年。

鄭阿財：《敦煌寫卷新集文詞九經抄研究》，文史哲出版社，一九八九年。

鄭阿財：《敦煌文獻與文學》，新文豐出版公司，一九九三年。

鄭阿財、朱鳳玉：《敦煌蒙書研究》，甘肅教育出版社，二〇〇二年。

鄭阿財、朱鳳玉：《開蒙養正：敦煌的學校教育》，甘肅教育出版社，二〇〇七年。

鄭阿財：《敦煌蒙書校釋與研究·導論卷》，文物出版社，二〇二二年。

中外數學簡史編寫組：《中國數學簡史》，山東教育出版社，一九八六年。

朱明勳：《中國家訓史論稿》，巴蜀書社，二〇〇八年。

自然科學史研究所數學史組編：《科技史文集》第八輯，上海科學技術出版社，一九八二年。

〔英〕李約瑟著，王鈴協助，梅榮照等譯：《中國科學技術史》第三卷《數學、天學和地學》，科學出版社、上海古籍出版社，二〇一八年。

〔日〕三上義夫著，林科棠譯：《中國算學之特色》，王雲五主編：《萬有文庫》第一集一千種，商務印書館，一九三〇年。

外文著作

〔日〕池田温編：《講座敦煌5·敦煌漢文文獻》，大東出版社，一九九二年。

〔日〕川口久雄：《平安朝日本漢文學史》，明治書院，一九五九年。

〔日〕高田時雄：《敦煌資料による中國語史の研究：九·十世紀の河西方言》，創文社，一九八八年。

〔日〕金子裕也：《木簡は語る》，講談社，一九九六年。

〔日〕木簡學會編：《木簡研究》第八號，木簡學會，一九八六年。

［日］木簡學會編：《木簡研究》第一〇號，木簡學會，一九八八年。

［日］木簡學會編：《木簡研究》第二二號，木簡學會，二〇〇〇年。

［日］木簡學會編：《木簡研究》第三一號，木簡學會，二〇〇九年。

［日］木簡學會編：《木簡研究》第三三號，木簡學會，二〇一一年。

［日］那波利貞：《唐代社會文化史研究》，創文社，一九七四年。

［日］奈良文化財研究所：《平城宮發掘調查出土木簡概報》第四〇號，奈良文化財研究所，二〇一〇年。

［日］平川南：《漆紙文書の研究》，吉川弘文館，一九八九年。

［日］上田市教育委員會：《上田市文化財調查報告書第108集：史迹信濃國分寺迹》，上田市、上田市教育委員會，二〇一〇年。

［日］伊藤美重子：《敦煌文書にみる學校教育》，汲古書院，二〇〇八年。

［日］遠藤利貞遺著，［日］三上義夫編，［日］平山諦補訂：《增修日本數學史》，恒星社厚生閣，一九八一年。

［英］Joseph Needham（李約瑟），Science and Civilisation in China Volume 3 Mathematics and the Sciences of the Heavens and the Earth, Cambridge University Press, 1959.

中文論文

白化文：《敦煌遺書中的類書簡述》，《中國典籍與文化》一九九九年第四期。

才項多傑：《敦煌出土藏文九九乘法寫本與西藏籌算中的九九乘法表的關係研究》，《敦煌研究》二〇一九年第五期。

常鏡海：《中國私塾童蒙所用課本之研究》（上），《新東方》（上海）第一卷第八期，一九四〇年。

常鏡海：《中國私塾童蒙所用課本之研究》（續），《新東方》（上海）第一卷第九期，一九四〇年。

陳國燦：《敦煌所出諸借契年代考》，《敦煌學輯刊》一九八四年第一期。

陳敏皓：《唐代算學與社會》，清華大學（新竹）博士學位論文，二〇一〇年。

陳明光：《傳本〈夏侯陽算經〉成書年代補證》，中國歷史文獻研究會編：

《歷史文獻研究》（北京新一輯），北京燕山出版社，一九九〇年。

陳松長：《嶽麓書院所藏秦簡綜述》，《文物》二〇〇九年第三期。

陳巍、鄒大海：《中古算書中的田地面積算法與土地制度——以〈五曹算經〉“田曹”卷爲中心的考察》，《自然科學史研究》二〇〇九年第四期。

陳志勇：《唐宋家訓發展演變模式探析》，《福建師範大學學報（哲學社會科學版）》二〇〇七年第三期。

戴衛紅：《中日韓出土九九表簡牘及其基層社會的數學學習》，《簡帛研究》二〇二一年第一期。

鄧文寬：《敦煌寫本〈百行章〉述略》，《文物》一九八四年第九期。

廣東省博物館、深圳博物館：《深圳市南頭紅花園漢墓發掘簡報》，《文物》一九九〇年第一一期。

郭正忠：《一部失落的北朝算書寫本——〈甲種敦煌算書〉研究》，《中國學術》二〇〇一年第二期，收入郭正忠、［法］藍克利：《數學典籍索引：秦漢至宋社會經濟史料》，遼寧教育出版社，二〇〇三年。

郭正忠：《〈甲種敦煌算書〉的考校和釋補》，《自然科學史研究》二〇〇二年第一期，收入郭正忠、［法］藍克利：《數學典籍索引：秦漢至宋社會經濟史料》。

韓昇：《科舉制與唐代社會階層的變遷》，《廈門大學學報（哲學社會科學版）》一九九九年第四期。

韓昇：《南北朝隋唐士族向城市的遷徙與社會變遷》，《歷史研究》二〇〇三年第四期。

韓巍：《北大秦簡中的數學文獻》，《文物》二〇一二年第六期。

韓巍、鄒大海整理：《北大秦簡〈魯久次問數於陳起〉今譯、圖版和專家筆談》，《自然科學史研究》二〇一五年第二期。

韓巍：《北大藏秦簡〈魯久次問數於陳起〉初讀》，《北京大學學報（哲學社會科學版）》二〇一五年第二期。

胡寄塵：《蒙書考》，《震旦雜志》一九四一年第一期。

湖南省文物考古研究所、湘西土家族苗族自治州文物處、龍山縣文物管理所：《湖南龍山里耶戰國——秦代古城一號井發掘簡報》，《文物》二〇〇三年第一期。

　　湖南省文物考古研究所、湘西土家族苗族自治州文物處：《湘西里耶秦代簡牘選釋》，《中國歷史文物》二〇〇三年第一期。

　　湖南省文物考古研究所、中國文物研究所：《湖南張家界古人堤簡牘釋文與簡注》，《中國歷史文物》二〇〇三年第二期。

　　湖南省文物考古研究所、中國人民大學歷史系：《湖南益陽兔子山遺址七號井出土簡牘述略》，《文物》二〇二一年第六期。

　　胡平生：《讀里耶秦簡札記》，“簡帛研究網” http://www.jianbo.org/admin3/list.asp.id=1028，發佈日期：二〇〇三年十月二十三日，訪問日期：二〇二〇年十月五日。

　　華侃：《敦煌古藏文寫卷〈乘法九九表〉的初步研究》，《西北民族學院學報（哲學社會科學版）》一九八五年第三期。

　　黃顥：《敦煌莫高窟北區石窟出土藏文文獻譯釋研究（一）》，彭金章、王建軍編：《敦煌莫高窟北區石窟》第一卷，文物出版社，二〇〇〇年。

　　黃悦：《從出土“九九乘法表”看漢語韻律類型演變》，《韻律語法研究》二〇一九年第一期。

　　黃正建：《蒙書與童蒙書——敦煌寫本蒙書研究芻議》，《敦煌研究》二〇二〇年第一期。

　　江陵張家山漢簡整理小組：《江陵張家山漢簡〈算數書〉釋文》，《文物》二〇〇〇年第九期。

　　金少華：《跋日本杏雨書屋藏敦煌本〈算經〉殘卷》，《敦煌學輯刊》二〇一〇年第四期。

　　金瀅坤：《敦煌本“策府”與唐初社會——國圖藏敦煌本“策府”研究》，《文獻》二〇一三年第一期。

　　金瀅坤：《唐五代敦煌寺學與童蒙教育》，金瀅坤主編：《童蒙文化研究》第一卷，人民出版社，二〇一六年。

　　金瀅坤：《唐五代明算科與算學教育》，《中國考試》二〇一六年第六期。

　　金瀅坤：《論古代家訓與中國人品格的養成》，《廈門大學學報（哲學社會科學版）》二〇一八年第二期。

金瀅坤：《唐代家訓、家法、家風與童蒙教育考察》，《浙江師範大學學報（社會科學版）》二〇二〇年第一期。

金瀅坤：《唐代問答體蒙書編撰考察——以〈武王家教〉爲中心》，《廈門大學學報（哲學社會科學版）》二〇二〇年第四期。

李并成：《從敦煌算經看我國唐宋時代的初級數學教育》，《數學教學研究》一九九一年第一期。

李均明、馮立昇：《清華簡〈算表〉的形製特徵與運算方法》，《自然科學史研究》二〇一四年第一期。

李銘敬：《日本及敦煌文獻中所見〈文場秀句〉一書的考察》，《文學遺產》二〇〇三年第二期。

李儼：《敦煌石室"算書"》，《中大季刊》第一卷第二期，一九二六年，收入李儼：《中算史論叢》（一），商務印書館，一九二八年，又收入鄧文寬、馬德主編：《中國敦煌學百年文庫·科技卷》，甘肅文化出版社，一九九九年，又收入孫彥、薩仁高娃、胡月平選編：《敦煌學研究》第四册，國家圖書館出版社，二〇〇九年。

李儼：《敦煌石室"算經一卷并序"》，《國立北平圖書館館刊》第九卷第一號，一九三五年，收入鄧文寬、馬德主編：《中國敦煌學百年文庫·科技卷》，又收入孫彥、薩仁高娃、胡月平選編：《敦煌學研究》第四册。

李儼：《西陲中算史料之發現》，原載《西京日報》一九三五年九月八日和《圖半月刊》第五期，收入李儼、錢寶琮：《李儼錢寶琮科學史全集》第十卷，遼寧教育出版社，一九九八年。

李儼：《中算書録》，原載《西京日報》一九三五、一九三六年和《圖半月刊》第一一、一三、一六、一八、二三～二七、三五～三七期，收入丁福寶、周雲青編：《四部總録算法編·補遺》，商務印書館，一九五七年，又收入李儼、錢寶琮：《李儼錢寶琮科學史全集》第十卷。

李儼：《唐代算學史》，《西北史地季刊》第一卷第一號，一九三八年，收入李儼：《中算史論叢》第五集，科學出版社，一九五五年，又收入李儼、錢寶琮：《李儼錢寶琮科學史全集》第八卷。

李儼：《敦煌石室立成算經》，《北平圖書館圖書季刊》新第一卷第四期，一九三九年，收入孫彦、薩仁高娃、胡月平選編：《敦煌學研究》第四册。

李兆華：《傳本〈夏侯陽算經〉成書年代考辨》，《自然科學史研究》二〇〇七年第四期。

李正宇：《唐宋時代的敦煌學校》，《敦煌研究》一九八六年第一期。

李正宇：《一件唐代學童的習字作業》，《文物天地》一九八六年第六期。

李正宇：《敦煌學郎題記輯注》，《敦煌學輯刊》一九八七年第一期。

李正宇：《歸義軍樂營的結構與配置》，《敦煌研究》二〇〇〇年第三期。

李正宇《沙州貞元四年陷蕃考》，《敦煌研究》二〇〇七年第四期。

林華秋：《敦煌吐魯番童蒙研究目録》，金瀅坤主編：《童蒙文化研究》第一卷，人民出版社，二〇一六年。

林西朗：《唐代道舉制度述略》，《宗教學研究》二〇〇四年第三期。

劉劍康：《論中國家訓的起源——兼論儒學與傳統家訓的關係》，《求索》二〇〇〇年第二期。

劉金華：《秦漢簡牘“九九殘表”述論》，《文博》二〇〇三年第三期。

劉全波：《論唐代類書與蒙書的交叉融合》，《浙江師範大學學報（社會科學版）》二〇二〇年第四期。

劉英華：《敦煌本藏文算書研究》，《西藏大學學報（社會科學版）》二〇一五年第一期。

劉英華、楊寶玉：《敦煌本藏文算書九九表再探》，《西藏研究》二〇二一年第一期。

劉再聰、張小虎：《敦煌算經概述》，《隴右文博》二〇一三年第一期。

牛志平：《“家訓”與中國傳統家庭教育》，《海南師範大學學報（社會科學版）》二〇一二年第五期。

甌燕、文本亨、楊耀林：《從深圳出土乘法口訣論我國古代“九九之術”》，《文物》一九九一年第九期。

錢寶琮：《孫子算經考》，《科學》第一四卷第二期，一九二九年，收入中國科學院自然科學史研究所編：《錢寶琮科學史論文選集》，科學出版社，一九八三年，又收入李儼、錢寶琮：《李儼錢寶琮科學史全集》第九卷。

錢寶琮：《夏侯陽算經考》，《科學》第一四卷第三期，一九二九年，收入中國科學院自然科學史研究所編：《錢寶琮科學史論文選集》，又收入李儼、錢寶琮：《李儼錢寶琮科學史全集》第九卷。

錢穆：《略論魏晉南北朝學術文化與當時門第之關係》，《新亞學報》第五卷第二期，一九六三年。

瞿菊農：《中國古代蒙學教材》，《北京師範大學學報（社會科學版）》一九六一年第四期。

任占鵬：《姓氏教材〈敦煌百家姓〉與晚唐五代的敦煌社會》，郝春文主編：《敦煌吐魯番研究》第一九卷，上海古籍出版社，二〇二〇年。

任占鵬：《唐代敦煌寫卷〈立成算經〉的編撰特點與影響》，《敦煌學》第三七期，二〇二一年。

任占鵬：《敦煌〈算經〉編撰年代及源流探析》，《敦煌研究》二〇二一年第六期。

任占鵬：《從"順朱"到"描朱"看學童習字方法的演進——以習字蒙書〈上大人〉爲中心》，《首都師範大學學報（社會科學版）》二〇二二年第一期。

任占鵬：《〈九九乘法歌〉的傳播與演變——以出土文獻爲中心》，《閩南師範大學學報（哲學社會科學版）》二〇二二年第三期。

榮新江：《〈蘭亭序〉與〈尚想黃綺帖〉在西域的流傳》，故宮博物院編：《2011年蘭亭國際學術研討會論文集》，故宮出版社，二〇一四年。

四川省文物考古研究院、渠縣歷史博物館：《四川渠縣城壩遺址》，《考古》二〇一九年第七期。

孫文青：《九九傳説及九九表》，《學藝雜志》第一三卷第七期，一九三四年。

汪泛舟：《敦煌的童蒙讀物》，《文史知識》一九八八年第八期。

王焕林：《里耶秦簡九九表初探》，《吉首大學學報（社會科學版）》二〇〇六年第一期，收入王焕林：《里耶秦簡校詁》，中國文聯出版社，二〇〇七年。

王金娥：《敦煌訓蒙文獻研究述論》，《敦煌學輯刊》二〇一二年第二期。

王進玉：《敦煌遺書中的數學史料及其研究》，李迪主編：《數學史研究文集》第二輯，內蒙古大學出版社、九章出版社，一九九一年。

王美華：《中古家訓的社會價值分析》，《古籍整理研究學刊》二〇〇六年第一期。

王三慶撰，林艷枝助理：《敦煌古類書研究之一——〈事林一卷〉（伯四〇五二號）研究》，《敦煌學》第一二輯，一九八七年。

王三慶：《〈敦煌變文集〉中的〈孝子傳〉新探》，《敦煌學》第一四輯，一九八九年。

王三慶：《〈文場秀句〉之發現、整理與研究》，王三慶、鄭阿財合編：《2013敦煌、吐魯番國際學術研討會論文集》，成功大學中國文學系，二〇一四年。

王三慶：《敦煌辭典類書研究：從〈語對〉到〈文場秀句〉》，《廈門大學學報（哲學社會科學版）》二〇二〇年第四期。

魏明孔：《唐代道舉初探》，《甘肅社會科學》一九九三年第六期。

翁衍楨：《古代兒童讀物概觀》，《圖書館學季刊》第十卷第一期，一九三六年。

向達：《倫敦所藏敦煌卷子經眼目錄》，《北平圖書館圖書季刊》新第一卷第四期，一九三九年。

謝坤：《算術與行政：從西北漢簡看算術在西北地區的實際應用》，張德芳主編：《甘肅省第三屆簡牘學國際學術研討會論文集》，上海辭書出版社，二〇一七年。

許康：《敦煌算書透露的科學與社會信息》，《敦煌研究》一九八九年第一期。

嚴敦傑：《孫子算經研究》，《學藝》第一六卷第三號，一九三七年。

嚴敦傑：《中國使用數碼字的歷史》，自然科學史研究所數學史組編：《科技史文集》第八輯，上海科學技術出版社，一九八二年。

嚴耕望：《唐人習業山林寺院之風尚》，收入嚴耕望：《嚴耕望史學論文集》，上海古籍出版社，二〇〇九年。

楊寶玉：《晚唐文士張球及其興學課徒活動》，金瀅坤主編：《童蒙文化研究》第二卷，人民出版社，二〇一七年。

楊博：《北大秦簡〈田書〉與秦代田畝、田租問題新釋》，《中國農史》二〇二〇年第二期。

楊蕾：《出土秦漢數書類文獻研究綜述》，《國學學刊》二〇一八年第四期。

衣撫生：《〈孫子算經〉成書年代再考察——基於與〈數〉〈算數書〉

〈九章算術〉的對比研究》，《鄭州航空工業管理學院學報（社會科學版）》二〇二〇年第四期。

余嘉錫：《內閣大庫本碎金跋》，余嘉錫：《余嘉錫論學雜著》，中華書局，一九六三年。

張小虎：《敦煌算經九九表探析》，《温州大學學報（自然科學版）》二〇一一年第二期，又名《敦煌算經九九表探微》，收入中共高臺縣委、高臺縣人民政府、甘肅敦煌學學會、敦煌研究院文獻所、河西學院編：《高臺魏晉墓與河西歷史文化研究》，甘肅教育出版社，二〇一二年。

張新朋：《敦煌寫本〈開蒙要訓〉研究》，浙江大學博士學位論文，二〇〇八年。

趙承澤：《敦煌學和科技史》，敦煌文物研究所編：《1983年全國敦煌學術討論會文集（文史·遺書編）》上册，甘肅人民出版社，一九八七年。

趙小華：《論唐代家訓文化及其文學意義——以初盛唐士大夫爲中心的考察》，《貴州社會科學》二〇一〇年第七期。

鄭阿財：《敦煌蒙書析論》，漢學研究中心編：《第二屆敦煌學國際研討會論文集》，臺北漢學研究中心，一九九一年，收入鄭阿財：《敦煌文獻與文學》，新文豐出版公司，一九九三年。

鄭阿財：《敦煌蒙書研究的回顧與前瞻》，季羨林、饒宗頤主編：《敦煌吐魯番研究》第七卷，中華書局，二〇〇四年。

鄭炳林、李强：《陰庭誠改編〈籝金〉及有關問題》，《敦煌學輯刊》二〇〇八年第四期。

鄭振鐸：《中國兒童讀物的分析》，《文學》第七卷第一號，一九三六年。

鄭志明：《敦煌寫本家教類的庶民教育》，漢學研究中心編：《第二屆敦煌學國際研討會論文集》。

周丕顯：《敦煌"童蒙"、"家訓"寫本之考察》，《敦煌學輯刊》一九九三年第一期。

周揚波：《知識社會史視野下的宋代蒙書》，《廈門大學學報（哲學社會科學版）》二〇一八年第二期。

周祖謨：《敦煌唐本字書叙錄》，中國敦煌吐魯番學會語言文學分會編纂：

《敦煌語言文學研究》，北京大學出版社，一九八八年。

　　朱鳳玉：《蒙書的界定與〈三字經〉作者問題——兼論〈三字經〉在日本的發展》，金瀅坤主編：《童蒙文化研究》第五卷，人民出版社，二〇二〇年。

　　蹤凡：《兩漢故事賦探論：以〈神鳥賦〉爲中心》，項楚主編：《中國俗文化研究》第二輯，巴蜀書社，二〇〇四年。

　　［日］伊藤美重子：《唐宋時期敦煌地區的學校和學生——以學郎題記爲中心》，金瀅坤主編：《童蒙文化研究》第三卷，人民出版社，二〇一八年。

外文論文

　　戴衛紅：《중국 출토 구구표 자료 연구》（《中國出土的九九表研究》），《木簡과 文字》第二五號，二〇二〇年。

　　戴衛紅：《中・韓・日 삼국 出土 九九簡과 기층 사회의 數學 學習》，《中央史論》第五二號，二〇二〇年。

　　［比］U.J.Libbrecht（李倍始）：MATHEMATICAL MANUSCRIPTS FROM THE TUNHUANG CAVES，李國豪、張孟聞、曹天欽主編：《中國科技史探索》，上海古籍出版社，一九八二年。

　　［德］Walter Simon（西門華德），A Note on Chinese Texts in Tibetan Transcription, *Bulletin of the School of Oriental and African*, Volume 21, Issue 2, 1958.

　　［韓］孫煥一（손환일）：《百濟 九九段의 記錄體系와 書體—〈扶餘雙北里出土九九段木簡〉과〈傳大田月平洞山城收拾九九段蓋瓦〉를 중심으로—》，《韓國史學史學報》第三三號，二〇一六年。

　　［韓］吳貞銀（오정은）：《秦漢시기의 구구단 —少吏의 일상 업무에서의 그 가치를 중심으로—》，《中國古中世史研究》第五八輯，二〇二〇年。

　　［韓］尹善泰（윤선태）：《百濟의‘九九段’木簡과 術數學》，《木簡과 文字》第一六號，二〇一六年。

　　［日］大川俊隆：《〈孫子算經〉譯注稿（1）》，《大阪産業大學論集（人文・社會科學篇）》第三六號，二〇一九年。

　　［日］福井康順：《百行章についての諸問題》，《東方宗教》第一三、一四號，一九五八年。

　〔日〕高田時雄：《雜抄と九九表——敦煌におけるチベット文字使用の一面》，《均社論叢》第一四號，一九八三年。

　〔日〕海野洋平：《童蒙教材としての王羲之〈顧書論〉（〈尚想黄綺〉帖）—敦煌寫本・羽664ノ二Rに見るプレ〈千字文〉課本の順朱—》，武田科學振興財團杏雨書屋編：《杏雨》第二〇號，二〇一七年。

　〔日〕鶴田一雄：《九九木簡小考》，《書叢》第二二號，二〇〇九年。

　〔日〕菊池英夫：《敦煌發見〈算書〉中に見える軍制模式についての一考察》，《中央大學文學部紀要》第一三六號，一九九〇年。

　〔日〕那波利貞：《唐鈔本雜抄考—唐代庶民教育史研究の一資料—》，《支那學》第一〇號，一九四二年，收入〔日〕那波利貞：《唐代社會文化史研究》，創文社，一九七四年。

　〔日〕那波利貞：《唐代の庶民教育に於ける算術科の内容とその布算の方法とに就きて》，《甲南大學文學會論集》（通號一），一九五四年。

　〔日〕淺井勝利：《七社遺迹出土“九九”木簡について》，《七社遺迹發掘調査報告書》，新發田市教育委員會，二〇一一年。

　[日]桑田訓也：《日本의구구단・曆관련출토문자자료와그연구동향—木簡을중심으로—》，《木簡과 文字》第一七號，二〇一六年。

　〔日〕三上喜孝：《古代日本における九九算の受容と特質—九九算木簡を手がかりに—》，《萬葉集研究》第三四集，塙書房，二〇一三年。

　〔日〕山路實：《古九九と木簡、笄子と籌具等の話》，懷德堂記念會編：《懷德》第六四號，一九九六年。

　〔日〕山路實：《須惠器線刻の掛け算九九に對する考察》，《和算》第八八號，一九九九年。

　〔日〕松丸有希子：《秦漢簡牘〈九九〉資料考》，《書道學論集》第一號，二〇〇三年。

　〔日〕小林博隆：《屋代遺迹群出土“九九木簡”の再評價》，《信濃（第三次）》第五八卷第一二號，二〇〇六年。

　〔日〕羽田亨：《漢蕃對音千字文の斷簡》，《東洋學報》第一三卷第三號，一九二三年。

後　記

　　算術和習字是基礎之學，爲六藝之二，古人合稱之"書計"。唐代有算學和書學，爲國子監下設六學之二。敦煌文獻中數量衆多的習字寫本説明了唐五代宋初敦煌地區識字習字教育的興盛，算術類寫本的數量雖然不如習字寫本，但亦爲可觀，足可證當時當地存在一定規模的算術教育。不過從現有資料來看，敦煌地區當没有專門的算學教育機構，算術僅是作爲啓蒙知識之一種，在普通學校中教授，所用教材是民間編撰的《立成算經》《算經》北朝《算書》以及一些《田地算題》等，講求速成、簡便、實用，滿足時人略通"書計"的需求。

　　敦煌算術教育雖然具有顯著的民間特色，但因爲是長期教育實踐積累的結果，又受到唐代算學以及"算經十書"的影響，所以形成了一套實用且與時俱進的教育體系。李并成先生在《從敦煌算經看我國唐宋時代的初級數學教育》一文中對敦煌算術教育的特色做了精確總結，他説："敦煌算經的發現證明，唐宋時代地方學校中不僅開授算學，而且還將數學教育放在了一個重要的地位，并形成了一整套成熟的、符合學生特點的、切合實際的、學以致用的、進步的教育思想和教學方法"。李先生對敦煌算術教育給予了高度肯定，并準確指出了其特色和進步所在，對我們深入認識敦煌算術類蒙書的價值有很大幫助。當然敦煌算術教育不是完美的，由於時代的局限性，其部分内容并不準確，比如金屬比重不夠精確、部分算題所用算術有誤等。

　　本卷在前學的基礎上，主要針對各蒙書的内容特點和性質做了論述，然而由於筆者學識有限，研究角度頗顯狹窄，所用算術資料亦不夠豐富，必然存在諸多問題，希望方家不吝批評和意見，以期筆者可以及時修正以及對敦煌算術類蒙書做進一步探討。

　　藉本卷出版之機，首先特別感謝業師金瀅坤先生和荒見泰史先生，謝謝你們在學術上的引領和生活上的照顧。兩位先生也對本卷和習字卷的寫作和修改付出了很多心血。其次，感謝廣島大學敦煌學研究中心諸位先生和同門多年來的關照。再次，特別感謝家人的支持和鼓勵。最後，感謝中國科學院自然科學史研究所韓毅先生對本卷提出的寶貴修改意見，感謝文物出版社對本卷出版付出的諸多努力。

任占鵬

2022 年 10 月 30 日晚

於東廣島市寺家寓所